Das Kapital

Karl Marx

新　版

資本論 8

第三巻　第一分冊

カール・マルクス

日本共産党中央委員会社会科学研究所　監修

新日本出版社

凡例

一　本書は、カール・マルクス著『資本論』第一部―第三部の全訳である。本訳書は、一九八二年一一月から八九年九月にかけて新書版として刊行された訳書（一三分冊）を改訂したもので、一二分冊の新版『資本論』として刊行される。

二　翻訳にあたっての主たる底本には、ドイツ語エンゲルス版（第一部第四版、第二部第二版、第三部第一版）を用いた。

三　新版では、『資本論』諸草稿の刊行と研究の発展をふまえ、エンゲルスによる編集上の問題点も検討し、訳文、訳語、訳注の全体にわたる改訂を行なった。

　第一部では、マルクスが校閲した初版、第二版との異同、フランス語版にもとづく第三版、第四版の主な改訂個所を訳注で示し、「独自の資本主義的生産様式」、「全体労働者」など、マルクス独自の重要概念について、訳語を統一した（第一―第四分冊）。

　第二部では、初版と第二版との異同、エンゲルスによる文章の追加、加筆個所、および編集上の問題点を訳注で示し、必要な場合には、マルクスの草稿を訳出した。第三篇第二一章については、訳注で独自の節区分を示し、拡大再生産の表式化に到達するまでのマルクスの研究の経過をつかめるようにした。また、マルクスが第二部第三篇の最後の部分を恐慌理論の解明に充てていたことを考慮し、第二部第一草稿（一八六五年）に書きこまれた新しい恐慌論の全文を訳注として収録した（第五―第七分冊）。

第三部の草稿は、『資本論』諸草稿のなかでもっとも早い時期に準備されたもので、執筆時期の異なる二つの部分（第一篇―第三篇、第四篇―第七篇）からなっている。さらに、研究の進展のなかでマルクスの到達点が前進し、第三篇の論点には、利潤率低下法則の意義づけ、およびそのもとでの資本主義的生産の必然的没落の展望など、マルクスにとって克服ずみの見解であることの指摘を要する部分も生まれた。第三部では、こうした点に留意し、マルクスの研究の発展とその到達点、エンゲルス版の編集上の弱点、草稿との異同、エンゲルスによる文章の混入個所を訳注で示した。とくに第五篇では、本来『資本論』の草稿ではなかった諸章の混入個所を指摘した。また、必要な場合には、マルクスの草稿を訳出した。第七篇第四八章では、エンゲルスによる原稿配列をマルクスの草稿の順序に組み替えた（第八―第一二分冊）。

全三部を通して、マルクス自身の研究の発展史と歴史的事項にかんする訳注を大幅に拡充した。

改訂にあたっては、新『マルクス・エンゲルス全集』（新メガ Marx-Engels-Gesamtausgabe）の諸巻を参照した。

四　注については、マルクス、エンゲルスによる原注は（　）に漢数字を用いてそれを示し、各段落のあとに訳出した。訳文中や、＊印によって訳文のあとに、〔　〕を用いて挿入されたものは、すべて訳者、監修者による注ないし補足である。

五　訳注のなかで、〔邦訳『全集』第○巻、○○ページ〕とあるのは、ディーツ社（現カール・ディーツ社、ベルリン）発行の『マルクス・エンゲルス著作集《ヴェルケ》』を底本とした邦訳『マルクス・エンゲルス全集』（大月書店）の巻数とページ数を指している。

六　『資本論』のドイツ語原文にあたろうとする読者の便宜のために、ヴェルケ版『資本論』の原書ページ数を、訳文の欄外上に（　）で算用数字を用いて付記した。ただし、ヴェルケ版では、マルクスが引用した著作などについて、本来一つの段落文中に含まれているものを改行し、その引用文のみを独立した段落にしているため、本訳書とは改行の位置に相違がある。

七　訳文中の〝　〟でくくられた語、句、文は、すべて、マルクス（またはエンゲルス）によってドイツ語以外の言語（ラテン語などを含む）が単独で使用されている個所である。専門用語の場合、〝　〟でくくらず、必要に応じて、綴りないしルビによって示したものもある。なお、それらドイツ語以外の言語による語、句、文が、同じ意味のドイツ語と併記されていて、相互の言い換えとして使用されている場合には、それらにニュアンスの相違がある場合をのぞき、訳出や明示を省略した。

八　訳文で、傍点を付した部分は原文の隔字体またはイタリック体の部分を表わしている。

九　マルクス（またはエンゲルス）が引用した文章について、必要な場合、原文との異同を訳注で示した。また、固有名詞、数値などの明白な誤記、誤植はとくに注記せずに訂正した。

一〇　引用文献のうち邦訳のあるものは、入手の便宜なども考慮し、邦訳書を掲げた。これは、新書版での記載を改訂し、新たに追加したものである。

一一　第一二分冊の巻末に、人名索引を付した。

一二　新版『資本論』の改訂作業は、日本共産党中央委員会社会科学研究所によって行なわれた。研究所からは、不破哲三、山口富男、卜部学、小島良一が、監修と改訂の作業にあたった。本訳書のもとになった新書版の刊行にあたっては、研究所の委嘱により翻訳のための委員会が組織され、多くの研究者の参加と協力を得た。新書版および一九九七年一二月に刊行された上製版（五分冊）の訳出・編集体制については、それぞれの版の「凡例」を参照いただきたい。

目　次

第三巻分冊目次

第一分冊

第二分冊

第三分冊

第四分冊

第五分冊

資本論

経済学批判

＊〔この表題は、エンゲルスによる。マルクスは、「総過程の諸姿容」としていた。その意味は、第三部の最初の文章で説明されている（本訳書、第三巻、四七―四八ページ）。

第三部の主要草稿は、現行『資本論』の諸草稿のうち、もっとも早い時期の所産で、第一篇―第三篇は一八六四年の後半に、第四篇―第七篇は一八六五年の後半に執筆された。その間、一八六五年前半にマルクスは第二部第一草稿を執筆したが、そのなかでの恐慌論の新たな発見は、『資本論』全体の編成や内容にかかわる大きな理論的な展開の起点となった。その見地は、続いて執筆した第三部後半（第四篇―第七篇）にただちに取り入れられたが、第三部の前半部分、とくに利潤率の傾向的低下を論じた第三篇には、マルクス自身が乗り越えた古い理論的命題が訂正されないままふくまれている。

なお、マルクスが第二部第一草稿で発見した新しい恐慌論は、引き続く時期に執筆した第三部第四篇の「第一八章　商人資本の回転。価格」のなかで、商人資本の役割に重点を置きながら、立ち入った内容で説明されている（本訳書、第三巻、五一八―五二二ページ）。

マルクスは、『資本論』第一巻（第一部）の公刊（一八六七年）後、第二部と第三部をあわせて第二巻として刊行する予定で、ただちにその準備にとりかかったが、実際の執筆は、第二部が中心で、第三部については、第一篇のいくつかの部分の異稿や計算稿を書いただけであった。遺稿の編集にあたったエンゲルスは、自らの「序言」で述べているように、第一篇の一部に異稿を利用しただけで、第二篇からあとは、主要草稿だけを材料として、現行の第三部を編集した。

マルクス自身について言えば、彼は、第一部完成の直後から、「多くの新材料」を織り込んで、第三部の内容、とくに「信用や土地所有にかんする諸章」をより充実させることを構想し（エンゲルスへの一八六七年五月七日の手紙、邦訳『全集』第三一巻、二四七―二四八ページ）、アメリカの銀行関係の資料やロシア

の土地関係の資料の収集につとめた。とくに第六篇では、草稿で取り扱った地代論だけでなく、農業労働者や小農経営の問題、農村での階級闘争、土地所有そのものの歴史的研究など、考察の対象を大きく広げることを計画していた。『資本論』第一部には、〝この問題は第三部でとりあげる〟といった、農業問題にかんするいくつかの予告がある。なかには現行の第三部には存在しない論点があり（本訳書、第一巻、四四〇ページ、一二三八ページ）、マルクスが、これらの文章を執筆した当時、第六篇の研究対象を、執筆ずみであった草稿よりも拡大するつもりでいたことがわかる。その構想は実現しないままに終わり、収集した膨大な文献や統計資料が残された」

第三巻　第三部　資本主義的生産の総過程*

フリードリヒ・エンゲルス編集

(7)

序　言

ようやく私は、マルクスの主著のこの第三部、理論的部分の終結部を世に出すことができる。一八八五年に第二部を刊行したさいには、確かに二、三の非常に重要な篇をのぞけば、第三部には、おそらく技術的な困難しかないだろうと考えた。実際そのとおりであった。しかし、まさに全体のなかでもっとも重要なこれらの諸篇が私にもたらすであろう諸困難については、私は、当時予想もしなかったし、また、この第三部の完成をこのように遅らせることになった他の障害についても同様であった。

なによりもまず、もっとも多く私をさまたげたのは、長く続いている視力減退で、このため、私のもの書きをする仕事の時間は、多年にわたって最小限に制限されてきたし、いまもなお、人工の光〔ガス灯の光〕のもとでペンを手にすることが例外的に許されているにすぎない。そのうえに、断ることのできない他の仕事が加わった。すなわち、マルクスと私の手になる以前の著作の新版や翻訳、したがって校閲、序文、補遺などがそれであって、それらは新しい研究なしにはしばしば不可能であった。なかでも〔『資本論』〕第一部の英語版〔一八八七年〕については、そのテキストにたいする最終的責任は私にあり、そのためそれは私から多くの時間を奪うことになった。最近一〇年間の国際的社会主義文献のとてつもない増大、そしてとくに、マルクスと私の手になる以前の著作の翻訳の数をいくらかでも調べてみたことのある人なら、私が翻訳者の役に立つことができ、したがって彼の仕事の校閲を拒むわけにいかない、そうした国語の数が非常に限られているという幸運を私が望むとしても、もっともだとされることであろう。しかし、文献の増大は、それに対応する国際的労働運動そのものの増大の一徴候にほかならなかった。そして後者の増大は、私に新たな義務を課した。われわれの公[8]的活動の最初のころから、さまざまな国の社会主義者や労働者の国民的運動を媒介するという仕事のかなり多くの部分が、マルクスと私の肩にかかってきた。この仕事は、運動全体が強大になるのに比例して増大した。しかし、マルクスが亡くなるまでは、ここでも彼が主要な重荷を引き受けていたのに、彼が亡くなってからは、絶えずふくれあがる仕事が私一人の肩にかかってきた。さて、そうこうしているうちに、個々の国々の労働者党相互の直接的交流が通例となったし、幸いなことに日に日にますますそうなっている。それにもかかわらず、私の理論的な仕事のために望ましいと思われるよりもはるかに多く、私の助力が要求されるのである。しかし、私のように五〇年以上もこの運動で活動してきた者にとっては、この運動から生じてくる仕事は、拒むことのできない、ただちに果たすべき義務である。一六世紀と同じように、われわれの激動の時代にも、公共の利益の領域では、単なる理論家はもはや反動の側にしか存在せず、それだからこそ、これら諸氏は、決して真の理論家でもなく、この反動の単なる弁護論者なのである。

私がロンドンに住んでいるという事情から、政党とのこうした交流は冬にはたいてい書簡によって行なわれるが、夏には大部分直接顔を合わせて行なわれることにならざるをえない。そしてこのことから、また、ますます数多くの国々において、そしてそれ以上に力強く数を増しつつある機関紙において、運動の進展をたどる必要があることから、私にとって中断を許さない仕事を、冬以外に、とくに年の最初の三ヵ月以外に仕上げることが不可能となった。人間も七〇歳を過ぎると、脳のマイネルト連合線維*は、どうしようもないほどの緩慢さでしか働かない。むずかしい理論的な仕事の中断は、もはや以前のようにやすやすと、かつ迅速には克服されない。だから、あるひと冬の仕事は、それが完全にやりとげられてしまわない限り、大部分は次の冬にふたたび新たにやりなおされなければならない、ということになった。そしてこうしたことは、とくにもっとも難解な第五篇の場合に生じた。

＊〔大脳皮質の領域を連絡する神経線維で、オーストリアの精神科・神経科医師 Th・H・マイネルト（一八三三―一八九二年）がその存在を報告した〕

以下に述べることから読者にはおわかりいただけるであろうように、この第三部の編集の仕事は、第二部の場合のそれとは本質的に違っていた。第三部のためには、なにしろただ一つの、そのうえひどく脱漏の多い、最初の下書きがあるだけであった*。通例、個々の篇のはじめの部分はどれもかなり入念に仕上げられており、たいていは文体的にも推敲されていた。しかし先へ行けば行くほど、仕上げはますますスケッチ風で脱漏が多くなり、研究の進行中に念頭に浮かんでくる副次的論点についての余論――それらにたいする最終的な位置づけは、のちの整理にゆだねられたままになっている――をますます多く含むようになり、〝生まれるがままの状態で〟書き下ろされた思想が表現されている複合文章は、ますます長くしかも込み入ったものになった。いくつもの個所で、筆跡と叙述は、過労から生じた病気の症状が突然起こり、しだいに進行していく様子をあまりにも明瞭に示しており、この病気は、著者に、自力で仕事を行なうことをはじめはしだいに困難にし、ついには一時的にまったく不可能にしたのであった。しかしそれも不思議ではない。一八六三年から一八六七年までのあいだに、マルクスは、『資本論』の最後の二部〔第二部および第三部〕の下書きと第一部の印刷用原稿を作成しただけでなく、さらに国際労働者協会の創立と普及とに結びついた大事業をもなしとげた。しかしまたその結果、すでに一八六四年と一八六五年には健康上の変調の重大な徴候が現われたのであり、マルクスが第二部と第三部とを自分で仕上げなかったのはこのせいである。

＊〔エンゲルスが「ただ一つの……下書き」、「主要草稿」と呼ぶ第三部草稿は、執筆時期の異なる二つの部分――一八六四年後半に執筆された第一篇―第三篇と、一八六五年後半に執筆された第四篇―第七篇――からなっていた。この間の一八六五年前半に、マルクスは、第二部第一草稿を執筆したが、そのなかで新しい恐慌論の発見があった。この発見は、マルクスの経済学研究の全体に大きな影響を及ぼすもので、それには、利潤率低下の法則の意義づけや恐慌の起こる契機と過程の説明など、第三部前半部分の論点に訂正を要するものも含まれていた。なお、すぐあとでエンゲルス自身が述べているように、第一篇にかんしては、主要草稿のほかに書きかけの草稿がいくつか残されている。第三部の主要草稿は、新『マルクス・エンゲルス全集』（以下、新メガと略す）、第Ⅱ部、第四巻、第二分冊（一九九二年）で、はじめて全文が刊行された〕

私の仕事は、草稿全部を、私にとってさえしばしば判読するのに骨の折れる原文から読みやすい写しへと口述筆記させることから始まったが、そのことがすでにかなりの時間を要するものであった。

そのあとではじめて本来の編集を始めることができた。私はこの編集を必要最小限に制限し、最初の下書きという性格を、文意の明瞭さをさまたげないところではどこでもできる限り保存し、個々の繰り返しさえも、マルクスが普通そうするように、対象をそのつど別の側面からとらえたり、あるいは別の表現様式で描出しているところでは、これを抹消したりはしなかった。私の変更または加筆が単に編集的な性質のものではないところ、または、私がマルクスによって提供された事実関係の材料から、たとえ可能な限りマルクスの精神にもとづいて一貫してであるとはいえ、私自身の結論を書き上げなければならなかったところでは、その個所全体を角括弧*に入れて私の頭文字を付してある。私のつけた注で括弧が欠落しているものもあちこちにある。しかし、私の頭文字がその下についているところでは、その注全体の責任は私にある。

＊〔本訳書では、すべて弓形括弧｛　｝に入れてある〕

最初の下書きでは自明のことであるが、草稿には、のちに展開されるべき諸論点への指示が数多く見いだされるとはいえ、これらの約束は、どの場合にもすべて守られているというわけではない。私はそれらの指示をそのままにしておいた。というのは、それらは将来の仕上げにかんする著者の意図を示しているからである。

それでは個々の点に進もう。

第一篇のためには、主要草稿は大幅な制限つきでしか使用できなかった。冒頭ですぐに、剰余価値
(12) 率と利潤率との関係にかんするまったくの数学的な計算（われわれの第三章をなすもの）がもち込ま

れ、他方、われわれの第一章で展開される対象は、ようやくあとになって、しかもことのついでに取り扱われる。ここでは、それぞれ二つ折り判〔フォリオ〕八ページの書きなおしかけの二つのものが助けとなった。[*1] しかしそれらもまた、一貫した脈絡のあるものに仕上げられてはいない。現在の第一章は、これらのものからまとめられている。第二章は、主要草稿からである。第三章のためには、一連の不完全な数学的な論稿があったが、そのほかに、剰余価値率の利潤率にたいする関係を等式で表わしている、〔一八〕七〇年代のほとんど完全なまるまる一冊のノートもあった。私の友人で第一部の英語訳の大部分をやってくれたサミュエル・ムアは、私の代わりにこのノートを整理することを引き受けてくれたが、この仕事には、ケンブリッジ出の古くからの数学者である彼のほうがはるかに有能であった。そこで私は、彼の要約したものから、折にふれ主要草稿を利用しながら、第三章を完成した。──第四章についてては表題があるだけであった。[*2] しかしここで取り扱われる論点、すなわち利潤率にたいする回転の影響は決定的に重要なので、私はこれを自分で書き上げた。そのため章の本文全体も括弧に入れられている。そのさい、利潤率についての第三章の定式は、一般的に妥当するためには、実際にはある修正を必要とすることが明らかになった。第五章以降では、主要草稿がこの篇の残りの部分にとっての唯一の源泉である──といっても、ここでもまた非常に多くの並び替えや補足が必要となったのであるが。

＊1 〔第一章の草稿としては、ここでエンゲルスの言う「書きなおしかけ」の二つの草稿（エンゲルスによって「第二草稿」「第三草稿」と名づけられた）のほか、二つ折り判一ページ半の草稿が二つあるが、後者は

使用されなかった〕

＊2〔その表題は、草稿では、「流通時間における〝変化〟、短縮または延長（およびそれと結びついている交通諸手段）の、利潤率にたいする影響」となっている〕

続く三つの篇のためには、文体上の編集を別とすれば、ほとんど一貫して原草稿に従うことができた。個々の、たいていは回転の影響にかんする個所は、私によって挿入された第四章と調和するように仕上げられなければならなかった。それらの個所も括弧に入れて私の頭文字をつけてある。

主要な困難をきたしたのは、この第三部全体のなかでもっとも錯綜した対象を扱っている第五篇であった。しかもまさにここでマルクスは、仕上げ中に、前述の重い病気の症状の一つに襲われたのである。したがってここには、でき上がった下書きはなく、その輪郭を埋めればよいような概要さえもなく、あるのはただ論述の書きはじめだけであり、それも結局は一度ならずメモや論評や抜き書きの形での資料の無秩序な堆積に終わっているのである。最初、私は、第一篇である程度うまくいったように、脱漏を補い、ただ概略が示されているだけの断片を仕上げることによって、この篇を完全なものにし、こうしてこの篇が著者の与えようと意図していたものすべてを、せめて近似的に提供しようとした。(13) 私はこれを少なくとも三度試みたが、そのつど失敗した。そしてこのために失われた時間が、遅延の主要な原因の一つである。ついに私は、こういうやり方ではうまくいかないことを理解した。こういうやり方では、私はこの分野の膨大な文献のすべてに目を通さなければならなかったであろうし、結局はマルクスの著書ではないものをつくり上げることになったであろう。私に残されたのは、ある意味で大急ぎで事をかたづけ、現存するものを可能な限り整理することだけに限定し、ただどうしても必要な補足だけをすることしかなかった。こうして私は、一八九三年の春にこの篇にかんする主要な仕事を終えた。

個々の章について言えば、第二一―二四章はだいたいにおいて仕上げられていた。第二五章と第二六章は証明素材の選別と、他の個所にあった材料の挿入が必要であった。第二七章と第二九章はほとんどまったく草稿からつくることができたが、これにたいし第二八章はところどころ配列を変えなければならなかった。しかし第三〇章とともに真の困難が始まった。ここからは、単に証明材料をきちんと整理するということだけでなく、たえずエピソードや余論などによって中断され、しかも別の個所でしばしばまったく事のついでに述べ続けられている思考の歩みをきちんと整理することも必要であった。このようにして第三〇章は、並び替えや削除――この削除部分は他の個所で使うことができた――によってでき上がった。第三一章は、ふたたびいっそう脈絡あるものに仕上げられていた。しかし草稿では、このあとに「混乱」と題する長い一篇*が続くが、これはもっぱら一八四八年および一八五七年の恐慌についての議会報告書からの抜き書きからなり、そこでは二三人の実業家たちと経済評論家たちとの、ことに貨幣と資本、金流出、過度投機などについての証言がまとめられ、ところどころでユーモラスな短い評注が加えられている。ここには、質問者たちによってであれ答弁者たちによってであれ、貨幣と資本との関係にかんする当時流布していたほとんどすべての見解が代表されており、マルクスは、貨幣市場ではなにが貨幣でありなにが資本であるかということにかんして、ここで白日のもとにさらされている「混乱」を、批判的に、また風刺的に取り扱おうとしたのであった。私は、何度も試みたのちこの章の作成は不可能であると納得した。その材料、とくにマルクスが評注を加えた材料は、それとの連関が見いだされるところで活用されている。

＊〔これは、第三部の本文にあたる草稿ではなく、マルクスが別の目的で作成した「議会報告書からの抜き書き」集であった。その事情を、マルクスは、一八六五年八月一九日の手紙でエンゲルスに説明していた。「銀行制度などにかんする一八五七年および一八五八年の議会報告書、これを僕は最近もう一度調べてみなければならなかったが、これのなかに見いだされるまったくのナンセンスは、君にもとうてい想像のできないものだ。重金主義では資本はすなわち金なのだ。そのあいだにA・スミスへの恥知らずな回想や、貨幣市場のたわごとを彼の『啓蒙された』見解と調和させようとする恐ろしい試みがはいってくる。なかでも一頭地をぬいているのは、いまやついにあらゆる肉体のたどるべき道をたどったマカロックだ。こいつは明らかにオウヴァストン卿から多額の心づけをもらっていたのだ。それだからこそ、オウヴァストンは『〝疑いもなく最大の銀行業者〟』でもあり、なににつけてもとにかく弁護されなければならないというわけなのだ。このごった煮の全部にたいする批判を僕はもっとあとの本のなかではじめて与えることができるだろう」（古典選書『マルクス、エンゲルス書簡選集』上巻、新日本出版社、二七五ページ、邦訳『全集』第三一巻、一二四ページ）〕

このあとには、私によって第三二章に取り入れられたものが、かなり整理されて続いているが、しかしそのすぐあとには、この篇でふれられている、ありとあらゆる対象にかんする議会報告書からの新たな一束の抜き書きが、著者の長短の論評をまじえて続いている。終わりのほうは、抜き書きと評

（14）注はますます貨幣金属と為替相場の変動に集中し、ふたたびあらゆる種類の補足的なもので終わっている。これにたいして「資本主義以前」（第三六章）は、完全に仕上げられていた。

「混乱」からあとの、そしてそれ以前の個所ではまだ取り入れられなかった限りでの、これらいっさいの材料から、私は第三三―三五章をまとめた。もちろんこれは、連関をつけるための、私のほうでの多くの書き入れなしにはすまなかった。これらの書き入れが単に形式的な性質のものでない限りは、私の手になるものとして明記されている。このようにして私は、ついに、いくらかでも本題に関係のある著者の論述のすべてを本文のなかに取り入れることに成功した。取り入れられなかったのは、抜き書きのうち、他のところで述べられたものをただ繰り返しただけであるか、さもなければ草稿では詳しく立ち入られなかった点にふれている、わずかな部分だけである。

　地代にかんする篇は、はるかに完全に仕上げられていた。といっても決して秩序だってはいなかったのであり、そのことは、マルクスが第四三章（草稿では地代にかんする篇の最後の部分）で、この篇全体のプランを簡単に要約する必要があると考えていることから、すでに明らかである。* そして、草稿が第三七章から始まって第四五―四七章がそれに続き、そのあとにやっと第三八―四四章が続くだけに、なおのことこのプランは編集にとって好都合であった。差額地代Ⅱの場合の諸表と、第四三章ではここで取り扱われるべきこの地代種類〔差額地代Ⅱ〕の第三例がまったく研究されていないことの発見とで、最大の苦労をした。

* 〔本訳書、第三巻、一一九八ページの要約をさす〕

地代にかんするこの篇〔第六篇〕のために、マルクスは七〇年代に、まったく新たな特殊研究をしていた。彼は、一八六一年の「改革」[*1]以後ロシアで避けられなくなった土地所有にかんする統計記録やその他の公刊物——これらはロシアの友人たちによってもっとも望ましい完全さでマルクスの使用に供された——を、数年来、原語で研究し、抜き書きしてきており、この篇を新たに書きなおすさいにそれらを利用するつもりだったのである。[*2]ロシアでは、土地所有の形態も農耕生産者の搾取形態も多様であるので、地代にかんする篇では、第一部で産業的賃労働を論じたところでイギリスが演じたのと同じ役割をロシアが演じるはずであった。残念ながら彼は、このプランを遂行できなかった。

*1〔一八六一年二月一九日（新暦三月三日）のいわゆる「農奴解放令」をさす〕

*2〔マルクスのこの抜き書きは、『マルクス・エンゲルス・アルヒーフ』、第一一（一九四八年）、第一二（一九五二年）、第一三（一九五五年）、第一六（一九八二年）巻にロシア語で発表されている。このうち「一八六一年の改革と改革後のロシアの発展についての覚え書き」は『マルクス・エンゲルス著作集』第一九巻にドイツ語で発表され、邦訳『全集』にも収録された（第一九巻、四一〇—四三〇ページ）。なお、マルクスのロシア語蔵書については目録『マルクスとエンゲルスの蔵書のなかのロシア語書籍』（一九七九年）がある〕

最後に、第七篇は完全に書き下ろされた状態にあったが、しかし最初の下書きとしてだけであり、その果てしなくもつれあった複合文章は、これを印刷できるようにするためには、まずばらばらに分解しなければならなかった。最後の章は、ただその冒頭があるだけである。ここでは、三大収入形態すなわち地代・利潤・労賃に照応する発展した資本主義社会の三大階級――土地所有者・資本家・賃労働者――と、彼らの存在とともに必然的に生じてくる階級闘争とが、資本主義時代の実際に現存する結果として叙述されるはずであった。マルクスは、このような最終的総括を、最終的編集のために印刷直前まで留保しておくのが常であり、その場合には、最新の歴史的出来事が、いつでも必ず、マルクスに彼の理論的展開の証拠をもっとも望ましい現実性において提供したのである。(15)

引用と証拠となる文献は、第二部でもそうであったように、第一部のときよりいちじるしく少ない。第一部からの引用には、第二版および第三版のページ数がつけてある。草稿では、以前の経済学者たちの理論的論述が参照される場合には、たいてい名前だけが示されており、その引用自体は最終的仕上げのさいに行なわれるはずであった。私はもちろんこれをそのままにしておかなければならなかった。議会報告書は以下の四つだけが――しかもこれらはかなり広範に――利用されている。それは次のものである――

(一)(下院の)『委員会報告書』第八巻、『商業の窮境』、第二巻、第一部、一八四七―四八年、証言記録。――『商業の窮境』、一八四七―四八年、として引用。[*1]

(二)『一八四七年の商業の窮境にかんする上院秘密委員会』。報告書一八四八年印刷、証言一八五七年印刷(なぜなら、これは一八四八年にはあまりにも人の面目をそこねるとみなされたから)。――『商業の窮境』、一八四八/五七年、として引用。[*2]

(三)『銀行法報告書』、一八五七年。――同、一八五八年。一八四四年および一八四五年の銀行法の影響にかんする下院委員会の報告書。証言付き。——『銀行法』（ときおり『銀行委員会』とも）、一八五七年または一八五八年、として引用。[*3]

＊1〔『商業の窮境にかんする秘密委員会第一次報告書。証言記録付き。一八四八年六月八日、下院の命により印刷』をさす〕

＊2〔『しばらく商業階級のあいだにひろがった窮境の諸原因、および要求払い銀行券の発行を規制する法律がこの窮境におよぼした影響を調査するために任命された上院秘密委員会報告書。証言記録および付属資料付き。一八四八年七月二八日、下院の命により印刷』をさす。エンゲルスが、証言の印刷を一八五七年としているのは思い違いで、この部分も一八四八年に印刷されている〕

＊3〔『銀行法にかんする特別委員会報告書。委員会議事録、証言記録、付属資料および索引。一八五七年七月三〇日、下院の命により印刷』、ならびに『銀行法にかんする特別委員会報告書。委員会議事録、証言記録、付属資料および索引。一八五八年七月一日、下院の命により印刷』をさす〕

第四部——剰余価値学説の歴史——には私は、なんとか可能になりしだい、着手するであろう。[*]

＊〔マルクスは、『資本論』の第四部を、「理論的・文献的な部分」（一八六五年七月三一日のエンゲルスへの手紙、邦訳『全集』第三一巻、一一一ページ）、つまり学説史にあてる予定でいた。そのさい、『一八六一—一八六三年草稿』のなかの「剰余価値に関する諸学説」が主要な素材となるはずであった。この計画を受け継いだエンゲルスは、「剰余価値に関する諸学説」そのものを、「第二部および第三部によってすでに解決ずみの多くの個所」をのぞいた上で、第四部として公刊する予定をたてた（『資本論』、第二部、序言、本訳書、第二巻、七ページ）。しかし、エンゲルスは第三部刊行の翌年（一八九五年）に亡くなり、この企画を実現できなかった。この草稿は、その後カール・カウツキーによって編集され独立した全三巻（四分冊）の『剰

余価値に関する諸学説』（邦訳名は『剰余価値学説史』）として一九〇五―一〇年に出版された。しかし同版では、マルクスの意図を理解しない形での草稿の配列替えなどが行なわれていた。戦後、ソ連邦共産党とドイツ社会主義統一党のマルクス・レーニン主義研究所の編集によって、『剰余価値に関する諸学説（《資本論》第四部）』と題された三分冊からなるロシア語版が一九五四―六一年に、ドイツ語版が一九五六―六二年に刊行された（その邦訳は、『全集』第二六巻、第一―三分冊、大月書店）。「剰余価値学説に関する諸学説」を含む『一八六一―一八六三年草稿』全体は新メガ、第Ⅱ部、第三巻、第一―六分冊として一九七六―八二年に刊行された（邦訳『資本論草稿集』4―9、大月書店）〕

（16）『資本論』第二部への序言で、私は、「ロートベルトゥスのうちにマルクスの秘密の源泉および優れた先行者」を見いだしたと言って当時大騒ぎをした諸氏と決着をつけなければならなかった。私は彼らに「ロートベルトゥスの経済学の業績とはなんでありえたか」を表明する機会を与えた。私は彼らに、「価値法則をそこなわないだけでなくむしろそれにもとづいてどのようにして同等な平均利潤率が形成されうるのか、また形成されざるをえないのか」を立証するよう要求した〔本訳書、第二巻、三八ページ〕。当時、主観的または客観的な、しかし通例どうしても科学的であるとだけは言えない理由から、善良なロートベルトゥスを経済学の最大級の明星であると吹聴していたこの同じ諸氏は、例外なく回答をしないままでいる。これにたいし、この問題に取りかかるのを骨折り甲斐のあることと考

えたのは、他の人たちであった。

W・レクシス教授[*1]は、第二巻にたいする彼の批評（『コンラート年報』[*2]〔新シリーズ〕第一一巻、第五冊、〔イェーナ〕一八八五年、四五二―四六五ページ）のなかで、この問題を取り上げている――もっとも彼は直接的な解決を与えようとしているわけではないが。彼は言う――「もし異なる商品種類が個々別々に考察されるならば、そしてそれらの価値がそれらの交換価値に等しくなければならず、またこの交換価値がそれらの価格に等しいか比例するかしなければならないとすれば」（リカードウ＝マルクスの価値法則と同等な平均利潤率とのあいだの）「あの矛盾の解決は不可能である」と。その解決は、彼によれば、次のような場合にのみ可能である。すなわち、「個々の商品種類については労働による価値の測定をやめ、ただ全体としての商品生産物だけに、そして総資本家階級と総労働者階級のあいだでのその分配だけに注目する場合が、それである。……総生産物のうち労働者階級が受け取るのは一定部分だけであり……資本家に帰属する他の部分は、マルクスの意味における剰余生産物、したがってまた……剰余価値をなす。そこで資本家階級の構成員たちは、この総剰余価値を自分たちのあいだで分配するが、自分たちが就業させる労働者数を基準としてではなく、各人によって投下された資本の大きさ――そのさい土地も資本価値として算入される――に比例して分配する」。商品に体現された労働単位数によって規定されるマルクスの観念的価値は、価格には照応しないが、しかし「現実の価格に導く転換の出発点とみなされ」うる。「現実の価格は、同等の大きさの資本は同等の大きさの利得を要求するということによって条件づけられている」。このことによって、若干の資本家たちは彼らの商品と引き換えに、その観念的価値より高い価格を受け取り、他の資本家たちはより低い価格を受け取るであろう。「しかし剰余価値における喪失と付加とは、資本家階級の内部で相互に相殺されるので、剰余価値の全体の大きさは、すべての価格が商品の観念的価値に比例するであろう場合と同じである」。

＊1〔ドイツの経済学者、統計学者（一八三七―一九一四年）。彼の論文「マルクスの資本理論」は、次出の『コンラート年報』に掲載された〕

＊2〔旧歴史学派のB・ヒルデブラントが一八六三年に創刊した『国民経済学および統計学年報』をさす。一八七二―一八九〇年に同年報を編集した新歴史学派のJ・コンラートの名にちなみ、『コンラート年報』と略称された〕

ご覧のように、ここでは問題は少しも解決されていないとはいえ、それでも、たとえあいまいで浅薄なやり方にせよ、だいたいにおいて正しく提起されている。そしてこれは、実際、この著者のように一種の自負心をもって「通俗《ヴルゲール》経済学者」＊であると自称する者からわれわれが期待しうる以上のことである。これは、このあと取り扱われるべき他の俗流《ヴルゲール》経済学者＊たちの業績と比べればまさにおどろくべきことである。この著者の通俗経済学なるものは、もちろん独自の種類のものである。彼は言う――資本利得は、もちろんマルクスのやり方で導出されうるが、しかしこのような見解をとることを強いるものはなにもない。逆である。通俗〔俗流〕経済学には、一つの、少なくともいっそうもっ
(17) ともな説明の仕方がある、と。すなわち、「資本主義的売り手たち、すなわち原料生産者、製造業者、

卸売商人、小売商人は、各人が買うときよりも高く売ることによって、したがってその商品の原価を一定パーセントだけ高めることによって、彼らの事業で利得を得る。ただ労働者だけは、同じような価値割増しをなしとげることができない。彼は、資本家にたいして不利な立場にあることによって、自分の労働を、自分自身がそれに費やす価格で、すなわち必要生計費で売ることを余儀なくされている。……こうしてこれらの価格割増しは、買い手としての賃労働者たちにたいしてはその十分な意義を保持し、総生産物の価値の一部の、資本家階級への引き渡しを生じさせるのである」。

＊〔ドイツ語の vulgär には、「普通の」「通俗的」という意と、「非科学的」「俗流の」の意の二義がある。古典派経済学にたいして、非科学的な経済学をマルクスは俗流経済学と呼んだ（本訳書、第一巻、一四六ページ）。ここでエンゲルスは、両義をかけて皮肉っていると思われる〕

さて、資本利潤についてのこの「通俗経済学的」説明は、実際には、マルクスの剰余価値理論と同じ結果に帰着するということ、レクシスの見解によれば、労働者たちは、マルクスの場合とまったく同じ「不利な立場」にあるということ、どの非労働者も価格よりも高く売ることができるが労働者はそれができないのだから、彼らは、まったく同様に被詐取者であるということ、そして、この理論にもとづいて、ここイギリスでジェヴォンズ＝メンガーの使用価値説および限界効用説[＊1]にもとづいて築かれたのと少なくとも同じ程度にもっともらしい俗流社会主義が築かれうるということ、こうしたことを洞察するのにはそれほど頭を働かせる必要はない。いや、それどころか、私が思うには、この利潤論がジョージ・バーナード・ショー氏に知られたならば、彼は両手でこれにとびつき、ジェヴォンズとカール・メンガーにさよならをし、この岩の上に未来のフェビアン教会を新たに建てる[*2]ことができるであろう。

*1〔一八七〇年代に労働価値説に反対して生まれた学説で、S・ジェヴォンズ（イギリス）、C・メンガー（オーストリア）、ローザンヌ学派のL・ワルラス（フランス）らによって提唱された。財貨はその供給の増加とともに効用が低下し、財貨の価値はその財貨を最後にもう一単位だけ消費または保有することによって得られる使用価値（限界効用）によってはかられるとし、消費者は、この限界効用が同じ数値になるように各財貨の購入数を配分することにより極大の満足を得ることができるとした〕

*2〔新約聖書、マタイ、一六・一八、「私はこの岩の上に私の教会を建てよう」にちなむ。G・B・ショーらが所属した一八八四年一月創立の社会改良主義的団体「フェビアン協会」を皮肉っている〕

しかし実はこの理論は、マルクスの理論の言いなおしにすぎない。いったい、価格割増しのすべてはなにから支払われるのか？　労働者たちの「総生産物」からである。しかも、「労働」という商品またはマルクスの言う労働力という商品が、その価格以下で売られなければならないということによってである。というのは、生産費より高く売られることがすべての商品に共通する属性であるとすれば、しかし労働だけはこの例外をなし、いつもちょうど生産費で売られるとすれば、労働はまさに、価格——この俗流経済学の世界で通例である価格——よりも安く売られることになるからである。その結果として資本家または資本家階級の手にはいる特別利潤は、まさに、労働者が、自分の労働の価格にたいする代償分を再生産したあと、さらにそれ以上に、自分が支払いを受けることのない生産物

――剰余生産物、不払労働の生産物、剰余価値――を生産しなければならないということを本質とし、また結局のところ、そのことによってのみ成立しうるのである。レクシスは言葉を選ぶという点ではこのうえなく用心深い男である。彼は、上述の見解が自分のものであるとはどこにも明言していない。しかし、それが彼の見解であるとすれば、われわれがここでかかわりあっているのは、いずれもマルクスの目から見れば「せいぜい見込みのない愚か者でしかない」とレクシス自身が言っているあのありふれた俗流経済学者たちの一人ではなく、俗流経済学者を装った一マルクス主義者である、ということはまったく明白である。この扮装が意識的に行なわれたか無意識的に行なわれたかは、ここではわれわれに興味のない心理学の問題である。この点を解明したいと思う人は、おそらく、あるときには実にりこうな男――レクシスは疑いもなくそうである――が、かつて金銀複本位制[*1]のようなばかげたものさえ弁護できた[*2]ということが、どうして可能であったかをも研究することになるであろう。(18)

＊1〔複本位制については、本訳書、第一巻、一七一―一七二、二四八―二五〇ページ参照〕

＊2〔レクシス「本位貨問題の批判的論究」、所収『ドイツ帝国における立法、行政および国民経済年報』、第五巻、第一冊、ライプツィヒ、一八八一年、八七―一三二ページ〕

実際にこの問題に答えようと試みた最初の人は、コンラート・シュミット博士[*]――『マルクスの価値法則にもとづく平均利潤率』、ディーツ、シュトゥットガルト、一八八九年――であった。シュミットは市場価格形成の詳細を価値法則にも平均利潤率にも一致させようとする。産業資本家が彼の生産物において受け取るのは、第一に彼の前貸資本にたいする補填分と、第二に彼がなんの代価も支払わなかった剰余生産物である。しかし、この剰余生産物を受け取るためには、彼は自分の資本を生産に前貸ししなければならない。すなわち彼は、この剰余生産物を取得することができるためには、一定分量の対象化された労働を使用しなければならない。したがって資本家にとっては、彼のこの前貸資本は、この剰余生産物を手に入れるために社会的に必要とされる対象化された労働の一分量である。他のどの産業資本家についても同じことが言える。ところで諸生産物は、価値法則にもとづいて、それらを生産するのに社会的に必要な労働に比例して相互に交換されるのであるから、そして資本家にとっては、彼の剰余生産物の生産に必要な労働は、まさに、彼の資本のうちに蓄積された過去の労働であるのだから、剰余生産物は、その生産に必要とされる資本に比例して交換されるのであって、現実にそれらのうちに体現された労働に比例して交換されるのではない、ということになる。したがって、各資本単位に帰属する分け前も、すべての生産された剰余価値の総額を、それに使用された資本の総額で割ったものに等しい。こうして同じ大きさの資本は等しい時間に等しい利潤をもたらすのであり、こういう結果が得られるのは、このように計算された剰余生産物の費用価格、すなわち平均利潤が、支払われた生産物〔部分〕の費用価格につけ加えられ、この高められた価格で支払生産物と不払生産物の両者が売られるためである。平均利潤率は――シュミットが考えるように、個々の商品の平均価格が価値法則に従って規定されるにもかかわらず――成立しているのである。

＊〔ドイツの経済学者、社会民主党員（一八六三―一九三二年）。経済学を学ぶなかでマルクスの『資本論』に接して影響を受け、当時六七歳のエンゲルスを訪ねたり文通したりして史的唯物論や経済学研究の教示を

受けた。エンゲルスの死後、もっとも早くマルクス批判の立場に移った一人〕

（19）

この構想はこのうえなく巧妙であり、まったくヘーゲルの手本にならっているが、しかしそれが正しくないという点でも、ヘーゲル的構想の大部分と共通である。剰余生産物であるか支払われた生産物であるかによっては、なんの区別も生じない。すなわち、価値法則が平均価格にたいしても直接に妥当すべきであるとすれば、両方の生産物は、その生産に必要であり、かつその生産に消費された社会的必要労働に比例して売られなければならない。価値法則は、資本主義的考え方から出てくる見解――すなわち、資本を構成する蓄積された過去の労働は、単に一定額の既成の価値であるのではなく、生産と利潤形成との要因であるから価値形成的でもあり、したがってそれ自身がもっているよりも多くの価値の源泉でもあるという見解――とは最初から対立する。価値法則は、この属性が、生きた労働にのみそなわっていることを確認する。資本家たちが、自分の資本の大きさに比例して等しい利潤を期待していること、したがって彼らの資本前貸しを彼らの利潤の一種の費用価格とみなしていることは、周知のことである。しかし、もしシュミットがこの観念を、平均利潤率に従って計算された価格を価値法則と一致させるための手段として利用するのであれば、彼は、価値法則とまったく矛盾する一観念を共同規定的要因として価値法則に合体することによって、価値法則そのものを廃棄しているのである。

もし蓄積された労働が生きた労働とならんで価値形成的であるとすれば、その場合には価値法則は妥当しない。

そうではなくて、蓄積された労働は価値形成的でないとすれば、その場合には、シュミットの論証は価値法則と両立しない。

シュミットは、すでに解決のすぐそばまでいきながらこのわき道へそらされたのであるが、それは、可能であれば、個々の各商品の平均価格と価値法則との一致を証明しうる数学的な定式をみつけださなければならないと彼が考えたからである。しかし、たとえ彼がここ、目標のまったく近くで道をまちがえたとしても、この小冊子の残りの内容は、彼がどのような理解力をもって『資本論』のはじめの二部からさらにその先の諸結論を引き出したかを示している。これまで説明のつかなかった利潤率の傾向的低下に正しい説明——マルクスの場合には第三部第三篇で与えられている説明——を独力で見いだしたという名誉は、彼にふさわしいものである。産業的剰余価値からの商業利潤の導出、ならびに利子および地代にかんする一連の論述——マルクスの場合には第三部の第四篇および第五篇*で展開されていることがらを先取りした論述——も、同様である。

＊〔「第四篇、第五篇、および第六篇」の誤りと思われる〕

その後の一労作〔「平均利潤率とマルクスの価値法則」〕（『ノイエ・ツァイト』*、一八九二―九三年、第三号および第四号）において、シュミットはもう一つの解決の道を試みている。それは次のことに帰着する。すなわち平均利潤率を成立させるのは競争であり、競争が資本を、利潤が平均を下回る生産部
(20) 門から平均を上回る利潤の得られる他の生産部門へ移動させることによってこれを行なうのである。競争が利潤を均等化する大きな力であるというのは新しい主張ではない。しかし、いまシュミットが

証明しようとしているのは、利潤のこの均一化は、過剰に生産される諸商品の販売価格を、社会が価値法則に従ってその商品に支払いうる価値尺度に還元することと同じである、ということである。なぜこれもまた目標を達成しえなかったかは、本書自体のマルクスの解明から十分に明らかになる。

＊〔ドイツ社会民主党（一八九〇年までは、ドイツ社会主義労働者党）の理論雑誌。一八八三年創刊〕

シュミットのあとP・ファイアマンが＊この問題に取りかかった（〔「マルクスの価値理論批判」、〕『コンラート年報』第三シリーズ、第三巻〔イェーナ、一八九二年〕、七九三ページ）。私は、マルクスの叙述の他の側面にかんするファイアマンの論評には立ち入らない。彼の論評は、マルクスが〔理論を〕展開しているところを、定義づけを与えようとしているかのように考え、また一般にマルクスのもとで、永遠に妥当する固定し完成した定義を求めるべきであるとする思い違いにもとづいている。事物およびそれらの相互関連が固定的なものとしてでなく、変化しつつあるものとしてとらえられる場合には、それらの思想的模写すなわち諸概念もまた同様に変化と変形をこうむるということ、それらは硬直した定義に押し込められるのではなく、それらの歴史的または論理的形成過程のなかで展開されるということは、まったく自明のことである。このことから、なぜマルクスが第一部の冒頭で――そこでは彼は、彼の歴史的前提としての単純な商品生産から出発し、次にこの基礎からさらに資本へと進んでいるのであるが――なぜ彼がここでまさに単純商品から出発し、概念的および歴史的に二次的な一形態から、すなわちすでに資本主義的に変形された商品から出発しないのかということも、十分に明白であろう。このことは、もちろんファイアマンにはまったく理解できないことである。なおいろいろ異論を唱えるきっかけになりうるあれこれの副次的ことがらはむしろ無視して、ただちに問題の核心に移ろう。理論がこの著者に教えるところによれば、与えられた剰余価値率のもとでは剰余価値は使用された労働力の総数に比例するのにたいし、経験が彼に示すところでは、与えられた平均利潤率のもとでは利潤は使用された総資本の大きさに比例する。このことをファイアマンは次のことによって説明する。すなわち、利潤はもっぱら慣習的な（彼の場合には、一定の社会的構造に属し、これと存亡をともにすることを意味する）現象である。利潤の存在は、まったく資本に結びついている。資本は、利潤を奪い取るのに足りるほどの力をもっている場合にも、競争によって、すべての資本にとって等しい利潤率を奪い取ることを余儀なくされている。等しい利潤率なしには、およそどんな資本主義的生産も不可能である。この生産形態が前提されるならば、どの個々の資本家にとっても、利潤の総量は、与えられた利潤率のもとでは、彼の資本の大きさに依存しうるだけである。他方、利潤は、剰余価値、不払労働からなる。ではこの場合に、労働の搾取によってその大きさの決まる剰余価値が、この搾取に必要な資本の大きさによってその大きさの決まる利潤にどのようにして転化するのか？(21)
「単純に……不変資本と可変資本との比が最大であるすべての生産諸部門では、諸商品はその価値よりも高く販売されるということ、しかしまた、不変資本と可変資本との比＝c：v が最小である生産諸部門では、諸商品はその価値よりも低く販売されること、そして、c：v の比が一定の中位の大きさを表わすところでだけ、諸商品はその真の価値どおりに譲渡されるということ、によってである。……個々の価格と、そのそれぞれの価値とのこの不一致は、価値原理の否定であろうか？ 決してそうではない。というのは、若干の商品の価格が価値よりも低下するのと同じ程度に他の商品の価格が価値よりも騰貴するために、価格の総額は依然として価値の総額と等しく……結局のところ不一致は消滅する」。この不一致は「撹乱」である。「しかし精密科学においては、予測されうる撹乱は決して法則の否定とはみなされないのが常である」〔同前、八〇六―八〇八ページ〕。

＊〔ロシア生まれのアメリカの化学者、工場主（一八六三―一九六二年）〕

この文章と〔第二篇〕第九章の対応個所とを比較してみると、ファイアマンがここで実際に決定的な点を的確に指摘したことがわかるであろう。しかし、ファイアマンがこの問題の完全で明快な解決をなしとげうるためには、この発見ののちにもなおいかに多くの中間項が必要であったかは、彼のこのように重要な論文が受けた不当な冷遇がこれを証明している。この問題に興味をもった人も実に多くいたが、だれもが相変わらず手出しをしてひどい目にあうことを恐れた。そしてこのことは、ファイアマンが自分の発見を未完成な形態で放置したことからだけでなく、マルクスの叙述についての彼の理解と、この理解にもとづいてマルクスの叙述に加えた彼独自の一般的批判との、まぎれもない欠陥からも説明がつく。

難問に手出しをして恥をさらす機会のあるときに、チューリッヒの教授ユーリウス・ヴォルフ氏[*1]がその機会をのがしたことは決してない。全問題は――と彼はわれわれに語る（〔「マルクスによる平均利潤率の謎」、〕『コンラート年報』、新シリーズ〔正しくは第三シリーズ〕、第二巻〔一八九一年〕、三五二ページ以下）――相対的剰余価値によって解決される。相対的剰余価値の生産は、可変資本に比べての不

(22) 変資本の増加を基礎にする。「不変資本の増大は、労働者の生産力の増大を前提とする。しかし生産力のこの増大は（生活諸手段の低廉化[*2]を通じて）剰余価値の増大を招来するから、増大する剰余価値と、総資本中の増大する不変資本部分とのあいだには、直接的関係が確立されている。不変資本の増加は、労働の生産力の増加を証明する。だから、可変資本がもとのままで不変資本が増大する場合には、剰余価値は、マルクスの説と一致して増大しなければならない。われわれに課された問題は、このようなものであった」〔同前、三五八ページ〕。

＊1〔ドイツの経済学者（一八六二―一九三七年）〕
＊2〔ヴォルフの原文では「労働者の生活の低廉化」となっている〕

確かに、マルクスは第一部のいたるところで正反対のことを言っている。とはいえ、マルクスによれば、可変資本が減少する場合であっても、相対的剰余価値は不変資本が増大するのに〔正〕比例して増大する、と主張するのは、どのような議会的言い回しもこれにはおよばないおどろくべき主張である。確かに、ユーリウス・ヴォルフ氏は、どの行においても、絶対的剰余価値についても相対的剰余価値についても、相対的にも絶対的にも、少しも理解していないことを証明している。確かに、彼自身はこう言っている――「一見したところ、ここでは実際たわごとの巣のなかにいるように思える」〔同前、三六一ページ〕――ちなみにこの一文は、彼の論文全体のなかの唯一の真実な言葉である。しかし、そんなことのすべてがどうしたというのか？　ユーリウス・ヴォルフ氏は、自分の天才的な発見があまりにも自慢なので、そのためにマルクスに没後の賛辞を呈し、自分自身のこのはかり知れぬでたらめを、「彼の」（マルクスの）「資本主義的経済の批判的体系の構想を描くさいの鋭さと先見の明との新たな証拠」！〔同前、三六一ページ〕として吹聴しないわけにはいかない。

　しかし、それではすまない。ヴォルフ氏は言う――「リカードウは、等しい労働使用は等しい剰余価値（分量から見て）を生むと主張したのと同じく、等しい資本使用は等しい剰余価値（利潤）を生むと主張した。そこで問題は、どのようにして一方が他方と一致するのか、ということであった。それなのにマルクスは、この形での問題の出し方を承認しなかった。彼が（第三巻で）疑いもなく証明したのは、第二の主張は価値法則の無条件の帰結ではなく、それどころかそれは彼の価値法則に矛盾しており、したがって……直接しりぞけられるべきである、ということであった」〔同前、三六六ページ〕。そこで彼は、われわれ二人のうち、どちらが誤ったのか、私かマルクスか、を調査する。もちろん彼は、自分自身が誤謬《ごびゅう》のなかでうろつき回っているのだとは考えもしない。

　もし私がこのみごとな文言についてひとことでも口をすべらそうとするならば、それは、私の読者を侮辱し、場面の滑稽さをまったく見そこなうことになるであろう。私はただ次のことだけをつけ加えておこう。彼は、大胆にも、すでに当時、なにを「マルクスは第三部で疑いもなく証明した」かを言うことができたが、その同じ大胆さをもって彼はこの機会を利用し、いわゆる教授たちのうわさ話を報告している。それによれば、コンラート・シュミットの上述の著作は「エンゲルスによって直接に考えを吹き込まれたものだ」〔同前、三六六ページ〕というのである。ユーリウス・ヴォルフ氏よ！(25)あなたが生き動いている世界*では、他の人々にたいして公に問題を出す人が、自分の私的友人たちにこっそり解答を教えるのは、普通のことかもしれない。あなたがそういうことのできる人だということを、私はあなたのために喜んで信じよう。私がつき合っている世界では、そのような卑劣行為にまで身をおとす必要がないことは、この序言があなたに証明する。――

＊〔新約聖書、使徒行伝、一七・二八〕

マルクスが亡くなると、アキレ・ローリア氏[*1]はすぐさまマルクスにかんする一論文を『ヌオーヴァ・アントロジーア』[*2]（〔第二シリーズ、第三八巻、ローマ〕一八八三年四月〔一日号〕）に発表した。最初は、まちがった記述だらけの伝記、次に公的、政治的、および文筆的活動の批判。マルクスの唯物史観は、ここでは、ある大目的の存在を察知させる確信をもって、偽造され歪められている。そしてこの目的は達せられた。すなわち、一八八六年に同じローリア氏は『政治制度にかんする経済理論』という一書を公刊したが、そのなかで彼は、一八八三年にあのように全体的に、あのように故意に歪曲したマルクスの歴史理論を、自分自身の発見であると、あっけにとられる同時代の人々に布告している。もちろん、マルクスの理論はここではかなり俗物的水準に引き下げられている。歴史的な裏づけや実例も、ギムナジウムの生徒にも許されないようなまちがいだらけである。しかしそんなことのすべてはどうでもよいではないか？　どこでも、いつでも、政治的な諸状態および諸事件は、それに対応する経済的諸状態によって説明されるという発見は、同書で証明されたように、決してマルクスによって一八四五年[*3]になされたのではなく、ローリア氏によって一八八六年になされたのである。少なくとも彼は、このことを彼の同国人に、また彼の著書がフランス語で出てからは若干のフランス人にもめでたく信じ込ませたのであり、いまや彼は、イタリアで、新たな時代を画する歴史理論の著者として意気揚々と歩き回ることができる——同国の社会主義者たちがローリア〝閣下〟から、盗まれたクジャクの羽根[*4]をむしり取るときを見いだすまでは。

*1〔イタリアの社会学者、経済学者（一八五七―一九四三年）〕

*2〔『ヌオーヴァ・アントロジーア・ディ・シエーンツェ・レッテレ・エド・アルティ』（『科学・文学・芸術新論集』）。一八六六―一八七八年にフィレンツェで月刊、一八七八―一九四三年にローマで月二回、発行されたイタリアの文芸・政論雑誌。ローリアの「カール・マルクス」は、同号の五〇九―五四二ページに掲載された〕

*3〔マルクスとエンゲルスは、一八四五年から『ドイツ・イデオロギー』を執筆した〕

*4〔「クジャクが羽根を広げる」という一八世紀の表現は「いばってふんぞり返る」ことを意味し、カケスがクジャクの羽根で身をつつんでいばり、もの笑いのたねになって羽根をむしり取られるたとえ話（ラ・フォンテーヌ『寓話』、巻の四の九）から。マルクスの理論を盗んでいばるローリアを風刺している〕

しかし、これはまだやっとローリア氏のやり口の小さな一見本でしかない。彼はわれわれに断言する——マルクスの全理論は意識的な詭弁をもとにしており、マルクスは誤った推論を、たとえそれがそうであるとわかっている場合でも、ひるまず推し進めた、等々と。そして彼は、一連のこれと似た低級なばか話によって、彼の読者に、マルクスもわがパドヴァ[*]の教授と同じいかがわしいぺてん師的小策を弄して自分のちゃちな演出効果を舞台で見せるローリア流の野心家であると思いこませるのに必要なことを吹きこんだあと、いまや読者に重大な秘密をもらすことができるのであり、そのようにしてわれわれをも利潤率の問題につれもどすのである。

＊〔イタリア、ヴェネツィア近郊の都市。アキレ・ローリアは一八九一年からパドヴァ大学の教授であった〕

(26) ローリア氏は言う——マルクスによれば、不変資本はなんらの利潤も生まないから、資本主義的な産業的事業で生産される剰余価値（ローリア氏はここでは利潤と同一視している）の総量は、そこで使用された可変資本によって決まるはずである。しかし、これは現実と矛盾する。というのは、実際においては、利潤は可変資本によってではなく、総資本によって決まるからである。そしてマルクスは自分でもこのことを承知しており（第一部第一一章）＊、外観からすれば事実が自分の理論と矛盾しているということを認めている。それでは、彼はどのようにしてこの矛盾を解決するのか？　彼は自分の読者に、まだ刊行されていない続巻を見よと指示する。この巻についてはローリアは、自分の読者にすでに以前にこう言っていた——私は、マルクスがほんの一瞬間ですらこの巻を書こうと考えたことがあるとは思わない、と。そしていまや彼は勝ち誇って叫ぶ——「したがって、私がこう確信したのは誤りではなかった。すなわち、まだ出版もされないのにマルクスがその論敵たちを続けておどかすのに用いているこの第二巻、この巻は、きっと、学問的論証ができなくなると（科学的論証の代わりに）マルクスが用いる悪がしこい逃げ道となりえたであろう、と」。そして、学問的ぺてんという点においてマルクスがローリア〝閣下〟と同じ水準にあることをいまだに納得しない者は、なんとも救いようのないやつなのである。

＊〔ローリアは第一巻フランス語版を用いており、これはドイツ語第二版以後の第九章にあたる。とくに本訳

書、第一巻、五四一ページ以下の記述参照〕

したがって、われわれが学んだのは、ローリア氏によれば、マルクスの剰余価値論は一般的な同等な利潤率という事実とは絶対に相容れない、ということである。そのとき第二部が発行されて〔一八八五年七月〕、それとともに、まさにこの同じ論点にかんして私が公に提起した問題も発表された。[*1] もしローリア氏がわれわれ内気なドイツ人の一人であったとすれば、彼もいくらか当惑したことであろう。しかし彼は向こう見ずの南国人であり、自分でも確言できるように、不凍結性〔厚かましさ〕[*2]がある程度まで自然条件である、暑い風土の出身である。利潤率にかんする問題は公然と提起されている。ローリア氏は公然とこの問題が解決不能であると宣言した。そしてまさにそのために、彼はいまや、この問題を公然と解くことによってふだんの自分を上回る力量を示すことであろう。

*1〔本訳書、第二巻、三七―三八ページ参照〕

*2〔ドイツ語の Unverfrorenheit には、「不凍結性」と「厚かましさ」の二義があることにかけている〕

この奇跡が起こるのは、『コンラート年報』、新シリーズ、第二〇巻〔一八九〇年〕、二七二ページ以下で、コンラート・シュミットの上述の著作にかんする一論説[*1]においてである。商業利潤がどのようにして成立するかをシュミットから学んでからは、彼にとっては、すべてが一挙に明らかになる。「さて、労働時間による価値規定は、自分の資本の一大部分を賃銀に投下する資本家たちに利益を得させるのであるから、不生産的」（商業的というべきである）「資本は、この有利な資本家たちからより高い利子」（利潤というべきである）「を手に入れて、個々の産業資本家間の平等をもたらすことが

(27)

できる。……こうして、たとえば、産業資本家たちA、B、Cが各々一〇〇労働日と、それぞれ〇、一〇〇、二〇〇の不変資本とを生産に使用し、一〇〇労働日分の労賃は五〇労働日をみずからのうちに含むとすれば、どの資本家も五〇労働日の剰余価値を受け取り、そして利潤率は、第一の資本家にとっては一〇〇％、第二の資本家にとっては三三・三％、第三の資本家にとっては二〇％である。[*2] しかし、第四の資本家Dが三〇〇の不生産的資本を蓄積し、この資本が、Aから四〇労働日の価値の利子」（利潤）「を、Bから二〇労働日の利子を請求するならば、資本家AとBとの利潤率は、Cのそれと同じ二〇％に下がり、三〇〇の資本をもつDは六〇の利潤、すなわち、他の資本家たちと同じく二〇％の利潤率を受け取るであろう」〔同前、二七四ページ〕。

＊1〔A・ローリア「マルクスの価値法則にもとづく平均利潤率。コンラート・シュミット著。シュトゥットガルト、一八八九年」。所収、『国民経済学および統計学年報』、ブルーノ・ヒルデブラント創刊、ヨハネス・コンラート編、新シリーズ、第二〇巻、イェーナ、一八九〇年〕

＊2〔それぞれ、$\frac{50}{50}$、$\frac{50}{150}$、$\frac{50}{250}$。次の％も同様の計算〕

このように驚嘆すべき器用さで、ローリア〝閣下〟は、あっという間に、彼が一〇年前には解決不能であると宣言したその同じ問題を解くのである。残念ながら彼は、土地所有者が借地農場経営者の超過利潤を地代としてくすねるのとまったく同じように、この「不生産的資本」が、産業家たちから平均利潤率を超える彼らのこの特別利潤をかすめ取るだけでなく、これをしっかりと自分のポケットに確保する力をどこから手に入れるのかという秘密をわれわれにもらしはしなかった。彼の言うところに従えば、実際、商人たちは地代にまったく類似した貢納を産業家たちから取り立て、それによって平均利潤率を成立させることになるであろう。もちろん、商業資本は、ほとんどだれでも知っているように、一般的利潤率の成立に加わる一つの非常に本質的な要因である。しかし、腹の底では経済学すべてをばかにしている文筆上のいかさま師だけが、あえて次のように主張することができる。すなわち、商業資本は、一般的利潤率を超過するすべての剰余価値を――しかもそのような一般的利潤率が成立する前に――吸い取って、これを自分自身のための地代に転化する――しかもおまけに、このためになんらかの土地所有を必要とすることなしに――という魔力をもっている、と。これに劣らずおどろくのは、次のような主張、すなわち、商業資本は、ちょうど平均利潤率に達するだけの剰余価値を得る産業家たちをいつでも発見することができるのであり、マルクスの価値法則のこの不幸な犠牲者たちの運命を――彼らの生産物を無償で、しかもどんな手数料も取らずに彼らのために売ってやることによって――いくらか楽にしてやることをみずからの名誉とみなす、という主張である。マルクスがこんな嘆かわしいちゃちな手品を必要としていると思い込まなければならないとすれば、どんな手品使いになるのだろうか！

しかしわがローリア〝閣下〟は、われわれが彼をその北方の競争者たち、たとえば、これもやはりそれなりの人物であるユーリウス・ヴォルフ氏と比較するときにはじめて、このうえなく栄光につつまれて光り輝く。このヴォルフ氏は、『社会主義と資本主義的社会秩序』(28)にかんする彼のぶ厚い著書〔シュトゥットガルト、一八九二年〕をもってしても、このイタリア人のかたわらではなんたるみすぼらしいくりごと屋に見えることか！　この〝大家〟〔ローリア氏〕が当たり前のことのように、マルクスは、他のすべての人々以上でも以下でもなく、ローリア氏自身とまったく同じ意識的な詭弁家、逆説論者、ほら吹き、香具師《やし》であったと、またマルクスはどうにも先へ進めなくなるといつでも、自分でも非常によくわかっているように、提供することもできないし、提供する気もない続巻で自分の理論の結末を与えると公衆に出まかせを言うと、言うのであるが、その品位のある図太さとならべると、彼〔ヴォルフ氏〕はなんとみすぼらしく、なんと控え目であることかと、私は言いたくさえなるのである。ウナギのように窮地をすり抜けることと一体をなす、限りない厚かましさ、自分が受けた侮蔑的あしらいにたいする英雄的な軽蔑、他人の業績のすばやく機敏な横取り、押しつけがましい香具師的誇大宣伝、一味徒党による売名組織――これらすべてのことで、だれが彼の足もとにおよぶであろうか？

イタリアは古典主義の国である。ここで近代世界の黎明を告げるあの偉大な時代〔ルネサンス〕以来、イタリアは、ダンテからガリバルディ[*1]にいたる、比類ない古典的完成をとげた錚々《そうそう》たる諸人物を生み出した。しかし、衰退と外国支配との時代もまた、この国に古典的な容貌をもつ個性的な人物を残したのであり、そのうちとくに彫りのみごとな二つの典型は、ズガナレル型[*2]とドゥルカマーラ型[*3]である。われわれは、この両者の古典的統一が、わがローリア〝閣下〟のうちに体現されているのを見る。

＊1〔ジュゼッペ・ガリバルディ（一八〇七―一八八二年）は、イタリアの軍人。イタリア統一運動をすすめた〕

＊2〔イタリアの人形劇や即興喜劇に登場する小心な道化的人物。モリエールはこの姿を借りて『ドン・ジュアン』に登場させた〕

＊3〔イタリアの即興喜劇に登場するいかさま師。第三巻へのエンゲルスの補足と補遺などにも登場する〕

最後に私は、わが読者たちを大西洋のかなたに案内しなければならない。ニューヨークで、医学博士ジョージ・C・スティーベリング氏[*1]も、この問題の解決を、しかもこのうえなく簡単な解決を見いだした。あまりに簡単なので、〔大西洋の〕あちら側でもこちら側でもだれ一人としてその解決を認めようとしなかった。彼はこのことにおおいに腹をたて、大洋の両側で、果てしなく相次ぐ小冊子や新聞論説において、この不当な仕打ちについて実に激しい苦情を述べたてた。確かに彼にたいして、『ノイエ・ツァイト』誌上で、彼の全解決が計算違いに立脚するものであると言われた[*2]。しかしそんなことでくじける彼ではなかった。マルクスも計算違いをしたが、多くの点ではあくまでも正しいのである。そこでわれわれは、スティーベリングの解決を検討してみよう。

＊1〔アメリカの統計学者、政論家（一八三〇―一八九五年）〕

＊2〔「スティーベリング氏の論文『資本の密集化が労賃および労働の搾取におよぼす影響について』にたいする論評」。所収、『ノイエ・ツァイト』、一八八七年、第三号、一二七―一三三ページ〕

「同等な資本を用い同等な時間にわたって作業をするが、不変資本と可変資本との比率を異にする二つの工場をとってみよう。総資本（c＋v）をyとし、不変資本と可変資本との比率の差をxで表わすとしよう。工場Ⅰでは y＝c＋v であり、工場Ⅱでは y＝（c－x）＋（v＋x）である。

したがって剰余価値率は、工場Ⅰでは $\frac{m}{v}$ であり、工場Ⅱでは $\frac{m}{v+x}$ である。総資本yまたは c＋v が所与の時間中に自己を増殖する総剰余価値（m）を利潤（p）と呼ぼう。すなわち $p=m$ である。したがって利潤率は、工場Ⅰでは $\frac{p}{y}$ または $\frac{m}{c+v}$ であり、工場Ⅱでは同様に $\frac{p}{y}$ または $\frac{m}{(c-x)+(v+x)}$、すなわち同様に $\frac{m}{c+v}$ である。この……問題は、したがって次の(29)ようにして解かれる。すなわち、価値法則の基礎上では、同等な資本と同等な時間が使用され、しかし異なる量の生きた労働が使用される場合には、剰余価値率の変化から同等な平均利潤率が生じてくる、と」（G・C・スティーベリング『価値法則と利潤率』、ニューヨーク、ジョン・ハインリヒ〔一八九〇年、序文、一ページ〕）。

右の計算はみごとでわかりやすいとしても、われわれはやはり博士スティーベリング氏に一、つ、の質問をせざるをえない。すなわち、工場Ⅰの生産する剰余価値総額が、工場Ⅱで生み出された剰余価値総額とまったく等しいことを、氏は、どうしてご存知なのか？　と。c、v、y、およびxについては、したがって残余のすべての計算因子については、彼は明確にそれらが両工場にとって同じ大きさであるとわれわれに語っているが、mについてはひとことも述べてはいない。しかし、彼がここで生じる両方の剰余価値の量を代数的にmで表わしているということからは、両方が同じ大きさであるということは決して出てはこない。スティーベリング氏はまた、利潤pを無造作に剰余価値と同一視しているのであるが、むしろこの点こそがまさに証明されるべきものなのである。いまや二つの場合だけが可能である。一つには、両方のmが同等で、それぞれの工場が等量の剰余価値を生産し、したがって同等な総資本のもとでやはり等量の利潤を生産する場合――そしてその場合には、スティーベリング氏はいまから証明すべきことをすでにまえもって前提しているのである。もう一つは、一方の工場が他方の工場よりも多額の剰余価値を生産する場合――そしてその場合には、彼の全計算は崩れ去る。

スティーベリング氏は、彼のこの計算違いのうえに計算の山を積み重ねて公衆の観覧に供する苦労も費用もいとわなかった。私は、次のことをはっきり言うことによって彼の気持を落ち着かせることができる――すなわち、これらの計算はそのほとんどすべてが一様にまちがっており、そして、それらが例外的にまちがっていない場合には、それらは彼が証明しようとしていることとはまったく別のなにかを証明しているのである、と。たとえば彼は、一八七〇年と一八八〇年とのアメリカの国勢調査報告書の比較から実際に利潤率の低下を証明しているが、しかしこの低下をまったく誤って説明し、つねに同等のままで安定している利潤率というマルクスの理論は実際によって訂正されなければならない、と考えているのである。ところがいまや、本書の第三部第三篇から結論として出てくるのは、このマルクスのものとされる「固定的な利潤率」は純然たる妄想であり、また利潤率の傾向的低下は、スティーベリング博士のあげた諸原因とは正反対の諸原因にもとづくということである。博士スティーベリング氏の意図は、確かにまったく善意からなのではあるが、しかし、もし学問上の問題にたずさわろうとするなら、なによりもまず、利用しようとする諸著作を著者が書いたとおりに読むこと、とりわけ、書かれていないことをかってに読みとらないようにすることを学ばなければならない。

(30)

以上の研究全体の結論はこうである。当面の問題にかんしても、なにごとかをなしとげたのは、またしてもマルクス学派だけである。ファイアマンとコンラート・シュミットは、彼らがこの第三部を読めば、それぞれ自分に関連した部分について、自分自身の労作にまったく満足できるであろう。

F・エンゲルス

ロンドン、一八九四年一〇月四日

第三部　資本主義的生産の総過程（第一部《タイル》*）

*〔第三巻（第三部）は、初版では、第一篇第一章から第五篇第二八章までを第一部《タイル》、第五篇（つづき）第二九章から第七篇第五二章までを第二部とし、二分冊に分けて刊行された。出版上の理由からであると思われる。このため第五篇は両分冊に分かれている。本訳書では第三巻を五分冊で刊行する〕

〔33〕

第一篇　剰余価値の利潤への転化、および剰余価値率の利潤率への転化*

＊〔第一篇（草稿では第一章）の表題は、主要草稿では「剰余価値の利潤への転化」、第二および第三草稿では「剰余価値の利潤への転化、および剰余価値率の利潤率への転化」となっている。また使用されなかった草稿の一つでは、「剰余価値の利潤への転化。利潤率」となっている〕

第一章　費用価格と利潤*

＊〔主要草稿では「剰余価値と利潤」であったが、そのあとに書かれた各草稿ではこのように変更された〕

第一部では、それ自体として取り上げられた資本主義的生産過程が直接的生産過程として提示する諸現象が研究され、そのさい、直接的生産過程とは無縁な諸事情の副次的影響はすべてまだ度外視された。しかし、この直接的生産過程が資本の生涯の全部をなすわけではない。それは、現実の世界では流通過程によって補足され、そしてこの流通過程が第二部の研究対象であった。そこ〔第二部〕では、とくに第三篇で、流通過程を社会的再生産過程の媒介として考察したさいに、資本主義的生産過程は、全体として考察すれば生産過程と流通過程との統一であることが明らかにされた。この第三部で問題となるのは、この統一について一般的反省を行なうことではありえない。肝要なのは、むしろ、全体として考察された資本の運動過程から生じてくる具体的諸形態をみつけだして叙述することである。[*1] 諸資本[*2]は、その現実的運動においては、具体的諸形態――この諸形態にとっては直接的生産過程における資本の姿態も、流通過程における資本の姿態も、特殊な契機としてのみ現われるような、そのような具体的諸形態――で相対し合う。したがって、われわれがこの第三部で展開するような資本の諸姿容[*3]は、それらが社会の表面で、さまざまな資本の相互の行動である競争のなかに、また生産当事者たち自身の日常の意識のなかに現われる形態に、一歩一歩、近づく。

＊1〔主要草稿では、ここまでの文章は次のようになっている。
「すでに見たように、全体として考察された生産過程は、生産過程と流通過程との統一である。流通過程を再生産過程として考察したさいに（第二部第四章）、このことはより詳しく論じられた。この部で問題となるのは、この『統一』について一般的反省を行なうことではありえない。肝要なのは、むしろ、――全体として考察された――資本の過程から生じてくる具体的諸形態をみつけだして叙述することである。」〕

＊2〔草稿では、ここからこのパラグラフの末までが角括弧でくくられている〕

＊3〔マルクスは、ここで説明した意味で、第三部の表題を「総過程の諸姿容」とした〕

＊〔これ以下は第三草稿による〕

（34）

資本主義的に生産されるどの商品の価値Ｗも、Ｗ＝ｃ＋ｖ＋ｍ という定式で表わされる。この生産物価値から剰余価値ｍを差し引けば、〔商品の〕生産諸要素に支出された資本価値　ｃ＋ｖ の、商品中の単なる等価物または補塡価値が残る。

たとえば、ある物品の生産が 500 ポンドの資本支出――労働諸手段の摩滅に 20 ポンド、生産諸材料に 380 ポンド、労働力に 100 ポンド――を要し、また剰余価値率が一〇〇％であるとすれば、生産物の価値は、400ｃ＋100ｖ＋100ｍ＝600 ポンドである。

100 ポンドの剰余価値を差し引けば 500 ポンドの商品価値が残り、これは 500 ポンドの支出資本を補塡するだけである。商品の価値のうち、消費された生産諸手段の価格と使用された労働力の価格とを補塡するこの部分は、商品が資本家自身に費やさせるものを補塡するだけであり、したがって資本家にとっては商品の費用価格をなす。

商品が資本家に費やさせるものと、商品の生産そのものが費やすものとは、もちろん、二つのまったく異なる大きさである。商品価値のうち、剰余価値からなる部分は資本家にはなにも費やさせないが、それはまさに、この部分が労働者に不払労働を費やさせるからにほかならない。けれども、資本主義的生産の基礎上では、労働者そのものは、生産過程にはいったのちには、機能しつつありそして資本家に属する生産資本の一成分をなすのであり、したがって資本家が現実の商品生産者なのであるから、必然的に商品の費用価格は、資本家にとっては商品そのものの現実的費用として現われる。もし費用価格をkと名づけるならば、定式W＝c＋v＋mは、定式W＝k＋mに、または 商品価値＝費用価格＋剰余価値 に転化する。

だから商品の価値のうち、商品の生産に支出された資本価値をちょうど補填するだけのさまざまな部分を費用価格というカテゴリーのもとに総括することは、一方では、資本主義的生産の独自の性格を表現する。商品の資本主義的費用は資本の支出ではかられ、商品の現実的費用は労働の支出ではかられる。したがって、商品の資本主義的費用価格は、その価値またはその現実的費用価格とは、量的に異なる。それは、商品価値よりも小さい。というのは、W＝k＋mなので、k＝W－mだからである。他方では、商品の費用価格は決して資本家の簿記中にのみ存在する項目ではない。この価値部分の自立化は、商品の現実的生産のなかで絶えず実際にはっきり現われる。というのは、この価値部分は、その商品形態から、流通過程を経て、いつもふたたび生産資本の形態に再転化されなければならず、したがって商品の費用価格は、その生産に消費された生産諸要素を恒常的に買いもどさなければならないからである。(37)

これにたいして、費用価格というカテゴリーは、商品の価値形成または資本の価値増殖過程とはなんの関係もない。600ポンドの商品価値の $\frac{5}{6}$ すなわち500ポンドは、支出資本500ポンドの等価物すなわち補填価値をなすだけであり、したがってこの資本の素材的諸要素を買いもどすのに足りるだけであるということがわかっても、だからといって、商品の価値のうち、その費用価格をなすこの $\frac{5}{6}$ がどのように生産されたのかも、その剰余価値をなす残りの六分の一がどのように生産されたのかも、わからない。けれども研究は、資本〔主義〕経済においては、費用価格が価値生産そのもののの一カテゴリーという虚偽の外観を受け取る、ということを示すであろう。*

＊〔この一文はエンゲルスによる〕

われわれの例にもどろう。平均的社会的な一労働日〔一〇時間労働〕に一労働者によって生産される価値が、6シリング＝6マルク*1 という貨幣額で表わされると想定するならば、500ポンド＝400c＋100v の前貸資本は、1,666$\frac{2}{3}$ の一〇時間労働日*2の価値生産物であり、そのうち 1,333$\frac{1}{3}$ 労働日は生産諸手段の価値＝400cに、333$\frac{1}{3}$〔労働日〕は労働力の価値＝100vに結晶している。したがって、仮定された一〇〇％の剰余価値率のもとでは、新たに形成されるべき商品そのものの生産は、100v＋100m＝666$\frac{2}{3}$ の10時間労働日 に等しい労働力の支出を要する。

＊1〔「＝6マルク」はエンゲルスによる。マルクは一八七一年に制定されたドイツの通貨単位。一マルクはほぼ一シリングに等しかった〕

＊2〔一ポンド＝二〇シリング〕

それにわれわれが知っているように、（第一部、第七章、〔第二版〕二〇一ページ、〔第三版〕一九三ページ〔本訳書、第一巻、三六六ページ〕を参照）、600ポンドの新たに形成された生産物の価値は、（一）生産諸手段に支出された 400ポンドの不変資本が再現する価値と、（二）新たに生産された200ポンドの価値とから構成される。商品の費用価格＝500ポンドは、再現する400cと、新たに生産された200ポンドの価値の半分（＝100v）とを、したがってその起源の点ではまったく異なる、商品価値の二つの要素を包含している。

$666\frac{2}{3}$の一〇時間労働日中に支出された労働の合目的的性格によって、消費された生産諸手段の価値は、400ポンドの額だけ、この生産諸手段から生産物へ移転される。したがってこの旧価値は、生産物価値の構成部分として再現するが、しかしそれは、この商品の生産過程において発生するのではない。それは、まえもって前貸資本の構成部分として存在したから、商品価値の構成部分として存在（38）するにすぎない。つまり、支出された不変資本は、商品価値のうち、不変資本自身が商品価値につけ加える部分によって補填される。したがって費用価格のこの要素は、二重の意味を有する――すなわち一方では、それは、商品価値のうち、支出された資本を補填する一構成部分であるから、商品の費用価格にはいり込むのであり、また他方では、それは、支出された資本の価値であるから、言い換えると、生産諸手段がこれこれのものを費やすから、商品価値の一構成部分をなすにすぎない。

費用価格のもう一つの構成部分についてはまったく逆である。商品生産中に支出された$666\frac{2}{3}$日の労働は、200ポンドの新価値を形成する。この新価値のうちの一部分は、100ポンドの前貸可変資本、または使用労働力の価格を補填するにすぎない。しかし、この前貸資本価値は、新価値の形成には決してはいり込まない。労働力は、資本前貸しの内部では価値として数えられるが、しかし生産過程のなかでは価値形成者として機能する。資本前貸しの内部で現われる労働力の価値に代わって、現実に機能している生産資本のなかでは、生きた価値形成的労働力そのものが現われる。

商品価値のうちこれらの相異なる構成部分をひっくるめたものが費用価格を形成するが、これらの構成部分のあいだの区別は、あるいは支出された不変資本部分の価値の大きさに、あるいは支出された可変資本部分の価値の大きさに変動が生じれば、たちまち一目瞭然となる。同じ生産諸手段の価格または不変資本部分が 400 ポンドから 600 ポンドに騰貴するか、または逆に 200 ポンドに下落するとしよう。第一の場合には、商品の費用価格が 500 ポンドから 600c＋100v＝700 ポンドに騰貴するだけでなく、商品価値そのものが 600 ポンドから 600c＋100v＋100m＝800 ポンドに騰貴する。第二の場合には、費用価格が 500 ポンドから 200c＋100v＝300 ポンドに低下するだけでなく、商品価値そのものが 600 ポンドから 200c＋100v＋100m＝400 ポンドに低下する。支出された不変資本がそれ自身の価値を生産物に移転するのだから、他の事情に変わりがなければ、生産物価値は、この不変資本価値の絶対的大きさとともに増減する。逆に、他の事情は変わらずに、同量の労働力の価格が 100 ポンドから 150 ポンドに増大するか、または逆に 50 ポンドに低落すると仮定しよう。第一の場合には、確かに費用価格は 500 ポンドから 400c＋150v＝550 ポンドに騰貴し、また第二の場合には 500 ポンドから 400c＋50v＝450 ポンドに低落するが、しかしどちらの場合にも、商品価値は変わらず、600 ポンドのままである。すなわち、一方は 400c＋150v＋50m であり、他方は 400c＋50v＋150m である。前貸可変資本が生産物にそれ自身の価値をつけ加えるのではない。(41)反対に、前貸可変資本の価値に代わって生産物のなかには、労働によって創造された新価値が現われているのである。したがって、可変資本の絶対的な価値の大きさの変動は、それが労働力の価格の変動を表現するにすぎない限りでは、商品価値の絶対的大きさを少しも変化させない。なぜならそれは、流動している労働力によって創造される新価値の絶対的大きさをなにも変化させないからである。そのような変動は、むしろ、新価値の二つの構成部分――そのうちの一方は剰余価値を形成し、他方は可変資本を補填し、したがって商品の費用価格にはいり込む――の大きさの比率に影響するだけである。

費用価格の二つの部分――われわれの場合では 400 c ＋100 v ――に共通する点は、それらが前貸資本を補填する商品価値の両部分である、ということだけである。

しかし、この現実の事態は、資本主義的生産の見地からは、必然的に転倒されて現われる。

資本主義的生産様式が奴隷制にもとづく生産様式と区別されるのは、とりわけ、労働力の価値または価格が、労働そのものの価値または価格として、すなわち労賃として現われる、ということによってである。（第一部、第一七章〔本訳書、第一巻、九二九ページ以下。とくに九三八ページ〕）そのため、資本前貸しのうちの可変的価値部分は、労賃に支出された資本として、生産に支出されたすべての労働の価値または価格を支払う資本価値として、現われる。たとえば、一〇時間の長さの平均的社会的な労働日が、６シリングの貨幣量に体現されると仮定すれば、100 ポンドの可変的資本前貸しは、$333\frac{1}{3}$ の一〇時間労働日に生産された価値の貨幣表現である。しかし、資本前貸しのなかに現われている購入労働力のこの価値は、現実に機能している資本のどんな部分も構成しない。生産過程そのもののなかでは、この価値に代わって生きた労働力が現われる。われわれの例でのように、生きた労働力の搾取度を一〇〇％とすれば、この労働力が $666\frac{2}{3}$ の一〇時間労働日にわたって支出され、したがって、生産物に 200 ポンドの新価値をつけ加える。しかし、資本前貸しにおいては、100 ポンドの可変資本は、労賃に投下された資本、または $666\frac{2}{3}$ の一〇時間労働日にわたって行なわれる労働の価格として現われる。100 ポンドを $666\frac{2}{3}$ で割れば、一〇時間労働日の価格として、3シリング——五時間労働の価値生産物——が得られる。

(42)

さて、一方の資本前貸しと他方の商品価値とを比較すれば、次のようになる——

Ⅰ　資本前貸し 500 ポンド＝生産諸手段に支出された資本 400 ポンド（生産諸手段の価格）＋労働に支出された資本 100 ポンド（$666\frac{2}{3}$ 労働日の価格、またはこの労働日にたいする労賃）

Ⅱ　商品価値 600 ポンド＝費用価格 500 ポンド（支出された生産諸手段の価格 400 ポンド＋支出された $666\frac{2}{3}$ 労働日の価格 100 ポンド）＋剰余価値 100 ポンド

この定式では、労働に投下された資本部分が、生産諸手段たとえば綿花または石炭に投下された資本部分から区別されるのは、それが素材的に異なる生産要素〔労働力〕の支払いに用いられることによってだけであって、決して、それが商品の価値形成過程において、したがってまた資本の価値増殖過程において、機能的に異なる役割を演じることによってではない。生産諸手段の価格は、それがすでに資本前貸しのなかに現われたとおりに、商品の費用価格のなかに再現するのであり、しかもそれは、この生産諸手段が合目的的に消費されたからである。それとまったく同様に、商品の生産に消費された $666\frac{2}{3}$ の労働日にたいする価格または労賃は、それがすでに資本前貸しのなかに現われたとおりに、商品の費用価格のなかに再現するのであり、しかもそれは、同じくこの労働量が合目的的な形態で支出されたからである。われわれの目には、既成の現存する諸価値――前貸資本価値のうち、生産物価値の形成にはいり込む諸部分――だけが見えるのであり、新価値を創造する要素は見えないのである。不変資本と可変資本との区別は消えうせている。500ポンドの全費用価格は、いまや、次のような二重の意味をもつことになる。すなわち、それは、第一に、600ポンドの商品価値のうち、商品の生産に支出された500ポンドの資本を補填する構成部分であるということ、そして第二に、商品のこの価値構成部分そのものは、それが、使用された生産諸要素――生産諸手段および労働――の費用価格として、すなわち資本前貸しとして、まえもって存在していたからこそ、存在するにすぎない、ということである。資本価値は、それが資本価値として支出されたからこそ、またその限りで、商品の費用価格として再現する。

前貸資本のさまざまな価値構成部分が、素材的にさまざまな生産要素に、すなわち労働諸手段、原料および補助材料、ならびに労働に投下されているという事情は、商品の費用価格がこれらの素材的にさまざまの生産要素をふたたび買いもどさなければならないということを、条件づけるだけである。

これにたいして、費用価格そのものの形成にかんして言えば、ただ一つの区別、すなわち固定資本と流動資本との区別だけが、意味をもつ。われわれの例では、20ポンドが労働諸手段の摩滅分と計算された（400c＝労働諸手段の摩滅分20ポンド＋生産諸材料分380ポンド）。商品の生産前には、この労働諸手段の価値が1,200ポンドであったとすれば、それは、商品の生産後には、二つの姿態
(43) で存在する。すなわち、20ポンドは商品価値の一部分として存在し、また1,200－20すなわち1,180ポンドは依然として資本家の手中にある労働手段の残存価値として、すなわち彼の商品資本のではなく彼の生産資本の価値要素として存在する。労働諸手段とは反対に、生産諸材料と労賃とは、商品の生産において全部支出され、したがってまたそれらの全価値が、生産された商品の価値にはいり込む。前貸資本のこれらのさまざまな構成部分が、回転に関連してどのようにして固定資本と流動資本という形態を受け取るかは、すでに述べた。*

＊〔本訳書、第二巻、二五四ページ以下参照〕

したがって、資本前貸しは、1,680ポンドである――すなわち、固定資本1,200ポンド＋流動資本480ポンド（生産諸材料で380ポンド＋労賃で100ポンド）。

それにたいし、商品の費用価格は500ポンドにすぎない（固定資本の摩滅分20ポンド、流動資本分480ポンド）。

とはいえ、商品の費用価格と資本前貸しとのこの差額は、商品の費用価格がもっぱら、商品の生産のために現実に支出された資本によって形成される、ということを実証するにすぎない。

この商品の生産においては 1.200 ポンドの価値をもつ労働諸手段が使用されるが、しかしこの前貸資本価値のうち、生産において失われるのは、20 ポンドにすぎない。このように、使用された固定資本は、部分的にのみ商品の費用価格にはいり込む。なぜなら、それは商品の生産に部分的にのみ支出されるからである。使用された流動資本は、全部が商品の費用価格にはいり込む。なぜなら、それは商品の生産に全部支出されるからである。しかし、このことは、消費された固定資本部分および流動資本部分は、その価値の大きさに〝比例して〟一様にその商品の費用価格にはいり込むということ、また、商品のこの価値構成部分は、一般に商品の生産に支出された資本からのみ生じるということ、これらのこと以外になにを証明するのであろうか？　もしそうでなかったとすれば、1.200 ポンドの前貸固定資本は、なぜ生産物価値にたいし、生産過程で失う 20 ポンドのほかに、生産過程で失うことのない 1.180 ポンドをもつけ加えないのか、ということはわからなかったであろう。

したがって、費用価格の計算に関連しての、固定資本と流動資本とのこの差異が示しているのは、費用価格が、外観上は支出された資本価値から、または支出された生産諸要素（労働を含む）が資本家自身に費やさせる価格から生じる、ということだけである。他方では、労働力に投下された可変資
(44) 本部分は、価値形成に関連して、ここでは流動資本の項目のもとに不変資本（生産諸材料として存在する資本部分）とはっきりと同一視され、こうして資本の価値増殖過程の神秘化が完成される。(一)

(一)　このことから経済学者の頭にどんな混乱が生じうるかは、第一部、第七章、第三節、〔第二版〕二一六〔正しくは二一四〕ページ、〔第三版〕二〇六ページ〔本訳書、第一巻、三八五ページ〕以下で、N・W・シーニ

アの例で示された。

われわれはこれまで、商品価値の一要素、すなわち費用価格だけを考察してきた。いまやわれわれは、商品価値のもう一つの構成部分、すなわち費用価格を超える超過分、または剰余価値をもかえりみなければならない。すると剰余価値は、さしあたりまず商品の価値の、その費用価格を超える超過分である。しかし、費用価格は支出された資本の価値に等しく、資本の素材的諸要素につねにまた再転化されるのであるから、この価値超過分は、資本——商品の生産において支出され、商品の流通から復帰する資本——の価値増大分である。

すでに前述したように、剰余価値mは、可変資本vの価値変化からだけ生じ、したがってもともと単に可変資本の増加分にすぎないにもかかわらず、それでもやはり生産過程の終了後には、同様に、支出された総資本　$c+v$　の価値増大分をなすのである。定式　$c+(v+m)$　は、労働力に前貸しされた一定の資本価値vが一つの流動する大きさに転化することによって、したがって一つの不変的大きさが一つの可変的大きさに転化することによって、mが生産されることを暗示しているが、この定式は、同様に$(c+v)+m$　としても表わされる。生産前には、500ポンドの資本があった。生産後には、500ポンドの資本、プラス、100ポンドの価値増大分がある（二）。

（二）「すでにわれわれが実際に知っているように、剰余価値は、vすなわち労働力に転換された資本部分に生じる価値変化の結果であるにすぎず、したがって　$v+m=v+\Delta v$（vプラスvの増加分）である。しかし、現実の価値変化と価値が変化する割合とは、前貸総資本の可変的構成部分が増大するために前貸総資本もまた増大するということによってあいまいにされる。前貸総資本は 500 であったのが 590 になる」〔第一部、第七章、第一節、〔第二版〕二〇三ページ、〔第三版〕一九五ページ〔本訳書、第一巻、三六九ページ〕〕。

しかしながら、剰余価値は、前貸資本のうち、価値増殖過程にはいり込む部分にたいする増大分ばかりでなく、そこにはいり込まない部分にたいしても増大分をなす。すなわち、商品の費用価格から補填される支出された資本〔部分〕にたいする価値増大分ばかりでなく、およそ生産に使用された資本〔総資本〕にたいしても価値増大分をなす。生産過程の前にあったのは、1,680 ポンドの資本価値で(45)あった。すなわち、労働諸手段に投下された固定資本 1,200 ポンド——そのうち 20 ポンドだけが摩滅分として商品の価値にはいり込む——、プラス、生産諸材料および労賃での流動資本 480 ポンドであった。生産過程の後には、生産資本の価値構成部分としての 1,180 ポンド、プラス、600 ポンドの商品資本がある。この両方の価値額を合計すれば、資本家はいまや、1,780 ポンドの価値を所有する。彼がこれから 1,680 ポンドの前貸総資本を差し引けば、100 ポンドの価値増大分が残る。したがって、剰余価値 100 ポンドは、1,680 ポンドの使用資本にたいしても、生産中に支出された使用資本の断片（500 ポンド）にたいしてと同じように、価値増大分をなすのである。

さて、資本家にとっては、この価値増大分が資本によって行なわれる生産諸行程から生じ、したがってそれが資本そのものから生じるということは明らかである。というのは、それは生産過程の後には存在し、生産過程の前には存在しなかったからである。なによりもまず生産に支出された資本について言えば、剰余価値は、生産諸手段や労働として存在するこの資本のさまざまな価値要素から一様に生じるように見える。というのは、これらの要素は、費用価格の形成に一様にはいり込むからである。これらの要素は、資本前貸しとして現存するその価値を生産物価値に一様につけ加えるのであり、不変的価値の大きさおよび可変的価値の大きさとしては区別されない。このことは、われわれがほんのつかの間、支出された資本全部がもっぱら労賃から成り立つか、またはもっぱら生産諸手段の価値から成り立つものと想定してみれば、手に取るように明らかになる。そうすれば、第一の場合には、商品価値 400ｃ＋100ｖ＋100ｍ ではなく、商品価値 500ｖ＋100ｍ となるであろう。労賃に投下された 500 ポンドの資本は、600 ポンドの商品価値の生産に使用されたいっさいの労働の価値であり、それだからこそ全生産物の費用価格を形成する。しかし、支出された資本の価値を生産物の価値構成部分として再現させるこの費用価格の形成は、この商品価値の形成においてわれわれが知る唯一の経過である。商品価値のうちの 100 ポンドの剰余価値構成部分がどのようにして生じるのかを、われわれは知らない。商品価値＝500ｃ＋100ｍ となる第二の場合にもまったく同様であろう。どちらの場合にも、われわれが知るところでは、剰余価値がある所与の価値から生じるのは、この所与の価値が――労働の形態でであるか生産諸手段の形態でであるかを問わず――生産資本の形態で前貸しされたからである。しかし他方では、前貸資本価値は、それが支出されており、したがって商品の費用価格を形成するという理由からでは、剰余価値を形成することはできない。というのは、前貸資本価値は、まさにそれが商品の費用価格を形成する限りでは、剰余価値を形成するのではなく、ただ支出された資本の等価物、補填価値を形成するにすぎないからである。したがって、前貸資本価値が剰余価

(46)

値を形成する限りでは、それは、支出された資本であるというその特殊な属性において剰余価値を形成するのではなく、前貸しされた、したがって使用された資本一般という属性において剰余価値を形成するのである。そのため、剰余価値は、前貸資本のうち、商品の費用価格にはいり込む部分からも、はいり込まない部分からも同様に生じる――ひとことで言えば、それは、使用資本の固定的構成部分および流動的構成部分から一様に生じる。総資本は素材的には生産物形成者として――労働諸手段としても生産諸材料や労働としても――役立つ。価値増殖過程にはいり込むのは総資本の一部分にすぎないとはいえ、素材的には、総資本が現実的労働過程にはいり込む。このことにこそ、おそらく、総資本は費用価格の形成には部分的にしか寄与しないが、剰余価値の形成には全体的に寄与する、とする根拠があるのであろう。いずれにせよ、結果は、剰余価値は使用資本のすべての部分から同時に*生じるということである。この推論は、マルサスとともに、あけすけにかつ単純に次のように言うならば、さらにおおいに簡略化されうる――「資本家は〔……〕彼が前貸しする資本のすべての部分にたいして等しい利益を期待する」(三)と。

(三)　マルサス『経済学原理』、第二版、ロンドン、一八三六年、二六七、二六八ページ〔正しくは二六八ページ。吉田秀夫訳、岩波文庫、下巻、一九三七年、八八ページ〕。

＊〔草稿では「一様に」となっている〕

前貸総資本のこのような観念の産物として、剰余価値は利潤という(四)転化形態を受け取る。こうして、ある価値額が資本であるのは、それが利潤を生み出すために投下されるからであり、言い換えると、利潤が生じるのは、ある価値額が資本として使用されるからである。利潤をpと名づけるならば、定式 W＝c＋v＋m＝k＋m は、定式 W＝k＋p すなわち 商品価値＝費用価格＋利潤 に転化される。

（四）「資本とは、利潤を目的として支出されるものである」。マルサス『経済学における諸定義』、ロンドン、一八二七年、八六ページ〔小松芳喬訳、実業之日本社、一九四四年、一四四ページ。玉野井芳郎訳、岩波文庫、一九五〇年、六八ページ〕。

したがって、われわれがここでさしあたり目にする利潤は、剰余価値と同じものであり、それがただ、神秘化された形態——といっても、資本主義的生産様式から必然的に生まれ出る形態——をとっているだけである。費用価格の外観的形成では、不変資本と可変資本との区別は認められないから、生産過程中に起こる価値変化の根源は、可変資本部分から総資本に移されなければならない。一方の極には労働力の価格が労賃という転化形態で現われるので、反対極には剰余価値が利潤という転化形態で現われる。

(47) 前述したように、商品の費用価格は、その価値よりも小さい。W＝k＋m であるから、k＝W－m である。定式 W＝k＋m は、m＝0 である場合にだけ、すなわち、資本主義的生産の基礎上では決して生じることのない場合にだけ、W＝k すなわち 商品価値＝商品の費用価格 に還元される——といっても、特殊な市況のもとでは、諸商品の販売価格がその費用価格まで、またはそれよりも低くにさえ低下することはありうるが。

こうして、商品がその価値どおりに売られるならば、商品価値がその費用価格を超える超過分――すなわち商品価値に潜んでいる全剰余価値――に等しい利潤が実現される。しかし、資本家は、商品をその価値以下で売っても、なお利潤を得ることができる。商品の販売価格がたとえその価値より低くても、その費用価格を超えている限り、それに含まれる剰余価値の一部はつねに実現され、したがってつねに利潤が得られる。われわれの例では、商品価値＝600 ポンド、費用価格＝500 ポンドである。この商品が 510, 520, 530, 560, 590 ポンドで売られるならば、それは、それぞれ 90, 80, 70, 40, 10 ポンドだけその価値よりも低く売られるのであるが、にもかかわらず、その販売から 10, 20, 30, 60, 90 ポンドずつの利潤がしぼり出される。商品の価値とその費用価格とのあいだには、明らかに無数の販売価格がありうる。商品価値のうち剰余価値から成り立つ要素が大きければ大きいほど、これらの中間価格の実際上の余地はそれだけ大きくなる。

このことから説明がつくのは、たとえば、安売りのある種の場合や、一定の産業諸部門における商品価格の異常な低さ、(五)などのような競争の日常的諸現象だけではない。これまで経済学によって把握されなかった資本主義的競争の基本法則、すなわち、一般的利潤率とこれによって規定されるいわゆる生産価格とを規制する法則は、のちに見るであろうように、商品の価値とその費用価格とのあいだのこの差額と、この差額から生じ、商品をその価値より低く売っても利潤を得ることのできる可能性とに、もとづく。

（五）　第一部、第一八章、〔第二版〕五七一ページ、〔第三版〕五六一ページ以下〔本訳書、第一巻、九五二―九五六ページ〕参照。

商品の販売価格の最低限界は、その費用価格によって与えられている。商品がその費用価格よりも低く売られるならば、生産資本のうちの支出された構成部分は、販売価格から完全には補塡されえない。この過程が続くならば、前貸資本価値は消滅してしまう。[*1]この見地からだけでも、資本家には、(48)費用価格を商品の本来的な内在的価値とみなす傾向がある。なぜなら費用価格は、彼の資本を単に維持するためだけにも必要な価格だからである。しかし、そのうえさらに、商品の費用価格は、資本家自身が商品の生産のために支払った購買価格、したがって商品の生産過程そのものによって規定された購買価格である、ということがつけ加わる。だから資本家にとっては、商品の販売で実現される価値超過分または剰余価値は、商品の価値がその費用価格を超える超過分としてではなく、商品の販売価格がその価値を超える超過分として現われ、その結果、商品に潜んでいる剰余価値は、商品の販売によって実現されるのではなくて、販売そのものから生じるということになる。われわれはこの幻想を、すでに第一部、第四章、第二節（資本の一般的定式の諸矛盾）[*2]で詳しく解明したが、ここでわずかのあいだ、この幻想がトランズその他によってリカードウを越える経済学の進歩としてふたたび主張されたときの形態に立ち返ろう。

*1〔ここから章末までは第二草稿からとられている〕

*2〔本訳書、第一巻、二七一ページ以下。ただし、その表題は「一般的定式の諸矛盾」〕

「自然価格は、生産費から、言い換えれば、商品の生産または製造に支出された資本から成り立つが、それはとうてい利潤を含むことはできない。……ある借地農場経営者が、彼の畑の耕作で一〇〇クォーターの穀物を支出して、それと引き換えに一二〇クォーターをふたたび手に入れるとすれば、支出を超える生産物の超過分である二〇クォーターは、借地農場経営者の利潤をなす。しかし、この超過分または利潤を彼の支出の一部分と呼ぶのは不条理であろう。……製造業主は一定量の原料、道具〔と用具〕、および労働のための生活諸手段を支出し、それと引き換えにある量の完成商品を受け取る。この完成商品は、これを手に入れるために前貸しされた原料、道具、および生活諸手段よりも大きい交換価値をもたなければならない」。このことからトランズは、次のように結論する。すなわち、販売価格が費用価格を超える超過分または利潤は、消費者たちが、「直接的かまたは間接的な（〝回り道の〟）交換によって、資本のすべての成分にたいし、それら成分の生産が費やさせるよりも大きいある若干量を与える」〔六〕ことから生じる、と。

〔六〕　R・トランズ『富の生産にかんする一論』、ロンドン、一八二一年、五一―五三ページ、七〇と七一〔正しくは三四九〕ページ。

実際、ある所与の大きさを超える超過分は、この所与の大きさの一部分をなすことはできず、したがって、利潤、すなわち資本家の投資を超える商品価値の超過分もまた、この投資の一部分をなすことはできない。したがって、商品の価値形成には、資本家の価値前貸し以外のどんな他の要素もはいり込まないとすれば、どうして生産にはいり込んだよりも多くの価値が生産から出てくるのかはわからない。そうでなければ、無からなにかが生じるということになるであろう。けれどもトランズは、こうした無からの創造を、商品生産の部面から商品流通の部面に移すことによって逃れるだけである。この利潤は生産から生じるわけにはいかない、とトランズは言う。というのは、もし生じるとすれば、
(49) 利潤はすでに生産の費用のなかに含まれていることになり、したがって、この費用を超える超過分ではなくなるからである。ラムジーは彼に答えて言う[*1]——利潤は、もしそれがすでに商品交換以前に現存していなかったのであれば、商品交換から生じてくることはできない、と。交換される諸生産物の価値総額は、明らかに、この価値総額をもつ諸生産物の交換によっては変化しない。それは、交換の前にもあとにも同じままである。ここで述べておきたいのは、マルサスは明らかにトランズの権威を拠りどころにしている、[(七)] ということである。もっともマルサス自身は、価値を超えた諸商品の販売を異なる仕方で展開するか、またはむしろなにも展開していないが——というのは、この種の論証はすべて、その内容から見て確実にその当時おおいに有名であった燃素の負の重さ[*2]と同じものに帰着するからである。

(七) マルサス『経済学における諸定義』〔キャザノウヴ版〕、ロンドン、一八五三年、七〇、七一ページ〔小松訳、実業之日本社、一二三—一二四ページ。玉野井訳、岩波文庫、四八—四九ページ。マルサスのトランズ依拠については、『資本論草稿集』7、大月書店、一九八二年、二一一—二一二ページ、邦訳『全集』第二六巻〔『剰余価値学説史』〕、第三分冊、一七—一八ページ参照〕。

＊1 〔G・ラムジー『富の分配にかんする一論』、エディンバラ、一八三六年、一八四ページ〕

＊2 〔空気中で金属が灼熱するとその重さが増大することがわかったとき、この物質に含まれているマイナス

の重さをもつ元素（燃素）がそこから離脱するので重くなるとした、Ｇ・Ｅ・シュタールが一八世紀前半に提唱した燃素説をさす。物質の燃焼を燃素の離脱によって説明するこの説は、のちに酸素の化合によるとするラヴォワジエによってくつがえされた。本訳書、第二巻、三〇―三一ページ参照〕

資本主義的生産によって支配されている社会状態の内部では、非資本主義的生産者もまた資本主義的観念によって支配されている。およそ現実的諸関係の深い把握によって傑出しているバルザックは、彼の最後の小説『農民』のなかで、小農民が、彼の高利貸しから目をかけてもらい続けるために、ありとあらゆる労働を無償で提供しながら、しかも自己の労働が自分自身にはなにも現金の投下を費やさせないことから、それによって、高利貸しにはなんの贈物もしていないと信じているさまを、的確に描いている。＊そこで高利貸しにしてみれば一石二鳥である。彼は労賃という現金の投下をまぬがれ、しかも、自分の畑で労働しないためにだんだん零落していく農民を、高利のクモの網のなかにますます深く引き込むのである。

＊〔バルザック『農民』、第一篇、第一二―一三章に登場するクールトキュイスの叙述（水野亮訳、岩波文庫、下巻、一九五〇年、六九―一三三ページ）参照〕

商品の費用価格はその現実的価値を形成するが、剰余価値は商品の価値を超えた販売から生じるとし、したがって、諸商品の販売価格がその費用価格、すなわち、それらに消費された生産諸手段の価格プラス労賃に等しければ、諸商品はその価値どおりに売られる、とする無思想的観念が、プルードンによって、いつもの学問的といいばる大ぼらをもって、社会主義の新たに発見された秘密として吹聴された。こうした諸商品の価値の、その費用価格への還元が、実際に彼の人民銀行*の基礎をなす。以前に説明したように、生産物のさまざまな価値構成部分は、生産物そのものの比率的部分で表わすことができる。たとえば（第一部、第七章、第二節、〔第二版〕二一一ページ、〔第三版〕二〇三ページ〔本訳書、第一巻、三八〇ページ〕）、二〇重量ポンドの糸の価値が三〇シリング――すなわち生産諸手段二四シリング、労働力三シリング、剰余価値三シリング――であるとすれば、この剰余価値は、生産
(50) 物の $\frac{1}{10}$ ＝二重量ポンドの糸で表わすことができる。もしいまこの二〇重量ポンドの糸がその費用価格すなわち二七シリングで売られるとすれば、買い手は二重量ポンドの糸を無償で受け取る、または商品は $\frac{1}{10}$ だけその価値よりも低く売られることになる。しかし、労働者は相変わらず彼の剰余労働を行なった――資本主義的糸生産者をもうけさせるためでなく、もっぱら糸の買い手をもうけさせるために。すべての商品がその費用価格で売られた場合に、その結果は、諸商品がすべてその費用価格よりも高く、その価値どおりに売られる場合と実際には同じであろうと前提するとすれば、それはまったく誤りであろう。というのは、たとえ労働力の価値、労働日の長さ、および労働の搾取度がどこでも等しいとされる場合でも、異なる商品種類の価値に含まれる剰余価値の総量は、やはり、それらの商品種類の生産に前貸しされる資本の有機的構成の相違に応じて、まったく不等だからである。(八)

（八）「相異なる諸資本によって生産される価値および剰余価値の総量は、労働力の価値が与えられており、労働力の搾取度が等しい大きさであるならば、これらの資本の可変的構成部分の大きさに、すなわち、生きた労働力に転換される資本構成部分の大きさに、正比例する」（第一部、第九章、〔第二版〕三一二ページ、〔第三

版〕三〇三ページ〔本訳書、第一巻、五四一ページ〕)。

＊〔一八四九年一月にプルードンが設立した「人民銀行」は、労働時間を記載した紙片を用いての生産物の直接的交換によって貨幣を廃止し、無利子の信用を提供することによって小商品生産者を独立の商品生産者にし、こうして資本を廃止することを目的とするものであった〕

（51）

第二章　利潤率*

*〔章の区分および表題はエンゲルスによる〕

資本の一般的定式は、G―W―G′である。すなわち、ある価値額が、より大きな価値額を流通から引き出すために、流通に投げ込まれる。このより大きな価値額を生み出す過程は、資本主義的生産であり、それを実現する過程は、資本の流通である。資本家が商品を生産するのは、商品そのもののためではない。すなわち、商品の使用価値のためでも、または自分の個人的消費のためでもない。実際に資本家にとって問題となる生産物は、手でつかむことのできる生産物そのものではなく、生産物に消費された資本の価値を超える生産物の価値超過分である。資本家は、総資本を、それの構成諸部分が剰余価値の生産において果たす相異なる役割を顧慮することなしに、前貸しする。彼は、これらいっさいの構成部分を、単に前貸資本を再生産するためではなく、それを超える価値超過分を生産するために、一様に前貸しする。彼が自分の前貸しする可変資本の価値をより大きな価値に転化できるのは、それと生きた労働との交換によってだけ、生きた労働の搾取によってだけである。しかし、彼が労働を搾取できるのは、彼が同時に、この労働の実現のための諸条件――労働諸手段と労働対象、機械と原料――を前貸しすること、すなわち、自分の所有している価値額を生産諸条件の形態に転化することによってだけである。同じくまた、そもそも彼が資本家であり、そもそも労働の搾取過程にとりかかることができるのは、彼が労働諸条件[*1]の所有者として、労働力の単なる所有者としての労働者に対立しているからにほかならない。すでに以前に、第一部で示されたように[*2]、労働者たちを賃労働者たちに、非労働者たちを資本家たちに転化するのは、まさに非労働者たちによるこれらの生産手段の所有なのである。

＊１〔草稿では「生産諸条件」となっている〕

＊２〔本訳書、第一巻、二九四―二九五、一二四五―一二四六ページ参照。なお、「すでに以前に」以下、この一文はエンゲルスによる〕

(52)

資本家にとっては、事態を、可変資本から利得を引き出すために不変資本を前貸しするとみなそうと、または不変資本を価値増殖するために可変資本を前貸しするとみなそうと、すなわち、機械と原料により大きな価値を与えるために貨幣を労賃に投下するとみなそうと、または労働の搾取を可能にするために貨幣を機械と原料とに前貸しするとみなそうと、どうでもよいことである。資本の可変的部分だけが剰余価値を創造するのではあるが、それが剰余価値を創造するのは、他の諸部分すなわち労働に必要な生産諸条件もまた前貸しされるという条件のもとでのみである。資本家は、不変資本の前貸しによってのみ労働を搾取することができるのだから、また彼は、可変資本の前貸しによってのみ不変資本を価値増殖することができるのだから、この二つのことが、資本家の観念のなかでは、すべて同じものになってしまう。しかもこのことは、彼の利得の現実的度合いが、可変資本にたいする〔剰余価値の〕比率によってではなく、総資本にたいする比率によって、剰余価値率によってではなく、利潤率――われわれがのちに見るように、利潤率は、それが同一のままであっても、さまざまな剰余価値率を表現することができる――によって規定されているだけに、なおさらそうなるのである。

　生産物の費用には、生産物の価値のうち、資本家が支払った構成部分、または資本家がその等価物を生産に投げ込んだ構成部分がすべて含まれる。この費用は、資本が単に維持されるために、すなわちそれが最初の大きさで再生産されるために、補填されなければならない。

　商品に含まれる価値は、その生産に費やされる労働時間に等しく、この労働の総計は、支払労働と不払労働とからなる。これにたいし資本家にとっては、商品の費用は、商品に対象化された労働のうち、彼が支払った部分だけからなる。商品に含まれる剰余労働は、労働者には、支払労働とまったく同じように労働を費やさせるとはいえ、また、支払労働とまったく同じように価値を創造し価値形成的要素として商品にはいり込むとはいえ、資本家にはなにも費やさせない。資本家の利潤は、自分では支払いをしなかったものを売ることができる、ということから生じる。剰余価値または利潤とは、まさに商品価値が商品の費用価格を超える超過分、すなわち、商品に含まれる労働の総量が商品に含まれる支払労働量を超える超過分のことである。だから剰余価値は、それがどこから生じようと、前貸総資本を超える超過分である。したがってこの超過分の総資本に対する比率は、$\frac{m}{C}$ という分数で表現される。ここでCとは総資本のことである。こうしてわれわれは、剰余価値率 $\frac{m}{v}$ と区別される利潤率 $\frac{m}{C}=\frac{m}{c+v}$ を得る。

(53)　可変資本ではかられた剰余価値の率は剰余価値率と呼ばれ、総資本ではかられた剰余価値の率は利潤率と呼ばれる。これらは、同じ大きさにたいする二つの異なる測り方であり、度量基準が異なる結果、同じ大きさの異なる比率または関係を、同時に表現するのである。

剰余価値の利潤への転化は、剰余価値率の利潤率への転化から導出されるべきであって、その逆ではない。そして実際に、利潤率こそ、歴史的な出発点である。剰余価値と剰余価値率とは、相対的には、目に見えないものであり、究明されるべき本質的なものであるが、一方、利潤率、したがって利潤としての剰余価値の形態は、諸現象の表面に現われる。

個々の資本家について言えば、彼が関心をもつ唯一のものは、商品の生産に前貸しされた総資本にたいする剰余価値の、または自分の諸商品を売って得る価値超過分の比率である、ということは明らかである。他方、この超過分が資本の特殊な構成諸部分にたいしてもつ一定の比率、およびこの超過分とこの構成諸部分との内的連関は、資本家には関心がないばかりでなく、この一定の比率およびこの内的連関については自分自身を煙にまいておくことが、彼の利益なのである。

商品の価値がその費用価格を超える超過分は、直接的生産過程において生じるとはいえ、それは流通過程においてはじめて実現され、しかもこの超過分が実現されるかされないか、またどの程度実現されるかは、現実には、競争の内部では、現実の市場においては、市場諸関係に依存しているのだから、それだけにますますこの超過分は流通過程から生じるかのような外観を帯びやすい。ある商品がその価値よりも高くまたは低く売られる場合には、剰余価値の異なる分配が行なわれるだけであるということ、またこの異なる分配、すなわち、さまざまな人が剰余価値を分け合う比率の変化は、剰余価値の大きさにも本性にも、なにも変化をもたらさない、ということについては、ここで論究する必要はない。実際の流通過程においては、われわれが第二部で考察した諸転化が行なわれるだけでなく、これらの転化が現実の競争、すなわち商品の価値よりも高いまたは低い売買と同時に行なわれ、その結果、個々の資本家にとっては、彼自身が実現する剰余価値は、労働の直接的搾取に依存しているのと同じ程度に、相互のだまし合いにも依存している。

(54)

流通過程においては、労働時間のほか、流通時間が作用しはじめるのであり、そのために、ある一定時間内に実現可能な剰余価値の分量は制限される。そのほか、流通から生じる他の諸契機も、直接的生産過程に規定的に関与する。直接的生産過程と流通過程との両者は、いつもからみ合い、混じり合い、そのため、それらの特徴的な区別の標識をたえずまぎらわしくする。以前に示したように、剰余価値の生産も価値一般の生産も、流通過程において新たな諸規定を受け取る。資本は、その諸転化の円環を経過する。最後に、資本はいわばその内的な有機的生活から外的な生活諸関係に、すなわち、そこでは資本と労働とがではなく、一方では資本と資本とが、他方では諸個人もまたふたたび単に買い手および売り手として対立し合う諸関係にはいっていく。流通時間と労働時間とはその軌道が交錯し合っており、こうして両者とも一様に剰余価値を規定するかのように見える。資本と賃労働とが対立し合う本来の形態は、一見この形態とはかかわりのない諸関係の混入によって変装させられる。剰余価値そのものは、労働時間を取得した産物としては現われないで、諸商品の販売価格がその費用価格を超える超過分として現われ、したがって諸商品の費用価格は、容易に諸商品の固有の価値（〝内分として現われる。

確かに、直接的生産過程中に剰余価値の本性が絶えず資本家の意識にのぼることは、すでに剰余価値を考察したさいに、他人の労働時間にたいする資本家の渇望などがわれわれに示してくれたとおりである。しかし、（一）直接的生産過程そのものは、つねに流通過程に移行する——また後者も前者に移行する——一時的契機にすぎず、その結果、生産過程で明瞭にであれおぼろげにであれ意識にのぼってくるところの、生産過程で得られる利得の源泉についての予感、すなわち剰余価値の本性についての予感は、せいぜい、次のような観念、すなわち、実現される超過分は、生産過程とはかかわりのない、流通そのものから生じる運動、したがって資本の労働にたいする関係とはかかわりなく資本に属する運動に由来するという観念とならんで、同格の契機として現われる。流通のこれらの現象は、それどころか、ラムジー、マルサス、シーニア、トランズなどのような近代の経済学者たちによってさえ、直接に次のことの証拠としてあげられる。すなわち、資本は、その単なる物的な存在において、労働にたいする社会的関係——そのなかでこそ資本は資本になる——とはかかわりなく、労働とならんで、労働とはかかわりなしに、剰余価値の自立的源泉である、ということの証拠としてである。(55)（二）費用の項目——原料の価格、機械の摩滅分などと同じく労賃もこのなかにはいる——のもとでは、不払労働の搾取は、費用にはいり込む諸項目の一つにたいする支払いの節約としてのみ、すなわち、一定分量の労働にたいする支払いを減らすこととしてのみ、現われる。それは、原料がより安く買われたり機械の摩滅分が減らされたりする場合に節約がなされるのとまったく同様である。こうして、剰余労働の搾取は、その独特な性格を失う。剰余価値にたいする剰余労働の独特な関係はあいまいになる。そしてこのことは、第一部第六篇*で明らかにされたように、労働力の価値を労賃の形態で表わすことによって、非常に助長され、容易にされる。

＊〔本訳書、第一巻、九二九―九四二ページ〕

資本のすべての部分が一様に超過価値（利潤）の源泉として現われることによって、資本関係は神秘化される。

けれども、利潤率を経て移行することによって剰余価値が利潤の形態に転化される仕方は、すでに生産過程中に起こっている主体と客体との転倒のいっそうの発展にすぎない。すでにそこでわれわれが見たように、労働の主体的生産諸力*1の全部が資本の生産諸力として現われる。*2一方では、価値が、すなわち生きた労働を支配する過去の労働が、資本家において人格化される。他方では、逆に、労働者が、単に対象的な労働力として、商品として現われる。この転倒された関係から、すでに簡単な生産関係*3そのもののなかに、必然的に、それに照応する転倒された観念、すなわち変調された意識が生じるのであり、この意識は、本来の流通過程の諸転化と諸変化とによっていっそう発展させられる。

＊1〔草稿では「社会的生産諸力」となっている〕
＊2〔本訳書、第一巻、五八八―五八九ページ参照〕
＊3〔草稿では「本来の生産過程」となっている〕

　リカードウ学派の例で学ぶことができるように、利潤率の法則を直接に剰余価値率の法則として、または逆に剰余価値率の法則を直接に利潤率の法則として叙述しようとするのは、まったく転倒した試みである。資本家の頭のなかでは、これらの法則はもちろん区別されない。$\frac{m}{C}$ という表現においては、剰余価値は、総資本――すなわち、剰余価値の生産のために前貸しされて、一部はこの生産において全部消費されたが、一部は単に使用されたにすぎない総資本――の価値ではかられている。事実、$\frac{m}{C}$ という比率は、全前貸資本の価値増殖度を表現する。すなわち、剰余価値の概念的で内的な連関と本性とに照応して把握するならば、これは、可変資本の変動の大きさが、前貸総資本の大きさにたいしてどのような比率にあるか、を示している。

　総資本の価値の大きさは、それだけでは、剰余価値の大きさとはなんの内的関係もない――少なくとも直接的にはそうである。総資本マイナス可変資本、すなわち不変資本は、その素材的諸要素から
(56) 見れば、労働を実現するための素材的諸条件、すなわち、労働諸手段と労働材料とから成り立つ。一定分量の労働が諸商品に実現され、したがってまた価値を形成するためには、一定分量の労働材料と労働諸手段が必要とされる。つけ加えられる労働の特殊的性格に応じて、労働の総量とこの生きた労働がつけ加えられるべき生産諸手段の総量とのあいだに、一定の技術的*関係が生じる。したがって、その限りではまた、剰余価値または剰余労働の総量と生産諸手段の総量とのあいだにも一定の関係が生じる。たとえば、労賃の生産のために必要な労働が一日に六時間であるとすれば、労働者は、六時間の剰余労働をして一〇〇％の剰余価値を生み出すためには、一二時間にわたって労働しなければな

らない。彼は、一二時間では六時間に消費する生産諸手段の二倍の生産諸手段を消費する。しかしそれだからといって、彼が六時間につけ加える剰余価値は、六時間あるいはまた一二時間に消耗される生産諸手段の価値とは直接の関係はまったくない。生産諸手段のこの価値は、ここではまったくどうでもよい。問題になるのは技術的に必要な総量だけである。原料または労働手段が安いか高いかは、まったくどうでもよい。それが必要な使用価値をもち、吸収されるべき生きた労働にたいして技術的に定められた割合で現存していさえすればよい。けれども、もし一時間にx重量ポンドの綿花が紡がれてaシリングの費用がかかることがわかれば、もちろん、一二時間に一二x重量ポンドの綿花＝一二aシリングが紡がれることもわかり、そのときには六〔時間に紡がれる綿花〕の価値にたいする剰余価値の比率と同様に、一二〔時間に紡がれる綿花〕の価値にたいする剰余価値の比率を計算することができる。しかし、生産諸手段の価値にたいする生きた労働の比率がここにはいってくるのは、aシリングがx重量ポンドの綿花の呼び名として役立つ限りでしかない。なぜなら、綿花価格が変わらない限り、一定分量の綿花は一定の価格をもち、したがってまた逆に、一定の価格は一定分量の綿花の指標として役立ちうるからである。六時間の剰余労働を取得するためには、一二時間にわたって労働させなければならず、したがって一二時間分の綿花を用意しておかなければならないということがわかれば、そしてこの一二時間に必要な綿花の分量の価格がわかれば、回り道をして綿花の価格（必要分量の指標としての）と剰余価値との比率が確定される。しかし逆に、原料の価格から原料の総量――たとえば六時間にではなく一時間に紡がれうる――を推論することは決してできない。したがって、不変資本の価値と剰余価値とのあいだには、したがってまた総資本（＝ｃ＋ｖ）の価値と剰余価値とのあいだには、なにも内的な必然的関係は生じない。

＊〔現行版で「技術的《テヒニッシュ》」となっている個所は、草稿では、第三篇まで基本的に「技術学的《テヒノローギッシュ》」と書かれている。ただし、第三章は「一連の不完全な数学的な論稿」や一八七〇年代の「ノート」などからエンゲルスが完成させたもので、一部を除き草稿と対照させることはできない。第四篇以降では、草稿においても「技術的」となっている。なお、これにあてはまらない個所についてはそのつど訳注を付した〕

（57）

剰余価値率[＊1]がわかっており、剰余価値の大きさが与えられていれば、利潤率が表現するものは、それが実際にそうであるもの、すなわち、剰余価値の別な測り方であり、資本のうち労働と交換されることによって直接に剰余価値を生み出す部分〔ｖ〕の価値によってではなく、総資本の価値による剰余価値の測り方にほかならない。しかし現実には（すなわち現象界では）事態は逆になっている。剰余価値は与えられている――ただし商品の販売価格がその費用価格を超える超過分として与えられているのであり、この場合、この超過分がなにから生じるのか、すなわち生産過程における労働の搾取からか、流通過程における買い手の詐取からか、またはこの両者からかということは、依然として神秘に包まれている。さらに、総資本の価値にたいするこの超過分の比率、すなわち利潤率も与えられている。販売価格が費用価格を超えるこの超過分を前貸総資本の価値にもとづいて計算することは、非常に重要であり、自然である。というのは、これによって、実際に、総資本が自己増殖した比率を示す数字または総資本の価値増殖度がわかるからである。したがって、もしこの利潤率から出発するならば、この超過分と資本のうち労賃に投下された部分との独特な関係は決して推論されえない。マルサスがこのようなやり方で、剰余価値の秘密ならびに資本の可変的部分にたいする剰余価値の独特な関係の秘密を看破しようとして、どんなこっけいな蛙跳びをしているかは、後章[*2]で見るであろう。利潤率そのものが示すものは、むしろ、資本の等しい大きさの諸部分にたいするこの超過分の一様な関係であり、資本は、この見地からすれば、固定資本と流動資本との区別のほかには、およそどんな内的区別も示さない。そしてこの区別が示されるのも、超過分が二重に計算されるからにすぎない。すなわち、第一には、単純な大きさとして――費用価格を超える超過分として。超過分のこの第一の形態では、流動資本は全部が費用価格にはいり込むが、他方、固定資本はそのうちの摩滅分だけが費用価格にはいり込む。さらに第二には――前貸資本の総価値にたいするこの価値超過分の比率〔として〕。この場合には固定資本全部の価値が、流動資本の価値と同じように計算にはいり込む。したがって、流動資本はこの二度とも同じ仕方で計算にはいり込むが、他方、固定資本のほうは、一方の場合には流動資本と異なる仕方で、他方の場合にはこれと同じ仕方で計算にはいり込む。こうして、ここでは、流動資本と固定資本との区別が、唯一の区別としてはばをきかせるのである。

＊1　〔草稿では、「剰余価値の本性と可変資本にたいするその比率」となっている〕

＊2　〔予定された第四部をさす。『資本論草稿集』7、大月書店、三三一―三八ページ。邦訳『全集』第二六巻（『剰余価値学説史』）、第三分冊、一一八―一三三ページ参照〕

(58)　したがって超過分は、ヘーゲル流に言えば、もしそれが自己を利潤率から自己のうちへと反省させる場合には、言い換えれば、超過分が利潤率によってさらに立ち入って特徴づけられる場合には、資本が年々または一定の流通期間中にそれ自身の価値を超えて生み出す超過分として現われる。

だから、利潤率は剰余価値率とは数的に異なるが、他方で剰余価値と利潤とは実際には同じものであり数的にも等しいとはいえ、それでも利潤は剰余価値の転化した形態であり、剰余価値の源泉とその定在の秘密とを隠蔽し湮滅《いんめつ》する形態である。実際、利潤は、剰余価値の現象形態であり、後者は分析によってはじめて前者から抽出されなければならない。剰余価値においては、資本と労働との関係が暴露されている。資本と利潤との関係においては、すなわち資本と剰余価値――一方では流通過程で実現された、商品の費用価格を超える超過分として現われ、他方では総資本にたいする関係によってさらに立ち入って規定された超過分として現われる剰余価値――との関係においては、資本は、自分自身にたいする関係として、すなわち、そこでは資本がもともとの価値額として、自分自身が生み出した新価値から区別される関係として、現われる。資本がこの新価値を生産過程と流通過程とを通過するその運動中に生み出すということ、このことは意識されている。しかし、これがどのようにして行なわれるかは、いまや神秘化されていて、資本そのものに帰属する隠れた素質に由来するように見えるのである。

われわれが資本の価値増殖過程を追跡すればするほど、資本関係はますます神秘化され、その内的機構の秘密は、ますます暴露されにくいものとなるであろう。

本篇では、利潤率は剰余価値率とは数的に異なっている。ところが、利潤と剰余価値とは、ただ形態を異にするだけの、同じ数的大きさとして扱われている。次篇では、われわれは、どのように外面化が進行し、利潤が数的にも剰余価値とは異なる大きさとして現われるかを見るであろう。*

＊〔草稿では、ここに以下の文章を追加するように指示されている。「この叙述そのものから、剰余価値の利潤へのこの転化――剰余価値率から利潤率への転化とは区別されたものとしての――は、この章〔現行版では篇〕の最後に置き、価値の生産価格への転化および利潤の平均利潤への転化を叙述する次章〔次篇〕への移行とする」〕

（59）

第三章　利潤率の剰余価値率にたいする関係*

＊〔表題はエンゲルスによる。第三章は、「剰余価値率の利潤率にたいする関係を等式で表わしている」一八七〇年代のノートから、「折にふれ主要草稿を利用」しながらエンゲルスが「完成した」もの（本訳書、第三巻、一二ページ参照）。ごく一部を除いて直接草稿と対照させることはできない〕

前章の末尾で強調したように、われわれは、本章では、一般にこの第一篇全体でそうしているように、ある与えられた資本に帰属する利潤の総額は、ある与えられた流通期間*にこの資本を用いて生み出された剰余価値の総額に等しいと想定する。したがってわれわれは、さしあたって、この剰余価値が、一方ではさまざまな細区分形態——資本利子、地代、租税など——に分裂すること、また他方では、それが、第二篇で論じる一般的平均利潤率によって取得されるような利潤とは、多くの場合、決して一致しないことは度外視する。

＊〔この「流通期間」は、「通流時間と生産時間との合計」、すなわち、資本の前貸しから復帰までの期間をさすものと思われる。本訳書、第二巻、二四七ページ参照〕

利潤が量的に剰余価値と等しいとされる限り、利潤の大きさと利潤率の大きさとは、各個別の場合には与えられているか、または確定しうる、簡単な数的大きさの諸関係によって規定される。したがって研究は、まず純粋に数学的な領域で行なわれる。

　われわれは、第一部と第二部で用いられた記号をそのまま用いる。総資本Ｃは、不変資本ｃと可変資本ｖとに分かれ、剰余価値ｍを生産する。この剰余価値の前貸可変資本にたいする比率、したがって $\frac{m}{v}$ を、われわれは剰余価値率と名づけ、それを m' で表わす。だから、$\frac{m}{v}=m'$ であり、したがって $m=m'v$ である。この剰余価値が可変資本にではなく総資本に関連させられるならば、それは利潤（ｐ）と呼ばれ、剰余価値ｍの総資本Ｃにたいする比率すなわち $\frac{m}{C}$ は利潤率 p' と呼ばれる。したがって次のようになる——

$$p'=\frac{m}{C}=\frac{m}{c+v}$$

(60)
ｍの代わりに、右に見いだされたｍの値《あたい》 $m'v$ をおけば、次のようになる——

$$p'=m'\frac{v}{C}=m'\frac{v}{c+v}$$

この等式は次の比例式でも表現できる——

$$p':m'=v:C$$

すなわち、利潤率の剰余価値率にたいする比は、可変資本の総資本にたいする比に等しい。

　この比例式から次のことが言える。すなわち、利潤率 p' は剰余価値率 m' よりもつねに小さい。なぜなら、可変資本ｖは、Ｃよりも、すなわち $v+c$ の総額、可変資本と不変資本との総額よりも、つねに小さいからである——ただし $v＝C$ すなわち資本家が不変資本も生産手段もまったく前貸しせず、労賃だけを前貸しするという、実際にはありえない唯一の場合はのぞかれる。

けれどもわれわれの研究では、c、v、mの大きさに規定的に影響をおよぼすなお一連の他の諸要因が問題となる。したがって簡単に言及しておかなければならない。

第一に、貨幣の価値。われわれは、これをどこでも不変であると仮定することができる。

第二に、回転。われわれはこの要因をさしあたりまったく無視する。というのは、利潤率にたいする回転の影響はあとの章で特別に取り扱われるからである。〔ここでわれわれは、次の一点だけを先取りして述べておく。すなわち、$p'=m'\frac{v}{C}$ という式は、可変資本の一回転期間についてのみ厳密に正しいということ、しかし、単純な剰余価値率 m' の代わりに、剰余価値の年率 $m'n$ ——ここでnは一年間における可変資本の回転数である——をおけば、年回転についても正しいものになるということである（第二部、第一六章、第一節〔本訳書、第二巻、四六八ページ以下〕を見よ）。——F・エンゲルス〕

第三に、労働の生産性が問題となるが、それが剰余価値率におよぼす影響は、第一部、第四篇〔本訳書、第一巻、五五三ページ以下〕で詳細に論究された。しかし労働の生産性はさらになお、利潤率——少なくとも個別資本の利潤率——にたいしても直接的影響をおよぼしうる。第一部、第一〇章、〔第二版〕三二三ページ、〔第三版〕三一四ページ〔本訳書、第一巻、五六〇—五六二ページ〕で展開されたように、この個別資本が社会的平均的生産性よりも大きな生産性をもって作業を進め、その諸生産物を同

(61) 一商品の社会的平均価値よりも低い価値でつくり出し、こうして特別利潤を実現する場合にはそうである。しかしここでは、このような場合はまだ考慮しない。というのは、われわれは、この篇でもまだ、諸商品は社会的に正常な諸条件のもとで生産され、それらの価値どおりに売られる、という前提から出発するからである。だからわれわれは、個々のどの場合にも、労働の生産性は不変のままである、という仮定から出発する。事実、ある産業部門に投下された資本の価値構成、すなわち可変資本の不変資本にたいする一定の比率は、いつも労働の生産性の一定の程度を表現する。したがってこの比率が、不変資本の素材的構成諸部分の単なる価値変化または労賃の変化以外の原因によって変化を生じるやいなや、労働の生産性もまた変化をこうむっているはずであり、したがって、c、vおよびmという諸要因に生じる諸変化が、同じく労働の生産性における諸変化を含んでいることは、実にしばしば見いだされるであろう。

同じことは、なお残りの三つの要因——労働日の長さ、労働の強度、および労賃——についても言える。これらの要因が剰余価値の総量と率とにおよぼす影響は、第一部*で詳細に展開されている。したがって、われわれは簡単化のためにいつもこれら三つの要因は不変のままであるという前提から出発するが、それでもvとmとに生じる諸変化が、同様にvとmとを規定するこれらの諸契機〔三要因〕の大きさの変動を自己のうちに含むことがありうるということは明白である。そしてここでは、手短かに次のことが想起されるだけでよい。それは、労賃が剰余価値の大きさと剰余価値率の高さとにたいしておよぼす影響は、労働日の長さと労働の強度とがそれらにおよぼす影響とは逆であるということ、すなわち、労賃の騰貴は剰余価値を減少させるが、他方、労働日の延長と労働の強度の引き上げとは剰余価値を増加させるということである。

＊〔本訳書、第一巻、九〇三ページ以下〕

たとえば100という一資本が、〔一日〕一〇時間労働を行ない20という週賃銀総額をもらう二〇人の労働者によって、20という剰余価値を生産するものとすれば、次のようになる――

$$80c + 20v + 20m;\ m' = 100\%,\ p' = 20\%$$

労働日が、賃銀の引き上げなしに一五時間に延長されるとしよう。二〇人の労働者の総価値生産物〔v＋m〕は、それによって40から60に増加する（10：15＝40：60）。支払われる労賃vは同じままであるから、剰余価値は20から40に増大し、次のようになる――

$$80c + 20v + 40m;\ m' = 200\%,\ p' = 40\%$$

他方、一〇時間労働のもとで賃銀が20から12に下落するとすれば、総価値生産物は最初と同じ
(62) ように40であるが、その配分が変わる。すなわちvは12に下がり、したがって残り28がmのものとなる。したがって――

$$80c + 12v + 28m;\ m' = 233\frac{1}{3}\%,\ p' = \frac{28}{92} = 30\frac{10}{23}\%$$

となる。

　こうして、労働日の延長（またはそれと同じような労働強度の増大）も、賃銀の低落も、剰余価値の総量を増大させ、したがって剰余価値率を増大させる、ということがわかる。逆に、賃銀の上昇は、その他の事情が同じであれば、剰余価値率を引き下げるであろう。つまり、vが賃銀騰貴によって増大するならば、それは増大した労働分量を表現するのではなく、より高く支払われた労働分量を表現するにすぎない。m'とp'とは上がるのではなく、下がる。

　ここですでに明らかなように、労働日、労働強度、および労賃における諸変化は、vとmおよびこれらの比率における同時的変化なしには、したがってまた総資本 $c+v$ にたいするmの比率p'における同時的変化なしには起こりえないし、また同じく明らかなように、vにたいするmの比率の諸変化も、同様に、上記の三つの労働条件のうちの少なくとも一つにおける変動を含んでいる。

　このことのうちに、まさに総資本の運動とその価値増殖とにたいする可変資本の特殊な有機的関連、ならびに、可変資本の不変資本との区別が示される。不変資本は、価値形成が問題になる限りでは、それがもっている価値のゆえに重要であるにすぎない。そのさい、価値形成にとっては、一五〇〇ポンドの不変資本がたとえば〔一トンあたり〕一ポンドの鉄一五〇〇トンを表わすか、または三ポンドの鉄五〇〇トンを表わすかはまったくどうでもよいことである。不変資本の価値が表わす現実的素材の分量は、価値形成にとっては、また利潤率にとってもまったくどうでもよいことであり、不変資本の価値の増加または減少が不変資本の表わす素材的使用価値の総量とどのような関係にあるかを問わず、利潤率は不変資本の価値とは逆の方向に変動する。

可変資本の場合には事情はまったく異なる。まず重要なのは、可変資本が有する価値、すなわちそれに対象化されている労働ではなく、総労働――可変資本によって運動させられ、しかも可変資本では表現されていない総労働――の単なる指標としての可変資本の価値である。この場合、この総労働と、可変資本そのもので表現され、したがって支払われた労働との差額、すなわち総労働のうちの剰余価値を形成する部分は、可変資本そのものに含まれている労働が小さければ小さいほど、ちょうどそれだけ大きくなる。一〇時間の一労働日が一〇シリング＝一〇マルクに等しいとしよう。労賃すなわち可変資本を補填する必要労働＝五時間＝五シリングであれば、剰余労働＝五時間、剰余価値＝五
(63) シリングであり、必要労働＝四時間＝四シリングであれば、剰余労働＝六時間、剰余価値＝六シリングである。

すなわち、可変資本の価値の大きさが、その可変資本によって運動させられる労働総量の指標であることをやめて、むしろ、この指標の尺度そのものが変化するやいなや、それとともに、剰余価値率は反対方向に、かつ反比例的に変化する。*

＊〔草稿では、「剰余価値率は」以下は、「利潤率は、総資本にたいする比率での可変資本の大きさに正比例して増減するという法則は終わる」となっている〕

いまからわれわれは、上述の利潤率の等式 $p' = m'\frac{v}{C}$ をさまざまなありうる場合に適用してみることにしよう。われわれは、m'、$\frac{v}{C}$ の個々の因数の値をつぎつぎに変化させ、これらの変化が利潤率

におよぼす作用を確かめよう。そうすればさまざまな一連の場合が得られるが、これらの場合は、同じ一つの資本の活動状態の順次の変化と見ることもできるし、さもなければ、たとえば相異なる産業部門または相異なる国において、同時に並立していて比較のためにあげられるさまざまな諸資本と見ることもできる。だから、われわれのいくつかの例を同じ一つの資本の時間的に相次ぐ状態であると解することが無理または実際上不可能であると思われる場合には、これらの例を独立した諸資本の比較とみなせば、このような異議はたちまち消えてなくなる。

したがってわれわれは、$m'\frac{v}{C}$という積をその二つの因数m′と$\frac{v}{C}$とに分ける。まず第一に、m′を不変なものとして取り扱い、$\frac{v}{C}$のありうる変動の作用を研究する。次に、分数$\frac{v}{C}$を不変として、m′にありうる変動をたどらせる。最後に、すべての因数を可変として、それによって利潤率にかんする法則が導き出されるすべての場合を余すところなく論じる。

第一　m′は不変で$\frac{v}{C}$が可変な場合

いくつかの細区分的な場合を包括するこの場合については、一つの一般的定式を立てることができる。二つの資本CとC_1とがあり、それぞれの可変的構成部分がvとv_1、両者に共通な剰余価値率がm′、利潤率がp′とp'_1であるとすれば、次のようになる――

$$p'=m'\frac{v}{C}\ ;\ p'_1=m'\frac{v_1}{C_1}$$

いまＣとC_1、ならびにｖとv_1との相互の比をとり、たとえば分数$\frac{C_1}{C}$の値をE、分数$\frac{v_1}{v}$の (64) 値をｅとすれば、$C_1=EC$、$v_1=ev$である。いま前記のp'_1にかんする等式において、C_1とv_1との代わりに右に得た値をおけば、次のようになる——

$$p'_1=m'\frac{ev}{EC}$$

しかし、前記の二つの等式を比例式に変えることによって、この両等式からもう一つの第二定式を導き出すことができる——

$$p':p'_1=m'\frac{v}{C}:m'\frac{v_1}{C_1}=\frac{v}{C}:\frac{v_1}{C_1}$$

分数の値は、分子と分母に同じ数を掛けても、またはそれを同じ数で割っても変わらないから、$\frac{v}{C}$と$\frac{v_1}{C_1}$とを百分率に通分することができる。すなわち、ＣとC_1の両方を＝100とおくことができる。その場合には、$\frac{v}{C}=\frac{v}{100}$および$\frac{v_1}{C_1}=\frac{v_1}{100}$となり、* 前記の比例では〔これに100を掛けることによって〕分母を消すことができ、次のようになる——

$$p':p'_1=v:v_1$$ すなわち——

等しい剰余価値率で機能する任意の二つの資本の場合には、利潤率と利潤率の比は、それぞれの総資本にたいして百分率で計算された可変資本部分と可変資本部分の比に等しい。

＊〔CとC_1の両方を＝100 とおいた場合、v、v_1の値は、可変資本の絶対的な大きさから、それぞれ総資本にたいする百分率での比率に変化している〕

この二つの定式は、$\frac{v}{C}$ の変動のすべての場合を包括する。

これらの場合を個々的に研究するまえに、もう一つ指摘しておこう。Cはcとv、すなわち不変資本と可変資本との総額であるから、また剰余価値率も利潤率も普通は百分率で表現されるのであるから、総額 c＋v もやはり 100 に等しいとすること、すなわちcとvとを百分率で表現することが、一般に便利である。われわれが、12,000 の不変資本と 3,000 の可変資本とからなる 15,000 の一資本は 3,000 の剰余価値を生産すると言うか、それともこの資本を百分率に通分するかは、確かに利潤の総量の規定にとっては同じことではないが、利潤の率の規定にとっては同じことである。

$$15{,}000C = 12{,}000c + 3{,}000v \quad (+3{,}000m)$$
$$100C = 80c + 20v \quad (+20m)$$

どちらの場合にも剰余価値率 $m' = 100\%$ であり、利潤率＝20% である。

二つの資本を互いに比較しても、たとえば次のような別の一資本を前記の資本と比較しても、やはり同じである——

$$12{,}000C = 10{,}800c + 1{,}200v \quad (+1{,}200m)$$
$$100C = 90c + 10v \quad (+10m)$$

(65) この定式ではどちらの場合にも $m' = 100\%$, $p' = 10\%$ であり、また前記の資本との比較は、百分率の形態でのほうがはるかに一目瞭然となっている。

これに反し、同じ一つの資本に起こる諸変化を問題にするとすれば、百分率の形態はたいていの場合には使用できない。なぜなら、この形態はほとんどつねにこれらの変化を抹消するからである。ある資本が

$$80c + 20v + 20m$$

という百分率の形態から

$$90c + 10v + 10m$$

という百分率の形態に移るとしても、この変化した百分率構成 $90c + 10v$ が、v の絶対的減少によって生じたのか、それとも c の絶対的増大によって生じたのか、またはその両者によって生じたのかは見分けられない。それを見分けるためには、絶対的な数の大きさを知らなければならない。しかし、以下に述べる個々の変動の場合の研究にとってなによりもかんじんなのは、この変化がどのようにして起こるにいたったかである。すなわち、$80c + 20v$ が $90c + 10v$ になったのは、可変資本は同じままなのに不変資本が増大したせいで、たとえば $12{,}000c + 3{,}000v$ が $27{,}000c + 3{,}000v$（百分

率では 90 c ＋10 v）に転化したためなのか、それとも不変資本は同じままなのに可変資本が減少したせいで、したがって 12,000 c ＋1,333$\frac{1}{3}$v（百分率では同じく 90 c ＋10 v）に移行したために、それ〔80 c ＋20 v〕が前記の形態〔90 c ＋10 v〕をとったのか、または最後に、被加数双方が変化したために、たとえば 13,500 c ＋1,500 v（百分率ではまたしても 90 c ＋10 v）に変化したためなのか、ということである。しかし、われわれは、まさにこれらの場合のすべてをつぎつぎに研究しなければならないのであり、したがって百分率形態の便利さを放棄するか、または、それを副次的にのみ使用するか、しなければならないであろう。

1　m′とCは不変でvが可変な場合

vがその大きさを変えてもCが不変のままでありうるのは、Cの他の構成部分すなわち不変資本cが、vと同じ額だけ、ただしvと反対方向にその大きさを変えることによってだけである。Cが最初 80 c ＋20 v ＝100 であって、その後vが 10 に減少するならば、Cが 100 のままでありうるのは、cが 90 に増大する場合だけである。すなわち 90 c ＋10 v ＝100 である。一般的に言えば、いま問題にしている場合の諸条件が満たされるためには、vが v ± d に、すなわちdだけ増加または減少したvに転化する場合には、cが c ∓ d に転化しなければならず、〔dと〕同じ額だけ、ただし反対方向に変動しなければならない。

同様に、剰余価値率m′が同じままであるのに可変資本vが変動する場合には、剰余価値の総量mは

(66)
変化せざるをえない。というのは、$m = m'v$ であり、$m'v$ の一方の因数vが別の値をとるからである。

この場合の諸前提から、最初の等式——

$$p' = m'\frac{v}{C}$$

のほかに、vの変動によって第二の等式——

$$p'_1 = m'\frac{v_1}{C}$$

が得られるが、この第二の等式ではvはv_1に変わっており、その結果変化した利潤率p'_1がみつけだされなければならない。

この利潤率p'_1は、次のような対応する比例式によってみつけだされる——

$$p' : p'_1 = m'\frac{v}{C} : m'\frac{v_1}{C} = v : v_1$$

すなわち——剰余価値率が同じままで総資本も同じままである場合には、最初の利潤率と可変資本の変化によって生じた利潤率との比は、最初の可変資本と変化した可変資本との比に等しい。

資本は、最初には前述のように——

Ⅰ　$15{,}000C = 12{,}000c + 3{,}000v$（$+3{,}000m$）であったが、いまや、

Ⅱ　$15{,}000C = 13{,}000c + 2{,}000v$（$+2{,}000m$）であるとすれば、

どちらの場合にも、$C = 15{,}000$ かつ $m' = 100\%$ であり、そしてⅠの利潤率 20％ の、Ⅱの利潤率 $13\frac{1}{3}\%$ にたいする比は、Ⅰの可変資本 3,000 の、Ⅱの可変資本 2,000 にたいする比に等しく、つまり $20\% : 13\frac{1}{3}\% = 3{,}000 : 2{,}000$ である。

ところで、可変資本は増大することも減少することもありうる。まずそれが増大する例をとってみよう。一資本が最初は次のように構成されていたが、機能した結果次のようになったとしよう――

Ⅰ　$100c + 20v + 10m$；$C = 120$，$m' = 50\%$，$p' = 8\frac{1}{3}\%$

いま、可変資本が 30 に増大するとしよう。その場合には、総資本が不変で 120 のままであるためには、前提に従って、不変資本が 100 から 90 に減少しなければならない。生産された剰余価値は、50％ という同じ剰余価値率のもとでは、15 に増大しなければならない。したがって次のようになる――

Ⅱ　$90c + 30v + 15m$；$C = 120$，$m' = 50\%$，$p' = 12\frac{1}{2}\%$

われわれはまず、労賃は不変であるという仮定から出発しよう。この場合、剰余価値率の他の諸要

(67)

因――労働日および労働の強度――も同様に同じままでなければならない。したがってｖの増大（20から30へ）は、もとの数より二分の一だけ多くの労働者が使用される、という意味しかもちえない。その場合には、総価値生産物もまた二分の一だけ増大して30から45となり、以前とまったく同じく2/3が労賃に、1/3が剰余価値に分配される。しかし同時に、労働者数が増加して不変資本、生産諸手段の価値は100から90に減少した。したがってここにあるのは、労働の生産性の減少が不変資本の同時的減少と結びついている場合である。このような場合が経済的にありうるのか？

労働の生産性の減少、したがって就業労働者数の増加が容易に把握されうる農業および採取産業においては、この過程は――資本主義的生産の制限の内部でかつその基礎上では――、不変資本の減少とではなく、その増加と結びついている。前記のｃの減少が単なる価格低下によって引き起こされる場合でさえも、一つの個別資本がⅠからⅡへの移行を果たしうるのは、まったく例外的な諸事情のもとでのみであろう。しかし、異なる国々に、または農業もしくは採取産業の異なる諸部門に投下された二つの独立した資本の場合には、一方の場合におけるほうが他方の場合におけるよりも、より多くの労働者（したがって、より大きな可変資本）が使用され、しかも、より価値の小さい、またはよりわずかな生産諸手段を使って作業したとしても、なにも特異なことではないであろう。

しかし、もしわれわれが、労賃は同じままであるという前提を捨てて、可変資本が20から30に増大したのは労賃が二分の一だけ騰貴したからであると説明するならば、まったく違う場合が生じる。同じ数の労働者――たとえば二〇人の労働者――が、同じ生産諸手段かまたはほんのわずか減少した生産諸手段によって、さらに労働を続ける。労働日が不変——たとえば一〇時間——のままであるとすれば、総価値生産物も同じく不変である。それは相変わらず30である。しかしこの30は、前貸しされた30の可変資本を補填するために、全部使用される。剰余価値は消えてなくなるであろう。しかし、剰余価値率は不変、すなわちⅠと同様に50%のままであると前提されていた。このことが可能なのは、労働日が二分の一だけ延長され、一五時間に引き上げられる場合だけである。そうすれば、二〇人の労働者が一五時間に45の総価値を生産して、すべての条件が満たされるであろう——

$$\text{Ⅱ}\quad 90c + 30v + 15m：C = 120,\ m' = 50\%,\ p' = 12\frac{1}{2}\%$$

この場合には、二〇人の労働者は、Ⅰの場合よりも多くの労働手段、すなわち道具、機械などを必要とはしない。ただ原料または補助材料だけは、二分の一だけ増加しなければならないであろう。したがって、これらの材料の価格が低下した場合には、われわれの諸前提のもとでも、ⅠからⅡへの移行は一個別資本にとってもむしろ経済的にはるかに許されることであろう。そして資本家は、自分の不変資本の減価によってこうむったであろう自分の損失を、利潤の増大によって少なくともいくらかはつぐなわれるであろう。(68)

次に、可変資本が増加せずに減少すると仮定しよう。その場合にはわれわれは、上記の例の順序を逆にして、Ⅱを最初の資本とし、ⅡからⅠへ移行しさえすればよい。その場合には、

Ⅱ　90ｃ＋30ｖ＋15ｍ　が

Ⅰ　100ｃ＋20ｖ＋10ｍ　に転化する。

しかもこの置き換えによっては、それぞれの利潤率とそれらの相互関係とを規制する諸条件は少しも変えられていない、ということは明白である。

　不変資本が増大するもとで $\frac{1}{3}$ だけ少ない労働者が就業させられるので、ｖが30から20に減少するとすれば、ここに見られるのは近代産業の正常な場合――労働の生産性が増加し、より少ない労働者がより多量の生産諸手段を操作する場合――である。この運動が、それと同時に起こる利潤率の低下と必然的に結びついていることは、この第三部の第三篇で明らかにされるであろう。

　しかし、同じ数の労働者が、ただ、より低い賃銀で就業させられるので、ｖが30から20に減少するとすれば、労働日が不変であっても、総価値生産物は相変わらず30ｖ＋15ｍ＝45のままであろう。ｖが20に減少したので剰余価値は25に増加し、剰余価値率は50％から125％へ増加するであろう。しかしこれは前提に反することであろう。われわれの場合の諸条件の内部にとどまるためには、剰余価値は、50％の率で、むしろ10に減少し、したがって総価値生産物は45から30に減少しなければならない。そしてこのことが可能であるのは、労働日が $\frac{1}{3}$ だけ短縮されることによってのみである。その場合には先の場合と同じく次のようになる――

$$100c+20v+10m;\ m'=50\%,\ p'=8\frac{1}{3}\%$$

もちろん言及するまでもないことであるが、賃銀が低下している場合には、このような労働時間の短縮は実際には起こらないであろう。とはいえ、そのことはいまはどうでもよい。利潤率は、いくつかの可変量の一関数であり、もしこれらの可変量がどのように利潤率に作用するかを知ろうと思えば、それぞれの可変量の個別的作用を——そのような孤立化された作用が同じ一つの資本の場合に経済的に許されるかどうかを問わず——順々に研究しなければならない。

2　m′は不変、vが可変、Cがvの変動によって変化する場合

この場合が前の場合と区別されるのは、程度の点によってのみである。この場合には、vが増加またはは減少するのと同じだけcが減少または増加するのではなく、cは不変である。しかし、大工業と大農業というこんにちの諸条件のもとでは、可変資本は総資本のうち相対的にわずかな部分であるにすぎず、したがって、総資本の減少または増大も、それらが可変資本の変化によって規定される限りでは、やはり相対的にはわずかである。われわれは、ふたたび次のような一資本から出発するとしよう(69)——

Ⅰ　$100c+20v+10m;\ C=120,\ m'=50\%,\ p'=8\frac{1}{3}\%$

そうすれば、これはたとえば次のようなものに転化するであろう――

Ⅱ　$100c + 30v + 15m$：$C = 130$，$m' = 50\%$，$p' = 11\frac{7}{13}\%$

可変資本が減少するという反対の場合は、これまた、ⅡからⅠへの逆の移行によって例証されるであろう。

経済的諸条件は前の場合と本質的に同じであろうから、繰り返し検討するにはおよばない。ⅠからⅡへの移行は、労働の生産性の二分の一だけの低下*――100c の操作には、Ⅰの場合よりもⅡの場合のほうが二分の一だけ多くの労働を必要とするということ――を含んでいる。こうした場合は、農業で生じうる。(九)

(九) 草稿では、ここに「こうした場合が地代とどのように連関するかは、のちに研究すること」と付記されている。〔F・エンゲルス〕

* 〔必要とする労働が $\frac{3}{2}$ 倍に増えたのだから、労働の生産性は $\frac{2}{3}$ になっている。したがって、「二分の一だけの低下」ではなく「三分の一だけの低下」であろう〕

しかし、前の場合には、不変資本が可変資本に転化されるか、またはその逆の転化が行なわれることによって、総資本は不変であったのにたいして、ここでは、可変部分が増加する場合には追加資本の拘束が生じ、可変部分が減少する場合にはそのときまで使用された資本の遊離が生じる。

３　m'とvは不変、c、したがってCも可変な場合

この場合には等式——

$$p' = m'\frac{v}{C} \quad は \quad p_1' = m'\frac{v}{C_1}$$

に変わる。そして両辺に現われる因数を消去すれば、次のような比例式となる——

$$p_1' : p' = C : C_1$$

すなわち、剰余価値率が等しく、可変資本部分が等しければ、利潤率は総資本に反比例する。

たとえば、次の三つの資本、または同じ資本の三つの相異なる状態をとってみれば——

Ⅰ　$80c + 20v + 20m$；$C = 100$, $m' = 100\%$, $p' = 20\%$

Ⅱ　$100c + 20v + 20m$；$C = 120$, $m' = 100\%$, $p' = 16\frac{2}{3}\%$

Ⅲ　$60c + 20v + 20m$；$C = 80$, $m' = 100\%$, $p' = 25\%$

それは次のような比になる——

$$20\% : 16\frac{2}{3}\% = 120 : 100 \quad および \quad 20\% : 25\% = 80 : 100$$

（70）

m′が不変な場合の $\frac{v}{C}$ の変動を表わす前にあげた一般的定式は——

$p'_1 = m'\frac{ev}{EC}$ であった。それがいまや $p'_1 = m'\frac{v}{EC}$ となる。

というのは、vはいかなる変化もこうむらず、したがって因数 $e = \frac{v_1}{v}$ はここでは＝1 になるからである。

$m'v = m$ すなわち剰余価値の総量であり、またm′とvの両者とも不変であるから、mもまたCの変動によって影響を受けることはない。剰余価値の総量は、この変化の以前にも以後にも同じである。かりにcがゼロまで減少すれば $p' = m'$ となり、利潤率は剰余価値率に等しくなるであろう。

cの変化は、不変資本の素材的諸要素の単なる価値変動からも生じうるし、総資本の技術的構成の変化、したがって当該生産部門*における労働の生産性の変化からも生じうる。後者の場合には、大工業および大農業の発展につれて高まる社会的労働の生産性は、移行が（上記の例では）ⅢからⅠへ、そしてⅠからⅡへという順序で行なわれるという結果を引き起こすであろう。20をもって支払われて40の価値を生産するある労働分量は、まず最初に60の価値をもつ労働諸手段のある総量を操作するであろう。生産性が上昇し、かつ価値が不変の場合には、操作される労働諸手段〔の総量〕はまず80に、次に100に増大するであろう。これと逆の順序は、生産性の減少を引き起こすであろう。同じ労働分量が動かしうる生産諸手段の総量は減少し、経営は、農業や鉱業などで起こりうるように、縮小されるであろう。

＊〔初版では「生産的部門」となっていた。カウツキー版（一九二九年）で訂正〕

不変資本における節約は、一方では利潤率を高め、他方では資本を遊離し、したがって資本家にとっては重要事である。この点については、また不変資本の諸要素とりわけ原料の価格変動の影響については、のちに＊さらに立ち入って研究するであろう。

＊〔本巻、第五、六章参照〕

この場合にもふたたび明らかなように、不変資本の変動は、この変動がcの素材的構成諸部分の増加もしくは減少によって引き起こされるか、またはそれら諸部分の単なる価値変化によって引き起こされるかを問わず、一様に利潤率に作用する。

（71）

4　m′は不変、v、c、およびCがすべて可変な場合

この場合にも、利潤率の変化を表わす上記の一般的定式——

$$p_1' = m' \frac{ev}{EC}$$

が依然として基準となる。この定式から次のような結果が出てくる。すなわち、剰余価値率が不変であれば——

（a）　Eがeより大きい場合には、すなわち総資本が可変資本よりも大きな割合で増大するような仕方で不変資本が増加する場合には、利潤率は低下する。80c＋20v＋20m という一資本が、170c

$+30v+30m$ という構成に移行するならば、$m'=100\%$ のままであるが、$\frac{v}{C}$ は、vもＣも増加したにもかかわらず、$\frac{20}{100}$ から $\frac{30}{200}$ に減少し、利潤率はそれに照応して二〇%から一五%に低下する。

(b)　利潤率が不変のままなのは、$e=E$ の場合、すなわち、分数 $\frac{v}{C}$ が外観上の変化にもかかわらず同じ値を保持する場合、すなわち、分子と分母に同じ数を掛けたり、同じ数で割ったりする場合だけである。$80c+20v+20m$ と $160c+40v+40m$ とは、明白に二〇%という同じ利潤率をもつ。なぜなら、$m'=100\%$ のままであり、どちらの例でも $\frac{v}{C}=\frac{20}{100}=\frac{40}{200}$ は同じ値を表わしているからである。

(c)　eがEより大きい場合、すなわち、可変資本が総資本よりも大きな割合で増大する場合には、利潤率は上昇する。$80c+20v+20m$ が $120c+40v+40m$ になれば、利潤率は二〇%から二五%に上昇する。なぜなら、m'が不変であっても、$\frac{v}{C}=\frac{20}{100}$ は $\frac{40}{160}$ に、すなわち $\frac{1}{5}$ から $\frac{1}{4}$ に上昇したからである。

vとCとが同じ方向に変動する場合には、われわれは、この大きさの変化を、両者がある度合いまで同じ割合で変動し、したがって、その度合いまでは $\frac{v}{C}$ が不変のままであると解することができる。この度合いを超えれば、その場合には両者の一方だけが変動することになるであろう。だからわれわれは、このより複雑な場合を前記のより簡単な場合〔1、2、3、4の四つの場合〕の一つに還元したのである。

たとえば、80c＋20v＋20m が 100c＋30v＋30m に移行するとすれば、vのcにたいする、したがってまたvのCにたいする比率は、この変動の場合には 100c＋25v＋25m のところまでは不変のままである〔v：c＝25％，v：C＝20％〕。だから、そこまでは利潤率も影響を受けない。したがってわれわれは、いまでは 100c＋25v＋25m を出発点とすることができる。〔その場合に〕われわれが見いだすのは、vが5だけ増加して 30v となり、そのためCが 125 から 130 に増加していることであり、したがってわれわれの前にあるのは、単なるvの変動とそのため引き起こされたCの(72)変動の場合という第二の場合〔前記、2の場合〕である。最初二〇％であった利潤率は、この 5v の追加により、剰余価値率が等しいのに $23\frac{1}{13}$％ に上昇する。

vとCとが反対の方向にその大きさを変える場合でも、より簡単な場合への同じ還元を行なうことができる。もしわれわれが、たとえばふたたび 80c＋20v＋20m から出発して、これを 110c＋10v＋10m という形態に移行させようとするのであれば、40c＋10v＋10m への変化では、利潤率は最初と同じ、すなわち二〇％であろう。この中間形態に 70c を追加すれば、利潤率は $8\frac{1}{3}$％ に引き下げられる。こうしてわれわれは、この場合を、ふたたび、ただ一つの可変量すなわちcが変動する場合に還元したのである。

したがって、v、c、およびCの同時的変動は、なんら新たな観点を提供するものではなく、結局のところ、つねに一つの因数だけが可変である場合に帰着する。

まだ残っている唯一の場合も、事実上すでに論じ尽くされている。すなわち、vとCとは数的には同じ大きさのままであるが、それらの素材的諸要素が価値変動をこうむり、したがってｖは運動させられる労働の変化した分量を、ｃは運動させられる生産諸手段の変化した分量を示す、という場合がそれである。

80ｃ＋20ｖ＋20ｍ において、20ｖ は、最初は、毎日一〇時間労働をする二〇人の労働者の賃銀を表わすとしよう。各労働者の賃銀が１から$1\frac{1}{4}$に騰貴するとしよう。その場合には、20ｖ では二〇人にではなく、もはや一六人の労働者にしか支払えない。しかし、あの二〇人が二〇〇労働時間に40の価値を生産したとすれば、この一六人は、毎日一〇時間、したがって合計一六〇労働時間に32の価値を生産するだけであろう。そこで、賃銀分として20ｖ を差し引いたあとには、32のうち剰余価値分として残るのは12にすぎない。剰余価値率は一〇〇％から六〇％に低下するであろう。しかし前提によれば、剰余価値率は不変でなければならないから、労働日は$\frac{1}{4}$だけ、つまり一〇時間から一二時間半に延長されなければならないであろう。二〇人の労働者が毎日一〇時間＝二〇〇労働時間に40*の価値を生産するとすれば、一六人の労働者は毎日一二時間半＝二〇〇時間に同じ価値を生産するのであり、80ｃ＋20ｖ の資本は相変わらず20の剰余価値を生産するであろう。

＊〔初版では、「80」となっていた〕

逆の場合――もし賃銀が20ｖ で三〇人の労働者の賃銀を賄うほどに低下するとすれば、m′が不変のままでありうるのは、労働日が一〇時間から六$\frac{2}{3}$時間に短縮される場合だけである。つまり、$20\times10=30\times6\frac{2}{3}\%=200$ 労働時間 である。

このような反対の仮定をした場合に、どの程度までcが、貨幣での価値表現から見て元のままでありながら、それにもかかわらず事情の変化に照応して生産諸手段の変化した分量を表わしうるかは、本質的にはすでにこれまでのところで論究されている。このような場合がその純粋な形で許されることがあるとすれば、それはまったく例外的にだけであろう。

cの諸要素の総量を増加または減少させるが、cの価値額を変化させないような、cの諸要素の価値変動について言えば、この変動は、それがvの大きさの変化をともなわない限り、利潤率にも剰余価値率にも影響しない。

(73)

われわれは、以上によって、われわれの等式におけるv、cおよびCの変動のあらゆる可能な場合を論じ尽くした。われわれが見たように、cまたはCにたいするvの比率におけるどんなわずかな変化でも、同様に利潤率をも変化させるのに足りるのだから、剰余価値率が不変な場合にも、利潤率は、低下したり、不変であったり、上昇したりすることがありうる。

さらに明らかにされたように、vが変動する場合には、m′が不変であることが経済的に不可能になる限界がつねに現われる。cのどの一方的変動も、やはり、vがもはや不変のままではありえない限界に達せざるをえないから、$\frac{v}{C}$のすべての可能な変動にとって、それを超えればm′もやはり可変とならざるをえない限界が置かれていることは明らかである。m′が変動する場合——われわれはいまやその研究に移るのであるが——には、われわれの等式のさまざまな可変量のこうした相互作用が、もっとはっきりと現われてくるであろう。

第二　m'が可変な場合

等式——

$$p'=m'\frac{v}{C}$$

を、もう一つの等式——

$$p'_1=m'_1\frac{v_1}{C_1}$$

に移行させるならば——この等式でp'_1、m'_1、v_1およびC_1は、p'、m'、vおよびCの変化した値を意味する——、v/C が不変であるか、またはやはり変動するかを問わず、剰余価値率が異なる場合の利潤率を表わす一般的定式が生じる。そこで——

$$p':p'_1=m'\frac{v}{C}:m'_1\frac{v_1}{C_1}$$

となり、この式から——

$$p'_1=\frac{m'_1}{m'}\times\frac{v_1}{v}\times\frac{C}{C_1}\times p'$$

となる。

1　m′は可変で $\frac{v}{C}$ が不変な場合

この場合には、等式は次のようになる――

$$p' = m'\frac{v}{C}\ ;\ p'_1 = m'_1\frac{v}{C}$$

どちらにおいても、$\frac{v}{C}$ は値が等しい。したがって、次のような比となる――

$$p' : p'_1 = m' : m'_1$$

（74）等しい構成をもつ二つの資本の利潤率の比は、この二つの資本の剰余価値率の比に等しい。分数 $\frac{v}{C}$ においてかんじんなのは、ｖおよびＣの絶対的大きさではなく、両者の比率だけであるから、このことは、等しい構成のすべての資本に――それらの絶対的大きさがどうであれ――妥当する。

80ｃ＋20ｖ＋20ｍ；Ｃ＝100，m′＝100％，p′＝20％
160ｃ＋40ｖ＋20ｍ；Ｃ＝200，m′＝ 50％，p′＝10％
100％：50％＝20％：10％

ｖおよびＣの絶対的大きさが双方の場合に同じであれば、利潤率と利潤率との比は、さらにまた、剰余価値総量と剰余価値総量との比に等しい――

$p' : p'_1 = m'v : m'_1v = m : m_1$

たとえば――

$80c + 20v + 20m ; m' = 100\%,\ p' = 20\%$

$80c + 20v + 10m ; m' = 50\%,\ p' = 10\%$

$20\% : 10\% = 100 \times 20 : 50 \times 20 = 20m : 10m$

さて、絶対的構成または百分率構成が等しい諸資本の場合に、剰余価値率が異なりうるのは、労賃か、労働日の長さか、労働の強度か、そのどれかが異なる場合だけであることは明らかである。次の三つの場合――

Ⅰ　$80c + 20v + 10m ; m' = 50\%,\ p' = 10\%$

Ⅱ　$80c + 20v + 20m ; m' = 100\%,\ p' = 20\%$

Ⅲ　$80c + 20v + 40m ; m' = 200\%,\ p' = 40\%$

には、Ⅰでは30（20v＋10m）の、Ⅱでは40の、Ⅲでは60の総価値生産物が生み出される。これは三通りの方法で行なわれうる。

第一に、労賃が異なる場合、したがって20vがそれぞれの場合に異なる労働者数を表現する場合。

Ｉでは、一五人の労働者が〔一日〕一$\frac{1}{3}$ポンドの賃銀で一〇時間就業させられ三〇ポンドの価値を生産し、そのうち二〇ポンドは賃銀を補填し〔$15\times1\frac{1}{3}$〕、一〇ポンドが剰余価値として残るものとしよう。賃銀が一ポンドに低下すれば、二〇人の労働者を一〇時間就業させることができ、その場合には四〇ポンドの価値を生産し、そのうち二〇ポンドが賃銀分であり、二〇ポンドが剰余価値である。賃銀がさらに $\frac{2}{3}$ ポンドに低下すれば、三〇人の労働者が一〇時間就業させられ、六〇ポンドの価値を生産し、そのうち二〇ポンドを賃銀分として差し引いても、なお四〇ポンドが剰余価値分として残る。

(75)

この場合――すなわち、資本の百分率的構成が不変、労働日が不変、労働強度が不変であって、剰余価値率の変動が労賃の変動によって引き起こされるというこの場合は、リカードウの次の仮定があてはまる唯一の場合である――「利潤が高いか低いかは、賃銀が低いか高いかに正確に比例するであろう」（マカロック編『D・リカードウ著作集』、一八五二年、『〔経済学および課税の〕原理』、第一章第三節、一八ページ〔堀経夫訳『リカードウ全集』Ｉ、雄松堂書店、一九七二年、三〇ページ。なお、強調はマルクスのもの〕）。

または第二に、労働の強度が異なる場合。この場合には、たとえば二〇人の労働者が同じ労働諸手段を用いて、毎日一〇労働時間に、一定の商品をＩでは三〇単位、IIでは四〇単位、IIIでは六〇単位つくり、その各単位は、それに消費された生産諸手段の価値のほかに、一ポンドの新価値を表わす。いずれの場合も、二〇単位＝二〇ポンドは労賃を補填するので、剰余価値分として残るのは、Ｉでは一〇単位＝一〇ポンド、Ⅱでは二〇単位＝二〇ポンド、Ⅲでは四〇単位＝四〇ポンドである。

または第三に、労働日の長さが異なる場合。二〇人の労働者が、等しい強度のもとで、毎日、Ⅰでは九時間、Ⅱでは一二時間、Ⅲでは一八時間、労働するとすれば、彼らの総生産物の比 30：40：60 は、9：12：18 に等しく、また賃銀はいずれの場合も 20 であるから、剰余価値分として残るのは、これまた、それぞれ 10, 20, 40 である。

だから、労賃の騰貴または低落は、剰余価値率の高さにたいしては、したがってまた v/C が不変な場合には利潤率にたいしても、逆の方向に影響し、労働強度の増加または減少、および労働日の延長または短縮は、同じ方向に作用する。

2　m′とvは可変で、Cが不変な場合

この場合には、次のような比例が妥当する――

$$p' : p'_1 = m'\frac{v}{C} : m'_1\frac{v_1}{C} = m'v : m'_1 v_1 = m : m_1$$

二つの利潤率の比は、それぞれの剰余価値総量の比に等しい。

可変資本が不変な場合における剰余価値率の変動は、価値生産物の大きさと分配における変化を意味した。vとm′との同時的変動も、同じくつねに価値生産物の分配の変化を含むが、必ずしも価値生産物の大きさの変動を含むわけではない。次の三つの場合が可能である――

(a)　vとm′とが反対の方向に、しかし同じ大きさだけ変動する場合。* たとえば――

80c＋20v＋10m；m′＝50％，p′＝10％

90c＋10v＋20m；m′＝200％，p′＝20％

＊〔(a)の算例は、vとm′ではなく、vとmとが「反対の方向に、しかし同じ大きさだけ変動する場合」である〕

どちらの場合にも、価値生産物は等しく、したがってまた遂行された労働分量も等しい。すなわち
(76) 20v＋10m＝10v＋20m＝30 である。区別はただ、第一の場合には、賃銀分として 20 が支払われ、剰余価値分として 10 が残るが、他方、第二の場合には賃銀は 10 にすぎず、したがって剰余価値が 20 となる、ということだけである。これは、vとm′が同時に変動する場合に、労働者数、労働強度、および労働日の長さが不変のままである唯一の場合である。

(b)　m′とvとが同じく反対の方向に変動するが、しかし双方の変動の大きさが同じでない場合。その場合には、vかm′か、いずれかの変動が優越する。*

Ⅰ　80c＋20v＋20m，m′＝100％，p′＝20％

Ⅱ　72c＋28v＋20m，m′＝$71\frac{3}{7}$％，p′＝20％

Ⅲ　84c＋16v＋20m，m′＝125％，p′＝20％

＊〔(b)の算例は「m′とvとが同じく反対の方向に、同じ割合で変動する場合」を表わしている。その場合には

vとm′の変動は打ち消しあい、mは不変となる〕

Ⅰでは、20v によって40の、Ⅱでは28v によって48の、Ⅲでは16v によって36の価値生産物が支払われる。価値生産物も賃銀と同じように変化した。しかし価値生産物の変化は、遂行された労働分量の変化を意味し、したがって労働者数か、労働時間か、労働強度かの変化、またはこれら三者のうちの二つ以上の変化を意味する。

(c)　m′とvとが同じ方向に変動する場合。その場合には、一方が他方の影響を強める。

90c＋10v＋10m：m′＝100%，p′＝10%
80c＋20v＋30m：m′＝150%，p′＝30%
92c＋ 8v＋ 6m：m′＝ 75%，p′＝ 6%

この場合にもまた、三つの価値生産物は異なっている。すなわち、20，50および14である。そして、それぞれの場合の労働分量の大きさにおけるこの相違は、これまた労働者数か、労働時間か、労働強度かの相違に、またはこれら三つの要因の二つ以上、もしくはそれらすべての相違に還元される。

3＊　m′、vおよびCが可変な場合

＊〔アドラツキー版（一九三三年）などでは、「第三」に変更している。本訳書、第三巻、九一ページの取り

扱いの三つの分類にもとづき、そう分類することもできるであろう〕

この場合は、なんら新たな観点を提示するものではなく、第二　m'が可変な場合〔本訳書、第三巻、一〇八ページ〕で与えられた一般的定式によって解決される。

（77）

したがって、剰余価値率の大きさの変動が利潤率におよぼす影響は、以下の場合となる――

（一）　$\frac{v}{C}$ が不変のままである場合には、p'はm'と同じ割合で増加または減少する。

$80c + 20v + 20m$；$m' = 100\%$，$p' = 20\%$

$80c + 20v + 10m$；$m' = 50\%$，$p' = 10\%$

$100\% : 50\% = 20\% : 10\%$

（二）　$\frac{v}{C}$ がm'と同じ方向に動く場合、すなわち、m'が増加または減少すれば、$\frac{v}{C}$ も増加または減少する場合には、p'はm'よりも大きい割合で上昇または低下する。

$80c + 20v + 10m$；$m' = 50\%$，$p' = 10\%$

$70c + 30v + 20m$；$m' = 66\frac{2}{3}\%$，$p' = 20\%$

$50\% : 66\frac{2}{3}\% \overset{*}{<} 10\% : 20\%$

＊〔この記号＜は、50％から$66\frac{2}{3}$％への増加率が、10％から20％への増加率よりも小さいことを意味する。次出（三）の記号＞はその逆を意味する〕

（三）$\frac{v}{C}$がm′と反対の方向に、しかしm′より小さい割合で変化する場合には、p′はm′より小さい割合で上昇または低下する。

80c＋20v＋10m；m′＝ 50％，p′＝10％

90c＋10v＋15m；m′＝150％，p′＝15％

50％：150％＞10％：15％

（四）$\frac{v}{C}$がm′と反対の方向に、しかもm′より大きい割合で変化する場合には、p′はm′が低下しても上昇し、m′が上昇しても低下する。

80c＋20v＋20m；m′＝100％，p′＝20％

90c＋10v＋15m；m′＝150％，p′＝15％

m′は一〇〇％から一五〇％に上昇し、p′は二〇％から一五％に低下した。

（五）最後に――$\frac{v}{C}$がm′と反対の方向に、しかしm′がその大きさを変えるのとまったく同じ割合で大きさを変える場合には、p′はm′が上昇または低下しても不変のままである。

この最後の場合だけは、なお若干の論究が必要である。これまで、$\frac{v}{C}$が変動する場合には、同じ一つの剰余価値率がきわめて異なる利潤率で表わされうることを見たが、ここでは同じ一つの利潤率の基礎には非常に異なる剰余価値率がありうることがわかる。しかし、m'が不変な場合には、vのCにたいする比率におけるどのような任意の変化でも利潤率の相違を引き起こすのに十分であったが、ここでは、m'の大きさが変動する場合に、利潤率が同じままであるためには、m'の変動に厳密に照応する $\frac{v}{C}$ の大きさの逆の変動が起こらなければならない。こうしたことは、同じ一つの資本の場合、（78）または同じ国の二つの資本の場合には、まったく例外的にありうるだけである。たとえば、

$$80c + 20v + 20m\text{；}C = 100,\ m' = 100\%,\ p' = 20\%$$

という一資本をとってみよう。そして同数の労働者が 20v によってではなく、いまや 16v によって得られるほどに労賃が低下すると仮定しよう。その場合、他の事情に変わりがなければ、4v が遊離されて次のようになる——

$$80c + 16v + 24m\text{；}C = 96,\ m' = 150\%,\ p' = 25\%$$

ここで、以前のように $p' = 20\%$ であるためには、総資本が 120 に、したがって不変資本が 104 に増大しなければならないであろう——

$$104c + 16v + 24m\text{；}C = 120,\ m' = 150\%,\ p' = 20\%$$

このことが可能なのは、ただ賃銀低下と同時に、資本の構成のこうした変化を必要とするような労働の生産性の変化が起こる場合か、そうでなければ、不変資本の貨幣価値が80から104に上がる場合であり、要するに、例外としてのみ起こる諸条件の偶然的一致の場合だけであろう。実際、vの、したがってまた$\frac{v}{C}$の変化を同時に引き起こさないようなm'の変化は、まったく特定の事情のもとでのみ、すなわち、固定資本と労働だけが使用され、労働対象は自然によって提供されるような産業諸部門〔農業、採取産業など〕においてのみ、考えることができる。

しかし、二つの国の利潤率を比較する場合には、話は別である。この場合には、実際に、同じ利潤率がたいてい相異なる剰余価値率を表現する。

こうして、これら五つの場合全部から次のことが明らかとなる。すなわち、利潤率の上昇が剰余価値率の低下または上昇に、利潤率の低下が剰余価値率の上昇または低下に、利潤率の不変が剰余価値率の上昇または低下に照応することがありうる、ということである。利潤率の上昇、低下または不変が剰余価値率の不変にもやはり照応することがありうるということは、第一の場合で見た〔本訳書、第三巻、九一ページ〕。

このように利潤率は、二つの主要要因――剰余価値の率と資本の価値構成とによって規定される。これら二つの要因の作用は、以下のように手短かに総括することができる。その場合に、われわれは

（79）〔資本の〕構成を百分率で表わすことができる。というのは、変化が双方の資本部分のどちらに由来するかは、ここではどうでもよいからである。

二つの資本の利潤率、または、同じ一つの資本の連続する二つの相異なる状態における利潤率は、次の場合には等しい――

（一）二つの資本の百分率構成が等しく、剰余価値率が等しい場合。

（二）百分率構成が等しくなく、かつ剰余価値率が等しくない場合には、剰余価値率と百分率で表わされた可変的資本部分との積（m′とvとの積）、すなわち、総資本にたいして百分率で計算された剰余価値総量（m＝m′v）が等しいとき、言い換えれば、二つの資本についてm′およびvという因数が相互に反比例するとき。

次の場合には、それらは等しくない――

（一）百分率構成が等しい場合には、剰余価値率が等しくないとき。そのときは、利潤率と利潤率の比は剰余価値率と剰余価値率の比に等しい。

（二）剰余価値率が等しく、かつ百分率構成が等しくない場合。その場合には、利潤率と利潤率の比は可変資本部分と可変資本部分の比に等しい。

（三）剰余価値率が等しくなく、かつ百分率構成も等しくない場合。その場合には利潤率と利潤率の比は、m′vという積と積の比に、すなわち総資本にたいして百分率で計算された剰余価値総量と剰余価値総量の比に等しい[一〇]。

（一〇）　草稿には、なお、剰余価値率と利潤率との差（$m'-p'$）にかんする非常に詳しい計算が見いだされる。この差は、さまざまな興味ある独自性をそなえ、またその運動は、この二つの率が互いに遠ざかったり近づいたりするもろもろの場合を示す。この運動は曲線でも表わすことができる。私がこの材料の再現を断念したのは、それが本書の直接の目的にとってあまり重要でなく、またここでは、この点をさらに研究しようとする読者に、単にこのことを指摘しておけば十分であるからである。――F・エンゲルス

（80）

第四章　利潤率にたいする回転の影響*

＊〔この章は、全体をエンゲルスが執筆した。草稿における表題については本訳書、第三巻、一二ページ、および一三ページの訳注＊２を参照〕

〔剰余価値の生産、したがってまた利潤の生産にたいする回転の影響は、第二部で解明された。この影響は、簡単に次のように概括することができる。すなわち、回転には時間を要するため、全資本が同時に生産に使用されることはありえないということ、したがって、資本の一部分は、貨幣資本の形態においてであれ、在庫原料の形態においてであれ、完成してはいるがまだ販売されないでいる商品資本の形態においてであれ、またはまだ満期にならない債権の形態においてであれ、つねに遊休しているということ、能動的生産において、すなわち剰余価値の生産と取得において活動している資本は、つねにこの部分だけ縮小され、生産されて取得される剰余価値はつねに同じ割合で減少させられるということが、それである。回転時間が短くなればなるほど、資本のこの遊休している部分が、全資本に比べてそれだけ小さくなり、したがってまた、他の事情に変わりがなければ、取得される剰余価値がそれだけ大きくなる。

すでに第二部*で詳しく述べたように、回転時間の短縮、またはその二つの部分――生産時間と流通時間――のうちの一方の短縮は、生産される剰余価値の総量を増大させる。しかし、利潤率は、生産された剰余価値総量の、その生産に加わった総資本にたいする比率を表わすにすぎないから、このような短縮はいずれも利潤率を高めるということは、明らかである。さきに第二部第二篇で剰余価値にかんして展開されたことは、利潤および利潤率にも同じようにあてはまるので、ここで繰り返す必要はない。ただいくつかの主要な契機だけを強調しておこう。

＊〔本訳書、第二巻、四六八―四七七ページ〕

(81)

生産時間の短縮の主要な手段は労働の生産性を高めることであり、これは普通、産業の進歩と呼ばれる。もしもそれによって同時に、高価な機械などの設置による総資本支出のいちじるしい増加、したがってまた総資本にたいして計算されることになる利潤率の低落が引き起こされるのでなければ、利潤率は上昇するに違いない。そして金属工業や化学工業の最近の多くの進歩の場合に、このことがはっきり生じている。新たに発明されたベッセマー、ジーメンス、ギルクリスト＝トマス[＊1]などの製鉄および製鋼法は、相対的に少ない費用で、以前にはきわめて長くかかった諸工程を、最小限にまで短縮する。コールタールからのアリザリンすなわち茜《あかね》染料の製造[＊2]は、以前には何年も要したのと同じ結果を、わずか数週間のうちに、しかもすでにこれまで〔他の〕コールタール染料の製造に用いられていた工場設備を使って、生み出している。茜草の成長のためには一年が必要であったし、それを染色に用いるまでにはさらに数年間その根を成熟させていたのである。

＊1〔ベッセマー製鋼法については、本訳書、第二巻、三八五―三八六ページの訳注＊2参照。ジーメンスは、一八五六年に平たい炉床をもつ製鋼炉を発明したドイツ生まれの兄弟の発明家。トマスは、いとこのギルク

リストとともに一八七八年にトマス転炉を発明したイギリスの冶金学者。ベッセマー転炉が炉壁を酸性耐火煉瓦で囲ったので鋼をもろくする不純物の燐を取り除くことができなかったのにたいし、トマス転炉は塩基性耐火煉瓦を開発して燐分を取り除くことに成功した〕

＊2〔アリザリンはセイヨウアカネの根に含まれる赤色の色素で、ドイツの化学者K・Th・リーバーマンが、K・グレーベとともに、一八六九年にコールタールから精製されるアントラセンからアリザリンを合成する新製法のイギリス特許をとった〕

交通の改善は、流通時間を短縮するための主要な手段である。そしてこの点では、最近の五〇年間に一つの革命がもたらされたのであり、これに匹敵できるのは、前世紀〔一八世紀〕の後半の産業革命だけである。陸上では、マカダム式道路＊が鉄道によって、海上では、遅くて不規則な帆船が速くて規則的な汽船航路によって、後景にしりぞけられた。そして、地球全体に電信線がはりめぐらされる。スエズ運河〔一八六九年開通〕は、東アジアとオーストラリアに、汽船による交通の道をはじめて真に開いた。東アジアへの商品輸送の流通時間は、一八四七年にはまだ少なくとも一二ヵ月かかったが（第二部、一三五ページ〔本訳書、第二巻、四〇四ページ〕を見よ）、いまでは約一二週間ほどに短縮できるようになった。一八二五—一八五七年の二つの大きな恐慌根源地であったアメリカとインドとは、交通諸手段のこの変革によってヨーロッパの工業諸国に七〇—九〇％だけ近づけられ、そのためその爆発能力の一大部分を失った。世界貿易全体の回転時間も同じ程度に短縮され、これに参加する資本の活動能力は二倍ないし三倍以上も高められた。これが利潤率に影響せずにすまなかったことは自明である。

＊〔スコットランド生まれの技師J・L・マカダムが一八一九年に発表した道路建設方法にもとづく道路。割石と小石で凸面をつくる従来の道路は、ごみがたまり大穴があくなどしたため、割石を置かず路面に小砕石を敷きつめローラーで締め固めた〕

利潤率にたいする総資本の回転の影響を純粋な形で叙述するためには、われわれは、比較すべき二つの資本について他の事情はすべて等しいものと仮定しなければならない。したがって、剰余価値率と労働日とのほかに、とくに〔資本の〕百分率構成も等しいとしよう。そこで、80 c ＋20 v ＝100C という構成をもち、剰余価値率 100％ で一年に二回転する一資本Aをとってみよう。その場合には、(82)年生産物は――

160 c ＋40 v ＋40m である。しかし利潤率を確かめるためには、われわれは、この 40m を、200 という回転資本価値をもとにして計算するのではなく、100 という前貸資本価値をもとにして計算するのであり、そこで p′＝40％ となる。

この資本〔A〕を、160 c ＋40 v ＝200Cで、剰余価値率は同じく 100％ であるが、一年に一回転しかしない一資本Bと比較してみよう。その場合には、年生産物は前の場合と同じく――

160 c ＋40 v ＋40m である。しかし、こんどは、40m は前貸しされた資本 200 をもとにして計算されなければならないのであり、その場合には利潤率は 20％ しかなく、すなわちAの率の半分にすぎない。

したがって次のようになる――資本の百分率構成が等しい場合、剰余価値率が等しく、かつ労働日が等しいならば、二つの資本の利潤率は、それらの回転時間に反比例する、と。比較される二つの場合に、構成または剰余価値率または労働日または労賃のいずれかが等しくないならば、それによって確かにまた、利潤率のいっそうの相違が生み出される。しかし、これらの相違は、回転とはかかわりがなく、したがってここではわれわれにとって問題にならない。それらの相違は、またすでに第三章で論じられている。

剰余価値の生産したがってまた利潤の生産にたいする回転時間短縮の直接の影響は、それによって可変資本部分の働きが高められるということであるが、これについては、第二部第一六章「可変資本の回転」〔本訳書、第二巻、四六八ページ、とくに四七一ページ以下〕が参照されるべきである。そこで明らかにされたように、一年に一〇回転する500の可変資本は、同じ期間に、剰余価値率と労賃とは等しいが一年に一回転しかしない5,000の可変資本が取得するのと同じ分量の剰余価値を取得する。

10,000の固定資本――その年々の摩滅は10％＝1,000とする――と、500の流動的不変資本と、500の可変資本とからなる資本Ⅰをとってみよう。剰余価値率が100％で、可変資本は一年に一〇回転するとしよう。簡単にするために、われわれは以下の諸例では、流動的不変資本は可変資本と同じ時間で回転すると仮定しよう――実際にもほとんどの場合たいていそうなっている。その場合には、このような一回転期間の生産物は、次のとおりであろう――

100 c（摩滅分）＋500 c＋500 v＋500m＝1,600

そして、そのような一〇回転を含むまる一年の生産物は、次のとおりであろう――

(83)

1,000 c（摩滅分）＋5,000 c＋5,000 v＋5,000m＝16,000

C＝11,000, m＝5,000, $p'=\frac{5,000}{11,000}=45\frac{5}{11}\%$

次に、固定資本は 9,000、その年々の摩滅は 1,000、流動的不変資本は 1,000、可変資本は 1,000、剰余価値率は 100％、可変資本の年々の回転数は五という資本Ⅱをとってみよう。そこでは、可変資本の各一回転期間の生産物は、次のとおりであろう――

200 c（摩滅分）＋1,000 c＋1,000 v＋1,000m＝3,200

そして五回転の場合の年総生産物は、次のとおりであろう――

1,000 c（摩滅分）＋5,000 c＋5,000 v＋5,000m＝16,000

C＝11,000, m＝5,000, $p'=\frac{5,000}{11,000}=45\frac{5}{11}\%$

さらに資本Ⅲ――固定資本がまったくなく、逆に流動的不変資本が 6,000、可変資本が 5,000 の――をとってみよう。この資本が 100％ の剰余価値率で一年に一回転するものとしよう。その場合には、一年の総生産物は次のとおりである――

$$6{,}000\,c + 5{,}000\,v + 5{,}000m = 16{,}000$$

$$C = 11{,}000,\ m = 5{,}000,\ p' = \frac{5{,}000}{11{,}000} = 45\frac{5}{11}\%$$

つまり、三つの場合すべてにおいて、年々の剰余価値総量は同じで 5,000、そして総資本も三つの場合すべてにおいてやはり同じ、すなわち 11,000 であるから、利潤率は同じ $45\frac{5}{11}\%$ である。

これにたいして、上記の資本Ｉの場合に、可変部分が年に一〇回転ではなく五回転しかしないとすれば、事態は変わってくる。その場合には、一回転の生産物は次のとおりである――

$$200\,c\,(\text{摩滅分}) + 500\,c + 500\,v + 500m = 1{,}700$$

すなわち年生産物は、次のとおりである――

$$1{,}000\,c\,(\text{摩滅分}) + 2{,}500\,c + 2{,}500\,v + 2{,}500m = 8{,}500$$

$$C = 11{,}000,\ m = 2{,}500,\ p' = \frac{2{,}500}{11{,}000} = 22\frac{8}{11}\%$$

利潤率は半分に低下したが、それは回転時間が二倍になったからである。

つまり、一年間に取得される剰余価値の分量は、可変資本の一回転期間中に取得される剰余価値の総量に一年間の可変資本の回転数を掛けたものに等しい。年間に取得される剰余価値または利潤をＭ、

（84）一回転期間中に取得される剰余価値をｍ、可変資本の年々の回転数をｎとすれば、$M=mn$ であり、年間の剰余価値率〔剰余価値の年率〕$M'=m'n$ である。このことは、すでに第二部、第一六章、第一節〔本訳書、第二巻、四六八ページ以下〕で述べたとおりである。

利潤率の定式 $p'=m'\frac{v}{C}=m'\frac{v}{c+v}$ は、言うまでもないことであるが、分子のｖが分母のｖと同一である場合にだけ正しい。分母では、ｖは、総資本のうち、平均的に可変資本として労賃に使用される部分の全部である。分子のｖは、さしあたり、ただ、それがある一定分量の剰余価値ｍ――それのｖにたいする比率 $\frac{m}{v}$ が剰余価値率m'である――を生産し取得したということによって規定されているだけである。ただこの径路を通ってのみ、等式 $p'=\frac{m}{c+v}$ は他の等式 $p'=m'\frac{v}{c+v}$ に転化したのである。そこで、もっと立ち入って、分子のｖは分母のｖすなわち資本Ｃの総可変部分に等しくなければならないと規定される。言い換えれば、等式 $p'=\frac{m}{C}$ が他の等式 $p'=m'\frac{v}{c+v}$ に誤りなく転化しうるのは、ただ、ｍが可変資本の一回転期間に生産された剰余価値を意味している場合だけである。もしｍがこの剰余価値の一部分しか含まないとすれば、$m=m'v$ は確かに正しいが、しかしこの場合にはこのｖは $C=c+v$ のなかのｖよりも小さい。なぜなら、このｖは、労賃に投下された全可変資本よりも少ないからである。しかし、もしｍがｖの一回転の剰余価値よりも多くを含むとすれば、このｖの一部あるいはまた全部が、二度――すなわちまず第一回転で、ついで第二回転で、または第二回転およびその後の回転で――機能することになる。したがって、剰余価値を生産するｖ、そして支払われたすべての労賃の総額であるこのｖは、$c+v$ のなかのｖよりも大きいのであり、計算は正しくないものになる。

　年利潤率の定式を厳密に正しいものにするためには、われわれは、単なる剰余価値率の代わりに、剰余価値の年率をおかなければならない。すなわち、m'の代わりにM'または $m'n$ をおかなければならない。言い換えれば、剰余価値率m'――または結果は同じことになるが、Cに含まれている可変資本部分v――にnを、すなわちこの可変資本の年回転数を掛けなければならない。こうして、われわれは $p'=m'n\frac{v}{C}$ を得るのであって、これが年利潤率を計算するための定式である。

　しかし、一つの事業における可変資本がどれだけの大きさであるかは、ほとんどの場合、資本家自身は知らない。第二部第八章〔本訳書、第二巻、二五四ページ以下〕で見たように、また今後も引き続き見るであろうように、本質的なものとして資本家の胸にいやおうなしに浮かんでくる自分の資本内部
(85)
の唯一の区別は、固定資本と流動資本との区別である。流動資本のうち貨幣形態で彼の手にある部分は、銀行に預けられていない限り金庫のなかに保管されているが、この金庫の中から彼は労賃用の貨幣を取り出し、その同じ金庫から原料および補助材料用の貨幣を取り出し、そしてこの両方を同じ“現金勘定”の貸方に記入する。そして、支払われた労賃を特別の勘定に記入するとしても、この勘定は、年末には労賃に支払われた総額すなわち vn を示すであろうが、しかし可変資本vそのものは示さないであろう。このvを確定するためには、独自の計算を行なわなければならないであろう。ここにその一例をあげよう。

　そのために、第一部、〔第二版〕二〇九ページ、〔第三版〕二〇一ページ〔本訳書、第一巻、三七七―三七

八ページ〕で述べた一万錘のミュール紡錘をもつ紡績工場をとり、そのさい、一八七一年四月の一週間について与えられたデータが一年全体にあてはまるものと仮定しよう。機械に含まれている固定資本は一万ポンドであった。流動資本〔総額〕については述べられてはいなかったが、これを二五〇〇ポンドであったと仮定しよう。これはかなり高く見積もった額であるが、ここではわれわれは、いかなる信用操作も行なわれない――すなわち他人の資本のいかなる継続的または一時的な利用も行なわれない――とつねに仮定しなければならないのであるから、この見積もりは正当なものになる。週生産物は、その価値から見れば、機械の摩滅分二〇ポンド、流動的不変資本前貸し三五八ポンド〔賃借料六ポンド、綿花三四二ポンド、石炭、ガス、油一〇ポンド〕、労賃に投下された可変資本五二ポンド、および剰余価値八〇ポンドから構成されていた。したがって、次のようになる――

$$20c\text{（摩滅分）}+358c+52v+80m=510$$

したがって、流動資本への毎週の前貸しは $358c+52v=410$ であり、その百分率構成は $87.3c+12.7v$ であった〔概数。以下の計算も同じ〕。これを2,500ポンドの全流動資本について計算すれば、不変資本2,182ポンドと可変資本318ポンドとなる。労賃のための一年間の総投資額は、52ポンドの52倍、すなわち2,704ポンドであったから、318ポンドの可変資本が一年間にほとんど正確に $8\frac{1}{2}$ 回転したことになる。剰余価値率は、$\frac{80}{52}=153\frac{11}{13}\%$ であった。定式 $p'=m'n\frac{v}{C}$ に、数値 $m'=153\frac{11}{13}$, $n=8\frac{1}{2}$, $v=318$, $C=12{,}500$ を入れて、これらの諸要素から利潤率を計算すると、次のようになる――

$$p' = 153\frac{11}{13} \times 8\frac{1}{2} \times \frac{318}{12,500} = 33.27\%$$

（86）簡単な定式 $p' = \frac{m}{C}$ を使ってこの検算をしてみよう。一年間の総剰余価値または利潤は、80ポンド×52＝4,160ポンドになり、これを総資本12,500ポンドで割ると、ほぼ上掲のような33.28％という異常に高い利潤率が生じるが、これは、一時的にきわめて有利な事情（綿花の価格が非常に安いのに綿糸の価格は非常に高いという場合）だけから説明できるのであって、現実には一年を通じてそうであったとは言えないであろう。

定式 $p' = m'n\frac{v}{C}$ のなかで、$m'n$ はすでに述べたように、第二部で剰余価値の年率と呼ばれたものである〔本訳書、第二巻、四七二ページ〕。それは、上述の場合には $153\frac{11}{13}\% \times 8\frac{1}{2}$、または正確に計算すれば $1,307\frac{9}{13}\%$ である。したがって、どこかの律気者[*1]が、第二部の一例であげられた一〇〇％という剰余価値の年率の膨大さに茫然自失したとしても、ここでマンチェスターの生きた実務[*2]から引き出して示された一三〇〇％以上の剰余価値の年率という事実を見て、彼もおそらく安心することであろう。最高の繁栄期には――われわれはもちろんすでに長いこと経験していないのであるが――このような高い年率は決してめずらしいことではない。

＊1〔ここでエンゲルスが念頭においたのは、第三部「序言」で言及したW・レクシスであろう（本訳書、第三巻、二一―二五ページ参照）。レクシスは彼の論文「マルクスの資本理論」で、剰余価値の年率一〇〇

〇％という数字について、「不自然で、不明確で、はっきりいえば偽りである」と述べた。なお一〇〇〇％の年率の計算例については、本訳書、第二部、四七一ページ以下の記述参照〕

＊2〔第一巻に出たこの実例は、マンチェスターで工場経営にあたったエンゲルスがマルクスに提供したものである。本訳書、第一巻、三七八ページの原注三一を参照〕

ちなみに、ここに見られるのは、近代的大工業の内部における資本の実際の構成の一例である。総資本は、12,182 ポンドの不変資本と 318 ポンドの可変資本とに分かれ、合計 12,500 ポンドである。または百分率では——$97\frac{1}{2}c+2\frac{1}{2}v=100C$ である。総資本の四〇分の一だけが、しかし一年間に八回以上繰り返して、労賃の支払いに用いられる。

自分自身の事業についてこのような計算をしようと思いつく資本家はおそらく少ないであろうから、社会的総資本の不変部分と可変部分との比率については、統計はほとんどまったく沈黙している。ただ、アメリカの国勢調査だけが、こんにちの事情のもとで可能なもの——すなわち、各事業部門で支払われた労賃の総額と得られた利潤の総額とを、示している。これらのデータは、産業家たち自身の無統制な報告だけにもとづいているので、信頼しがたいとはいえ、それでもきわめて貴重なものであって、われわれがこの対象についてもっている唯一のものである。ヨーロッパでは、われわれの大産業家たちにこのような現実暴露を求めるには、われわれはあまりにも心こまやかなのである。——F・エンゲルス〕

(87)

第五章　不変資本の使用における節約*

＊〔草稿では、この前に「3)」と書かれている〕

第一節　概　説*

＊〔表題はエンゲルスによる〕

絶対的剰余価値の増加、または剰余労働の延長、したがって労働日の延長は、可変資本が等しいままである場合、すなわち同数の労働者が名目的には同じ賃銀で使用される——そのさい、超過労働時間にたいして支払いがなされるかどうかはどうでもよい——場合には、不変資本の価値を、総資本および可変資本にたいして相対的に減少させ、そのことによって——剰余価値の増大およびその総量、*また剰余価値の率のありうる上昇を度外視しても——利潤率を高める。不変資本の固定部分——工場の建物や機械など——の規模は、それを使って行なわれる労働が一六時間であっても一二時間であっても、同一のままである。労働日の延長は、不変資本のうちもっとも費用のかかるこの部分における新たな投資を必要としない。これに加えて、固定資本の価値が、そのために回転期間のより短い経過のなかで再生産され、したがって、一定の利潤を得るために固定資本を前貸ししなければならない時間が短縮されるようになる。だから、労働日の延長は、超過労働時間に支払いがなされる場合でも、また超過労働時間に標準労働時間よりも高い支払いがなされる場合でさえも、一定の限界までは利潤を高める。それゆえ、近代的産業制度において固定資本を増加させる必要がつねに増大していることが、利潤獲得に狂奔する資本家たちを労働日の延長に駆り立てる主要な動因であった。(二)

(二)「すべての工場で非常に多額の固定資本が建物と機械に投下されているので、この機械を稼働させておくことのできる時間数が大きければ大きいほど、利得は大きいであろう」(『工場監督官報告書。一八五八年一〇月三一日』、八ページ)。

＊〔草稿では「剰余価値の総量の増大」となっている〕

(88)

労働日が不変である場合には、同じ事情は生じない。この場合には、いっそう大きな総量の労働を搾取するためには、一つには、労働者の数を、それとともにまたある一定の比率で建物、機械などの固定資本の総量を増大させることが必要である（というのは、ここでは賃銀からの控除、または標準的な高さよりも下への賃銀の切り下げは度外視されるからである）。あるいはまた、労働の強度が増加する場合、または労働の生産性が上昇する場合、一般的に言えば相対的剰余価値がいっそう多く生産されることになる場合には、原料を使用する産業諸部門では、与えられた時間により多くの原料などが加工されるため、不変資本の流動部分の総量が増大する。そして第二に、同じ数の労働者によって動かされる機械が増大し、したがって不変資本のこの部分もまた増大する。したがって剰余価値の増大は不変資本の増大をともない、労働の搾取の増大は労働を搾取する手段である生産諸条件に支払う価格の増加、すなわち資本投下の増大をともなう。したがって、このことによって、利潤率は一方では増大するが、他方では減少する。

一連の経常的空費[*1]は、労働日が長い場合でも短い場合でも、ほとんど、またはまったく同じままである。[*2]監督費は、一二時間労働する七五〇人の労働者の場合よりも、一八時間労働する五〇〇人の労働者の場合のほうが少ない。「工場の経営費は、一〇時間労働の場合にも、一二時間労働の場合とほとんど同じである」（『工場監督官報告書。一八四八年一〇月』、三七ページ）。[*3]国税および地方税、火災保険、さまざまな常雇い職員の賃銀、機械の減価、ならびに工場のさまざまなその他の空費は、労働時間が長い場合でも短い場合でも変わることなく支出され続ける。利潤にたいするそれらの割合は、生産が減少するのに比例して逆に増大する（『工場監督官報告書。一八六二年一〇月』、一九ページ）。

＊1　〔「空費」については、本訳書、第一巻の五八一、五八七、一一二四ページ、第二巻の二一三、二二〇、二二五、二三五、二四〇ページ参照〕

＊2　〔この一文はエンゲルスによる〕

＊3　〔以下の文章は、本訳書、第一巻、七一三ページの原注一五二にもドイツ語訳で引用された文章である。訳文の違いは、ここではより原文にそくしたドイツ語訳に改められていることによる〕

機械その他の固定資本の構成諸部分の価値が再生産される期間は、実際には、それらの単なる耐用期間によってではなく、それらが作用し消耗される労働過程の総持続時間によって規定される。労働者たちが一二時間の代わりに一八時間も働かなければならないとすれば、このことは一週間にさらに

（89）三日を加えることになり、一週間は一週間半に、二年は三年になる。したがって、超過時間に支払いがなされないならば、労働者たちは標準的剰余労働時間のほかに、二週間にはもう一週間を、二年にはもう一年を無償で与えることになる。こうして、機械の価値の再生産は五〇％だけ速められ、そうでない場合に必要な時間の $2/3$ で達成される。

われわれは、この研究にさいして、原料の価格変動にかんする研究の場合〔本巻〕第六章における）と同様に、剰余価値の総量と率とは与えられているという前提から出発する――無用な複雑さを避けるために。

すでに協業、分業、および機械の叙述のさいに強調したように〔本訳書、第一巻、五七三―五七五ページ〕、生産諸条件の節約――それが大規模生産の特徴をなしている――は、本質的には、これらの諸条件が、社会的な、社会的に結合された労働の諸条件として、したがって労働の社会的諸条件として、機能するということから生じる。これらの諸条件は、互いに連関のない、またはせいぜい小規模に直接に協業するひとかたまりの労働者たちによって分散された形態で消費されるのではなく、全体労働者によって生産過程で共同的に消費される。一台または二台の中心原動機をもつ大工場においては、この原動機の費用は、その馬力、したがってその可能な作用範囲と同じ割合では増大しない。伝動機の費用は、それによって運動を伝えられる作業機の総量と同じ割合では増大しない。作業機の躯体そのものの費用は、それが機能するさいに自己の諸器官のように用いる道具の総数が増大するのと同じ割合では高くならない、など。生産諸手段の集積は、さらに、あらゆる種類の建物を――本来の作業場としてのものだけでなく、倉庫などとしてのものをも――節約する。燃料、照明などのための支出についても事情は同じである。その他の生産諸条件は、少数の者が利用しようと多数の者が利用しようと、同一のままである。

しかし、生産諸手段の集積およびその大量の使用から生じるこのすべての節約は、本質的条件として、労働者たちの集合および共同作業を、すなわち労働の社会的結合を前提とする。それゆえ、この節約は、剰余価値がそれ自体として単独に考察される個々の各労働者の剰余労働から生じるのと同様に、労働の社会的性格から生じる。この場合に可能かつ必要である不断の改良さえもが、もっぱら、大規模に結合された全体労働者の生産によって与えられ可能にされる社会的な経験および観察だけから生じる。

同じことは、生産諸条件の節約の第二の大きな部門についてもあてはまる。われわれが言うのは、(90)生産の廃棄物、生産のいわゆる屑の、同一の産業部門なり他の産業部門なりの新しい生産諸要素への再転化、すなわち、これらのいわゆる廃棄物が生産の循環へ、したがって消費――生産的または個人的な――の循環へ投げ返される過程のことである。節約のこの部門――これにはあとでやや詳しく立ち入るが〔本章第四節〕――もまた、大規模な社会的労働の結果である。こうした大規模な社会的労働に照応するこれらの屑の大量性こそが、これらの屑そのものをふたたび取り引きの対象に、したがって生産の新たな要素にする。屑は、共同的生産の屑、したがって大規模生産の屑としてのみ、生産過程にとってのこの重要性を受け取り、交換価値の担い手であり続ける。これらの屑は――新たな生産諸要素として役立つことは別として――、それがふたたび売られうるものになる程度に応じて原料費を安くするのであり、この原料費にはつねに原料の標準的な屑化、すなわち原料を加工するさいに平均的に失われざるをえない分量が、算入されている。不変資本のこの部分の費用の減少は、可変資本の大きさおよび剰余価値率が与えられている場合には、利潤率を〝それだけ〟増大させる。

剰余価値が与えられている場合には、利潤率は、商品生産に必要な不変資本の価値の減少によってのみ増加されうる。不変資本が商品の生産にはいり込む限りでは、もっぱら重要なのは、その交換価値ではなく、その使用価値である。紡績工場で亜麻が吸収しうる労働の分量は、労働の生産性の程度すなわち技術的発展の段階が与えられている場合には、亜麻の価値によってではなく、亜麻の量によって決まる。同様に、たとえば一台の機械が三人の労働者にたいして行なう助力は、機械の価値によってではなく、機械が機械としてもっているその使用価値によって決まる。技術的発展のある段階では、悪い機械が高価であり、別の段階ではよい機械が安価であることがありうる。

資本家が受け取る利潤が、たとえば綿花および紡績機械が安価になったために増大するのは、労働の生産性の増大――確かに紡績においてのではないが、機械製造および綿花栽培における――の結果である。与えられた分量の労働を対象化するのに必要な、したがって与えられた分量の剰余労働を取得するのに必要な、労働の諸条件における支出は、より少なくなる。この一定分量の剰余労働を取得するのに必要な費用が低下するのである。

(91) 全体労働者――社会的に結合された労働者たち――による生産諸手段の共同的使用から生産過程で

生じてくる節約については、すでに述べた。それ以外の、流通時間の短縮（ここでは交通諸手段の発達が本質的な物質的契機である）から生じる不変資本投下における節約については、もっとのちに考察されるであろう。しかし、ここでただちになお想起されなければならないのは、機械の不断の改良から生じる節約である。すなわち、（一）機械の素材の改良、たとえば木に代わる鉄。（二）機械製造一般の改良による機械の低廉化。その結果、不変資本の固定部分の価値は、大規模労働の発展とともにつねに増大するとはいえ、決してそれと同じ程度には増大しない。(二三)（三）既設の機械がいっそう安価に、しかもいっそう効果的に作業することを可能にする特殊な改良。たとえばボイラーなどの改良。これについてはあとでなおやや詳しく述べる。（四）よりよい機械による屑の減少。

（二三）工場建設における進歩にかんするユアの所論参照。*

＊〔A・ユア『工場哲学』、パリ、一八三六年、六一―六三ページ参照。当該箇所は、『資本論草稿集』８、一九八四年、大月書店、五七一―五七二ページ、邦訳『全集』第二六巻（『剰余価値学説史』）、第三分冊、五七三―五七四ページ）に引用され、その一部は第三部主要草稿にも再引用されている（新メガ、第Ⅱ部、第四巻、第二分冊、一四六―一四七ページ）〕

与えられた生産期間中に機械および一般に固定資本の摩滅を減少させるすべてのものは、*個々の商品を安価にする――というのは、どの個々の商品も、自己に割り当てられた摩滅の可除部分をその価格のうちに再生産するから――だけでなく、この期間にたいする資本支出の可除部分を減少させる。修理労働その他は、それが必要となる程度に応じて、計算のさいに機械の原価に算入される。機械の耐久性の増大の結果としての修理労働の減少は、機械の価格を〝それだけ〟減少させる。

＊〔草稿では、このパラグラフ全体が角括弧にくくられている〕

この種のすべての節約については、だいたい、また次のように言える。すなわち、この種の節約は、ただ結合された労働者にとってのみ可能であり、しばしばなおいっそう大規模な作業のさいにはじめて実現されうること、したがってこの節約は、直接に生産過程において労働者たちのなおいっそう大きな結合を必要とすることである。

しかし他方では、この場合、一つの生産部門、たとえば鉄、石炭、機械の生産や建築術などにおける労働の生産力の発展――それはまた、一部は精神的生産の領域、とくに自然科学およびその応用の領域における進歩と結びついているであろう――が、他の産業部門、たとえば繊維工業または農耕における生産諸手段の価値の、したがって費用の減少の条件として現われる。そうなるのは当然である。というのは、一産業部門から生産物として出てくる商品が、生産手段として他の産業部門にふたたびはいり込むからである。この商品の安さの程度の大小は、その商品が生産物として出てくる生産部門
(92) における労働の生産性によって決まるのであって、それは同時に、この商品が生産手段としてはいり込んで生産する諸商品の低廉化のための条件であるだけでなく、ここでこの商品を自己の要素にする不変資本の価値減少のための、したがって利潤率増加のための条件でもある。

産業の前進的発展から生じる不変資本のこの種の節約の特徴は、この場合には、一産業部門における利潤率の増大が他の産業部門における労働の生産力の発展のおかげであるということである。この

場合に資本家を益するものは、彼自身によって直接に搾取される労働者たちの生産物ではないとはいえ、やはり社会的労働の産物である利得である。生産力のそのような発展は、究極的にはつねに、活動させられる労働の社会的性格に、社会内部における分業に、自然科学をはじめとする精神的労働の発展に帰着する。ここで資本家が利用するのは、社会的分業の全体系の利益である。この場合に資本家によって使用される不変資本の価値を相対的に低落させ、したがって利潤率を高めるものは、当該産業部門の外部の部門、すなわちこの資本家に生産諸手段を提供する部門における労働の生産力の発展である。

もう一つの利潤率の増大は、不変資本を生産する労働の節約からではなく、不変資本そのものの使用における節約から生じる。労働者たちの集積および彼らの大規模な協業によって、一方では不変資本が節約される。同じ建物、暖房および照明設備などの費用は、大規模生産にとってのほうが小規模生産にとってよりも比較的少なくてすむ。同じことは、原動機および作業機についても言える。それらの価値は、絶対的には増大するとはいえ、相対的には――すなわち生産のいっそうの拡張に比べて、そして可変資本の大きさ、または運動させられる労働力の総量に比べて――減少する。一つの資本がそれ自身の生産部門で行なう節約は、まず第一に、かつ直接的には、労働の節約、すなわちそれ自身の労働者たちの支払労働の縮小である。これにたいして、さきに述べた節約は、他人の不払労働のこのできるだけ大きな取得を、できるだけ経済的な仕方で――すなわち、与えられた生産規模のもとでできるだけ少ない費用をもって――実行することである。この節約が、不変資本の生産に用いられる

(93)社会的労働の生産性の前述の搾取にもとづくのではなくて、不変資本そのものの使用における節約にある限りでは、この節約は、一定の生産部門そのものの内部における協業および労働の社会的形態から直接に生じるか、または、機械などの、その価値がその使用価値と同じ程度には増大しないような規模での生産から生じる。

ここでは、二つの点に注目しなければならない。もしcの価値がゼロであるとすれば、p'＝m'であろうし、利潤率は最大限になるであろう。しかし第二に――労働そのものの直接の搾取にとって重要なものは、使用される搾取諸手段――固定資本であれ、原料および補助材料であれ――の価値では決してない。それらの搾取諸手段が労働の吸収者として、すなわち、労働を、したがってまた剰余労働をそのなかに、またはそれによって対象化する諸媒体〔諸手段〕として役立つ限りでは、機械、建物、原料などの交換価値は、まったくどうでもよい。このさいもっぱら問題になるのは、一方では、それらの、一定分量の生きた労働との結合にとって技術的に必要とされる総量であり、他方では、それらの合目的性――すなわち機械のよさだけでなく、原料および補助材料のよさである。利潤率は、部分的には、原料のよさに依存する。よい材料は屑の出が少ない。したがって、同じ分量の労働を吸収するために必要な原料の総量が減少する。さらに、作業機が出くわす抵抗も減少する。部分的には、このことは、剰余価値および剰余価値率にも作用する。悪い原料の場合には、労働者は同じ分量の原料を加工するのにいっそう多くの時間を必要とする。賃銀の支払いが変わらない場合には、このことは剰余労働の減少をもたらす。さらに、それは、資本の再生産および蓄積に非常に大きく作用するのであり、資本の再生産および蓄積は、第一部、〔第二版〕六二七ページ、〔第三版〕六一九ページ以下〔本訳書、第一巻、一〇五三ページ以下〕で展開しているように、使用される労働の総量よりも、その生産性にいっそう多く依存する。

そのことから、生産諸手段の節約にたいする資本家の熱狂が理解できる。なにものをもだめにしたり浪費したりしないということ、生産諸手段を生産そのものによって必要とされる仕方でのみ消費するということ——このことは、一部は労働者たちの訓練および教育にかかっており、一部は資本家が結合された労働者たちに課する規律にかかっているのであり、そしてこの規律は、労働者たちが自分自身の勘定で労働する社会状態においては——こんにちすでに出来高賃銀の場合にこの規律がほとんどまったく余計なものになっているように——余計なものになる。この熱狂は、逆にまた、粗悪な生(94)産諸要素づくりに現われるのであり、これは、可変資本に比べて不変資本の価値を低落させ、こうして利潤率を高めるための主要な手段である。その場合、これら粗悪な生産諸要素の価値が生産物に再現する限りで、それら諸要素をその価値よりも高く売ることが、ぺてんの重要な要素としてさらにつけ加わる。この契機は、とくにドイツの産業では、すなわち、人をよろこばすにははじめによい見本を送り、あとで悪い商品を送りさえすればよいということを原則とするドイツの産業では、決定的な役割を演じるのである。しかし、競争に属するこれらの現象は、ここではわれわれに無関係である。

注意しなければならないのは、不変資本の価値の減少、したがってその出費の減少によってもたらされる利潤率のこの増大は、それが生じる産業部門が、奢侈《しゃし》生産物を生産するか、労働者たちの消費にはいり込む生活諸手段を生産するか、それとも生産諸手段一般を生産するか*には、まったくかかわりがないということである。後者の事情は、剰余価値率――これは本質的には、労働力の価値、すなわち労働者たちの慣習的な生活諸手段の価値に依存する――が問題になる限りでのみ、重要であろう。ここではしかし、剰余価値および剰余価値率は与えられたものとして前提されている。この事情のもとでは、剰余価値の総資本にたいする比率――そしてこれが利潤率を規定する――は、もっぱら不変資本の価値に依存するのであり、不変資本を構成する諸要素の使用価値にはまったく依存しない。

＊〔草稿では「労働者たちの消費にはいり込む」以下は「労働者たちの消費にはいり込む生活諸手段またはそのような生活諸手段のための生産諸手段を生産するか」となっている〕

生産諸手段の相対的低廉化は、もちろん、生産諸手段の絶対的価値額が増大することを排除しない。というのは、生産諸手段が使用される絶対的な規模は、労働の生産力の発展、およびこれにともなう生産の規模の拡大とともに、異常に増大するからである。不変資本の使用における節約は、どのような面から考察しても、一部はもっぱら、生産諸手段が結合労働者の共同の生産諸手段として機能し消費されるということの結果であり、したがってこの節約そのものが、直接に生産的な労働の社会的性格の産物として現われる。しかし、この節約は、一部は、資本にその生産諸手段を提供する諸部面における労働の生産性の発展の結果であり、したがって、単に資本家Ｘの使用する労働者たちをこの資本家Ｘに対置して考察するのでなく、総労働を総資本に対置して考察するならば、この節約もやはり、社会的労働の生産諸力の発展の産物であることがわかる。そして区別は、ただ、資本家Ｘが自分自身

(95) の作業場の労働の生産性からだけではなく、他人の作業場の労働の生産性からも利益を引き出すということだけである。しかしそれにもかかわらず、不変資本の節約は、資本家にとっては、労働者にはまったく無縁で労働者には絶対になんの関係もない条件、労働者がまったくかかわりをもたない条件として現われる。他方で、資本家が同じ貨幣と引き換えに多くの労働を買うか、少しの労働を買うか（というのは、資本家と労働者とのあいだの取り引きは、資本家の意識にはこのように現われるからである）には、労働者はおそらくいくらかかかわりがあるということは、資本家にとってはつねにきわめて明らかである。生産諸手段の使用におけるこの節約、すなわち、一定の結果を最少の支出で達成するこの方法は、労働に内在する他の諸力の場合に比べてはるかに高い程度において、資本に固有な力として、また資本主義的生産様式に特有な、それを特徴づける方法として現われる。

この考え方は、事実の外観がそれに一致するだけに、また資本関係が、労働者を、彼自身の労働を実現する諸条件にたいする完全な無関心、外的存在および疎外の状態におき、そのなかで、実際に内的連関をおおい隠しているだけに、なおのこと奇妙には感じられない。

第一に――不変資本を構成する生産諸手段は、資本家の貨幣だけを代表し（ランゲ*によれば、ローマの債務者のからだが彼の債権者の貨幣を代表するように）、資本家とだけ関係するが、他方、労働者が現実の生産過程において生産諸手段と接触する限りで、彼は、単に生産の使用価値としての、労働諸手段および労働材料としての生産諸手段に関係するだけである。したがって、この価値の増減は、資本家にたいする彼の関係にはかかわりのないことがらであり、それは、彼が銅に加工をするか、鉄に加工をするかという事情がそうであるのと同じである。もっとも、われわれがのちに示すように、資本家は、生産諸手段の価値増大が生じ、それによって利潤率の減少が生じるやいなや、事態を別のように解したがるものであるが。

＊〔フランスの歴史家で政論家のS－N－H・ランゲは、『民法の理論、または社会の基本原理』、第二巻、ロンドン、一七六七年、の第五篇第二〇章でこの仮説を述べた（大津真作訳『市民法理論』、京都大学学術出版会、二〇一三年、六四〇ページ）。なお、こうした見解については、本訳書、第一巻、五〇五ページの原注一五二参照〕

第二に――これらの生産手段が資本主義的生産過程では同時に労働の搾取手段でもある限りで、この搾取手段が相対的に安いか高いかは、馬を御する小勒《しょうろく》〔くつわの「はみ」〕や大勒《たいろく》〔「おもがい」やくつわや手綱の総称〕が高いか安いかが馬にはどうでもよいのと同じように、労働者にはどうでもよいことである。

最後〔第三〕に、以前に見たように〔本訳書、第一巻、五七五―五七六ページ〕、労働者は実際に、彼の労働の社会的性格、すなわち共通の目的のための彼の労働の他人の労働との結合にたいしては、自分
(96) に無縁の力にたいするものとして関係する。この結合の実現諸条件は、彼にとっては他人の所有物であり、その浪費は、もし彼がそれの節約を強制されないとすれば、彼にとってまったくどうでもよいことであろう。労働者たち自身の所有する工場、たとえばロッチデイル＊の工場では、このことはまったく異なっている。

＊〔一八四四年一二月、イギリス・ランカシャーのロッチデイルに設立された消費組合。出資金配当と購買配当の制度で成功し、のちに生産活動にも従事した。本訳書、第一巻、五八六ページ参照。なお協同組合工場については、本訳書、第三巻、六六七ページ以下および七七七―七七八ページの記述参照〕

したがって、言う必要はほとんどないことであるが、一生産部門における労働の生産性が、他の生産部門における生産諸手段の低廉化および改良として現われ、したがって利潤率の上昇に役立つ限りでは、社会的労働のこの一般的連関は、なにか労働者たちにまったく無縁なもの――資本家だけがこの生産諸手段を買って取得する限りで、実際それは資本家だけに関係する――として立ち現われる。資本家は、他人の生産部門における労働者たちの生産物を自分自身の生産部門における労働者たちの生産物で買うのであり、したがって彼は自分自身の労働者たちの生産物を無償で取得した限りでのみ他人の労働者たちの生産物を自由に使用することができるということ――このことは、さいわいにも流通過程などによっておおい隠されている連関なのである。

これに〔第四に〕次のことがつけ加わる――すなわち、大規模な生産が資本主義的形態においてはじめて発展するように、一方では利潤欲が、他方では商品のできるだけ安価な生産を強制する競争が、不変資本使用におけるこの節約を、資本主義的生産様式に特有なもののように、したがって資本家の機能のように見せる。

資本主義的生産様式は、一方で社会的労働の生産諸力の発展を推進するのと同じく、他方で不変資本使用における節約を推進する。

けれども、ことは、一方での労働者すなわち生きた労働の担い手と、他方での彼の労働諸条件の経済的な、すなわち合理的で節約的な使用とのあいだの疎外および無関心にとどまらない。資本主義的生産様式は、さらに進んで、その矛盾し対立する本性によって、労働者の生命および健康の浪費、彼の生存諸条件そのものの切り下げを、不変資本使用における節約に算入し、したがって利潤率を高めるための諸手段に算入するまでになる。

(97)

労働者は、彼の生活の大部分を生産過程で過ごすのだから、生産過程の諸条件は大部分、彼の活動的な生活過程の諸条件、彼の生活諸条件であり、これらの生活諸条件における節約は利潤率を高める一方法である。それは、われわれが以前に見たように〔第一巻、第八章「労働日」〕、過度労働、すなわち労働者の労働家畜への転化が、資本の自己増殖すなわち剰余価値の生産を促進するための一方法であるのと、まったく同じである。この節約は、資本家の言葉では建物の節約と呼ばれる、狭くて不健康な場所への労働者の過密な詰め込み、同じ場所への危険な機械設備の過充と危険防止諸手段の怠慢、その性質上健康に有害であるか、または鉱山でのように危険と結びついているかする生産過程における予防策の不履行等にまでおよんでいる。労働者にとって生産過程を人間的なものにし、快適な、またはせめてがまんできるものにするためのいっさいの設備が存在しないことは、言うまでもない。それは、資本主義的見地からは、まったく無目的で無意味な浪費であろう。資本主義的生産が、一般に、どんなにけちであっても、人間材料についてはまったく浪費的であって、それはちょうど、資本主義的生産が他方では、商業を通じてのその生産物の分配という方法および競争というそのやり方のせいで、物質的諸手段をひどく浪費し、そのためこの生産が一方で個々の資本家として得るところのものを、他方で社会として失うのとまったく同じなのである。

資本は、生きた労働の直接的使用において、この生きた労働を必要な労働に節減し、また労働の社会的生産諸力を利用することで一生産物の生産に必要な労働をつねに減少させ、こうして直接に使用される生きた労働をできるだけ節約しようとする傾向をもつが、それと同じく資本はまた、その必要な限度にまで縮小されたこの労働を、もっとも経済的な諸条件のもとで使用しようとする傾向、すなわち使用される不変資本の価値をできるだけ最小限にまで縮小しようとする傾向をもつ。諸商品の価値は、一般にそれらに含まれている労働時間によってではなく、それらに含まれている〔社会的〕必要労働時間によって規定されるとすれば、資本こそが、この規定をはじめて実現し、またそれと同時に一商品の生産に社会的に必要な労働時間を絶えず短縮するのである。商品の価格は、これによってその最小限に引き下げられるが、それは、その生産に必要とされる労働のどの部分もその最小限に縮小されるからである。

(98)
不変資本の使用における節約については、次の区別をしなければならない。使用される資本の総量が増大し、それとともにその価値額が増大するとすれば、それはまずもって、いっそう多くの資本が一人の手に集中するということであるにすぎない。しかし、一人の手によって使用される総量のこの増大——それにはまた、たいてい、絶対的にはいっそう大きいが、相対的にはいっそう小さい使用労働総数が照応する——こそがまさに、不変資本の節約を可能にするのである。個々の資本家を見れば、必要な資本支出の規模が、とくに不変資本の場合に増大するが、しかし加工される材料および搾取される労働の総量にたいする関係では、その価値は相対的に減少する。

次に、このことを個々の実例によって手短かに説明しなければならない。われわれは、最後の点から、すなわち、生産諸条件が同時に労働者の生存および生活の諸条件でもある限りでの生産諸条件の節約から、始めよう。

第二節　労働者を犠牲にしての労働諸条件の節約*

*〔草稿では表題は「労働者を犠牲にしての節約（生産者を犠牲にしての生産諸条件の節約）」となっている〕

炭鉱。もっとも必要な諸出費を怠ること。

「炭鉱所有者たちのあいだに……いきわたっている競争のもとでは、もっとも明白な自然的諸困難を克服するために必要であるもの以上の支出はなされない。また、通常は〔仕事が必要とする以上に〕数多く存在する炭鉱労働者たちのあいだでの競争のもとでは、これらの労働者は、近隣の農村日雇い労働者たちの賃銀よりもわずかに高いだけの賃銀と引き換えに、多大な危険と有害このうえない諸影響に喜んで身をさらす。というのは、鉱山労働はそのほかに彼らの子供たちをかせぎに利用することを許すからである。右の二重の競争は……炭鉱の大部分が、きわめて不完全な排水および換気によって、しばしば構造の悪い立坑、不良な伝動装置、無能な機械技師たちによって、また設計も悪く施工も悪い横坑坑道および運炭通路によって運営される事態をもたらすのに、まったく十分である。そして、このことは、生命、四肢および健康の破壊を引き起こし、その統計があれば恐ろしい光景を示すであろう」（『鉱山および炭鉱における児童の雇用等にかんする第一次報告書。一八四二年四月二一日』[*1]、一〇二ページ）。イギリスの炭鉱では、一八六〇年ごろには、毎週平均して一五人が殺された。『炭鉱事故』にかんする報告書（一八六二年二月六日）によれば、一八五二―一八六一年の一〇年間に合計八四六六人が殺された。[*2]しかし、この数は、報告書そのものが述べているように、あまりにも少なすぎる。というのは、監督官[*3]たちがまだ任命されたばかりで、彼らの監督管区があまりにも大きすぎた最初の数年には、多数の災害および死亡事故がまったく報告されなかったからである。殺戮《さつりく》の数はまだ非常に大きく、監督官の数は不十分でその権限は小さいにもかかわらず、監督制度の制定以来、災害の数が非常に減少したという事情こそ、まさに、資本主義的搾取の自然的傾向を示している。(99)――この人間の犠牲は、大部分、炭鉱所有者たちのいやしいけち臭さのせいであり、たとえば彼らは、しばしば立坑を一つしか掘らせないので、有効な換気が不可能なだけでなく、この一つの立坑がふさがれるとたちまち脱出も不可能になるのである。

＊1 〔初版ではこの年次は「一八二九年」となっていた。なおこの引用は、同報告を取り上げた『ウェストミンスター・レビュー』一八四二年、七―一〇月、第三八巻、第一号、の記事からのもので、一〇二ページはそのページ数である〕

＊2 〔『炭鉱事故。下院の要請にたいする報告、一八六一年五月三日付、からの抜粋。一八六二年二月六日』

によれば、一八五一年から一八六〇年の一〇年間で、事故による死亡者は九〇九〇人となっている（八ページ）〕

＊３〔炭鉱監督官は、一八五〇年の「炭鉱検査法」によって設置された〕

資本主義的生産は、われわれがそれを個別的に考察し、流通の過程および競争の激化を度外視すれば、実現されて諸商品に対象化された労働の取り扱いは極度に節約的である。これに反して、資本主義的生産は、他のどの生産様式よりもずっとはなはだしく、人間の、生きた労働の浪費者であり、血と肉の浪費者であるだけでなく、神経と脳髄の浪費者でもある。人間社会の意識的な再構成に直接に先行するこの歴史時代においては、人類一般の発展が確保され達成されるのは、実際には、ただ個々人の発展の膨大このうえない浪費によってのみである。ここで問題になっている節約はすべて、労働の社会的性格から生じるのであるから、労働者たちの生命および健康のこの浪費を生み出すのは、実際にまさに、労働のこの直接に社会的な性格なのである。この点でやはり特徴的なのは、工場監督官R・ベイカーが投げた次の質問である――「全問題は、どのようにすれば密集集団労働によって引き起こされる幼い生命のこの犠牲が、もっともよく防止されうるかを真剣に考慮する必要があるということである」（『工場監督官報告書。一八六三年一〇月』、一五七ページ〔強調はマルクス〕）。

工場。ここに見られるのは、本来的諸工場においても、労働者たちの安全、快適さ、および健康にたいするすべての予防策が抑圧されていることである。産業軍の負傷者および死者を数え上げる殺戮報告の大部分は（年々の工場報告書を見よ）、ここに由来する。空間、換気などの不足も同じである。

（100）

一八五五年一〇月にもまだ、レナド・ホーナーは、横軸〔伝動軸などの〕の安全装置にかんする法の規定[*1]にたいして、――危険がしばしば死者を出す災害によって絶えず証明され、また安全装置は費用もかからず、経営のなんらかのさまたげになることもないにもかかわらず――非常に多くの工場主たちが反抗していることを嘆いている（『工場監督官報告書。一八五五年一〇月』、六ページ〔正しくは四ページ〕）。法の規定にたいするこのような反抗では、工場主たちは、無給の治安判事たち[*2]によって――たいてい自分自身が工場主であるか、またはその友人であるこれら治安判事たちがこのような事件について判決するものとされていた――誠実に支持された。これら諸氏の判決がどのような種類のものであったかは、上位裁判所判事キャンブル[*3]が、自分のところに上訴されたこれらの判決の一つについて次のように述べた――「これは、議会制定法の解釈ではない、これは、まさに議会制定法の廃止である」（同前、一一ページ）。――同じ報告書においてホーナー〔正しくはサー・ジョン・キンケイド〕の語るところによれば、多くの工場では、労働者たちにまえもって通告せずに機械が運転される。停止している機械のもとでもつねになにかがなされなければならないのだから、まして手と指がつねにそこで使われていれば、ただ合図しなかったということからだけでも災害が絶えず発生する（同前、四四ページ）。工場主たちは、当時、工場立法にたいする反抗のために事業組合を結成していた。すなわち、マンチェスターのいわゆる「全国工場法改正協会」がそれであって、この協会は、一八五五年三月には、一馬力あたり二シリングの分担金によって五万ポンドを超える額を集めて、ここから工場監督官の告訴に対抗する協会員たちの訴訟費用を賄い、協会の側からの訴訟も行なった。問題は、ることを立証する利潤のために行なわれる場合には、〝殺害かならずしも殺人罪を意味しない〟[*4]ということであった。スコットランドの工場監督官サー・ジョン・キンケイドがグラスゴウの一商会について語るところによれば、この商会は自分の工場の古鉄でその機械の全部に安全装置をつけたが、その費用は九ポンド一シリングであった。もしこの商会が上記の協会に加入したとすれば、この商会は、その一一〇馬力にたいして一一ポンドの分担金を、すなわちその安全装置全体にかかったよりも多い分担金を支払わなければならなかったであろう〔同前、四五―四六ページ〕。しかし、この全国協会は、このような安全装置を規定した法律に反対するために、その旨を公然と掲げて一八五四年に設立されたものであった。一八四四―一八五四年の全期間にわたって、工場主たちはこの法律を少しもかえりみなかった。そこで、工場監督官たちは、パーマストン〔一八五三―一八五五年、内務大臣〕の指示にもとづいて、今後この法律を厳守すべきであると工場主たちに通告した。工場主たちはただちに彼らの協会を設立したが、そのもっとも有力な会員たちのなかには、みずからが治安判事である者が多くて、その資格においてこの法律をみずから適用することができた。一八五五年四月、新内務大臣サー・ジョージ・グレイが、政府はほとんど名目的にすぎない安全装置で満足するつもりであるという調停案を出したときに、協会は憤激してこれをも拒否した。さまざまの訴訟のさいには、有名な技師ウィリアム・フェアベアン[*5]が鑑定人として、資本の節約とその侵害された自由とを擁護するために自分の名声をかけて力を貸した。工場監督官の長であるレナド・ホーナー〔一八三三―一八五六年、首席監督官〕は、工場主たちからあらゆるやりかたで迫害され、誹謗された。

＊1〔一八四四年の工場法（本訳書、第一巻、四九四―四九六ページ参照）は、監督官の権限強化、女性の労働時間の一日一二時間への制限、年少者と児童の保護のほか、保健と安全の規定をはじめて設け、安全装置を欠く機械による事故に賠償規定を設けた〕

＊2〔治安判事については、本訳書、第一巻、五〇八―五〇九ページをも参照〕

＊3〔ジョン・キャンブルは、一八五〇年に女王座裁判所首席裁判官、のち一八五九年にイギリス最高の司法官である大法官となった〕

＊4〔水平派（本訳書、第一巻、一五四ページの訳注＊1参照）のエドワード・セックスビーの小冊子（一六五七年）の表題にちなむ。専制者クロムウェルの暗殺を愛国的行為として呼びかけるこの冊子の扉には、旧約聖書、歴代誌、下、二三・二一、二五・二七の殺害の文が記された。彼の同年の暗殺計画はすんでのところで失敗した〕

＊5〔初版では「トマス」と誤記されていた〕

（101）

工場主たちはそれでも安心せず、女王座裁判所[＊1]の判決をかちとりさえした――その解釈によれば、一八四四年の法律は、床面七フィート〔一フィートは〇・三〇五メートル〕を越えて設けられた横軸については、なんの安全装置も定めていなかった。そして最後に一八五六年には、偽善者ウィルスン－パットン[＊2]――宗教を装いながら金袋の騎士たちのお気に召すようにいやしい仕事をいつでも進んでする、あの信心ぶった人々の一人――によって、当時の事情のもとでは彼らの満足できる議会制定法[＊3]を通過させることに成功した。この法律は、事実上、労働者たちからすべての特別な保護を奪って、機械による災害のさいの損害賠償を得るためには普通の裁判所に訴えるよう命じ（イギリスの〔高い〕裁判費用を考えるとまったくの愚弄である）、他方では、順守されなければならない専門家の鑑定にかんするきわめてこと細かに案出された規定によって、工場主たちが訴訟に敗れることをほとんどありえなくした。その結果は、災害の急速な増加であった。一八五八年の五月から一〇月までの半年間に、監督官ベイカーは、その前の半年間に比べただけでも二一％の災害の増加を報告した。災害全体の三六・七％は、彼の見解によれば、避けられるものであった。[*4] 確かに、一八五八年および一八五九年には、事故の数は一八四五年および一八四六年に比べていちじるしく減少した。すなわち、監督を受けた産業部門における労働者数が二〇％増加しているのに、二九％も減少した。[*5] しかし、このことはどうして生じたのか？　こんにち（一八六五年）までに争点が解決されている限りでは、それは主として新しい機械の採用によって解決されたのであって、これにははじめからすでに安全装置が取りつけられており、特別の費用がかからないので、工場主は甘んじて採用しているのである。また何人かの労働者たちは、腕を失ったことにたいして裁判で多額の損害賠償を受け取り、この判決を最上級審にいたるまで確認させることに成功した（『工場監督官報告書。一八六一年四月三〇日』、三一ページ。同じく、一八六二年四月、一七〔、一八〕ページ）。

*1〔民事刑事につき、一般的第一審の管轄権をもつコモン・ロー（普通法）裁判所。王が臨席するときは王座、女王の場合は女王座と呼んだ〕

*2〔イギリスの政治家（一八〇二―一八九二年）、四〇年以上にわたり下院議員〕

*3〔一八五六年六月三〇日に成立した工場労働規制法改正法。マルクスの論説「工場労働者の状態」一八五

七年四月、邦訳『全集』第一二巻、一七四—一七六ページ参照〕

＊4〔『工場監督官報告書。一八五八年一〇月』、六一—六二ページ〕

＊5〔『工場監督官報告書。一八六〇年四月』、五五ページ〕

労働者たち（多くの児童を含む）が機械のもとで使用されることから直接に生じる危険から、彼らの生命と手足を保護するための諸手段の節約については、これだけにとどめる。

一般に屋内での労働。——空間の節約、したがってまた建物の節約が、どれほどひどく労働者たちを狭い場所に押し込むかは、よく知られている。これにさらに、換気装置の節約が加わる。これら二つの節約は、労働時間の延長と相まって、呼吸器疾患のはなはだしい増加を、したがって死亡の増加を生み出す。以下の例証は、『公衆衛生、第六次報告書。一八六三年』からとったものである。この報告書は、本書第一部でよく知られている医師ジョン・サイモン＊によって編集されている。

＊〔サイモン（一八一六—一九〇四年）は、一八五五年、一般衛生局医務官、一八五八年、枢密院医務官、のち一八七一年に、地方自治部首席医務官として反対派と激しくたたかった〕

(102)

労働者たちの結合および彼らの協業こそが、機械の大規模な使用、生産諸手段の集積およびその使用の節約を可能にするのであるが、それと同様に、屋内で、また労働者たちの健康ではなく生産物の製造の容易さが決定的であるような環境のもとで行なわれる、この大量の人々の集団労働——同じ作業場でのこの大量の人々の集積——こそは、一方では資本家にとって利潤増大の源泉であり、しかし他方ではまた、労働時間の短縮や特別の予防策によって埋め合わされない場合には、同時に、労働者たちの生命および健康の浪費の原因でもある。

サイモン医師は、次のことを原則として立ててこれを大量の統計によって証明している――「一地域の住民が屋内での共同労働に従事せざるをえないのに比例して、他の事情に変わりがなければ、同じ割合でその地域の肺疾患による死亡率は高くなる〔であろう〕」（二三ページ）。その原因は、換気の不良である。「そして、屋内で営まれる大工業をかかえる地域においてはどこでも、その地域全体の死亡統計が肺疾患の明白な過多で特色づけられるほどに、こうした労働者たちの死亡数が増加しているという原則の例外は、全イングランド中におそらくただの一つもないであろう」（二四〔正しくは二三〕ページ）。

屋内で営まれ、一八六〇年および一八六一年に衛生当局によって調査された諸産業にかんする死亡統計から、次のことが明らかになる――すなわち、イングランドの農業地域で肺結核その他の肺疾患による死亡件数が一〇〇になる一五歳から五五歳の男性の人数にたいして、それと同じ人数の男性住民のうち肺結核による死亡件数は、コヴェントリーでは一六三、ブラックバーンおよびスキプトンでは一六七、コングルトンおよびブラッドフォードでは一六八、レスターでは一七一、リークでは一八二、マクルズフィールドでは一八四、ボウルトンでは一九〇、ノッティンガムでは一九二、ロッチデイルでは一九三、ダービーでは一九八、ソールフォードおよびアシュトン‐アンダー‐ラインでは二〇三、リーズでは二一八、プレストンでは二二〇、そしてマンチェスターでは二六三である（二四ページ）。次〔次ページ〕の表は、いっそう適切な例を示す。この表は、一五歳から二五歳までの男女別

地域	主要産業	各10万人あたり15歳から25歳の肺疾患死亡件数	
		男性	女性
バーカムステッド	麦稈さなだ編み業　女性	219	578
レイトン・バザード	麦稈さなだ編み業　女性	309	554
ニューポート・パグネル	レース製造業　女性	301	617
タウスター	レース製造業　女性	239	577
ヨウヴィル	手袋製造業　おおかた女性	280	409
リーク	絹業　主として女性	437	856
コングルトン	絹業　主として女性	566	790
マクルズフィールド	絹業　主として女性	593	890
健康な農村地域	農業	331	333

*〔『公衆衛生、第6次報告書。1863年』24ページ〕

(103)

の、それぞれ一〇万人について計算された肺疾患による死亡件数を示している。選ばれた地域は、女性は屋内で営まれる産業に就業しているが、男性はありとあらゆる労働部門に就業しているという地域である。

男性の工場労働従事の割合が他より大きい絹業地域では、男性の死亡もまたいちじるしい。ここでは、肺結核などによる男女両性の死亡率が、報告書のなかで述べられているように、「わが国の絹業の一大部分が営まれているひどい（〝ぞっとするような〟）衛生状態」を暴露している。そしてこの同じ絹業こそは、工場主たちが、彼らの経営の例外的によい衛生諸条件を引き合いに出して、一三歳未満の児童の例外的に長い労働時間を要求し、しかも部分的には承認を得たものである〔第一部、第八章、第六節、〔第二版〕二九六ページ、〔第三版〕二八六ページ〔本訳書、第一巻、五一五―五一六ページ〕)。

「これまで調査された産業で、スミス医師が裁縫業について述べているよりもひどい光景を示すものはおそらくなかったであろう。……彼の言うところでは、作業場は衛生面ではきわめて種々さまざまである。しかし、ほとんどすべてが過密で、換気が悪く、健康にとって非常に好ましくない。……そのような部屋は、そうでなくても〔「そうでなくても」はマルクスの挿入〕必ず暑い。しかし、霧の日の昼間や冬期の夕方でのようにガス灯が点火されると、暑さは八〇度どころか九〇度」(カ氏。＝セ氏〔約〕二七―三三度)「にさえのぼり、そのために汗がしたたり落ち、水蒸気が窓ガラスに集まるので、その水が絶えず流れ落ちたり、天窓からたれ落ちたりで、労働者たちは、きっと風邪をひくに違いないのに、いくつかの窓をあけ放しにすることを余儀なくされる」。――ロンドンのウェストエンドのもっとも重要な一六の作業場の状態について、彼は次のように叙述している――「これらの換気の悪い部屋で労働者一人あたりに割り当てられる最大容積は二七〇立方フィート〔一立方フィートは約〇・〇二三立方メートル〕で、最小容積は一〇五立方フィート、全部の平均では一人あたり一五六立方フィートにすぎない。周囲に廊下があって、天窓〔からの光〕しかないある作業場では、九二人から一〇〇(104)人を超える人々が使用されていて、大量のガス灯の炎がともされている。すぐそばに便所があり、空間は一人あたり一五〇立方フィートを超えない。上から明かりをとる中庭の犬小屋としか言いようがなく、屋根の小窓一つでしか換気できない別の作業場では、五人ないし六人が一人あたり一一二立方フィートの空間で働いている」。そして、「スミス医師が叙述しているこれらのひどい(〝ぞっとする

従業者数	産業部門および地方	10万人あたり年齢別死亡率		
		25−35	35−45	45−55
958,265	農業、イングランドおよびウェイルズ	743	805	1,145
男性 22,301 女性 12,377	裁縫工、ロンドン	958	1,262	2,093
13,803	植字工および印刷工、ロンドン	894	1,747	2,367

（〔『公衆衛生、第6次報告書。1863年』〕30ページ）

ような〟）作業場で、裁縫工たちは、普通毎日一二―一三時間働き、ある時期には一五―一六時間も労働が続けられる」（二五、二六、二八ページ）。

注意すべきなのは、そして実際に、この報告書の編集者である医務部門の長ジョン・サイモンが述べているのであるが、二五―三五歳の年齢については、ロンドンにおける裁縫工、植字工と印刷工たちの死亡率が過少に報告されているということである。なぜなら、この二つの事業部門では、ロンドンの雇い主たちが、多数の若い人々（おそらく三〇歳までの）を田舎から徒弟や「〟見習い職人〟」として、すなわち修業をつませるために、受け入れるからである。彼らは、ロンドンの産業死亡率を計算しなければならないさいに基礎となる従業者の総数を増加させるが、しかし、彼らのロンドン滞在は一時的にすぎないので、右の増加に比例してロンドンの死亡件数の総数を増加させないのである。彼らは、この期間中に病気になると、田舎の家に帰り、死亡の場合には、そこで死亡件数が登録される。この事情は、もっと若い年齢層にはなおいっそう大きく影響し、そのためロンドンのこの層の死亡

（105）

率は、健康にたいする産業の有害性の尺度としてはまったく無価値となる（三〇ページ）*。

＊〔この、『公衆衛生、第六次報告書。一八六三年』、三〇ページからの表および記述は、本訳書、第一巻、八一五ページの表および原注二五六で、ほぼ同じ形で述べられている〕

植字工たちも、事情は裁縫工たちの場合と同様であり、彼らの場合には、換気の不足や汚染空気などに、さらに夜間労働がつけ加わる。彼らの普通の労働時間は一二時間ないし一三時間まで続き、しばしば一五時間ないし一六時間になる。「ガスが点火されると、たちまち熱気と空気のよごれがひどくなる。……活字鋳造場からの蒸発気体や機械または下水溝からの悪臭が階下からのぼってきて、上の部屋の害悪をいっそうひどくすることもまれではない。階下の部屋の熱せられた空気は、階上の部屋の床を熱するだけでもその部屋を暑くするし、大量のガスが消費される部屋が階下にあるときには、その害は大である。いっそう悪いのは、ボイラーが下の部屋にあって、家屋全体が望ましくない熱気で満たされる場合である。……一般的に言えることは、例外なく換気が不足しており、日没後は熱気とガスの燃焼産物とを取りのぞくにはまったく不十分であるということ、そして多くの作業場、とくに以前に住宅であったところでは、状況はもっとも嘆かわしいということである」。「いくつかの作業場、とくに週刊新聞の作業場では、同じように一二歳から一六歳という少年を働かせて、二日と一晩のあいだほとんど中断せずに作業がなされる。他方、『急ぎの』仕事に精を出す他の植字室では、日曜日でも労働者に休息を与えず、彼の労働日は毎週六日ではなくて七日になる」（二六、二八ページ）*。

＊〔初版では、この部分の引用符が外れているが、この部分も『公衆衛生。第六次報告書』からの引用である〕

婦人服仕立女性工たち（ミリナーおよびドレスメイカー）[*1]については、われわれは、第一部、第八章、第三節、〔第二版〕二四九ページ、〔第三版〕二四一ページ〔本訳書、第一巻、四四二―四四五ページ〕で、過度労働に関連して扱った。彼女たちの仕事場については、わが報告書のなかでオード医師によって述べられている。昼間はいくらかましであるとはいえ、ガス灯がともされている時間中は、あまりに暑すぎ、空気がよごれ、不健康的である。ましな部類の三四の作業場でオード医師が見いだしたのは、女性労働者一人あたりの空間の平均立方フィート数が次のとおりであるということである――「四件では五〇〇以上、他の四件では四〇〇―五〇〇、他の五件では〔三〇〇―四〇〇、他の五件では二五〇―三〇〇、他の七件では〕[*2]二〇〇―二五〇、四件では一五〇―二〇〇、最後に九件ではわずかに一〇〇―一五〇。これらの件数のうちの最良のもの〔原文は「これらの許容量の最大のもの」〕でさえも、その場所の換気が完全になされないときには、かろうじて作業を続けて行なうことができる程度でしかない。……換気がよい場合でさえ、日没後には多くのガス灯が必要なので、作業場はきわめて暑く、むしむししてくる〔原文は、「なみはずれて換気がよい場合をのぞき、ガス灯をつけているあいだは、そこの空気は我慢できる程度に健康的ということはありえないであろう」〕」。そしてここに、オード医師が訪れた、ある問屋の計算で経営されているより低級な部類の作業場についての彼の記述がある――「一二八〇立方フィートの一室。現在員数一四人。各人あたり空間九一・五立方フィート。女性労働者たちはここでは過労で疲れ果てているように見えた。彼女たちのかせぎは週七―一五シリングとのことで、そのほかに茶がつく。……労働時間は午前八時から午後八時までであった。この一四人が押し込まれている小さな部屋は、換気が悪かった。二つの動かせる窓と一つの暖炉があったが、暖炉はふさがれていた。なんらかの種類の特別の換気装置は、存在しなかった」（二七ページ）。

＊1〔本訳書、第一巻、八二四ページの原注二六四参照〕

＊2〔『公衆衛生、第六次報告書。一八六三年』による。カウツキー版およびヴェルケ版で追補〕

(106) 同じ報告書は、婦人服仕立女性工の過度労働にかんして次のように述べている――「最新流行婦人服店の若い女性たちの過度労働が、多くの場合に一時的に公衆のおどろきと憤りを呼びおこしたほどにすさまじく行なわれるのは、年に約四ヵ月間にすぎない。しかし、この四ヵ月のあいだに、作業場では通例、毎日まる一四時間、作業が行なわれ、急ぎの注文がたまっている場合には、何日ものあいだ一七―一八時間、作業が行なわれる。ほかの季節のあいだは、作業場ではおそらく一〇―一四時間、作業が行なわれるであろう。家で働くものは、同じように一二時間または一三時間仕事をする。ミシン作業〔人〕を含む女性用コート、襟飾り、肌着など〔各種のその他〕の仕立て〔労働者〕の場合は、共同作業場で過ごす時間はいっそう少なく、たいてい一〇―一二時間よりも多くはない。しかし、オード医師の言うところでは、正規の労働時間は、ある仕立屋では、ある時期には、特別に支払われる超過時間によっていちじるしく延長され、別の仕立屋では仕事を自宅にもち帰り、正規の労働時間のあとで完成させることになる。前者の種類の超過労働も後者のそれも、しばしば強制的なものであると、われわれはつけ加えることができる」（二八ページ）。ジョン・サイモンは、このページへの注のなかで次のように述べている――「〝感染症学会〟の名誉書記で〔……〕一流店の婦人服仕立女性工たちの

(107) 健康を調査する特別の機会が多かったラドクリフ氏は、自分では『まったく健康』と言っていた少女二〇人あたり、健康であるのは一人にすぎないことを見いだした。残りのものは、さまざまの程度の体力減退、神経衰弱、およびそれから生じる多くの機能障害を示していた。彼はその原因として、次のことをあげている――第一に、労働時間の長さで、彼は暇な季節でさえ毎日最低一二時間と見積もっている。また第二に〔……〕作業場の過密状態と換気の悪さ、ガス灯によって汚染された空気、不十分または劣悪な食物、および家庭的快適さへの配慮の欠如である」。

イギリスの衛生当局の長〔サイモン〕の結論とするところは、次のとおりである。[*1] すなわち、「理論的に労働者たちの第一の衛生権であるもの、すなわち、彼らの雇い主がどのような仕事をさせるために彼らを集めようと、この共同作業は、それが雇い主のせいである限り、雇い主の費用で、健康に有害なすべての不必要な状態から解き放されるべきであるとする権利を主張することは、労働者たちにとっては実際には不可能である。〔……〕そして、労働者たち自身が、この衛生上の正義を自分自身のために強制することが実際にできないあいだは、彼らはまた、立法者の推定される意図であるにもかかわらず、不法妨害排除法[*2]を実施すべき役人たちからなんらか有効な援助を期待することはできない」（二九ページ）。――「疑いもなく、雇い主たちが従うべき取り締まりの正確な境界線を規定することには、いくつかの小さな技術上の困難[*3]があるであろう。しかし……原則的には健康保護の要求は普遍的なものである。そこで、単に就業しているというだけで生じる無限の肉体的苦痛によって、その生命がいま不必要に痛めつけられたり縮められたりしている無数の男女労働者たちのために、私はあえて次のように希望を表明したい。すなわち、労働の衛生状態も同様に普遍的に、適切な法的保護〔原文は「法の規定」〕のもとにおかれるべきである――少なくとも、すべての屋内の仕事場の有効な換気が保証され、また、その性質上非衛生的であるどの作業部門においても、健康上危険な特別の影響ができる限り制限されるという程度には」（六三〔正しくは三二〕ページ）。

＊1〔報告書からの以下の引用は、本訳書、第一巻、八一四―八一五ページにも引用されている。訳文の違いは、原文のドイツ語訳の違いによる〕

＊2〔「不法妨害」については、本訳書、第一巻、四三六ページの訳注＊1参照〕

＊3〔草稿では、英語で引用され、「技術上の《テクニカル》」となっている〕

第三節　動力生産、動力伝達、および建物における節約＊

＊〔草稿では、一行目に「不変資本の使用における節約」、二行目に「建物の節約、動力の節約、伝動機の節約、諸改良など」の見出しがあり、続いて「費用および追加資本の節約」と書いた後に、バビジ『機械および製造業の経済論』、フランス語版、第二二章、ユア『工場哲学』、パリ版、六二、六三ページ、『工場監督官報告書。一八五八年一〇月』、五九ページなどからの引用がある〕

Ｌ・ホーナーは、一八五二年一〇月の彼の報告書のなかで、蒸気ハンマーの発明者である有名な技師、パトリクロフト〔マンチェスター近郊〕のジェイムズ・ネイズミスの手紙を引用しているが、そこではとりわけ次のように述べられている[*1]——

「私が言及するような方式変更および改良」〔蒸気機関の〕「によって達成された原動力の巨大な増大については、ほとんど知られていない。わが地域」〔ランカシャー〕「の蒸気機関動力は、ほぼ四〇年間、臆病で偏見に満ちた伝統の悪夢に苦しめられてきたが、いまではわれわれは幸いにも解放されている。最近の一五年間に、それもとくに最近の四年間に」〔すなわち一八四八年以降〕「復水器つき[*2]蒸気機関の運転方式にいくつかのきわめて重要な変化が生じた。……その結果は……同じ機関がはるかに大きな仕事量を達成し、おまけにそのさい石炭消費が非常に大きく減少したということであった。……これらの地域〔ランカシャー、チェシャー、ヨークシャー〕の工場に蒸気力が採用されて以後、実に多年のあいだ、復水器つき蒸気機関の稼動に適当と考えられた速度は、ピストン行程毎分約二二〇フィートであった。すなわち、ピストン行程五フィートの機関は、すでに規則によって、〔毎分〕クランク軸〔ピストンの往復運動を回転運動に変える軸〕二二回転に制限されていた。機関をもっと速く運転することは不適当とされた。そして、〔伝動〕装置全体〔とりわけ最初の動輪〔主輪〕〕がピストン運動毎分二二〇フィートというこの速度に合わせられていたので、この緩慢で、かつ無意味に制限された速度が、多年のあいだ、〔こうした機関の〕運転全体を支配した。しかし、ついに、幸いにも規則に無知なためであれ、またはだれか大胆な革新者のもっと十分な根拠からであれ、いっそう大きな速度が試みられ、その成果がきわめて良好であったので、この例は他の人々の従うところとなった。人々は、その当時言われたように、機関の手綱をゆるめた。〔すなわち〕機械が〔全般に〕以前の速度に保たれているとき

（108）

に、蒸気機関が毎分三〇〇フィート以上運動できるように、伝動装置の主輪〔のギア比〕を変えた。……蒸気機関のこの速度増大は、いまではほぼ一般的である〔原文は、「この『機関の手綱のゆるめ』は……機関のほぼ全般的な『速度増大』に導いた」〕。なぜなら、同じ機関からいっそう多くの利用しうる動力が得られるだけでなく、〔機関の速度増大により〕はずみ車のモーメント〔運動率〕がいっそう増大するため、運動がはるかに規則的になる、ということが判明したからである。〔……〕蒸気圧と復水器のなかの真空状態とが変わらないもとで、ピストンの速度を増加させるだけで、いっそう多くの動力が得られた。〔……〕たとえば、〔ピストン行程〕毎分二〇〇フィートで四〇馬力を出す蒸気機関に適当な変更を加えて、同じ蒸気圧および真空のもとで〔ピストン行程〕毎分四〇〇フィートにすると〔……〕ちょうど二倍の動力が得られることになるであろう。そして蒸気圧および真空はどちらの場合も同じであるから、機関の個々の部分の緊張〔は、ピストンの速度四〇〇フィートの場合も、二〇〇フィートの場合より大きくはならず〕、したがってまた『事故』の危険は、速度が増加してもいちじるしく増加することはない。相違するところは、ピストン運動の速度の増加に比例して、または近似的に、いっそう多くの蒸気が消費されるということだけである。さらに、軸受金《がね》または摩擦部分の摩滅がいくぶん速くなるが、ほとんど問題にはならない。……しかし、ピストン運動の速度を増加させることによって同じ機関からいっそう多くの動力を得るためには〔……〕同じボイラーで〔毎時〕いっそう多くの石炭を燃やすか、いっそう大きな蒸発能力のあるボイラーを用いるか、要するにいっそう多くの蒸気を発生させ〔る力が〕なければならない。〔それゆえ〕そうしたことが行なわれて、いっそう大きな蒸気発生力〔または蒸発力〕のあるボイラーが、『加速された』旧来の機関に取りつけられた。こうして、この〔同じ〕機関が、多くの場合に〔約〕一〇〇%多い仕事をしたのである。一八四二年ごろには、コーンウォール〔イングランド南西部〕の諸鉱山における蒸気機関の非常に安い動力生産が、注目されはじめた。綿紡績業における競争により、工場主たちは、彼らの利潤の主要な源泉を『節約』に求めることを余儀なくされた。コルニッシュ機関[*3]が示した毎時一馬力あたりの石炭消費のいちじるしい相違、同じくまたウルフ二気筒機関[*4]の非常に経済的な性能は、われわれの地域でも燃料の節約に注目を集めることになった。コルニッシュ機関および二気筒機関は、石炭三$\frac{1}{2}$重量ポンド〔一重量ポンドは四五三・六グラム〕ないし四重量ポンドにつき毎時一馬力を供給したが、他方、綿業地域における機関は、一般的には、毎時一馬力あたり〔石炭〕八または一二重量ポンドを消費した。このようないちじるしい相違に動かされて、われわれの地域の工場主たちや機関製造業者たちは、同じ手段を用いて、コーンウォールおよびフランスですでに普通になっていたような非常に経済的な結果に到達〔するよう努力〕した。というのは、それらの地方では、高い石炭価格のため、工場主たちは、彼らの事業のこの費用のかかる部門をできるだけ制限することを余儀なくされていたからである。このこと〔燃料節約への関心の増大〕は、非常に重要な結果を引き起こした。第一に——高利潤の古き良き時代には、多くのボイラーの表面の半分は冷たい外気に〔まったくむきだしに〕さらされたままであったのが、いまでは厚いフェルトか、あるいは煉瓦および漆喰《しっくい》その他の材料でおおわれて、これによって多大の費用をかけて生み出された熱の〔原文は「多大の燃料費をかけて維持されているボイラーの露出表面からの熱の」〕発散が防止され

（109）

た。蒸気管も同じ方法で保護され、気筒〔の外側〕も同様にフェルトや木材で囲われた。第二に、高圧〔蒸気〕の使用が到来した。これまで安全弁の荷重〔安全弁に作用する気圧〕は、一平方インチあたり四、六、または八重量ポンドの気圧でさえも開く程度にしかされていなかった。いまでは、圧力を一四または二〇重量ポンドに高めることによって……非常に大きい石炭節約が達成されることが判明した。言い換えれば、工場の仕事は、以前よりもかなり少ない石炭消費で行なわれた。……そうするための資力および大胆さをもつ人々は、圧力の増加および膨脹の方式〔原文は「圧力の増加および『膨脹』運転『方式』」〕を徹底的に実施して、一平方インチ三〇、四〇、〔五〇、〕六〇、および七〇重量ポンドの圧力の蒸気を供給する合目的的に組み立てられたボイラーを使用した。この圧力は、旧派の技師ならばおどろきのあまり倒れてしまうほどのものである。しかし、この蒸気圧力の増加の経済的結果は……たちまち何ポンド何シリング何ペンスという〔まったく〕誤解のありえない形式で明らかになったので、復水器つき機関では高圧ボイラー〔の使用〕がほぼ一般的になった。改革を徹底的に遂行しようとする人々は〔……全面的に〕ウルフ機関を使用したのであり、新設の機関はたいていそうであった。すなわち、二つの気筒をもつウルフ機関がそれで、一方の気筒においてはボイラーからの〔高圧〕蒸気が大気の圧力を超えるその圧力の超過分によって動力を生み出し、ついで、〔この高圧〕蒸気が、従来のようにピストン行程の終わるごとに大気中に逃がされるのではなく、約四倍広い容積をもつ〔他方の〕低圧気筒に送られ、そこでさらに膨脹したのちに復水器に導かれる。このような機関によって得られる経済的な結果は、三$\frac{1}{2}$ないし四重量ポンドの石炭につき毎時一馬力の出力である。他方、旧方式の機関では、同じ出力のために一二ないし一四重量ポンド〔の石炭〕が必要であった。巧妙な装置によって、二気筒の、または高圧機関と低圧機関を結合したウルフ方式が、既存の旧式の機関に〔広範に〕適用され、こうして旧式機関の〔出力〕性能を高めると同時に石炭消費を減少させることが可能になった。同じ結果は〔……〕この八年または一〇年間に、高圧機関を復水器つき機関と組み合わせて、前者で使用された蒸気を後者に移し、これを動かすというようにして達成された。この方式は多くの場合に〔非常に〕有用である」。

「同一の蒸気機関に、これらの新しい改良のいくつか、またはすべてを取りつけた場合の仕事率の増大の正確な報告書をつくることは、たやすくはできないであろう。しかし〔……〕同じ重量の蒸気機関でいまでは少なくとも平均五〇％多い作業または仕事が得られるということ、また、速度が毎分二二〇フィートに制限されていた時代に五〇馬力を出した同一の蒸気機関が、多くの場合、いまでは一〇〇馬力以上を出しているということ――このことは私はまちがいないと思っている。[*5] 復水器つき蒸気機関〔の運転〕で高圧蒸気を使用することの非常に経済的な諸結果、ならびに、事業拡張によって旧式の蒸気機関にたいして求められる要求のはるかに大きな増加〔原文は「求められるはるかに高い動力」〕は、最近三年間に煙管ボイラー[*6]の採用に導き、〔……〕これによって蒸気発生の費用がまたもやかなり減少した」（『工場監督官報告書。一八五二年一〇月』、二三―二七ページ）。

＊１〔以下の引用文は省略が多く、文意を明確にするため、原文を補った〕

＊２〔冷却水を供給して蒸気を水に戻す密閉容器〕

＊3〔イングランド南西部のコーンウォール地方の鉱山で排水用に使われはじめたビーム機関（天秤機関）。「コルニッシュ」は「コーンウォール式」の意〕

＊4〔高圧気筒（シリンダー）から直接に低圧気筒に蒸気を流す二気筒機関のことで、一八一〇年、イギリスの技師アーサー・ウルフによって発明された〕

＊5〔「同じ重量の蒸気機関で」からここまでの文章の異文は、本訳書、第一巻、七二七ページにある。原文は同じであるが、引用は、一八五六年一〇月の『工場監督官報告書』からなされている〕

＊6〔小径管（煙管）が伝熱の主体をなすボイラー。煙管内を熱ガスが流れ、外側はボイラー水に接する〕

発動機について言えることは、伝動機および作業機についても同じように言える。

「最近の数年間に機械の改良が長足の進歩をとげたため、工場主たちは、原動力を追加しなくても生産を拡張することができた。労働日が短縮されたので労働をいっそう節約して使用することが必要となった。そして、たいていのきちんとした工場では、支出を減らしながらどのような方法で生産を増大させることができるかが、絶えず検討される。私はここに、私の地域のある非常に賢明な紳士が好意で作成してくれた一報告書――一八四〇年から現在〔一八五二年〕までの間の、彼の工場において雇用された労働者の数と年齢、使用された機械および支払われた賃銀を示すもの――をもっている。(110)一八四〇年一〇月には、彼の商会は六〇〇人の労働者を雇用していたが、そのうち二〇〇人は一三歳未満であった。一八五二年一〇月には、労働者は三五〇人にすぎず、そのうちの六〇人だけが一三歳未満であった。どちらの年にも、ほとんど同数の機械が運転され、同一金額が賃銀に支払われた」

（レッドグレイヴの報告、所収『工場監督官報告書。一八五二年一〇月』、五八〔、五九〕ページ）。

機械のこのような諸改良は、合目的的に建設された新しい工場の建物に取り入れられるときにはじめて、その完全な効果を現わす。

「機械における改良に関連して私が述べておかなければならないのは、なによりもまず、この新しい機械の設置に適した工場の建築において一大進歩がなされたということである。……私は糸はすべて一階で撚《よ》らせており、ここだけで私は二万九〇〇〇の撚糸紡錘を備えている。この部屋と倉庫においてだけで、私は少なくとも一〇％の労働の節約を実現しているが、これは、撚糸方式そのものの改良の結果というよりも、機械を単一の管理のもとに集積したことの結果である。そして、私は同じ数の紡錘をただ一つの駆動軸で動かすことができ、これによって私は他の商会に比べて軸系を六〇から八〇％節約している。そのうえ、これはオイルや〔軸系や〕グリスなどの大幅な節約である。……要するに、工場配置の完璧と機械の改良によって、私は、少なく見積もっても、労働を一〇％節約し、それとともに、動力、石炭、オイル、獣脂、軸系、およびベルトなどを大幅に節約した」（ある綿紡績業者の供述、所収『工場監督官報告書。一八六三年一〇月』、〔一〇九、〕一一〇ページ）。

第四節　生産の廃棄物の利用*

＊〔草稿では表題は「生産の廃棄物の再利用による節約」となっている〕

資本主義的生産様式〔の発展〕にともない、生産および消費の廃棄物の利用も拡大する。前者〔生産の廃棄物〕は、工業および農業の屑のことであり、後者〔消費の廃棄物〕は、一部分は人間の自然的物質代謝から生じる廃棄物のことであり、一部分は消費対象がその消費後に残留してとる形態のことである。つまり、生産の廃棄物は、化学工業においては、小規模生産の場合には利用されない副産物のことであり、機械製造の場合にはそれから生じて鉄生産にふたたび原料としてはいり込む鉄の削り屑などのことである。消費の廃棄物は、人間の自然的な排泄物、ぼろの形での衣服の残骸などである。消費の廃棄物は、農業にとってもっとも重要である。その使用にかんしては、資本主義的経済においては膨大な浪費が生じている。たとえばロンドンでは、資本主義的経済は、四五〇万人の糞尿を巨額の費用をかけてテムズ川を汚染するために使うこと以上によい処理方法を知らないのである。

(111)　原料の騰貴は、もちろん屑の利用に導く誘因となる。

一般に、この再利用の諸条件は次のとおりである——大規模作業の場合にのみ結果として生み出されるこのような廃棄物の大量性。与えられた形態では以前には利用できなかった素材を、新しい生産に役立ちうる姿態に変えるような機械の改良。このような屑の有用な属性を発見する科学、とくに化学の進歩。もちろん、たとえばロンバルディア、南中国、および日本における*ような園芸式に営まれる小農業においても、この種の大きな節約が行なわれている。しかし、一般に、このような方式においては、農業の生産性は、ほかの生産部面から引きあげられる人間労働力の多大の浪費によってあがなわれている。

＊〔草稿では、「ロンバルディア、南中国、および日本における」は「ロンバルディア的および南中国的方式における」となっている〕

いわゆる屑は、ほとんどどの産業においても重要な役割を演じている。たとえば、一八六三年一二月の工場報告書では、イングランドにおいてもアイルランドの多くの地方においても、借地農場経営者たちが亜麻を、いやいやながら、かつまれにしか栽培しない主要な理由の一つとして、次のように述べられている――「水力で運転される小さな亜麻打ち工場で亜麻を加工するさいに生じる……大量の屑。屑は、綿花では比較的少ないが、亜麻ではきわめて大きい。浸水と機械による亜麻打ちとのさいの処理がよければ、このような不利をいちじるしく制限することができる。……アイルランドでは、亜麻はしばしばきわめてひどいやりかたで打たれているので、その結果、二八―三〇％が失われる」〔『工場監督官報告書。一八六三年一〇月』、一三九、一四二ページ〕のであるが、これらすべては、いっそうよい機械の使用によって避けられるであろう。そのさい、麻屑が大量に出るので、工場監督官が次のように言うほどである――「アイルランドのいくつかの亜麻打ち工場について報告されたところでは、そこでできる屑を亜麻打ち工たちがしばしば自宅で炉の燃料として用いているとのことである。しかしこの屑はきわめて貴重〔な原料〕である」（同前、一四〇ページ）。綿屑については、もっと先に進んでから、原料の価格変動を取り扱うさいに論じることにする。

＊〔この工場監督官報告書全体の表題は「一八六三年一〇月三一日に終わる半年間について」となっているが、マルクスが引用しているロバート・ベッカーの報告書の表題は「一八六三年一二月三一日までの八ヵ月間について」となっている〕

紡毛工業は、亜麻打ち業よりも分別があった。「以前には、羊毛屑および毛織物のぼろを再加工するために集めることは評判が悪いのが普通であったが、このような偏見は、ヨークシャーの紡毛地域の重要な一部門となっている再製羊毛《ショディ》〔回収羊毛とも言う〕工業にかんしては、完全になくなっている。そして、綿屑加工業もまた、世間に認められた需要を満たす一事業部門として、間もなく同じ地位を占めるであろうことは疑いない。三〇年前には、毛織物のぼろ、すなわち純毛の布の端切れ〔や古
(112) 着〕などは、平均して一トンあたりほぼ四ポンド四シリングであった。最近数年間にそれは一トンあたり四四ポンドになった。そして〔それにたいする〕需要が非常に増大したので、綿毛交織〔のぼろ〕もまた用いられるほどになったが、それは、羊毛を傷めずに綿花を除去する方法*が発見されたからである。そしていまでは何千人もの労働者が再製羊毛の製造に従事していて、消費者はこれによって大きな利益を得ている。というのは、消費者はいまや、概して質のよい織物をきわめて手ごろな値段で買うことができるからである」（『工場監督官報告書。一八六三年一〇月』、一〇七ページ）。このようにして若がえった再製羊毛は、一八六二年末にはすでにイギリス産業の羊毛消費全体の三分の一に達した（『工場監督官報告書。一八六二年一〇月』、八一ページ）。「消費者」にとっての「大きな利益」と

は、彼の毛の衣服がすり切れるのに以前の時間の三分の一しかかからず、また糸目が見えるようになるのに以前の時間の六分の一しかかからないということなのである。

＊〔綿毛交織品では、希硫酸を用いて綿花を化炭し、粉末にして羊毛を回収する。この処理で得られたものをエキストラクトと言う〕

イギリスの絹工業も、同じ下り坂を転げ落ちた。一八三九年から一八六二年までは、本物の生糸の消費はいくらか減少したが、これに反して絹屑の消費は二倍になった。改良された機械によって、ほかの場所ではほとんど無価値なこの材料から、多くの目的に使うことのできる絹をつくり出せるようになった〔『工場監督官報告書。一八六二年一〇月』、一三一ページ〕。

屑使用のもっとも適切な例を提供しているのは、化学工業である。それは、自分自身の屑を、その新用途をみつけだすことによって使用するだけでなく、実にさまざまな他の産業部門の屑をも使用するのであり、たとえば、以前にはほとんど役に立たなかったコールタールをアニリン染料、茜《あかね》染料（アリザリン）、および最近では薬剤にも転化している。＊

＊〔このパラグラフはエンゲルスによる〕

生産の廃棄物の再利用によるこのような節約と区別しなければならないのは、屑が出るのを節約すること、すなわち生産の廃棄物を最小限に減らすことであり、また生産にはいり込むすべての原料および補助材料を最大限にまで直接に利用することである。

屑の節約は、一部分は、使用される機械の品質によって制約されている。油、石鹸《せっけん》などは、機械の部品がいっそう精密に仕上げられ、いっそうよく磨かれていれば、それに比例して節約される。これは補助材料にかんすることである。しかし、部分的には——そして、これがもっとも重要なことであるが——生産過程において屑に転化する原料の部分が多いか少ないかは、使用される機械および道具の品質に依存する。最後に、このことは原料そのものの品質に依存する。この原料そのものの品質は、これまた、一部は、原料をつくり出す採取産業および農業の発展によって（本来の意味でのクルトゥール*の進歩によって）制約されており、一部は、原料が製造業にはいり込む前に経過する諸過程の発達具合によって制約されている。

＊〔もともと、土地を使用する物質的富の生産と、精神的な文明、文化との両義をもつ〕

（113）「パルマンティエ〔フランスの農学者、薬剤師〕が証明したところによれば、フランスではそれほど遠くない時代、たとえばルイ一四世の時代以後、粉ひきの技術が非常に大きく改善されたので、新しい製粉機〔原文は「粉ひき」〕は古いそれに比べて、同量の穀物から一倍半のパンをつくり出すことができるようになった。実際に、パリの住民一人の年消費量は、はじめ小麦四スティエ〔当時の一スティエは一五六リットル〕、ついで三スティエ、最後に二スティエと算定されたが、他方、こんにちではもはや一人あたりわずかに一1/3スティエすなわち約三四二リーヴル〔一リーブルは約〇・四九キログラム〕である。……私が長いあいだ住んでいたペルシュ〔フランス北部〕では、花崗岩およびトラップ〔玄武岩・輝緑岩などの火山岩〕の石臼をそなえた無骨な作りの製粉機が、三〇年このかた実に進歩のいちじるしい機械学の原理に従って改造された。製粉機にはラ・フェルテ〔フランス北部の石切場のある町〕産の良質の石臼をそなえつけ、穀物は二度びきにし、粉ふるいには回転運動をさせ、同量の小麦からの穀粉生産量は 1/6 だけ増加した。したがって、私には、ローマ人とわれわれとの、日々の小麦消費量のたいへんな不つり合いが容易に説明できる。その理由はまったく、製粉および製パンのさいの処理方式の不完全さにある。プリニウスが〔『博物誌』〕第一八巻、第二〇章、第二節で指摘している〔次の〕注目すべき事実もまた、このように説明されなければならない。……穀粉はローマでは、その品質に応じて、一モディウス〔古代ローマの穀物の量目。八・七四リットル〕あたり四〇アス〔古代ローマの銅貨〕、四八アス、または九六アスで売られた。同じ時代の穀物価格に比べてこのように高いこれらの価格は、製粉機〔原文は「製粉方法」〕が当時なお幼年期にあって不完全であり、その結果として製粉費がいちじるしく高いということから説明できる」（デュロ・ド・ラ・マル『ローマ人の経済学』、パリ、一八四〇年、第一巻、二八〇、二八一ページ）。

第五節　発明による節約*

*〔草稿では表題は「固定資本の使用における節約についての補足など」となっている〕

固定資本の使用におけるこれらの節約は、すでに述べたように、労働諸条件が大規模に使用されることの結果であり、手短かに言えば、それらの労働条件が、直接に社会的な、社会化された労働の、すなわち生産過程の内部における直接的協業の、条件として役立てられることの結果である。このこと〔労働諸条件の大規模使用〕こそは、一方では、力学的および化学的諸発明が商品の価格を高めることなしに使用されうる唯一の条件であり、しかもこのことはつねに〝不可欠な条件〟である。他方では、大規模な生産のもとではじめて、共同的な生産的消費から生じる諸節約が可能となる。しかし最後に、どこで、またどのように節約すべきか、すでになされた諸発見をどのようにしてもっとも簡単に実行すべきか、理論の実施――生産過程への理論の応用――にあたってどのような実際上の摩擦を克服すべきかなどは、結合労働者の経験によってはじめて発見され、また示される。

ついでに言えば、一般的労働と共同的労働とは区別されなければならない。両者とも生産過程においてその役割を果たし、両者とも互いにその一方から他方へ移行し合うが、しかし両者はまた互いに区別される。一般的労働は、すべての科学的労働、すべての発見、すべての発明である。それは、一部は現存する人々との協業によって、一部は過去の人々の諸労働の利用によって条件づけられている。(114)共同的労働は、諸個人の直接的協業を前提する。

いま述べたことは、しばしば観察される次のことによって、新たな確証を得る――

（一）　新しい機械の最初の製作とその再生産とのあいだの費用の大きな相違。このことについては、ユアおよびバビジを参照すべきである。*

＊〔ユア『工場哲学』、パリ、一八三六年、六二―六三ページ（『資本論草稿集』８、大月書店、五七二ページ参照）。バビジ『機械および製造業の経済論』、ロンドン、一八三二年、二一一―二一二ページ、二三三ページ（本訳書、第一巻、七一一ページの原注一四七、原注一四八参照）〕

（二）一般に新たな発明を基礎にする事業を経営するための費用は、のちにその廃墟のうえに〝その遺骨から〟*現われ出る事業の経営費に比べてはるかに大きいということ。そのため、最初の企業家たちがたいてい破産し、建物、機械などをいっそう安く手に入れるのちの企業家たちがはじめて繁栄するということになる。したがって、人間精神の一般的労働のあらゆる新たな発展と、結合労働によるそれらの発展の社会的応用とから最大の利潤を引き出すのは、たいてい、もっとも無価値な、もっとも卑しむべき種類の貨幣資本家たちである。

＊〔トロイアの英雄アエネアスに裏切られたカルタゴの女王ディドが、アエネアスから贈られた剣で自殺するときの呪いの言葉「だれか私の遺骨から、私の仇を討つものが、どうか現われ出てほしい」（ウェルギリウス『アエネイス』、第四巻、六二五行。泉井久之助訳、岩波文庫、一九七六年、上、二六一ページ）にちなむ〕

（115）

第六章　価格変動の影響*

＊〔草稿では「原料の価格変動」とだけ書かれている。ここから章表題および第一節の表題がつけられた〕

第一節　原料の価格変動、利潤率にたいするその直接の諸影響

ここでは、これまでと同じように、剰余価値率にはなんの変動も起こらないものと前提する。この前提は、事態をその純粋さにおいて研究するために必要である。けれども、剰余価値率が不変のままであっても、ここで考察されるべき原料の価格変動によって引き起こされる資本の収縮または膨脹の結果、資本の雇用する労働者数が増加または減少することがありうるであろう。この場合には、剰余価値の率は不変であっても、剰余価値の総量は変動しうるであろう。けれども、このような場合もまた、偶発的出来事としてここでは除外されるべきである。機械の改良および原料の価格変動が、与えられた一資本によって雇用される労働者たちの数にであれ、労賃の高さにであれ、同時に影響する場合には、ただ、（一）不変資本における変化が利潤率に与える影響と、（二）労賃における変化が利潤率に与える影響とを総括しさえすればよい。そうすれば、結論はおのずから出てくる。

しかしここでは、前述の場合と同様に〔第三章の第一を参照〕、一般的に次のことが述べられなければ

ならない――不変資本の節約の結果としてであれ、原料の価格変動の結果としてであれ、諸変動が生じるならば、それらの変動は、たとえそれが労賃に、したがって剰余価値の率と総量とにまったく影響しなくても、つねに利潤率に影響する。それらの変動は $m'\frac{v}{C}$ においてCの大きさを変化させ、したがって分数全体の値を変化させる。だから、どの生産諸部面でこれらの変動が生じるか、すなわち、これらの変動によって影響を受ける産業諸部門が、労働者たちのための生活諸手段、またはこの（116）ような生活諸手段を生産するための不変資本を生産するかしないかは、ここではまた――剰余価値の考察のさいに示されたこと〔第一巻第一〇章参照〕とは違って――どうでもよいことである。ここで展開されることは、諸変動が奢侈《しゃし》品生産で起こる場合にも同じようにあてはまるのであり、ここで奢侈品というのは、労働力の再生産に必要とはされないすべての生産物を意味する。

原料には、ここではインディゴ〔藍染料〕、石炭、ガスなどのような補助材料も含まれる。さらに、原料という項目において機械が考察される限りでは、機械自身が鉄、木材、革などの原料から成り立っている。したがって、機械自身の価格が、機械の製作にはいり込む原料の価格変動によって影響される。価格変動――機械を構成する原料のそれであれ、機械の運転に消費される補助材料のそれであれ――によって機械の価格が高くなる限り、〝その分だけ〟利潤率は低下する。逆に、その価格が安くなる限り、〝その分だけ〟利潤率は上昇する。

以下の研究では、原料が原料として〔直接に〕商品の生産過程にはいり込む限りでの原料の価格変動に限定されるのであって、労働諸手段として機能する機械の原料なり、機械を使用するさいの補助材料なりとして、商品の生産過程にはいり込む限りでの原料の価格変動は除外される。ただ、ここでは次のことだけは注意しておかなければならない。すなわち、機械の製作および使用における主要な要素である鉄、石炭、木材などの自然的豊富さは、ここでは資本の自然発生的な豊度として現われ、労賃の高低とはかかわりなく利潤率を規定する一要素である。

利潤率は $\frac{m}{C}$ または $\frac{m}{c+v}$ であるから、mおよびv〔の大きさ〕、またそれら相互の比率が不変のままであっても、cの大きさの、したがってまたCの大きさの変動を引き起こすすべてのものが、同じく利潤率の変動を引き起こすことは、明らかである。しかし、原料は不変資本の一主要部分をなす。本来の原料がそこにはいり込まない産業部門にも、原料は補助材料として、または機械の構成部分などとしてはいり込むのであり、そのために原料の価格変動は、〝その分だけ〟利潤率に影響をおよぼす。原料の価格がdという額だけ低下すれば、$\frac{m}{C}$ または $\frac{m}{c+v}$ は、$\frac{m}{C-d}$ または $\frac{m}{(c-d)+v}$ に変わる。したがって利潤率は上昇する。逆に、原料の価格が〔dという額だけ〕騰貴すれば、$\frac{m}{C}$ または $\frac{m}{c+v}$ が、こんどは $\frac{m}{C+d}$ または、$\frac{m}{(c+d)+v}$ となる。したがって利潤率は低下する。こうして、他の事情が等しければ、利潤率は、原料の価格と逆の方向に上下する。このことから、とりわけ、原料の低価格が工業諸国にとってどんなに重要であるかが——原料の（117）価格における変動が生産物の販売部面における変化をまったくともなわないとしても、すなわち需要供給の関係をまったく度外視しても——わかる。さらに、外国貿易は、それが必要生活諸手段を安価にすることによって労賃におよぼす影響をすべて度外視しても、利潤率に影響をおよぼすことがわかる。すなわち、外国貿易は、工業または農業にはいり込む原料または補助材料の価格に影響する。一方では、実際の経験によって確かめられた原料価格の利潤率への大きな影響を強調する経済学者たちが、このことを理論的にはまったく誤って説明しており（トランズ）[*1]、他方では、リカードウ[*2]のように一般的原理に固執する経済学者たちが、たとえば世界貿易の利潤率への影響を見誤っているのは、利潤率の本性にたいする、および利潤率の剰余価値率との特有の相違にたいする、これまでなおまったく不十分であった理解のせいである。

＊1〔トランズ『富の生産にかんする一論』、ロンドン、一八二一年、二八ページ以下。なお、『資本論草稿集』7、大月書店、九八―一一二ページ、邦訳『全集』第二六巻（『剰余価値学説史』）、第三分冊、八六―九六ページ参照〕

＊2〔リカードウ『経済学および課税の原理』、第三版、ロンドン、一八二一年、一三一―一三八ページ。堀経夫訳『リカードウ全集』Ⅰ、雄松堂書店、一五〇―一五五ページ〕

こうして、原料にたいする関税の廃止または軽減が、工業にとって非常に重要であることがわかる。だから、原料をできるだけ自由に輸入することは、すでに、いっそう合理的に仕上げられた保護関税制度の根本命題であった。これは、穀物関税[*]の廃止とならんでイギリスの自由貿易論者たちの主要目標であったが、彼らはとりわけ、綿花にたいする関税をも廃止させることに力をそそいだ。

＊〔一八一五年の穀物法は、国内の穀物価格が一定水準に上がるまで穀物輸入を禁止して土地所有者の利益をはかることを目的としていた。その後、穀物法は、穀物価格に応じて関税を上下させるスライド制に改めら

れたが、そのためパン価格が高騰し、人民の困窮と、賃銀高騰によるブルジョアジーの不満とが高まり、一八三九年には「穀物法反対同盟」が結成され、自由貿易論者がその中心になった。一八四六年、三年を限度とする少額の定率関税を規定した法案が成立し、穀物法は事実上撤廃された。穀物法反対同盟の立場については、本訳書、第一巻、四九三―四九四ページ、綿花などの原料にたいする輸入関税廃止については、同じく第一巻、四九七ページ参照〕

綿工業における小麦粉の使用は、本来の原料のではなく、補助材料――ただし同時に食物の主要要素でもあるが――の価格低減の重要さの一例として役立ちうる。すでに一八三七年に、R・H・グレグ(一三)は、当時、大ブリテンで運転されている綿織布業の一〇万台の力織機および二五万台の手織機が、年々四一〇〇万重量ポンドの小麦粉を経糸糊《たていとのり》つけのために消費したと計算した。そのほかになお、この量の三分の一が漂白その他の工程で消費された。このように消費される小麦粉の総価値を、彼は、最近の一〇年間について年々三四万二〇〇〇ポンドと計算している*1。大陸における小麦粉価格との比較が示したところでは、穀物関税によって工場主たちに課された小麦粉の価格値上がり分〔の負担〕だけで、年々一七万ポンドにのぼっていた。一八三七年については、グレグは、この値上がり分を少なくとも二〇万ポンドと見積もり、小麦粉の価格値上がり分が年々一〇〇〇ポンドにのぼった一商会について語っている。このことから、「思慮深く勘定の細かい事業家である大工場主たちは、穀物関税が廃止されたら、一日一〇時間の労働でまったく十分であろうと言った」（『工場監督官報告書。一
(118) 八四八年一〇月』、九八ページ）。穀物関税は廃止された。そのほかに、綿花その他の原料にたいする

関税も廃止された。しかし、このことが達成されるやいなや、一〇時間法案にたいする工場主たちの反対は以前よりも激しくなった。そして、それにもかかわらず、一〇時間工場労働がそのすぐあとに法律となったとき、その第一の結果は、賃銀の一般的引き下げの企てであった。*2

（三）『工場問題と一〇時間法案』、Ｒ・Ｈ・グレグ著、ロンドン、一八三七年、一一五ページ〔マルクスは『工場監督官報告書。一八四八年一〇月』、九八ページから重引している〕。

＊１〔原文および草稿では「三四万二〇八三ポンド」となっている〕

＊２〔本訳書、第一巻、四九七―五〇一ページ参照〕

原料および補助材料の価値は、それらの消費によってつくられる生産物の価値に全部かつ一度にはいり込むが、他方、固定資本の諸要素の価値は、ただその摩滅の度合いに応じて、したがってただ徐々に、生産物にはいり込む。その結果、利潤率は、使用された資本の――そのうちのどれだけが消費されているかいないかにかかわりなく――総価値額によって規定されるにもかかわらず、生産物の価格は、固定資本の価格によってよりも、原材料の価格によってはるかに強く影響されるということになる。しかし――われわれは、ここではまだ、諸商品はその価値どおりに売られるものと前提しており、したがって競争によって引き起こされる価格変動はここではまだわれわれになんら関係がないので、次のことはただついでに言及するだけであるが――、市場の拡張または縮小は、個々の商品の価格に依存し、この価格の上昇または低下に反比例することは、明らかである。したがってまた、現実には、製品の価格は、原料の価格が上昇するにつれてそれと同じ割合で上昇するものではなく、また原料の価格が低下する場合にそれと同じ割合で低落するものではないことがわかる。したがって、利潤率は、諸商品がその価値で売られる場合に比べて、一方〔前者〕の場合にはいっそう大きく下落し、他方〔後者〕の場合にはいっそう大きく上昇する。

さらに、使用される機械の総量および価値は、労働の生産力の発展につれて増大するが、この生産力と同じ割合では、すなわちこの機械によって供給される生産物の増加と同じ割合では、増大しない。したがって、一般に原料がはいり込む産業諸部門、すなわち労働対象そのものがすでに以前の労働の生産物である産業諸部門では、労働の生産力の増大は、いっそう多くの分量の原料が一定の分量の労働を吸収する割合によって、したがって、たとえば一労働時間のうちに生産物に転化され、商品に仕上げられる原料の総量の増大によって、表現される。こうして、労働の生産力が発展するのに比例して、原料の価値は商品生産物の価値のうちでますます大きくなる一構成部分をなすが、そうなるのは、単に原料の価値が全部、商品生産物の価値のなかにはいり込むからではなく、総生産物の各可除部分のなかで、機械の摩滅が占める部分と新たにつけ加えられた労働が占める部分との両者が恒常的に減少するからである。(119)この低下運動の結果として、原料が占める残りの価値部分が相対的に増大する――ただし、右の増大が、この原料自身の生産に使用される労働の生産性の増大から生じる、原料の側でのそれに照応する価値の減少によって相殺されることがなければ、のことであるが。

さらに、原料および補助材料は、労賃とまったく同じように流動資本の構成部分をなすものであり、したがって生産物の毎回ごとの販売分から恒常的に全部補填されなければならないが、他方で、機械についてはただその摩滅分だけが、しかもさしあたっては準備金の形態で補填されればよいのだから——そのさい、個々の各販売から、それに相当する部分がこの準備金のために提出されるかどうかは実際には決して重要ではなく、ただ、その年の全販売から、その年の補填分が準備金に提供されるということが前提されるだけでよい——、ここでふたたび、原料の価格における上昇が全再生産過程を縮小させ、または阻害しうることが明らかになる。それは、商品販売から得られた価格が商品のすべての要素を補填するには足りないため、すなわち、右の価格が〔生産〕過程をその技術的基礎に適する規模で続行することを不可能にし、その結果機械の一部分だけが作業させられるか、もしくは機械全体が通常の時間いっぱい作業することができないようになるためである。

最後に、屑が出ることによる出費は、原料の価格変動に正比例して変動し、原料の価格が上昇すれば増大し、低下すれば減少する。しかし、この場合にも限界がある。一八五〇年にはまだ次のように言われていた——「原料の価格騰貴から生じる多大の損失の源泉は、実際の紡績業者以外のだれにもほとんど気づかれないであろう。すなわち、屑による損失がそれである。私の聞くところでは、綿花が騰貴するときには、紡績業者にとっての費用、とくに粗悪綿の紡績の費用は、支払われた追加価格が示すよりも高い割合で増大する。太糸紡績のさいの屑は、たっぷり一五％にのぼる〔からである〕。したがって、綿花価格が〔一重量ポンドあたり〕三$\frac{1}{2}$ペンスのときに、右の比率が一重量ポンドあたり$\frac{1}{2}$ペンスの損失をもたらすとすれば、綿花が一重量ポンドあたり七ペンスに上昇すると、この比率は、損失を一重量ポンドあたり一ペンスに高める」（『工場監督官報告書。一八五〇年四月』、一七ページ）。――しかし、アメリカの内乱〔一八六一―一八六五年の南北戦争〕の結果、綿花がほとんど一〇〇年このかた聞いたこともないほどの価格に騰貴したとき、報告書はまったく違った内容のことを述べた――「いま綿屑に支払われている価格と、屑の工場への原料としての再導入とは、インド綿*とアメリカ綿との屑による損失の差をいくらか埋め合わせるのに役立っている。この差は約一二 1/2 ％にのぼる。インド綿の加工のさいの損失は二五％であるから、この綿花が紡績業者に実際に費やさせる費用は、彼がこれに支払う額よりも 1/4〔1/3 の誤りであろう〕多い。屑による損失は、アメリカ綿（120）が一重量ポンドあたり五ペンスまたは六ペンスであったときには、それほど重要ではなかった。というのは、その損失は一重量ポンドあたり 3/4 ペンスを超えなかったからである。しかし、一重量ポンドの綿花に二シリング〔一シリング＝二〇ペンス〕かかり、したがって屑による損失が六ペンスに達する現在では、この損失は非常に重要である」（一四）（『工場監督官報告書。一八六三年一〇月』、一〇六ページ）。

（一四）この報告書は、最後の句で誤りをおかしている。屑による損失は、六ペンスではなく三ペンスとされなければならない。この損失は、インド綿では確かに二五％にのぼるが、アメリカ綿では一二 1/2 ％ないし一五％にすぎない。そして、ここで問題にされているのは後者、アメリカ綿のことであり、またこの前には、価格が五ないし六ペンスであったときに同じ比率が用いられて正しく計算された。ただし、アメリカの内乱の最後の数年間にヨーロッパに来たアメリカ綿の場合も、屑の割合は、以前に比べてしばしばいちじるしく上昇した。

――F・エンゲルス

＊〔原文は「スラト綿」。スラトはインド北西部の港湾都市〕

第二節　資本の価値増加および価値減少、資本の遊離および拘束＊

＊〔草稿では表題は「資本の遊離および拘束、資本の価値増加および価値減少」となっている〕

われわれがこの章で研究する諸現象は、その十分な展開のためには、信用制度と、世界市場――この世界市場は、一般に、資本主義的生産様式の土台および生存環境をなす――における競争とを前提する。しかし、資本主義的生産のこれらのいっそう具体的な諸形態は、資本の一般的な本性が把握されたあとにはじめて、包括的に叙述することができる。そのうえ、これらの形態の叙述は、この著作の計画外にあり、もし続きが書かれるとすれば、それに属するものである。＊それにもかかわらず、表題に記された諸現象は、ここで一般的に取り扱うことができる。これらの現象は、第一に相互に連関し、第二に利潤の率とも利潤の総量とも連関する。これらの現象は、あたかも利潤の率だけではなく、利潤の総量――これは実際には剰余価値の総量と同一である――もまた、剰余価値――その総量であれ、その率であれ――の運動とはかかわりなく減少および増加しうるかのような外観を生み出すのだから、すでにその理由からだけでも、〔ここで〕簡単に述べておかなければならない。

＊〔この部分の執筆の時期には、競争や信用制度の問題のたちいった検討は予定されていなかった。一八六二

年一二月二八日付のクーゲルマン宛の手紙参照（古典選書『マルクス、エンゲルス書簡選集』、上、新日本出版社、二〇一二年、二〇五―二〇六ページ、邦訳『全集』第三〇巻、五一七―五一八ページ）〕

一方の資本の遊離および拘束、他方の価値増加および価値減少は、相異なる現象とみなされうるであろうか？

まず問題になるのは――資本の遊離および拘束とはなにを意味するか？　ということである。価値増加および価値減少は、自明のことである。それらが意味するのは、なんらかの一般的な経済的諸事情の結果――というのは、任意の私的資本の特殊な運命はここでは問題にならないから――、現存する資本の価値が増加または減少するということであり、したがって、生産に前貸しされた資本の価値が、その資本の使用する剰余労働による価値増殖とかかわりなく、増大または減少するということに（121）ほかならない。

資本の拘束とは、生産がその旧来の規模で続行されるものとすれば、生産物の総価値のうちから一定の与えられた割合の諸部分が新たに不変資本または可変資本の諸要素に再転化されなければならない、ということである。資本の遊離とは、生産が旧来の規模の制限内で持続されるものとすれば、生産物の総価値のうち、これまでは不変資本または可変資本のいずれかに再転化されなければならなかった一部分が、自由に処分のできる余分なものとなる、ということである。資本のこの遊離または拘束は、収入の遊離または拘束とは異なる。一資本Cにとっての年々の剰余価値がたとえばxに等しいとすれば、資本家たちの消費にはいり込む諸商品の低廉化により、以前と同じ総量の享受物品などを調達するのに x－a で十分であるということがありうる。こうして、収入の一部分＝aが遊離されて、それがいまや、消費の拡大または資本への再転化（蓄積）のいずれかに役立てることができる。逆に、同じ生活様式を続けるのに x＋a が必要とされるならば、生活様式が切り詰められるか、または、以前には蓄積された所得部分＝aが、いまや収入として支出されるか、そのいずれかでなければならない。

価値増加および価値減少は、不変資本もしくは可変資本に生じるか、またはその両者に生じるかのいずれかでありうるのであり、不変資本の場合には、それはさらに、固定的部分もしくは流動的部分にかかわるか、またはその両者にかかわるかのいずれかでありうる。

不変資本の場合に考察されなければならないのは、われわれがここで原料という名のもとに総括する原料および補助材料——これには半製品も含まれる——、ならびに機械その他の固定資本である。

前節では、とくに原料の価格または価値における変動が利潤率におよぼすその影響にかんして考察が行なわれ、他の事情が等しければ利潤率は原料の価値の高さに反比例するという一般的法則が打ち立てられた。そして、このことは、新たに事業に投入される資本にとっては、したがって資本投下、貨幣の生産資本への転化がはじめて行なわれる場合には、無条件に正しい。

(122)しかし、この新たに投下される資本を度外視すれば、すでに機能している資本の一大部分は流通部面にあり、それにたいして他の部分は生産部面にある。一部分は商品として市場に現存し、貨幣に転化されなければならない。他の一部分は、どのような形態であれ、貨幣として現存しており、生産諸条件に再転化されなければならない。最後に第三の部分は、生産部面の内部に、一部は、原料、補助材料、市場で買われた半製品、機械その他の固定資本という生産手段の本源的形態で存在し、一部は、まだ製造中の生産物として存在する。この場合に価値増加または価値減少がどのように作用するかは、これらの構成部分相互のあいだの比率に大きく依存する。問題を簡単にするために、固定資本はすべて、さしあたりまったく除外しよう。そして、不変資本のうち、原料、補助材料、半製品、製造中の商品および完成して市場にある商品からなる部分だけを考察しよう。

原料、たとえば綿花の価格が騰貴すれば、いっそう安価な綿花で製造された綿商品――糸のような半製品、および織物などのような完成商品――の価格もまた騰貴する。まだ加工されずに倉庫に存在している綿花の価値も、まだ加工中の綿花の価値と同じように増大する。後者の二つは、〔綿花高騰の〕遡及効果によって、いっそう多くの労働時間の表現となるから、それが構成部分としてはいり込む生産物に、それ自身がもともともっていたよりも、また資本家がそれに支払ったよりも、高い価値をつけ加える。

したがって、原料の価格が騰貴したときに、市場に多量の完成商品――どのような完成の段階にあろうとも――が現存しているならば、この商品の価値は増大し、それとともに現存する資本の価値の増大が生じる。同じことは、生産者の手中にある原料などの在庫についても言える。この価値増加は、個々の資本家にとって、または資本の特殊な生産部面全体にとっても、原料の価格騰貴から生じる利潤率の低下をつぐなうことがありうるし、またつぐなって余りあることがありうる。ここでは競争の諸作用の詳細に立ち入ることはしないが、それでも、完全を期して次のように述べることができる――（一）倉庫にある原料の在庫が多大であるときには、それらは、原料の生産地点で生じる価格騰貴にたいして反対に作用する。（二）市場にある半製品または完成商品が市場を非常に強く圧迫しているときには、それらは、完成商品および半製品の価格がその原料の価格に比例して騰貴することをさまたげる。

原料の価格低下の場合は逆であり、他の事情が等しければ、それは利潤率を高める。市場にある諸商品、まだ製造中の物品、原料の在庫は価値減少し、したがって利潤率の同時的増加にたいして反対に作用する。

（123）

たとえば事業年度の終わり、原料が大量に新たに供給されるとき、したがって農業生産物の場合には収穫のあとに、生産部面および市場にある在庫が少なければ少ないほど、原料における価格変動の影響はそれだけ純粋に現われる。

われわれの全研究において出発点となるのは、価格の騰貴または低落は現実の価値変動の表現であるという前提である。しかし、ここでは、この価格変動が利潤率におよぼす影響が問題なのであるから、価格変動の理由がなんであるかは実際上どうでもよい。したがって、ここで展開されることは、価格の騰貴および低下が、価値変動の結果ではなく、信用制度、競争などの作用の結果である場合にもあてはまる。

利潤率は、前貸総資本の価値にたいする生産物価値の超過分の比率に等しいから、前貸資本の価値減少から生じる利潤率の上昇は、資本価値の減損と結びついているであろうし、同様に、前貸資本の価値増加から生じる利潤率の低落は、場合によっては利得と結びついているであろう。

不変資本の他の部分である機械および一般に固定資本について言えば、ここで生じる価値増加、とくに建物、土地などにかかわる価値増加は、地代学説なしには叙述できず、したがってここで論ずべきことではない。しかし、〔資本のこの部分の〕価値減少にとって一般的に重要なのは、次のことである――

（一）[*1] 現存の機械、工場施設などから相対的にその使用価値を奪い、したがってまたその価値をも奪い取る恒常的な諸改良。この過程は、とくに、新たな機械の導入の第一期、この機械が一定の成熟度に達する以前の時期に強力的に作用するのであり、したがって、その時期には、機械はその価値を再生産する時間がたたないうちに絶えず時代遅れになる。このことこそ、機械の摩滅を過大に算定することなく、より短期間にその価値を再生産するために、このような時期には無際限な労働時間延長、昼夜交替制労働が普通に行なわれる理由の一つである。これにたいして、機械の短い活動期間（予想される諸改良を目前にしての機械の短い寿命）が右のようにして埋め合わされないとすれば、機械は、社会的《モラーリッシュ》摩滅のためにあまりにも多くの価値部分を生産物に引き渡して、その結果、機械は手労働とさえ競争できない（一五）。

（一五）　諸事例は、とりわけバビジ[*2]にある。普通の補助手段――労賃の引き下げ――がここでも用いられ、こうしてこの恒常的な価値減少は、ケアリ氏が彼の調和論的頭脳で夢想するのとはまったく違う作用をする。

＊1〔初版以来、ドイツ語各版には、この（一）だけがあって、（二）以下がない。草稿では、次の段落の冒頭に（二）と書かれている〕

＊2〔バビジ『機械および製造業の経済論』、ロンドン、一八三二年、二三三ページ。マルクスは、ブリュッセル時代に、バビジのこの著書のフランス語版（一八三三年）から広範な抜粋をしている――とくにここの関係では、第二九章「機械の耐用期間について」（英語版では、第二七章）から。『資本論草稿集』4、大月書店、一九七八年、五三二ページ、同8、二二九―二二〇、五四七ページ参照。本訳書、第三巻、一八二ページの訳注＊も参照〕

（124）

機械、建物施設、一般に固定資本が、すでに一定の成熟度に達しており、そのためかなり長い間、少なくともその基本構造が不変のままであるならば、この固定資本の再生産の方法における改良の結果として、類似の価値減少が生じる。この場合に機械などの価値が低下するのは、機械などが、いっそう新しい、いっそう生産的な機械などによって急速に駆逐され、またはある程度価値減少させられるからではなくて、それらがいまではいっそう安く再生産されうるからである。これこそ、なぜ大事業施設が、しばしば最初の所有者の破産後に、二番目の所有者の手中ではじめて繁栄するのかという理由の一つであり、その施設を安く買った二番目の所有者は、そのおかげで、はじめからより少ない資本投下でその生産を始めるのである。

農業でとくに目につくのは、生産物の価格を騰貴または低落させるその同じ理由が資本の価値をも増加または減少させることであるが、それは、資本そのものが大部分、穀物、家畜などの農業生産物からなっているからである（リカードウ）*。

＊〔リカードウ『経済学および課税の原理』、第三版、ロンドン、一八二一年、一二三―一二四ページ、堀経夫訳『リカードウ全集』Ⅰ、雄松堂書店、一四三―一四四ページ。『資本論草稿集』6、大月書店、七六二ページ、邦訳『全集』第二六巻（『剰余価値学説史』）、第二分冊、七三七ページ参照〕

次に、可変資本にも言及すべきであろう。

労働力の再生産に必要とされる生活諸手段の価値が騰貴するから労働力の価値が増加する限りでは、または逆に、この生活諸手段の価値が低下するから労働力の価値が低下する限りでは――そして可変資本の価値増加および価値減少はこの二つの場合以外にはなにも表現しない――、労働日の長さが不変であれば、可変資本のこの価値増加には剰余価値の低下が照応し、その価値減少には剰余価値の増大が照応する。しかし、これには同時に他の諸事情――資本の遊離および拘束――が結びついていることもありうるのであり、これらの事情は以前には研究されなかったが、いま簡単に説明されなければならない。

労賃が労働力の価値低下（これにはいわゆる労働の実質価格の騰貴が結びついている〔労賃が労働力の価値低下分ほどは低落しないため〕ことさえありうる）の結果として低落すれば、これまで労賃に投下されていた資本の一部分は遊離される。可変資本の遊離が生じる。新規に投下されるべき資本にとっては、このことは単に、その資本が高められた剰余価値率で機能するという効果をもつだけである。以前よりも少ない貨幣で同じ分量の労働が運動させられ、こうして労働の不払部分が支払部分を犠牲にして増加する。しかし、これまで運用されてきた資本にとっては、単に剰余価値率が高くなるだけでなく、そのうえに、これまで労賃に投下されていた資本の一部分が遊離される。この部分は、これ(125)まで拘束されていたものであり、事業がその旧来の規模で続行されるものとすれば、生産物の売上高から分離されて、労賃に投下され、可変資本として機能しなければならなかった経常的な部分をなしていたものである。この資本部分は、いまでは自由に処分できるものになり、したがって、同じ事業の拡大のためであれ、他の生産部面における機能のためであれ、新たな資本投下として利用することができる。

たとえば、毎週五〇〇人の労働者を働かせるために、はじめは五〇〇ポンドが必要であったが、いまではそのためには四〇〇ポンドしか必要でないものと仮定しよう。さらに、生産された価値の総量がどちらの場合にも一〇〇〇ポンドに等しいとすれば、毎週の剰余価値の総量は、最初の場合には五〇〇ポンド、剰余価値率は $\frac{500}{500}=100\%$ であった。しかし、賃銀低落ののちには、剰余価値の総量は1.000ポンド—400ポンド＝600ポンドとなって、剰余価値率は $\frac{600}{400}=150\%$ となる。そして、剰余価値率のこの上昇は、四〇〇ポンドの可変資本およびこれに照応する不変資本をもって同じ生産部面で新たな事業をおこす人にとっては、唯一の効果である。しかし、すでに機能している事業においては、この場合には、可変資本の価値減少の結果として剰余価値総量が五〇〇ポンドから六〇〇ポンドに、そして剰余価値率が一〇〇％から一五〇％に増加しただけではない。これに加えて、一〇〇ポンドが可変資本から遊離し、これによってさらに労働を搾取することができる。したがって、同一の労働分量を単にいっそう有利に搾取するだけでなく、また一〇〇ポンドの遊離により、五〇〇ポンドという同一の可変資本で以前よりも多くの労働者をいっそう高い剰余価値率で搾取することができるのである。

次に逆の場合。就業労働者が五〇〇人で、最初の生産物配分比率が $400v + 600m = 1{,}000$ であり、したがって剰余価値率は一五〇％であるとしよう。したがってここでは、労働者は毎週 $\frac{4}{5}$ ポンド＝一六シリングを受け取る。可変資本の価値増加の結果、いまや五〇〇人の労働者に毎週五〇〇ポンドの費用がかかるとすれば、労働者一人あたりの週賃銀は一ポンドとなり、四〇〇ポンドは四〇〇人の労働者を働かせることができるだけである。したがって、従来と同じ数の労働者が働かされるとすれば、$500v + 500m = 1{,}000$ となる。剰余価値率は一五〇％から一〇〇％に、すなわち $\frac{1}{3}$ だけ低落するであろう。新規に投下されるべき資本にとっては、剰余価値率が小さくなるということが、唯一の効果になるであろう。他の事情が等しければ、利潤率は、同じ比率ではないとしても、それ（126）に照応して低落するであろう。たとえば、$c = 2{,}000$ であるとすれば、第一の場合には $2{,}000c + 400v + 600m = 3{,}000$ となる。$m' = 150\%$, $p' = \frac{600}{2{,}400} = 25\%$ である。第二の場合には、$2{,}000c + 500v + 500m = 3{,}000$ となり、$m' = 100\%$, $p' = \frac{500}{2{,}500} = 20\%$ である。これにたいして、すでに投下されている資本にとっては、効果は二重になるであろう。四〇〇ポンドの可変資本によっては、いまでは四〇〇人の労働者しか、しかも一〇〇％という剰余価値率でしか、就業させることはできない。したがって労働者たちは、四〇〇ポンドの総剰余価値を与えるにすぎない。さらに、二〇〇〇ポンドの価値をもつ不変資本は、これを運動させるために五〇〇人の労働者を必要とするのであるから、四〇〇人の労働者は、一六〇〇ポンドの価値をもつ不変資本を運動させるにすぎない。したがって、生産が従来の程度で続けられ、機械の $\frac{1}{5}$ が停止されないものとすれば、以前と同じように五〇〇人の労働者を就業させるために、可変資本が一〇〇ポンドだけ増加されなければならない。そして、このことが可能なのは、ただ、これまで自由に処分できた資本が――拡張のために役立てられるべき蓄積の一部分がいまや不足分の補充のためだけに役立てられるか、または、収入として支出される予定の部分が旧資本につけ加えられることにより――拘束されるということによってである。その場合、一〇〇ポンドだけ増加した可変資本の投下によって、一〇〇ポンドだけ少ない剰余価値が生産される。同じ総数の労働者を働かせるために、より多くの資本が必要であり、同時に、各個の労働者が提供する剰余価値が減少する。

可変資本の遊離から生じる利益と、その拘束から生じる不利益とは、両者ともに、ただ、すでに投下されており、したがって与えられた諸関係のもとで再生産されつつある資本にとってのみ存在する。新規に投下されるべき資本にとっては、一方での利益、他方での不利益は、剰余価値率の上昇または低下、およびそれに照応する――決して比例してではないとしても――利潤率の変動に、限定される。

いま研究した可変資本の遊離および拘束は、可変資本の諸要素、すなわち労働力の再生産費の価値減少および価値増加の結果である。しかし、労賃率が不変のままでも、生産力の発展の結果、同じ総量の不変資本を運動させるのにより少ない労働者しか必要とされなくなる場合には、可変資本は遊離されうるであろう。同様に、労働の生産力の減退の結果、同じ総量の不変資本にたいしより多くの労働者が必要とされる場合には、逆に追加可変資本の拘束が生じうる。それにたいして、以前に可変資本として使用された資本の一部分が不変資本の形態で使用される場合には、したがって同じ資本の構成諸部分のあいだの配分の変化だけが生じる場合には、このことは、確かに剰余価値の率ならびに利潤の率には影響をおよぼすが、しかし、ここで考察される資本の拘束および遊離という項目にははいらない。

(127)

すでに見たとおり、不変資本も同じように、それを構成する諸要素の価値増加または価値減少の結果、拘束または遊離されうる。このことを度外視すれば、不変資本の拘束は、労働の生産力が増加し、したがって同じ労働の総量がより多くの生産物をつくり出し、したがってより多くの不変資本を運動させる場合にのみ、(可変資本の一部分が不変資本に転化されるというようなことなしに)起こりうる。右と同じことは、一定の事情のもとで、労働の生産力が減少し――たとえば農業においてのように――、その結果、同じ労働分量が同じ生産物をつくり出すのにより多くの生産諸手段を――たとえば、より多くの種子または肥料、排水施設などを——必要とする場合に起こりうる。価値減少がなくても不変資本が遊離されうるのは、諸改良、自然諸力の利用などによって、より少ない価値の不変資本が、以前により高い価値の不変資本が果たしたのと技術的に同じ役目を果たすことができるようにされる場合である。

(128)

第二部で見たように〔本書、第二巻、第三篇「社会的総資本の再生産と流通」〕、諸商品が貨幣に転化され、販売されたのち、この貨幣の一定部分は、ふたたび不変資本の素材的諸要素に、しかも与えられた各生産部面の一定の技術的性格が要求するような比率で、再転化されなければならない。この場合、すべての部門においてもっとも重要な要素は——労賃、したがって可変資本を別にすれば——補助材料を含む原料であるが、この補助材料は、鉱山業および採取産業一般でのように本来の原料がはいり込まない生産諸部門でとくに重要である。価格のうち、機械の摩滅を補填しなければならない部分は、機械が一般的にまだ作業能力のあるあいだは、むしろ観念的に計算にはいり込む。この部分が支払われて貨幣で補填されるのが、きょうなのかあすなのか、または資本の回転時間のどの時点なのかは、それほど重要ではない。原料については事態は別である。原料の価格が騰貴すれば、労賃の控除後に、原料の価格を商品の価値から完全に補填することは不可能であるかもしれない。だから、激しい価格変動は、再生産過程における中断、大きな衝突、さらに破局をさえ引き起こす。収穫高の変動などの結果、このような価値変動にさらされる——ここでは、信用制度はまだまったく度外視される——のは、とくに、本来の農業生産物、有機的自然に由来する原料である。ここでは、同じ分量の労働が、制御できない自然の諸事情、季節の順不順などの結果、非常に異なる分量の諸使用価値で表わされ、それに応じて、これらの使用価値の一定総量が非常に異なる価格をもつことがありうる。ｘという価値が一〇〇重量ポンドの商品ａで表わされるとすれば、ａの一重量ポンドの価格は $\frac{x}{100}$ に等しい。右の価値が一〇〇〇重量ポンドの商品ａで表わされるとすれば、ａの一重量ポンドの価格は $\frac{x}{1,000}$ に等しい、等々。したがってこれは、原料のこの価格変動のもつ一方の要素である。第二の要素は、ここではただ完全を期するために言及するだけである――というのは、競争ならびに信用制度はここではまだわれわれの考察の範囲外にあるから――が、次のことである。すなわち、事の性質から見て当然ではあるが、植物的および動物的諸素材は、その成長および生産が一定の有機的な、ある自然的期間に結びついた諸法則に支配されており、それらの素材は、たとえば機械その他の固定資本、石炭、鉱石など――これらは、他の自然的諸条件さえ前提されれば、産業的に発達した国ではきわめて短期間に増加されうる――と同じ程度に突然に増加されることはできない、ということである。それだから、不変資本のうち、機械などの固定資本からなる部分の生産および増加は、有機的原料からなる不変資本部分をいちじるしく追い越し、その結果、有機的原料にたいする需要がその供給よりもいっそう急速に増大し、したがってその価格が騰貴するということが起こりうるし、また発展した資本主義的生産のもとでは不可避でさえある。価格のこの騰貴は、実際には、次の結果をもたらす。すなわち、（一）価格の騰貴が輸送費の増加を埋め合わせることによって、これらの原料がいっそう遠隔の地から供給されるようになること。（二）これらの原料の生産が増加されるようになること――しかし、事の性質上、おそらく一年後にはじめて生産物総量を現実に増加させうるのであるが。そして（三）以前には利用されなかったさまざまな代用品が利用され、また屑はいっそう経済的に取り扱われるようになること。価格の騰貴が、生産の拡張および供給に非常に顕著に影響しはじめる場合には、たいていすでに転回点が始まっており、そこでは、原料およびその原料が要素としてはいり込むすべての商品のかなり長く続く価格騰貴の結果として需要が減退し、したがってまた原料の価格にも反動が始まる。この反動がさまざまな形態での資本の価値減少を通じて引き起こす痙攣《けいれん》は別としても、もっと別のすぐ言及すべき諸事情が生じる。

(129)

しかし、これまでに述べたことからすでに、なによりまず明らかなのは次のことである――すなわち、資本主義的生産が発展すればするほど、したがって、不変資本のうち機械などからなる部分を突発的また持続的に増加させる諸手段が大きくなればなるほど、蓄積が（とくに繁栄期におけるように）急速であればあるほど、それだけ、機械その他の固定資本の相対的過剰生産は大きくなり、またそれだけ、植物的および動物的諸原料の相対的過少生産がひんぱんになり、それだけ、これらの原料の価格の前述した騰貴およびこれに照応する反動が目立つようになる。したがって、それだけ、再生産過程の主要要素の一つのこの激しい価格変動に根拠をもつ激変がひんぱんになる。

さて、原料価格の騰貴が、一部では需要の減退を生じさせたために、しかし一部では、一方で生産の拡大を、他方でかなり遠方にありこれまではほとんどまたはまったく利用されなかった生産地域からの供給を生じさせ、またこの両者とともに、需要を超過する――旧来の高価格のままではとくに需要を超過する――原料の供給を生じさせたために、原料のこの高価格の崩壊が生じるとすれば、その結果はさまざまな観点から考察されなければならない。原料生産物の価格の突然の崩壊は、その再生産を妨害し、こうしてもっとも有利な諸条件のもとで生産する原産諸国の独占が再建される――おそらく一定の制限のもとでではあろうが、それでもやはり再建される。確かに、原料の再生産は、与えられた刺激の結果、拡大された規模で行なわれ、多かれ少なかれこの生産を独占している諸国ではとくにそうである。しかし、基盤――機械などが拡張された結果、そのうえで生産が行なわれており、また若干の変動ののちいまや新たな標準的基盤として、新たな出発点として通用すべき基盤――は、最後の回転循環中の諸経過によって非常に拡大されている。しかしそのさい、第二次的な仕入元〔原料産地〕の一部では、いま増大されたばかりの再生産がふたたびいちじるしくさまたげられている。たとえば、輸出表からはっきり指摘できるように、最近三〇年間に（一八六五年までの）、インドの綿花生産は、アメリカの綿花生産の不足がはじまると増大し、それから突然、ふたたび多かれ少なかれ持続的に減退しはじめる。原料価格騰貴の時期には、産業資本家たちは共同して組合をつくり、生産を調整する。たとえば、一八四八年の綿花価格の騰貴後に、マンチェスターでそうであったし、アイルランドにおける亜麻の生産についても同様のことが起こった。しかし、直接の刺激がなくなり、(130)「もっとも安い市場で買う」〔前記の組合が意図するように、都合のよい原産諸国における生産能力を、これらの国が生産物をそのとき供給しうる直接的一時的な価格にかかわりなく、助成するのではなく〕という競争の一般原理が、すなわち、競争の原理がふたたび絶対権をもって支配するようになる

(131)

と、供給を調整することは、ふたたび「価格」にゆだねられる。原料の生産にたいする共同の、全面的な、かつ先を見越した管理――管理は、一般に資本主義的生産の諸法則とまったく両立しえないものでもあり、したがってつねにかなわぬ願いにとどまるか、または大きな直接の危険および窮地の瞬間における例外的な共同措置に限られる――にかんするすべての考えは、需要と供給が互いに調整されるという信念に席を譲る。[一六] この点では、資本家たちの迷信はあまりにひどいものなので、これには工場監督官たちでさえ、彼らの報告書のなかで何度も呆然自失するほどである。不作の年のあとに豊作の年がやってくれば、もちろんやはり原料価格の低下が起こる。この事情が需要の拡大におよぼす直接の影響を度外視しても、利潤率への前述の影響が刺激としてここにつけ加わる。そしてその場合には、機械などの生産によって原料の生産がしだいに追い越されていくとともに、上述の過程がより大規模に繰り返される。原料が単に量からだけでなく、必要とされる質から見ても――たとえば、アメリカ綿のような質をもった綿花がインドから――供給されるほどに原料の実際の改良が行なわれるためには、長く継続し、規則的に増大していく、恒常的なヨーロッパの需要が必要とされるであろう(インドの生産者が彼の故郷でおかれている経済的諸条件はまったく度外視して)。ところが、原料の生産部面は、ただ断続的にのみ、あるときは突然に拡張され、それからふたたび強力的に収縮させられる。これらすべてのことが、同じくまた資本主義的生産一般の精神が、一八六一―一八六五年の綿花飢饉*――この場合にはさらに、再生産のもっとも重要な要素の一つである原料が一時まったくないという事情が加わった――の事例から実によく研究することができる。すなわち、供給は十分であっても、より困難な諸条件のもとで十分であるときには、価格が騰貴することがありうる。あるいはまた、原料の現実の不足が起こっていることもありうる。綿花恐慌では、はじめには後者のことが生じた。

（一六）　以上のことが書かれたとき（一八六五年）以来、世界市場での競争が、すべての文明諸国、とくにアメリカおよびドイツにおける産業の急速な発展によっていちじるしく強まった。急速かつけたはずれに膨張しつつある最新の生産諸力が、日々ますます、資本主義的商品交換の諸法則――その内部でこの生産諸力が運動するはずの諸法則――の枠をはみだすものになっているという事実、この事実はこんにち、資本家たち自身の意識にもますます迫ってくる。このことは、とくに二つの徴候に示される。第一に、新たな一般的保護関税熱である――それはまさに輸出能力のある物品をなににもまして保護するということによって、とくに旧来の保護関税制度から区別される。第二に、生産の調整、それとともにまた価格および利潤の調整のための大生産部面全体の工場主たちのカルテル（トラスト）である。これらの実験が、ただ比較的良好な経済的天候のもとでのみ実行できるものであることは自明である。最初に来る嵐がこれらの実験をなぎ倒し、たとえ生産が調整を必要とするとしても、その任にあたるのは確実に資本家階級ではないことを証明するに違いない。それまでのあいだ、これらのカルテルは、小さいものが大きいものによって以前よりもいっそう急速に食い尽くされるように取り計らうという目的しかもたない。――Ｆ・エンゲルス

＊〔南北戦争中に北軍艦隊が南部奴隷制諸州の港を封鎖したため、アメリカからの綿花供給が途絶したことによって生じたイギリスその他諸国におけるいちじるしい綿花不足をさす。次節の例証および本訳書、第一巻、七九九ページ以下参照〕

だから、われわれは、生産の歴史において現在の時期に近づけば近づくほど、それだけますます規則的に、ことに決定的な産業諸部門において、有機的自然から採られる原料の相対的騰貴とそれから生じるその後の減価との、つねに繰り返される交替を見いだす。これまで展開されたことは、工場監督官の報告書から取った次の諸事例において例証されているのがわかるであろう。

＊歴史の教訓は、農業を別な見地から考察しても得られるものであるが、資本主義制度は合理的農業に反抗するということ、すなわち、合理的農業は資本主義制度とは相容れない（資本主義制度は農業の技術的発展を促進するとはいえ）ものであり、みずから労働する小農民の手か、あるいは結合した《アソツィイールテ》生産者たちの管理かのいずれかを必要とする、ということである。

＊〔草稿では、このパラグラフは丸括弧でくくられている〕

次に、いま右に言及したイギリスの工場報告書から取った諸例証を示すことにしよう。

「事業の状態はよくなっている。しかし、好況期と不況期との循環は、機械の増加とともに短縮され、またそれとともに原料にたいする需要が増加するにつれて、事業状態における変動もまた、いっそうひんぱんに繰り返される。……一八五七年のパニックのあと、いまのところ、信頼が回復されているだけでなく、パニックそのものがほとんどまったく忘れ去られているように見える。この好転が維持されるかどうかは、原料の価格に依存するところが非常に大きい。私には、いくつかの事例にお

(132)いて、すでに、それを超えれば製造業はしだいにもうからなくなり、ついには、まったく利潤を提供しなくなる最大限に達しているという徴候が明らかになっている。たとえば、〝梳毛《ウーステッド》〟業における利得の大きかった年である一八四九年および一八五〇年をとってみれば、イギリス産梳毛用羊毛の価格は一重量ポンドあたり一三ペンス、オーストラリア産のそれは一四ないし一七ペンスであり、一八四一―一八五〇年の一〇年間を平均すると、イギリス産羊毛の平均価格は一重量ポンドあたり一四ペンスを決して超えず、オーストラリア産羊毛のそれは一七ペンスを決して超えなかったことがわかる。しかし、災厄の年一八五七年のはじめにはオーストラリア産羊毛は二三ペンスであった。それが、パニックの最高頂のときである〔同年〕一二月には一八ペンスに低下したが、一八五八年中にふたたび二一ペンスという現在の価格に騰貴した。イギリス産羊毛も一八五七年には二〇ペンスからはじまって、四月および九月には二一ペンスに騰貴し、一八五八年一月には一四ペンスに低下し、それ以後は一七ペンスに騰貴しており、その結果、前述した一〇年間の平均よりも一重量ポンドあたり三ペンス高い。……私の考えでは、このことは、類似の価格が引き起こした一八五七年の破産が忘れられてしまったか、または、現存する紡錘が紡ぐことのできる量の羊毛がかろうじて生産されているだけであるか、それともまた、織物の価格が持続的な騰貴をしようとしているか、のいずれかであることを示している。……しかし、私がこれまでの経験で見てきたところでは、信じられないほどの短期間に、紡錘および織機の数だけでなく、その運転速度もまた何倍にもなっており、さらに、わが国のフランスへの羊毛の輸出がほぼ同じ割合で増加しているが、他方では国内でも国外でも、飼育されている羊の平均年齢は――人口が急速に増加して、飼育者たちがその現有家畜をできるだけ速やかに貨幣に転化しようとするので――ますます低くなっていく〔ように思われる〕。だから、私は、人々がこのことを知らずに、一定の有機的諸法則に従ってのみ増加されうる生産物の供給にその成功がかかっている諸企業に、彼らの熟練と彼らの資本とを投じているのを見て、しばしば不安をおぼえた。……すべての原料の需要供給の〔同様の〕状態は……〔過去の諸時期の〕綿業における数多くの変動、同じくまた、一八五七年秋におけるイギリスの羊毛市場の状態およびその結果である事業恐慌〔原文は「その抗しがたい諸結果」〕を説明するように思われる(一七)」（『工場監督官報告書。一八五八年一〇月』、五六―六一ページにおけるR・ベイカーの報告）。

（一七）　言うまでもなく、われわれは、ベイカー氏とともに、一八五七年の羊毛恐慌を原料と製品とのあいだの価格の不均衡から説明するものではない。この不均衡は、それ自体、単に一つの徴候にすぎず、恐慌は全般的なものであった。――F・エンゲルス

ヨークシャーのウェスト・ライディング〔イングランド北部ヨークシャー州を三区分した行政区の一つ〕の〝梳毛〟工業の最盛期は一八四九―一八五〇年であった。この地域におけるこの工業の就業者数は、一八三八年には二万九二四六人、一八四三年には三万七〇六〇人、＊一八四五年には四万八〇九七人、一八五〇年には七万四八九一人であった。同じ地域における力織機は、一八三八年には二七六八台、一八四一年には一万一四五八台、一八四三年には一万六八七〇台、一八四五年には一万九一二一台、一八五〇年には二万九五三九台であった（『工場監督官報告書。一八五〇年〔一〇月〕』、六〇ページ）。

（133）

梳毛工業のこの繁栄はすでに一八五〇年一〇月にあやしくなりはじめた。一八五一年四月の報告書において副監督官ベイカーは、リーズおよびブラッドフォード〔いずれもヨークシャー州西部の都市〕について次のように言う――「事業の状態は、少し前からきわめて不満足なものになっている。梳毛紡績業者たちは、一八五〇年の利潤を急速に失っており、織布業者の多数もまた、とくに好結果を収めてはいない。私の信じるところでは、現在、以前のどのときよりも多くの紡毛機械が停止しており、亜麻紡績業者たちもまた労働者を解雇して機械を停止させている。繊維工業の景気循環は、いまや実際、極度に不確実であり、思うに、われわれはやがて……紡錘の生産能力と原料の分量と人口の増加とのあいだの比率が守られないことを知るようになるであろう」（〔『工場監督官報告書。一八五一年四月三〇日』〕五二ページ）。

＊〔原資料による。初版では、「三万七〇〇〇人」となっていた〕

同じことは綿工業にもあてはまる。いま引用した一八五八年一〇月の報告書には、次のように言われている――「工場における労働時間が確定されて以来、すべての繊維工業における原料消費、生産、労賃の額は、簡単な三数法に帰着させられた。……私は、ブラックバーン〔イングランド西部ランカシャー州の都市〕の現市長ベインズ氏の綿工業にかんする……最近の講義[＊1]から引用するが、そのなかで彼は、彼自身の地方の産業統計を可能な限りの正確さをもって次のようにまとめた[＊2]――

『〔機械馬力の〕各一実馬力[＊3]は、前紡機とともに自動ミュール紡錘四五〇錘またはスロッスル紡錘二〇〇錘を、または経糸《たていと》繰返機、整経機、糊つけ機とともに〔幅〕四〇インチ布用織機一五台を動かす。

各一馬力は、紡績では二人半を就業させるが、織布では一〇人である。彼らの平均賃銀は、一週一人あたりまるまる一〇シリング半である。……製造される〔紡績され織られる糸の〕平均番手[*4]は、経糸用三〇―三二番手、緯糸《よこいと》用三四―三六番手である。毎週紡がれる糸を一錘あたり一三オンスとすれば、一週間では八二万四七〇〇重量ポンドの糸が紡がれ[*5]、そのために価格二万八三〇〇ポンドの綿花九七万重量ポンドすなわち二三〇〇俵が消費される。……われわれの地域では〔ブラックバーンの周囲半径五マイルの地域では〕、毎週の綿花消費〔総量〕は一五三万重量ポンドすなわち三六五〇俵で、その費用は価格四万四六二五ポンドである。〔……〕これは、連合王国の綿紡績業全体の $\frac{1}{18}$ および力織機織布業全体の $\frac{1}{6}$[*6] である』。

こうして、ベインズ氏の計算によれば、連合王国の綿紡錘の総数は二八八〇万錘であり、これを完全操業させるには、年々一四億三二〇八万重量ポンドの綿花が必要とされるであろう。しかし、綿花の輸入は、輸出を差し引けば、一八五六年および一八五七年には一〇億二二五七万六八三二重量ポンドにすぎなかった。したがって、必然的に四億九五〇万三一六八重量ポンドの不足が生じたはずである。〔しかし〕この点について私と話し合ってくれたベインズ氏の考えるところでは、ブラックバーン地域の消費を基礎にした年々の綿花消費の計算は、紡がれる糸の番手の相違だけでなく、機械の優秀さの相違がある結果として、過大にすぎるであろうとのことである。彼は、連合王国の年々の綿花消費総量を一〇億重量ポンドと見積もっている。しかし、もし彼が正しくて実際に二二五〇万重量ポンド〔原文は「二二五七万六八三二重量ポンド」〕の供給過剰が生じるとすれば、需要と供給はいまではすでにほとんど均衡を保っているように思われるのであって、ベインズ氏によれば彼自身の地域で設置されようとしている、そして、他の地域においてもおそらく同様にそうであろうと判断される追加的な紡錘および織機を考慮に入れなくても、そう思われるのである」（五九、六〇〔、六二〕ページ）。

＊1〔J・B・ベインズ『綿業。ブラックバーン文学・科学・機械学協会会員にたいする上記主題についての二講義』、ブラックバーンおよびロンドン、一八五七年。なお初版では、誤って市長の名前が「ペインズ」となっていた〕

＊2〔「そのなかで」以下は、原文では「彼は、こうした方法を用いて、彼自身の近隣の綿工業統計をもっとも近い近似値に帰着させた」となっている〕

＊3〔実馬力については、本訳書、第一巻、六八二―六八三ページの原注一〇九aおよび七二八―七二九ページの原注一六九を参照。なおこのベインズからの引用の冒頭の部分は、同六八二ページにある〕

＊4〔糸の太さを表わす単位。綿糸では、重さ一重量ポンドで長さ八四〇ヤードある糸を一番手といい、長さ一〇倍のものを一〇番手という。番手が大きくなるほど糸が細くなる〕

＊5〔一重量ポンドは一六オンス。マルクスが引用を省略した部分で、ベインズ氏は、ブラックバーン市で現在稼働中の紡錘をミュール紡錘九五万錘、スロッスル紡錘六万五〇〇〇錘の計一〇一万五〇〇〇錘として計算している。したがって、一週間にブラックバーン市全体で紡がれる糸は 13×1,015,000÷16 で約八二万四七〇〇重量ポンドになる〕

＊6〔初版では、誤って「$\frac{1}{16}$」となっていた〕

第三節　一般的例証——一八六一—一八六五年の綿花恐慌*

* 〔節の区分と表題、ならびに次の項見出しはエンゲルスによる〕

前史　一八四五—一八六〇年

一八四五年。綿工業の繁栄期。非常に低い綿花価格。L・ホーナーはこれについて言う——「最近の八年間に、私は、この夏および秋に支配的であったような活気ある事業期を見たことがなかった。それはとくに綿紡績業でそうであった。まる半年のあいだ、私は毎週、工場への新投資の報告を受け取った。すなわち、新しい工場が建てられたとか、数少ない空き工場に新しい借り手がみつかったとか、運転中の工場が拡張され、いっそう強力な蒸気機関が新設され、作業機が増設されたとかである」(『工場監督官報告書。一八四五年一〇月』、一三ページ)。

一八四六年。愁訴が始まる。「すでにかなり以前から、私は綿工場主たちから彼らの事業の不振状態についての非常に広範囲な愁訴を耳にしている。……〔というのは〕この六週間中にいくつかの工場が、操業短縮——通例、一日一二時間でなく八時間への——を始めた〔からである〕。これは広がっているらしい。……綿花価格の大騰貴が起こったが……製品の価格が騰貴しなかっただけでなく……その価格は綿花の騰貴前より低くなってさえいる。最近四年間における綿工場数の大増加から、一方では原料にたいする需要のいちじるしい増加、他方では市場への製品の供給のいちじるしい増加が生じたに違いない。この両原因は、原料の供給および製品への需要が不変のままである限り、ともに利潤を低下させる作用をしたに違いない。しかし、これら二つの原因は、さらにいっそう強く作用した。なぜなら、一方では綿花の供給が近ごろは不十分であったし、他方では製品への需要がいくつかの国内および国外市場において減少したからである」（『工場監督官報告書。一八四六年一〇月』、一〇ページ）。

原料にたいする需要の増大と市場における供給過剰とは、もちろん手をたずさえて進む。――ついでながら、当時の工業拡張とそれに続く停滞とは、綿工業地域に限られなかった。ブラッドフォードの梳毛工業地域には、一八三六年には三一八工場しかなかったのに、一八四六年には四九〇工場であった。この数は決して生産の現実の増大を表わしてはいない。というのは、既存の諸工場が同時にいちじるしく拡大されたからである。このことは、とくに亜麻紡績業についても言える。「それらはすべて、最近の一〇年間に多かれ少なかれ市場の供給過剰に寄与したのであり、現在の事業停滞は大部分そのせいであるとしなければならない。……事業のこの不振は、まったく当然のことながら、工場および機械のこのような急速な拡大から生じるのである」（『工場監督官報告書。一八四六年一〇月』、三〇ページ）。

(135)

一八四七年。一〇月に貨幣恐慌。割引率八％。以前からすでに、鉄道思惑および東インドの融通手形*使用の崩壊。しかし――

「ベイカー氏は、綿花、羊毛、および亜麻にたいする需要が、これらの工業の拡張の結果、近年増大したことについて、非常に興味深い詳細を述べている。彼は、これらの原料にたいする需要の増加は、ことにそれらの供給が平均よりはるかに低下した時期に起こったので、貨幣市場の混乱を引き合いに出すまでもなく、これらの事業部門の現在の不振状態を説明するのにほとんど十分である、と考えている。この見解は、私自身の観察によっても、また私が事業に通じた人々から聞いたことによっても、完全に確証される。これらのさまざまな事業部門はすべて、割り引きがまだ容易に五％以下でなされえたときに、すでにきわめて不振であった。これに反して、生糸の供給は豊富で、価格は手ごろであり、したがってこの事業は活気を呈していたが、ついに……最近の二、三週間には、疑いもなく貨幣恐慌が、撚糸業者たち自身にだけでなく、さらに彼らの主要な顧客である流行服飾品の製造業者たちにも影響をおよぼすまでになった。公表された官庁報告書を一見すれば、綿工業が最近三年間に二七％近く増加したことがわかる。その結果として、綿花は概数で、一重量ポンドあたり四ペンスから六ペンスに騰貴したが、他方、経糸《たていと》用糸は、供給増加のため以前の価格をほんの少し上回っているだけである。紡毛工業は一八三六年に拡大しはじめた。それ以後、それはヨークシャーでは四〇％増大し、スコットランドではなおいっそう増大した。〝梳毛〟工業（一八）では、増大はいっそう大きい。そこでは、同じ期間に七四％以上拡張した計算になる。したがって原毛の消費は膨大であった。亜麻工業は、一八三九年以来、イングランドで約二五％、スコットランドで二二％、アイルランドで九〇％近くの増大を示している（一九）。そのことの結果は、同じ時期の亜麻の不作のため、原料が一トンあたり一

○ポンド騰貴したが、反対に糸の価格は一玉あたり六ペンス低下したことであった」（『工場監督官報告書。一八四七年一〇月』、三〇〔、三一〕ページ）。

（一八）イングランドでは、短い羊毛から紡毛糸を紡いで織る〝紡毛《ウールン》〟製造業（主要中心地はリーズ〔ヨークシャー州〕）と、長い羊毛から梳毛糸を紡いで織る〝梳毛《ウーステッド》〟製造業（主要地はヨークシャーのブラッドフォード）とを厳密に区別している。――F・エンゲルス

（一九）アイルランドにおける亜麻糸の機械紡績のこの急速な拡張は、手紡ぎ糸から織られたドイツ（シュレージエン、ラウジッツ、ヴェストファーレン）の亜麻布の輸出に、当時、致命的な打撃を与えた。――F・エンゲルス

＊〔現実の商取引にもとづかない単なる金融のための手形。なおここの「東インド」は現在のインドをさす〕

（136）

一八四九年。一八四八年の最後の数ヵ月以来、事業はふたたび活気を呈した。「亜麻価格は、きわめて低く、将来起こりうるほとんどどのような場合にもそれなりの利潤を保証するほどであったから、工場主たちは彼らの事業をそのままさらに続行させた。紡毛工場主たちは、この年初には一時期きわめて繁忙であった。……しかし私が心配するのは、紡毛製品の委託販売が実際の需要の代わりをすることがよくあるということ、また、外観上の繁栄の時期、すなわち完全操業の時期は、必ずしも正当な需要の時期と合致しないということである。二、三ヵ月の間は、梳毛業は特別に好調であった。……前述の時期のはじめには、羊毛は特別に安かった。紡績業者たちは、有利な価格で、しかも確実にかなりの数量の羊毛を買い込んでいた。羊毛価格が春の競売で騰貴したときに、紡績業者たちは、

それで利益を得て、そして製品にたいする需要がかなり大きくかつ緊急を要するものとなったから、この利益を維持した」（『工場監督官報告書。一八四九年〔四月〕』、三〇、三一ページ〔正しくは四二ページ〕）。

「ここ三ないし四年以来、工場地域で生じている事業状態の変動を見るとき、どこかに大きな撹乱原因が存在すると認めざるをえないように私は思う。……増加した機械の巨大な生産力が、一つの新たな要素をそこにもたらした〔原文は「右の同じ原因に別の要素をつけ加えた」〕のではないだろうか？」（『工場監督官報告書。一八四九年四月』、四二〔、四三〕ページ）。

一八四八年一一月、一八四九年五月、および夏から一〇月まで、事業はますます活気を帯びてきた。「とりわけそう言えるのは、ブラッドフォードおよびハリファクスのまわりに集まっている梳毛糸を原料とする織物製造業である。この事業は、以前のどの時期にも、近似的にさえも現在の大きさに達したことはなかった。……原料〔綿花〕の投機と、原料の供給見込みの不確実さとは、以前から綿工業で、他のどの事業部門でよりも大きな興奮とひんぱんな変動とを生じさせていた。ここでは〔……〕現在、太物《ふともの》綿製品の在庫の堆積が生じ、これが小紡績業者たちを不安にし、また彼らの立場をすでに不利にしているため、彼らのうちの若干名は操業短縮をするにいたっている」（『工場監督官報告書。一八四九年一〇月』、四二、四三ページ〔正しくは六四、六五ページ〕）。

一八五〇年。四月。引き続き好況。例外――「とくに太番手の綿糸および重目《おもめ》綿織物に適する原料の供給不足の結果として〔……〕綿工業の一部における大不況。……梳毛業のために最近設置された

(137)

機械の増加が、類似の反動をもたらしはしないかと懸念されている。ベイカー氏の計算によれば、一八四九年だけで、この事業部門では織機の生産高は四〇％、紡錘の生産高は二五―三〇％増大しており、拡張はいまなお同じ割合で進んでいる」(『工場監督官報告書。一八五〇年四月』、五四ページ)。

一八五〇年。一〇月。「綿花価格は、引き続き……この工業部門におけるいちじるしい不振を、とくに原料が生産費のかなりの部分を占めるような商品において、引き起こしている。〔……〕生糸価格の大騰貴もまたこの部門においてたびたび不況をもたらした」(『工場監督官報告書。一八五〇年一〇月』、一五〔正しくは一四〕ページ)。――ここに引用された王立アイルランド亜麻栽培〔振興・改良〕協会の委員会の報告書によれば、そこでは、他の農業生産物価格が低水準であるのに亜麻価格の高かったことが、翌年度の亜麻生産のいちじるしい増加を確実にしたのである(〔三一、〕三三ページ)。

一八五三年。四月。大繁栄。「私がランカシャーの工場地域の状態について職務上の知見を得てきたこの一七年間で、どの時期にもこのような全般的繁栄に出会ったことはなかった。活況はすべての部門において異常である」と、L・ホーナーは述べている(『工場監督官報告書。一八五三年四月』、一九ページ)。

一八五三年。一〇月。綿工業の不況。「過剰生産」(『工場監督官報告書。一八五三年一〇月』、一五〔正しくは一三〕ページ)。

一八五四年。四月。「紡毛業は、好況でないとはいえ、すべての工場に完全操業をもたらした。綿工業も同様である。梳毛業は、過去まる半年間まったく不規則であった。……亜麻〔および大麻〕工業では、クリミア戦争〔一八五三―一八五六年〕のためロシアからの亜麻および大麻の供給減少の結果、〔いちじるしい〕攪乱が生じた」（『工場監督官報告書。一八五四年〔四月〕』、三七ページ）。

一八五九年。「スコットランドの亜麻工業においては、事業はなお不振である……というのは、原料が品不足で高いからである。われわれが主要な供給を受けているバルト海沿岸諸国における前年の収穫の質の悪さは、この地域の事業に有害な影響をおよぼすであろう。これにたいして、多くの太物品において亜麻をしだいに駆逐する黄麻は、異常に高くもなく品不足でもなく……ダンディー〔スコットランド東部の町〕における機械のほぼ半分は、いまでは黄麻を紡いでいる」（『工場監督官報告書。一八五九年四月』、一九ページ）――「原料の高価格のため、亜麻紡績業は依然としてまったく採算がとれない。そして、すべての他の工場が完全操業しているのに、亜麻機械の停止の例はさまざまある。……黄麻紡績は……まだしもましな状態にある。というのは、最近この材料が手ごろな価格に下落したからである」（『工場監督官報告書。一八五九年一〇月』、三〇〔正しくは二〇〕ページ）。

(138)

一八六一―六四年。アメリカの内乱。〝綿花飢饉〟。原料の不足とその価格騰貴とによる生産過程中断の最大の事例*

*〔草稿には「アメリカの内乱。」はなく、「一八六一―六四年。〝綿花飢饉〟」に下線が引かれている〕

一八六〇年。四月。「事業の状態にかんして、原料の高価にもかかわらず、絹をのぞいてすべての繊維工業が、最近半年のあいだかなり好況であったと報告できることは喜ばしい。……二、三の綿工業地域においては、労働者たちは求人広告でさがし求められ、ノーフォーク〔イングランド東部の州〕その他の農村諸州からそこに移動した。……どの工業部門においても、原料のはなはだしい不足が支配しているようである。われわれを制限しているのは……この不足だけである。綿工業においては、工場の新設数、既存工場の拡張〔原文は「拡張の新方式の成立」〕、および労働者にたいする需要が、いまほど大きかったことはおそらくかつてなかったであろう。人々はあらゆる方向に原料をさがし求めている」（『工場監督官報告書。一八六〇年四月』〔五七ページ〕）。

一八六〇年。一〇月。「綿工業、紡毛工業、および亜麻工業地域における事業の状態は好調であった。アイルランドでは、この一年以上前から非常に好調でさえあったとのことで、原料の価格が高くなければ、いっそう好調であったであろう。亜麻紡績業者たちは、最終的には……彼らの必要に照応する亜麻の供給を得るために、鉄道によるインドの資源の開発およびこれに照応するインドの農業発展を、これまで以上に待ちこがれているように見える」（『工場監督官報告書。一八六〇年一〇月』、三七ページ）。

一八六一年。四月。「事業の状態は、現在のところ不況である。……少数の綿工場は操業短縮をしており、また多くの絹工場は部分的にしか操業をしていない。原料は高い。ほとんどどの繊維工業部門でも、原料は消費者大衆向けに加工できるような価格を超えている」（『工場監督官報告書。一八六一年四月』、三三ページ）。

一八六〇年には綿工業において過剰生産が行なわれたことがいまや明らかになった。その影響は、

(139)

その後なお何年間も感じられた。「一八六〇年の過剰生産が世界市場で吸収されるまで、二年ないし三年かかった」（『工場監督官報告書。一八六三年一〇月』、一二七ページ）。「東アジアの綿製品市場の不況状態は、一八六〇年はじめ、ブラックバーンの事業――そこでは平均三万台の力織機がほとんどもっぱら東アジア市場向けの織物の生産に従事している――にたいして、しかるべき反作用をおよぼした。その結果、労働にたいする需要は、ここでは、綿花封鎖の影響が感じられるようになるまえに何ヵ月にもわたって、すでに制限されていた。……幸いにも、このこと〔原料の不足〕によって多くの工場主たちは破産をまぬがれた。在庫を保持している限り、その価値は高まり、こうして、そうでなければこのような危機のさいには避けられなかった恐るべき価値低下が避けられた」（『工場監督官報告書。一八六二年一〇月』、二八、二九、三〇ページ）。

一八六一年。一〇月。「事業は、少し前から非常に不況であった。……冬の数ヵ月のあいだ、多くの工場が労働時間をひどく短縮するであろうということは、決してありそうもないことではない。もっとも、これは予期できることであったが……アメリカからのわが国の平素の綿花供給とわが国の輸出とを中断することになった諸原因をまったく度外視しても、最近三年間における生産のいちじるしい増加ならびにインドおよび中国の市場における撹乱の結果、きたるべき冬には労働時間の短縮は必至となったであろう」（『工場監督官報告書。一八六一年一〇月』、一九ページ）。

綿屑。東インド綿（スラト）。労働者たちの賃銀への影響。機械の改良。澱粉および鉱物による綿の代用。この澱粉糊つけの労働者たちへの影響。細番手糸の精紡工たち。工場主たちの欺瞞。

「ある工場主は、私に次のように書いてよこしている――『一錘あたりの綿消費の見積もりについては、あなたは次の事実を十分に考慮に入れていないのではないかと思われる。すなわち、綿花が高価であるときには、普通の糸（おおよそ四〇番手まで、主として一二―三二番手）の紡績業者はだれでも、できるだけ細い番手の糸を紡ぐということ、すなわち以前の一二番手の代わりに一六番手を、または一六番手の代わりに二二番手を、等々というように紡ぐということ、そしてこの細番手の糸を用いて織る織布業者は、それだけ多くの糊を加えることによって、彼の綿布〔原文は「織物」〕を通常の重さにするであろうという事実が、それである。このような手段は、現在、実に恥ずべき程度に利用されている。私が確かな筋から聞いたところでは、輸出向けの通常の〝シャツ地〟には、八重量ポンドの重さの布地で、そのうち〔五$\frac{1}{4}$重量ポンドが綿で〕二$\frac{3}{4}$重量ポンドは糊であったものがあるということである。〔……〕他の種類の織物では、しばしば五〇％も糊つけされる。その結果、工場主が、自分が金持ちになるのは、自分の織物を一重量ポンドあたりで、自分が原料の糸に支払ったよりも少ない貨幣《かね》で売るからであると自慢するのは決して嘘を言っているのではない〔原文は「自慢するであろうし、また実際に自慢している」〕』＊」（『工場監督官報告書。一八六二年一〇月』、六三ページ〔正しくは『一八六四年四月』、二七ページ〕）。

＊〔この引用文の後段「このような手段は」以下の文章は、本訳書、第一巻、八〇二―八〇三ページにも引用されている。ただし、英文からのドイツ語訳に少し相違がある〕

「私にはまた次のような供述もなされた。すなわち、織布工たちは彼らの疾病の増大を糊のせいにしており、この糊は東インド綿〔スラト綿〕で紡がれた経糸《たていと》に使われ、もう以前のように穀粉だけからなるものではない、とのことである。けれども穀粉のこの代用物は、織物の重さをいちじるしく増加させるので、一五重量ポンドの糸〔原文は「原料」〕は、織られると二〇重量ポンドになり、非常に大きな利益があるとのことである」[*1]（同前〔『工場監督官報告書。一八六三年一〇月』、六三ページ〕）。この代用物は、チャイナ・クレイと呼ばれる滑石粉、またはフレンチ・チョークと呼ばれる石膏[*2]であった）。

(140)——「経糸糊つけに穀粉の代わりに代用物を使うことによって、織物師たち」（ここでは織布労働者たちをさす）「の稼ぎははなはだしく減少する。糸に重みをつけるこの糊つけは、糸を硬くてもろいものにする。経糸の一本一本が、いわゆる綜絖《そうこう》[*3]——その丈夫な糸が経糸を正しい位置に保つ——を通って織機にはいっていくが、硬く糊づけされた経糸は、綜絖の糸を絶えず切る原因になる。そして糸が切れるたびに、織物師〔織布工〕は修繕のために五分間、時間の損をする〔と言われている〕。織物師はいままでは、少なくとも以前の一〇倍も多くこの破損をなおさなければならない。そこで、織機は作業時間中に、もちろんその分だけ少なく生産する」（同前、四二、四三ページ）。

*1〔代用物にかんするここの記述は、多少表現を変えて本訳書、第一巻、八〇二ページにも見られる〕

*2〔「チャイナ・クレイ」は滑石ではなく、カオリン（高陵土すなわち白陶土）であり、「フレンチ・チョーク」は石膏ではなく、滑石（フランス白亜）である。後者は前者より品質が劣るが、安いため前者の代用物とされた〕

*3〔経糸を上下に分け、緯糸を通すのに必要な杼口《ひぐち》をつくる製織用装置。ヘルド、あやとりとも言う〕

「アシュトン、ステイリブリッジ、モスリー、オールダム〔いずれもランカシャー州の町〕などでは、まるまる三分の一だけ作業時間の制限が行なわれており、作業時間は毎週さらにいっそう短縮されつつある。……この作業時間の短縮と同時に、多くの部門では賃銀の引き下げも行なわれている」（『工場監督官報告書。一八六一年一〇月』、一二〔〕一三ページ）。一八六一年のはじめランカシャーの二、三の地域で、機械織布工のあいだでストライキが起こった。さまざまな工場主たちが、五―七½%の賃銀引き下げを通告していた。労働者たちは、賃銀率を維持して、労働時間を短縮すべきであると主張した。このことが認められなかったので、ストライキが起こった。一ヵ月後に、労働者たちは譲歩せざるをえなかった。しかし、いまでは労働者たちはその両方を受け取っている。「労働者たちがついに同意した賃銀引き下げに加えて、いまは多くの工場が操業時間を短縮している」（『工場監督官報告書。一八六一年四月』、一三ページ）。

一八六二年。四月。「労働者たちの苦難は、私の前回の報告書のとき以来、いちじるしく増加した。しかし、産業史のいかなる時代にも、これほど突然で、これほどひどい苦難が、これだけ大きい黙々とした忍従と、これだけの辛抱強い自尊心とをもって、耐えしのばれたことはなかった」（『工場監督官報告書。一八六二年四月』、一〇ページ）。「現在完全に失業している労働者たちの比率の数値は、一八四八年のときよりもあまり大きくはないように見える。その一八四八年には通常規模のパニックが起こったのであるが、しかしそれは、不安にかられた工場主たちに、いま毎週発表されているような類似の綿工業統計を作成させるのには十分であった。……一八四八年五月には、マンチェスターに

（141）おける綿工業労働者全体のうち一五％が失業し、一二％が短時間労働であった一方で、七〇％以上は全時間就業していた。一八六二年五月二八日には、一五％が失業し、三五％が短時間労働をし、四九％が全時間就業していた。……隣接地、たとえばストックポートでは、不完全就業者および完全失業者のパーセント数〔原文は「平均」〕はいっそう高く、完全就業者のパーセント数はより低い」。なぜなら、ここではマンチェスターにおけるよりも太番手が紡がれるからである（一六ページ）。

一八六二年。一〇月。「最近の官庁統計によれば、〔一八六一年には〕連合王国に二八八七の綿工場があり、そのうち二二〇九が私の管轄区域（ランカシャーおよびチェシャー）にあった。私の管轄区域にある二二〇九工場の非常に大きな部分が少人数しか使用していない小工場であるということを、私はよく知っていた。しかし、その数がいかに大きいかを発見して私はびっくりした。三九二工場すなわち一九％では蒸気力または水力の動力が一〇馬力未満、三四五工場すなわち一六％では一〇馬力以上二〇馬力未満、一三七二工場では二〇馬力以上である。*……これら小工場主の非常に大きな部分――総数の三分の一以上――は、少し前までは、彼ら自身が労働者であった。彼らは資本にたいする指揮権を欠いた人々である。……したがって主要な負担は、残りの $\frac{2}{3}$ の人々にかかることになるであろう」（『工場監督官報告書。一八六二年一〇月』、一八、一九ページ）。

＊〔ここまでのレッドグレイヴの報告は、本訳書、第一巻、七九九ページに述べられている〕

同じ報告書によれば、ランカシャーおよびチェシャーにおける綿工業労働者たちのうち、当時、完全就業者は四万一四六人すなわち一一・三％、労働時間を制限された就業者は一三万四七六七人すなわち三八％、失業者は一七万九七二一人すなわち五〇・七％であった。このうちから、マンチェスターおよびボウルトン〔マンチェスター近郊の町〕にかんする報告――この両市では主として細番手が紡がれており、細番手は綿花飢饉によって被害を受けることが比較的少なかった部門である――を差し引くと、事態はさらに悪くなる。すなわち、完全就業八・五％、制限就業三八％、失業五三・五％である（一九、二〇ページ）。

「加工される綿の良し悪しは、労働者に重大な違いをもたらす。今年の最初の数ヵ月に、工場主たちが、手頃な価格で買える綿はなんでも使って自分たちの工場の操業を続けようとしたとき、以前であれば通例、良質綿が用いられた工場に、多くの粗悪綿が持ち込まれた。労働者たちの賃銀における差は多くのストライキが起こるほど大きかったが、それは、労働者たちが旧来の出来高賃銀ではいまやもうがまんできる日賃銀を手にすることができなかったからである。……若干の場合には、粗悪綿の使用による〔賃銀の〕差は、全時間労働の場合でさえ、総賃銀の半分におよんだ」（二七ページ）。

一八六三年。四月。「今年中は、完全就業しうるのは綿工業労働者の半数をあまり超えないであろう」（『工場監督官報告書。一八六三年四月』、一四ページ）。

「諸工場がいま使わざるをえない東インド綿〔スラト綿〕を使用するさいのきわめて重大な難点は、そのさいに機械の速度を非常に落とさなければならないことである。最近数年間に、この速度を速めて、同じ機械がより多くの仕事をするように全力が尽くされた。しかし、速度の減退は、工場主たちにと同様に労働者たちにも打撃を与える。というのは、労働者の多数は、出来高賃銀で――〔たとえば〕精紡工たちは紡いだ糸一重量ポンドにつきいくら、織布工たちは織った布一反につきいくらというように——支払われるからである。それに、週賃銀で支払われている他の労働者の場合でも、製品の減少の結果として賃銀の減少が生じるであろう。私の〔行なった〕調査と、私に提供された今年の綿工業労働者のかせぎ高の一覧表によれば……一八六一年にもっとも普通であった賃銀率を基準に計算して、平均二〇％の減少となり、若干の場合には五〇％の減少となる」（一三ページ）。——「かせ
(142)
ぎの額は……どのような材料が加工されるかに依存する。……労働者たちの状態は、かせぐ賃銀額にかんしては、いま」（一八六三年一〇月）「は前年のこの時期よりもはるかによい。機械は改良されており、原料の知識はいっそう深まり、労働者たちは、はじめはそれとたたかわなければならなかった諸困難をいっそう容易にかたづける。去年の春、私はプレストンで、ある裁縫学校」（失業者のための慈善施設）「に行ったが、そのとき、週四シリングかせぐことができるという工場主の言葉をあてにして、先日ある織布工場に働きに出されていた二人の少女が、復学を願い出て〔帰ってきて〕、週あたり一シリングもかせぐことができないと訴えていた〔のを思い出す〕。私は、〝自動機見張工《マインダー》〟たちについての報告を受けている。……一対の自動〔ミュール紡績〕機を操作する彼らは、一四日間の全時間労働のあと八シリング一一ペンスをかせいだが、この金額から家賃を差し引かれた。しかし、そのさい工場主」（まことに気前のよいおかた！）「は、家賃の半分を贈り物として彼らに返却した。見張工たちは、六シリング一一ペンスの金額を家にもち帰った。多くの場所で、一八六二年の最後の数ヵ月間には、自動機見張工たちは週五ないし九シリング、織布工たちは週二ないし六シリングかせいだ。*

……たいていの地域ではかせぎが相変わらず非常に減っているとはいえ、現在ははるかに健全な状態にある。……かせぎの減少には、インド綿の繊維の短さおよびそのよごれのほかに、いくつかの原因もあずかっていた。たとえば、インド綿に綿屑を大量に混ぜるのがいまでは慣行であり、このことが当然、精紡工の困難をなおいっそう増大させる。繊維が短いので、ミュール精紡機の紡出のさいや糸を撚るさいに糸が切れやすくなり、またミュール精紡機はそんなに規則正しくは〔原文は「連続的には」〕運転し続けられない……。同じように、〔織布のさいには〕糸〔の見張り〕に大きな注意力が払われなければならないので、一人の女性織布工が一台の織機しか見張れないのがしばしばで、二台以上の織機を見張れるのはきわめて少数者である。……多くの場合に〔……〕労働者たちの賃銀は直接に五％、七$\frac{1}{2}$％、また一〇％も引き下げられた。……大半の場合、労働者は、自分の原料をできるだけうまく処理して、普通の賃銀率でできるだけのかせぎをするようにしなければならない。……織布工たちがときどきたたかわなければならないもう一つの困難は、彼らが粗悪な材料で出来のよい織布をつくらされ、仕事が望みどおりの結果に終わらないときには賃銀引き下げで罰せられるということである」（『工場監督官報告書。一八六三年一〇月』。四一―四三ページ）。

＊〔ここの引用文は、本訳書、第一巻、八〇一ページにも引用されている〕

賃銀は、全時間労働が行なわれた場合でさえ、みじめなものであった。綿工業労働者たちは、彼らにたいする援助（実際には工場主たちにたいする援助であった――第一部、〔第二版〕五九八ページ、〔第三版〕五八九ページ〔本訳書、第一巻、九九八―一〇〇一ページ〕を見よ）を地方救貧当局から受けるた

（143）

めに、彼らが使用されるあらゆる公共土木事業――排水工事、道路工事、砕石工事、道路舗装――に、すすんでおもむいた。全ブルジョアジーが労働者たちを監視した。最悪の犬賃銀〔飢餓賃銀〕が与えられ、労働者がこれを受け取ろうとしなかった場合には、救貧委員会は彼を救貧名簿から抹消した。労働者たちは餓死するか、さもなければブルジョアにとってもっとも有利などんな価格ででも労働しなければならなかった――そのさい、救貧委員会は工場主たちの番犬の役をつとめた――という限りにおいて、それは、工場主諸氏にとっての黄金時代であった。それは、同時に、工場主たちは、政府との秘密の合意によって国外への移住をできるだけさまたげた。それは、一部は、労働者たちの血および肉の形で存在している彼らの資本を、いつでも使えるようにしておくためであり、一部は、労働者たちからしぼり取る家賃を確保するためであった。

「救貧委員会は、この点でははなはだ厳格にふるまった。仕事が提供されたら、それを提供された労働者たちは名簿から消去され、こうしてその仕事を受け取ることを余儀なくされた。彼らが仕事につくことを拒否するとすれば……その原因は、彼らのかせぎが単に名目的なものにすぎないのに、仕事は特別きついであろうということであった」（同前、九七ページ）。

労働者たちは、〝公共土木事業法〟[*1]にもとづいて就業させられるどんな種類の仕事にでもすすんで従事した。「産業での就業が組織されるさいの原則は、都市を異にするごとにいちじるしく相違した。しかし、屋外労働がかならずしも労役審査[*2]として行なわれるのではないところにおいてさえ、この労働には、ただ規則通りの救貧額か、またはそれよりほんの少し高くしか支払われないので、この労働は事実上、労役審査になった」（六九ページ）。「一八六三年の公共土木事業法は、この弊害を除去して、労働者たちが独立の日雇い労働者として日賃銀をかせぎうるようにしようとするものであった。この法律の目的は三つであった――（一）地方救貧当局に貨幣《かね》を」（国の中央の救貧法庁長官の同意を得て）「国庫貸付委員会から借りる権限を与えること。（二）綿工業地域の諸都市の改善を容易にすること。（三）失業労働者たちに仕事および引き合う賃銀を与えること」。一八六三年一〇月末までに、八八万三七〇〇ポンドの額に達する貸付けが、この法律のもとで承認された（七〇ページ）。計画された仕事は、主として下水工事、道路工事、街路舗装、水道用貯水池などであった。

＊1〔ヴィクトリア女王在位二六年および二七年、第七〇号。一八六三年四月の法律〕

＊2〔一八三四年の救貧法は救済申請者に、その労働意欲を立証するために一定の作業を行なう労役審査（レイバー・テスト）を義務づけた。邦訳『全集』第一五巻、五二五ページ参照。同救貧法は、救済を労役場内に限り、屋外労働による救済を禁止したが、やがて例外として屋外労働を認めざるをえなくなった。その場合は、半額現物支給、かせぎ目的には救済しないこととした。しかし一八六三年の公共土木事業法は、失業労働者にたいして救貧額を上回る賃銀支払いを認めたため、屋外労働をする受救貧民も賃銀の形で救済を受けるようになった。なお救貧法については、本訳書、第一巻、四四一ページの訳注＊4参照〕

ブラックバーンの〔労働〕委員会議長ヘンダースン氏は、このことにかんして工場監督官レッドグレイヴにあてて次のように書き送っている――「苦難と困窮の現在の時期に私の経験したすべてのなかで、この地域の失業労働者たちが、公共土木事業法にもとづきブラックバーン市会によって提供さ

（144）
れた仕事をすすんで引き受けたことほど、私を強く感動させ、喜ばせたものはない。以前には熟練労働者として工場で働いていた綿精紡工が、いまは地下一四または一八フィートの下水道で日雇い労働者として働いていることより大きな対照は、ほとんど考えられない」。（この場合、彼らは、家族の大きさに応じて週四―一二シリングをかせいだが、一二シリングというこの法外な金額は、しばしば八人家族を養わなければならなかった。市の俗物諸氏は、この場合に、二重にもうけた――第一に、彼らは自分たちの黒煙もうもうたる、見棄てられた町々の改善のための貨幣《かね》を例外的な低利で手に入れ、第二に、彼らは、労働者たちに通例の賃銀率よりもはるかに低く支払った。）「かつて彼は、ほとんど熱帯同然の高温や、筋力よりも操作の巧みさや正確さのほうがはるかに役立つ仕事に慣れ、彼がいま受け取ることのできるより二倍か、ときおり三倍の賃銀にも慣れていたのであるから、その彼が提供された仕事をすすんで引き受けたことは、かなりの自制と熟慮とを意味し、それは彼にとって最高の名誉に値する。ブラックバーンでは、人々はほとんどありとあらゆる種類の屋外労働で、すなわち固くて重い粘土地をかなりの深さまで掘る仕事や、排水、砕石、道路工事や、深さ一四フィート、一六フィート、ときには二〇フィートの街路下水道掘りで、テストされた。そのさい、彼らはしばしば一〇―一二インチの深さの泥と水のなかに立ち続け、いつも彼らは、寒くて湿度の高い点では、イングランドのおよそいかなる地域にもまさるとも劣らない気候にさらされる」（九一、九二ページ）。――「労働者たちの態度は、ほとんど非難の余地のないものであった。……すすんで屋外労働を引き受け、これをやりぬく彼らの覚悟」（六九ページ）。

一八六四年。四月。「ときどき、さまざまな地方で、労働者不足についての苦情が聞かれるが、それは主として特定の諸部門、たとえば織布業においてである。……しかし、これらの苦情は、この特殊な部門における労働者そのもののなんらかの実際の不足に由来するとともに、用いられる糸の種類の劣悪さによる、労働者たちのかせぎうる賃銀の少なさにも由来する。先月、特定の工場主たちとその労働者たちとのあいだに賃銀をめぐる多数の紛争が生じた。残念なことと言わざるをえないが、ストライキがあまりにもしばしば起こった。……公共土木事業法の作用は、工場主たちによって競争として感じられ、その結果、ベイカップ〔ランカシャー州の町〕の地方委員会はその活動を停止した。というのは、すべての工場が運転しているわけではないのに、もう労働者不足が現われたからである」(『工場監督官報告書。一八六四年四月』、九、一〇ページ〔正しくは九ページのみ〕)。もちろん、工場主諸氏にとってはもう一刻の猶予もならない時期であった。公共土木事業法の結果、ベイカップの砕石場では多くの工場労働者がいまでは一日に四—五シリングかせぐほどに労働にたいする需要が増大した。[*1]そのため、公共土木事業——この一八四八年の〝国民作業場〟[*2]の新版であるが、こんどはブルジョアジーの利益のために設けられた——は、しだいに中止された。

*1〔『工場監督官報告書。一八六四年四月』、九、一〇ページ〕

*2〔七月王政を倒したフランスの一八四八年二月革命後、失業者救済のために臨時政府が設けた事業で（二月二六日命令）、失業者を土木事業に就労させた。労働権と労賃の平等をうたったが、ブルジョアジーの妨害と財政難とでまもなく中央・地方の作業場は廃止された（六月二一日）。この作業場の本質については、

六月革命についてのマルクスとエンゲルスの諸論文〔邦訳『全集』第五巻所収〕、マルクス『フランスにおける階級闘争』〔邦訳『全集』第七巻、とくに二四―二九ページ〕、またそのイギリス版については、本訳書、第一巻、七三九ページの原注一八三参照〕

(145)

〝価値低い身体における実験〟*

* 〔本訳書、第一巻、八〇一ページ、および八〇四ページ訳注＊5参照〕

「私は、さまざまな工場における非常に引き下げられた」〔完全就業者たちの〕「賃銀〔原文には「非常に……賃銀」の句はない〕労働者たちの実際のかせぎを示したけれども、だからといって彼らが毎週同じ金額をかせいでいるということには決してならない。労働者たちは、ここでは、工場主たちが同じ工場でさまざまな種類および比率の綿と屑とでいつも実験を行なっている結果、大きな変動にさらされている。このいわゆる『混合』はひんぱんに変更され、労働者たちのかせぎは綿混合の質とともに増加したり減少したりする。ときにはそれは以前のかせぎのわずか一五％にとどまったし、また〔そのあとの〕一ないし二週間のうちに五〇％ないし六〇％に下がった」*。ここで語っている監督官レッドグレイヴは、次に、実際からとってきた賃銀一覧をあげているが、ここではそのうちの次の諸事例で十分である――

A　織布工、六人家族、一週四日就業、六シリング八½ペンス。B　撚糸工、一週四½日、六シリング。C　織布工、四人家族、一週五日、五シリング一ペニー。D　前紡工、六人家族、一週四日、七シリング一〇ペンス。E　織布工、七人家族、〔一週〕三日、五シリング、等々。レッドグレイヴは続けて言う――「右の一覧は注目に値する。なぜなら、それは、労働が多くの家族にとって一つの不幸となるであろうということを示しているからである。というのは、労働は、所得を単に減少させるだけでなく、――もし家族全員が失業していれば救貧金として受け取ったであろう金額に家族のかせぎが達しない場合に、追加救貧金が付与されないとなれば――所得をはなはだしく低下させ、家族の絶対的必要の一小部分以上のものを満足させるにはまったく不十分なほどになるからである」（『工場監督官報告書。一八六三年一〇月』、五〇―五三ページ）。

＊〔ここの引用文は、本訳書、第一巻、八〇一―八〇二ページでも、一部省略をして引用されている。文章の違いは英語で書かれた報告書原文のドイツ語訳文の違いによる〕

「一八六三年六月五日以来、全労働者の総就業平均が二日と七時間数分より多かった週はない」（同前、一二一ページ）。

恐慌の開始から一八六三年三月二五日まで、救貧当局、中央救貧委員会、およびロンドン市委員会によって約三〇〇万ポンドが支出された（一三ページ）。

「おそらくもっとも細い糸が紡がれるある地域では……シー・アイランド綿[*1]からエジプト綿への移行の結果、精紡工たちは一五％の間接的な賃銀引き下げをこうむっている。……インド綿〔スラト綿〕との混合のために綿屑が大量に用いられるある広大な地域では〔……〕精紡工たちは五％の賃銀減額
(146) をこうむり、さらにスラト綿と綿屑を処理する結果、なお二〇―三〇％を失った。織布工の受け持ちは織機四台から二台に下がった。一八六〇年には彼らは織機一台につき〔平均〕五シリング七ペンス

をかせいだが、一八六三年には三シリング四ペンスしかかせがなかった。……アメリカ綿では以前には三ペンスから六ペンスの間を変動した罰金」（精紡工にたいする）「は、いまでは一シリングから三シリング六ペンスにまで達している」。エジプト綿が東インド綿と混合して用いられたある地域では――「ミュール精紡工の〔週〕平均賃銀は、一八六〇年には、一八―二五シリングであったが、いまでは一〇―一八シリングである。これは、もっぱら粗悪綿によって引き起こされるのではなく、糸の撚りを強めるためのミュール精紡機の減速によって引き起こされるのであり、普通の時期ならこの減速にたいしては賃銀表によって特別支払いがなされたことであろう」（四三、四四、四五―五〇ページ）。「東インド綿はおそらくあちらこちらで工場主たちに利潤をもたらしながら加工されているとはいえ、一八六一年と比較して、労働者たちがそのことで被害を受けていることがわかる〔同報告書〕五三ページの賃銀表を見よ）[*2]。スラト綿の使用が固定化されれば、労働者たちは一八六一年と同じかせぎを要求するであろう。このことはしかし、もしそれが綿花の価格なり製品の価格なりによって埋め合わされない場合には、工場主の利益に重大な影響をおよぼすことになるであろう」（一〇五ページ）。

＊1〔海島綿ともいう。細糸紡績の原料で繊維が長く最上級。エジプト綿がこれに次ぐ。アメリカのサウスカロライナ州、ジョージア州沿岸のシー諸島で少量栽培される〕

＊2〔この丸括弧内はマルクスによる〕

家賃。「労働者たちの家賃は、彼らの住む〝小屋〟が工場主のものである場合には、操業短縮のときでさえも、工場主によって賃銀から差し引かれることが頻繁である。それにもかかわらず、これらの建物〔原文は「この種の財産」〕の価値は低落しており、小屋はいまでは以前〔原文は「通常のときの家賃」〕に比べて二五―五〇％安く借りられる。すなわち、かつて週あたり三シリング六ペンスかかった〝小屋〟が、いまでは二シリング四ペンスで、ときにはさらに安くでも借りられる」（五七ページ）。

移住。工場主たちは、労働者たちの移住にはもちろん反対であった。なぜなら、一方では彼らは、「綿工業の景気回復期を期待して、彼らの工場をもっとも有利な仕方で経営するための手段を手もとにもっていたかった」からである。しかしまた、「多くの工場主たちは彼らの雇用する労働者たちが住んでいる家屋の所有者であり、少なくとも彼らのうちの若干の者は、無条件に、滞納家賃の一部をあとで支払ってもらうことをあてにしている」からである（九六ページ）。

バーナル・アズボン[*1]氏は、彼の議会選挙人にたいする一八六四年一〇月二二日の演説において、ランカシャーの労働者たちは古代の哲学者たち（ストア派[*2]）のようにふるまった、と言っている。[*3]羊のようにではなかったのか？

＊1〔ラルフ・バーナル・アズボン（一八〇八―一八八二年）。イギリスの政治家〕

＊2〔古代ギリシアの哲学者ゼノン（前三三五―前二六三年）が創始した哲学。神の摂理である自然の必然性に従って、泰然自若と生きるべきことを説く〕

＊3〔『タイムズ』、一八六四年一〇月二四日付〕

（147）

第七章　補　　遺*

＊〔草稿での表題は「利潤（ブルジョアの目に現われるままの）」となっている〕

本篇で想定しているように、特殊な各生産部面において取得される利潤総量は、その部面に投下された総資本の生み出す剰余価値の総額に等しい、と仮定する。それでも、ブルジョアは利潤を剰余価値すなわち不払いの剰余労働と同一なものとは理解しないであろう。しかもそれは、次の理由からである――

（一）　流通の過程においては、ブルジョアは生産過程を忘れる。諸商品の価値の実現――それにはそれらの剰余価値の実現が含まれる――は、彼にはこの剰余価値の作出と見える。〔草稿に空白が残されているのは、この点をマルクスがいっそう立ち入って展開するつもりでいたことを示唆している。――F・エンゲルス〕

（二）　労働の搾取度が同じであると前提すれば、次のようであることが明らかになった。すなわち、信用制度によってもたらされるすべての変更、資本家相互の詐欺とぺてん、さらに市場のあらゆる有利な選択を度外視すれば、利潤率は、原料が安いか安くないか、原料を購入するさいの専門的知識が多いか少ないかによって、また使用される機械が生産的、合目的、安価であるかどうかによって、生産過程のさまざまな段階の装置全体が完璧であるかないかによって、材料の浪費がのぞかれている

（148）

かどうか、管理と監督が単純かつ効果的であるかどうか等々によって、非常に異なったものでありうる。要するに、一定の可変資本にとっての剰余価値が与えられていても、この同じ剰余価値がより大きい利潤率として現われるか、より小さい利潤率として現われるか、したがって、それがより大きな利潤総量を提供するか、より小さな利潤総量を提供するかは、資本家自身なり彼の配下の管理人や事務員なりの個人的な営業手腕になお大きく依存する。一〇〇〇ポンドの労賃の産物である同じ一〇〇〇ポンドの剰余価値が、事業Ａにおいては九〇〇〇ポンドの不変資本に、他の事業Ｂにおいては一万一〇〇〇ポンドの不変資本に関係づけられているとしよう。Ａの場合には、$p' = \frac{1.000}{10.000} = 10\%$ である。Ｂの場合には、$p' = \frac{1.000}{12.000} = 8\frac{1}{3}\%$ である。総資本は、Ａの場合には、Ｂの場合よりも割合のうえでより多くの利潤を生産する。なぜなら、どちらの場合にも前貸可変資本は一〇〇〇ポンドで、それから得られた剰余価値も同じく一〇〇〇ポンドであり、したがってどちらの場合にも等しい数の労働者の等しい大きさの搾取が行なわれているにもかかわらず、Ａの場合のほうが、Ｂの場合よりも利潤率がより高いからである。等しい労働搾取のもとでの、同じ総量の剰余価値の表示のこの相違、または、利潤率の相違すなわち利潤そのものの相違は、他の諸起源からも由来しうる。しかし、この相違はまた、もっぱら、両事業を運営するさいの営業の手腕の相違からも生じうる。そして、この事情が、自分の利潤は労働の搾取のおかげではなく、少なくとも一部分は、労働の搾取とは無関係な他の事情、とくに彼の個人的な行為のおかげであると、資本家に思い誤らせ、信じ込ませる。

この第一篇で展開されたことから、次のような見解（ロートベルトゥス）[*]は誤りであるという結論が出てくる。その見解によれば（たとえば、土地面積が同一のままであるのに地代は増大するというような地代の場合とは違って）、資本の大きさの変動は、利潤と資本との比率、したがって利潤率には、なんらの影響もおよぼさない。なぜなら、利潤の総量が増大すれば利潤の計算の基礎になる資本の総量もまた増大し、利潤の総量が減少すれば資本の総量も減少するからである、というのである。

＊〔ロートベルトゥス『フォン・キルヒマン宛の社会的書簡。第三書簡。リカードウ地代論の論駁と新賃料論の基礎づけ』、ベルリン、一八五一年、一二五ページ（山口正吾訳『改訳　地代論』、岩波文庫、一九五〇年、一四七ページ）。マルクスのロートベルトゥス利潤率論批判については、『資本論草稿集』6、大月書店、一九八一年、九〇―一一六ページ。邦訳『全集』第二六巻、第二分冊、七八―一〇四ページ参照〕

この見解は、二つの場合にのみ正しい。第一に、他のすべての事情が、したがってとくに剰余価値率が同じままであると前提して、貨幣商品である商品〔金〕の価値変動が生じる場合。（同じことは、他の事情が等しいときに、単なる名目的な価値変動が生じる場合、すなわち価値章標が騰貴または下落する場合にも起こる。）総資本が一〇〇ポンドで、利潤が二〇ポンド、したがって利潤率は二〇％であるとしよう。いま金が一〇〇％だけ低落または騰貴するならば、第一の場合には、以前には一〇〇ポンドの価値であった同じ資本が二〇〇ポンドの価値になり、利潤は四〇ポンドの価値をもつであ

（149）ろう。すなわち、以前二〇ポンドで表わされたのに代わって、この〔四〇ポンドという〕貨幣表現で表わされるであろう。第二の場合には、資本は五〇ポンドの価値に低落し、利潤は一〇ポンドの価値をもつ生産物で表わされる。しかし、どちらの場合にも、200：40＝50：10＝100：20＝20％である。しかしながら、実際には、これらすべての場合に、資本価値には大きさの変動は起こらず、同じ価値および同じ剰余価値の貨幣表現に大きさの変動が起こるだけであろう。したがって、$\frac{m}{C}$ すなわち利潤率も影響されえないであろう。

＊〔初版では「騰貴または低落する」となっていたが草稿にもとづいてアドラツキー版で訂正。なお、金の価値が一〇〇％下落すれば、金の価値はゼロになり、一〇〇ポンドの資本は無限大のポンドとなるであろう。したがってこの文章でマルクスが言おうとしたことは、「いま金が半分に低落または二倍に騰貴するならば」であろう〕

もう一つの場合は、現実の価値の大きさの変動が生じるが、この大きさの変動が、v：c の比率における変動をともなわない場合、すなわち、剰余価値率が不変のもとで、労働力に投下された資本（運動させられる労働力の指標とみなされる可変資本）が生産諸手段に投下された資本にたいしてもつ比率が同一のままである場合。この事情のもとでは、〔総資本が〕たとえCであろうと、nCであろうと、$\frac{C}{n}$ であろうと、たとえば、一〇〇〇であろうと、二〇〇〇であろうと、五〇〇であろうと、利潤率が二〇％のもとでは、利潤は、第一の場合には二〇〇、第二の場合には四〇〇、第三の場合には一〇〇である。しかし、$\frac{200}{1,000}=\frac{400}{2,000}=\frac{100}{500}=20\%$ である。すなわち、利潤率はこの場合には不変のままであるのは、資本の構成が同じままであり、資本の大きさの変動によっては影響されないからである。だから、この場合には、利潤総量の増加または減少は、使用される資本の大きさの増加または減少を示すだけである。

したがって、第一の場合には、使用される資本の外見上の大きさの変動が生じるだけであり、第二の場合には、現実の大きさの変動が生じるが、しかし、資本の有機的構成には、すなわち資本の可変部分が不変部分にたいしてもつ比率には、なにも変動は生じない。しかし、これら二つの場合をのぞけば、使用される資本の大きさの変動は、資本の構成諸部分の一つにおける先行した価値変動の結果であるか――したがって（可変資本とともに剰余価値そのものが変動しない限り）使用される資本の構成諸部分の相対的な大きさにおける変動の結果であるか――、そうでなければ、この大きさの変動は、（大規模作業や新しい機械の採用などのさいのような）資本の二つの有機的構成部分の相対的な大きさの変動を生じさせる原因であるか、のいずれかである。だから、これらすべての場合には、他の事情に変わりがなければ、使用される資本の大きさの変動は、利潤率の同時的な変動をともなわざるをえない。

利潤率の増加は、つねに、剰余価値が、その生産費すなわち前貸総資本にたいする比率において相対的または絶対的に増加することから生じる。言い換えれば、利潤率と剰余価値率との差が減少する

（150）

ことから生じる。

資本の有機的構成諸部分における変動または資本の絶対的大きさとはかかわりのない利潤率の変動は、前貸資本——固定資本または流動資本のどの形態で存在するにせよ——の価値が、その再生産に必要な労働時間の、既存の資本とはかかわりのない増大または減少の結果として、増加または低落することによって起こりうる。各商品の価値は——したがって資本を構成する諸商品の価値もまた——、その商品そのものに含まれている必要労働時間によって決定されるのではなく、その再生産に要する社会的必要労働時間によって決定される。この再生産は、最初の生産の諸条件とは異なる、より困難なまたはより容易な事情のもとで行なわれることがありうる。同じ物的資本を再生産するために、変化した事情のもとで、一般的に二倍の時間か、または逆に半分の時間を要するならば、貨幣の価値が不変であれば、以前に一〇〇ポンドの価値であった資本が、いまでは二〇〇ポンドまたは五〇ポンドの価値になるであろう。この価値増大または価値減少が資本のすべての部分に同じ程度に起こるとすれば、利潤もまたこれに照応して二倍の貨幣額またはわずか半分の貨幣額で表現されるであろう。しかし、価値増大または価値減少が資本の有機的構成の変化を含んでおり、可変資本部分の不変資本部分にたいする比率を増加または低落させるならば、利潤率は、他の事情に変わりがなければ、可変資本の相対的増大とともに増大し、その相対的低落とともに低下するであろう。前貸資本の貨幣価値だけが（貨幣の価値変動の結果として）増加または低下するならば、剰余価値の貨幣表現は同じ比率で増加または低下する。利潤率は不変のままである。

（151）

第二篇　利潤の平均利潤への転化

第八章　異なる生産諸部門における資本の構成の相違*とその結果生じる利潤率の相違

*〔草稿では、この前に「1)」と書かれている〕

前篇では、とりわけ、剰余価値率が同じままでも、利潤率がどのように変動――上昇または低下――しうるかが証明された。本章〔第二篇〕においては、ある与えられた国の社会的労働が分割されるすべての生産部面において、労働の搾取度、したがって剰余価値率と労働日の長さとが同じ大きさであり、同じ高さであることが前提される。異なる生産諸部面での労働の搾取のいちじるしい相違については、すでにA・スミス*1が詳しく証明したように、それらの相違は、種々さまざまの現実的な、あるいは思い込みにもとづく埋め合わせの諸根拠によって均等化されるのであり、したがって一般的な諸関係の研究にとっては、単に外見的一時的な相違として、計算にははいらない。その他の区別、

（152）

たとえば労賃の高さの違いは、大部分は、すでに第一部の冒頭の一九ページ[*2]〔第二版〕で述べた単純労働と複雑労働との違いにもとづくのであり、それは、異なる生産諸部面における労働者たちの運命をはなはだしく不等なものにするとはいえ、これらの異なる諸部面における労働の搾取度には少しも関係しない。たとえば、金細工師の労働が日雇い労働者の労働よりも高く支払われるとすれば、この金細工師の剰余労働もまたそれと同じ割合で、この日雇い労働者の剰余労働がつくり出す剰余価値よりも大きな剰余価値をつくり出す。そして、労賃および労働日の均等化、したがって剰余価値率の均等化が、異なる生産諸部面のあいだで、それどころか同じ生産部面での異なる諸投資のあいだでさえ、いろいろな局地的障害によってはばまれる場合でも、それでもなおこの均等化は、資本主義的生産が進歩し、あらゆる経済的諸関係がこの生産様式に従属していくにつれてますます達成されていく。このような摩擦の研究は、労賃にかんするあらゆる特殊な著作にとってどれほど重要であるとしても、このような摩擦は、資本主義的生産の一般的研究にとっては偶然的非本質的なものとして無視されるべきである。このような一般的研究では、一般につねに、現実の諸関係はその概念に照応するということが前提される。または、同じことであるが、現実の諸関係は、それらがそれ自身の一般的な型を表わしている限りでのみ、叙述される。

＊1〔アダム・スミス『諸国民の富』、第一篇、第一〇章「労働および資財のさまざまの用途における賃銀および利潤について」、大内兵衛・松川七郎訳、岩波文庫、㈠、一九五九年、二九〇ページ以下、とくに三二一ページ〕

＊2〔本訳書、第一巻、八一―八二ページ参照〕

異なる国々における剰余価値率の違い、したがって国民的な労働搾取度の違いは、当面の研究にとってはまったくどうでもよい。われわれがまさに本篇で述べようとするのは、一国の内部で一般的利潤率がどのようにして形成されるのか、ということである。とはいえ、異なる国民的利潤率を比較する場合には、前に展開したこととここでこれから展開することとを総括するだけでよいということは、明らかである。まず国民的剰余価値率の相違を考察し、次にこれらの与えられた諸剰余価値率を基礎にして国民的利潤率の相違を比較すべきである。国民的利潤率の相違は、それが国民的剰余価値率の相違の結果生じたのでない限り、本章〔篇〕の研究において前提されているように、剰余価値〔率〕はどこでも同じで不変であると前提される場合の諸事情によるものでなければならない。

(153)　前章〔篇〕で明らかにされたように、剰余価値率を不変と前提すれば、一定の資本がもたらす利潤率は、諸事情――不変資本のあれこれの部分の価値を増加または減少させ、それによって、一般にその資本の不変的構成諸部分と可変的構成諸部分との比率に影響する諸事情――に従って、上昇または下落しうる。さらにこれも述べたことであるが、資本の回転時間を延長または短縮する諸事情は、＊同様の仕方で利潤率に影響しうる。利潤の総量は、剰余価値の総量、剰余価値そのものと同じであるから、利潤の総量は――利潤率とは違って――いま述べた価値変動によっては影響されないということも明らかにされた。そのような価値変動は、与えられた剰余価値が、したがってまた与えられた大きさの利潤が表現される率を、すなわちその比率的な大きさ、前貸資本の大きさと比較されたその大きさを、変化させるだけであった。そのような価値変動の結果として資本の拘束または遊離が生じた限りでは、この間接的な道を経て、利潤率だけではなく、利潤そのものが影響を受けるということはありえた。とはいえ、このことは、つねに、すでに投下されている資本についてのみあてはまり、新たな資本投下についてはあてはまらなかった。さらにまた、利潤そのものの増大または減少は、つねに、前記の価値変動の結果、同じ資本でどの程度までより多くのまたはより少ない労働が運動させられることができたか、すなわち、同じ資本で――剰余価値率が不変な場合に――どの程度までより多量のまたはより少量の剰余価値が生産されることができたか、にかかっていた。この外見上の例外は、一般的法則に矛盾したりその例外をなすどころか、実際には、一般的法則の適用の特殊な場合にすぎなかった。

＊〔草稿では「回転時間」は「流通時間」となっている〕

前篇で示したように、労働の搾取度が不変でも、不変資本の構成諸部分の価値変動につれて、また同じく資本の回転時間[*1]の変動につれて、利潤率が変化するとすれば、このことからはおのずから次の結果が出てくる。すなわち、同時に並立して存在するさまざまな生産部面の利潤率は、他の事情に変わりがない場合にも使用諸資本の回転時間[*2]が異なれば、またはさまざまな生産部門におけるこれら諸資本の有機的構成諸部分間の価値比率が異なれば、異なるであろうということ、である。以前には、同じ資本に時間的に継起して起こった諸変化として考察したことを、いまやわれわれは、さまざまな生産部面に並立して現存する諸投資のあいだに同時に存在する違いとして考察するのである。

＊1·2〔草稿では「回転時間」は「流通時間」となっている〕

そのさいわれわれが研究しなければならないのは、（一）諸資本の有機的構成の相違と、（二）諸資本の回転時間＊の相違とであろう。

＊〔草稿では「回転時間」は「流通時間または回転時間」となっている〕

この全研究にあたっての前提は、言うまでもなく次のことである。すなわち、われわれが一定の生産部門における資本の構成または回転＊について語る場合には、つねにこの生産部門に投下された資本の平均的な正常な関係のことを言っているのであり、一般に、一定の部面に投下された総資本の平均が問題なのであって、この部面に投下された個別諸資本の偶然的な違いが問題なのではないということである。

＊〔草稿では「または回転」は「（流通時間もまた）」となっている〕

（154）

さらに、剰余価値率と労働日とが不変と想定されているのだから、そしてこの想定は労賃の不変をも含むのだから、一定分量の可変資本は、一定分量の運動させられる労働力を、したがって一定分量の対象化されつつある労働を表現する。そこで、一〇〇ポンドが一〇〇人の労働者の週賃銀を表現し、したがって実際に一〇〇の労働力を示すとすれば、n×100ポンドは、n×100人の労働者の労働力を、また $\frac{100ポンド}{n}$ は $\frac{100}{n}$ 人の労働者の労働力を表現する。すなわち、可変資本は、ここでは（労賃が与えられている場合にはつねにそうであるが）、一定の総資本によって運動させられる労働の総量の指標として役立つ。したがって、使用される可変資本の大きさの相違は、使用される労働力の総量の相違の指標として役立つ。一〇〇ポンドが毎週一〇〇人の労働者を表わし、したがって、週労働六〇時間の場合には六〇〇〇労働時間を表わすとすれば、二〇〇ポンドは一万二〇〇〇労働時間を表わし、五〇ポンドはわずか三〇〇〇労働時間を表わすだけである。

われわれが資本の構成*というのは、すでに第一部〔本訳書、第一巻、一〇六九ページ〕で述べたように、資本の能動的構成部分と受動的構成部分との比率、可変資本と不変資本との比率のことである。ここでは二つの比率〔素材の面から見た比率と価値の面から見た比率〕が問題となるが、この二つの比率は、特定の事情のもとでは同じ作用を生じうるとはいえ、同じ重要性をもつものではない。

＊〔草稿では、「資本の構成」は「資本の有機的構成」となっている〕

第一の比率は、技術的な基礎にもとづくものであり、生産力の一定の発展段階では与えられたものとみなすことができる。一定量の生産物をたとえば一日で生産するためには、したがって――このことのなかに含まれていることであるが――一定量の生産諸手段すなわち機械・原料などを運動させ生産的に消費するためには、一定数の労働者によって表わされる一定量の労働力が必要である。一定分量の生産諸手段には一定数の労働者が相応するのであり、したがって、すでに生産諸手段に対象化されている一定分量の労働には一定分量の生きた労働が相応する。この比率は、異なる生産諸部面では、またしばしば同一産業の異なる諸部門のあいだでも、非常に異なる――といっても偶然的には、非常に遠く隔たった産業諸部門のあいだでも、まったく同じかまたはほとんど同じであることもありうるが。

この比率は、資本の技術的構成をなし、*資本の有機的構成の本来の基礎である。

＊〔草稿には、「資本の技術的構成をなし」の一句はない〕

しかし、可変資本が労働力の単なる指標であり、不変資本がこの労働力によって運動させられる生産諸手段の総量の単なる指標である限りでは、異なる産業諸部門におけるこの比率が同じであるということもありうる。たとえば、銅を使用するある労働と鉄を使用するある労働とは、労働力と生産諸（155）手段総量とのあいだで同じ比率を前提するかもしれない。しかし、銅は鉄よりも高価であるから、この二つの場合の可変資本と不変資本との価値比率は異なるであろうし、したがって、この二つの総資本の価値構成も異なるであろう。技術的構成と価値構成との区別は、どの産業部門でも、次の点に示される。すなわち、技術的構成は不変でも、両資本部分の価値比率は変動しうるし、また、技術的構成が変化しても価値比率は同じままでありうるということ、である――もちろん、あとのほうのことは、使用される生産諸手段の総量と使用される労働力の総量との比率の変動が、それらの価値における反対方向の変動によって相殺される場合に限られるが。

＊資本の技術的構成によって規定され、これ〔技術的構成の変化〕を〔自己のうちに〕反映する限りでの資本の価値構成を、われわれは資本の有機的構成と名づける。[二〇]

（二〇）　以上のことは、すでに第一部、第三版、六二八ページ〔本訳書、第一巻、一〇六九ページ〕、第二三章のはじめに簡単に展開されている。はじめの二つの版〔初版と第二版〕はこの個所を含んでいないので、なおのことここでそれを繰り返す必要があった。――F・エンゲルス

＊〔このパラグラフはエンゲルスによる〕

したがって、われわれは、可変資本については、それが一定量の労働力の、一定数の労働者の、言い換えれば一定量の運動させられる生きた労働の、指標であるということを前提する。前篇で見たように、可変資本の価値の大きさの変動は、ことによると、同じ労働総量の価格の騰落以外にはなにも表わしていないかもしれない。しかし、ここでは、剰余価値率と労働日とが不変とみなされ、一定の労働時間にたいする労賃が与えられたものとみなされるのであるから、そういうことはありえない。これに反して、不変資本の大きさの違いは、確かに、一定分量の労働力によって運動させられる生産諸手段の総量の変動の指標でもありうるが、しかし、この違いは、ある生産部面で運動させられる生産諸手段のもつ価値と、他の生産部面で運動させられる生産諸手段のもつ価値との違いからも生じうる。だから、ここではこの両方〔素材と価値〕の観点が考慮される。

最後に、次の本質的な点を注意しなければならない――

一〇〇ポンドが一〇〇人の労働者の週賃銀であると仮定しよう。毎週の労働時間が六〇時間であると仮定しよう。さらに剰余価値率が一〇〇％であると仮定しよう。この場合には、労働者たちは六〇時間のうち三〇時間は自分自身のために、三〇時間は無償で資本家のために、労働する。一〇〇ポンドの労賃には、実際にはただ一〇〇人の労働者の三〇労働時間、すなわち合計三〇〇〇労働時間が体現されているにすぎず、他方、彼らが労働する残りの三〇〇〇時間は、資本家がポケットに入れる一〇〇ポンドの剰余価値または利潤に体現されている。そのため、一〇〇ポンドの労賃は、一〇〇人の(156)

労働者たちの週労働が対象化されている価値を表現しないとはいえ、それにもかかわらずこの労賃は（労働日の長さと剰余価値率が与えられているのだから）、この資本によって一〇〇人の労働者が合計六〇〇〇労働時間にわたって運動させられたことを示す。一〇〇ポンドの資本がこのことを示すのは、第一には、この資本は、一ポンド＝一週あたり一人の労働者であり、したがって、一〇〇ポンド＝〔一週あたり〕一〇〇人の労働者であるということによって、運動させられる労働者の数を示すからである。また第二には、運動させられる各労働者は、一〇〇％という与えられた剰余価値率のもとでは、彼の賃銀に含まれている労働の二倍の労働を行なうのであり、したがって、彼の賃銀一ポンド、半週間分の労働の表現であるそれが、まる一週間の労働を運動させ、同様に一〇〇ポンドは、五〇週間分の労働しか含まないにもかかわらず、一〇〇労働週間の労働を運動させるからである。したがって、労賃に投下された可変資本については、その価値が労賃の総額、一定分量の対象化された労働を表わす限りでの可変資本と、その価値が可変資本の運動させる生きた労働の総量の単なる指標である限りでの可変資本とのあいだに、非常に本質的な区別をしなければならない。生きた労働のこの総量は、可変資本に含まれている労働よりもつねに大きく、したがってまた、可変資本の価値よりも高い価値で表わされる。すなわち、一方は、可変資本によって運動させられる労働者の総数によって規定される価値で、他方は、この労働者たちが行なう剰余労働の分量によって規定される価値で表わされる。

可変資本のこの考察の仕方から、次の結果が出てくる——

ある投資が生産部面Ａでは総資本各七〇〇ごとに一〇〇だけを可変資本に支出し、六〇〇を不変資本に支出し、他方、生産部面Ｂでは六〇〇が可変資本に支出され、一〇〇だけが不変資本に支出されるとすれば、右の七〇〇の総資本Ａは、一〇〇の労働力を運動させるだけであり、したがって前の仮定のもとでは一〇〇労働週間すなわち六〇〇〇時間の生きた労働を運動させるだけであろうが、他方、同じ大きさの総資本Ｂは、六〇〇労働週間したがって三万六〇〇〇時間の生きた労働を運動させる。したがって、部面Ａの資本は、五〇労働週間すなわち三〇〇〇時間の剰余労働を取得するにすぎないであろうが、他方、部面Ｂの同じ大きさの資本は、三〇〇労働週間すなわち一万八〇〇〇時間の剰余労働を取得するであろう。可変資本は、それ自身に含まれている労働の指標であるだけでなく、与えられた剰余価値率のもとでは、同時に、それによってこの限度を超えて運動させられる超過労働また
（157）は剰余労働の指標でもある。同じ労働搾取度のもとでは、利潤は、第一の場合には $\frac{100}{700}=\frac{1}{7}=14\frac{2}{7}\%$ であり、第二の場合には $\frac{600}{700}=85\frac{5}{7}\%$、すなわち六倍の利潤率であろう。しかし、実のところ、この場合には利潤そのものが六倍の大きさ――Ａにとっての一〇〇にたいしてＢにとっての六〇〇――であろう。なぜなら、同じ資本で六倍の生きた労働が運動させられ、したがって、同じ労働搾取度のもとではやはり六倍の剰余価値、したがって六倍の利潤がもたらされるからである。

　部面Ａでは七〇〇ポンドではなく七〇〇〇ポンドの資本が使用されるが、これにたいして、部面Ｂでは七〇〇ポンドの資本しか使用されないとすれば、資本Ａは、同じ有機的構成のもとでは、七〇〇〇ポンドのうち、一〇〇〇ポンドを可変資本として使用し、したがって毎週一〇〇〇人の労働者＝六万時間の生きた労働を使用し、そのうち三万時間が剰余労働となるであろう。しかし、Ａは依然とし

て、各七〇〇ポンドによって、Bの $\frac{1}{6}$ だけの生きた労働を、したがってまた $\frac{1}{6}$ だけの剰余労働を運動させ、したがってやはり $\frac{1}{6}$ だけの利潤を生産するであろう。利潤率を考察すれば、資本Bの $\frac{600}{700}=85\frac{5}{7}\%$ にたいし、$\frac{1,000}{7,000}=\frac{100}{700}=14\frac{2}{7}\%$ である。同じ大きさの資本額をとってみても、この場合には利潤率が相違する。なぜなら、剰余価値率が同じであっても、運動させられる生きた労働の総量が異なるため、生産される剰余価値の総量が異なり、したがって利潤が異なるからである。

　これと同じ結果が実際に出てくるのは、ある生産部面の技術的諸関係が他の生産部面のそれと同じであるが、使用される不変資本要素の価値が、一方の部面では他方の部面よりも大きいかまたは小さいという場合である。どちらの生産部面も同一分量の機械と原料とを運動させるために一〇〇ポンドを可変資本として使用し、したがって毎週一〇〇人の労働者を必要とするが、しかしこの同一分量の機械と原料とがBでのほうがAでよりも高価であると仮定しよう。この場合に、可変資本一〇〇ポンドにつき不変資本が、Aの場合にはたとえば二〇〇ポンド、Bの場合には四〇〇ポンドになるとしよう。そうすれば、一〇〇％の剰余価値率のもとでは、生産される剰余価値はどちらの場合にも同じく一〇〇ポンドである。したがって利潤もどちらの場合にも同じく一〇〇ポンドである。しかし〔利潤率は〕、部面Aでは $\frac{100}{200c+100v}=\frac{1}{3}=33\frac{1}{3}\%$ であり、これにたいして部面Bでは $\frac{100}{400c+100v}=\frac{1}{5}=20\%$ である。実際に、両方の場合に総資本の一定の可除部分をとってみれば、部面Bでは各一〇〇ポンドのうち二〇ポンドすなわち $\frac{1}{5}$ だけが可変資本であるが、Aでは各一〇〇ポンドのうち三三 $1/3$ ポンドすなわち $\frac{1}{3}$ が可変資本である。Bのほうが Aよりも各一〇〇ポンドあたりでより少ない利潤を生産するのは、Ｂのほうが A よりも少ない生きた労働を運動させるからである。したがって、利潤率の相違は、ここでもまた、資本投下一〇〇あたりで生み出される剰余価値の総量が違うから生み出される利潤総量が違う、ということに帰着する。

この第二例が前例と違うのは、次の点だけである――すなわち、ＡとＢとのあいだで均等化が行なわれるとすれば、第二例の場合には、技術的基礎が同じままで、ＡかＢかどちらかの不変資本が価値変動することを必要とするだけであろうが、これに反して第一例の場合には、二つの生産部面において技術的構成そのものが違っており、均等化するためにはそれが変革されなければならないであろう、ということだけである。

（158）したがって、諸資本の有機的構成の相違は、それらの絶対的大きさとはかかわりがない。問題になるのはつねに、各一〇〇のうちどれだけが可変資本で、どれだけが不変資本であるか、ということだけである。

したがって、大きさの異なる諸資本を百分率で計算したものが、または――ここでは結局同じことになるが――同じ大きさの諸資本が、同じ労働日と同じ労働搾取度とのもとで非常に異なる分量の利潤を生み出すのは、それらの資本が非常に異なる分量の剰余価値を生み出すからであり、詳しく言えば、異なる生産部面における資本の有機的構成の相違に応じて諸資本の可変部分が相違し、したがって諸資本が運動させる生きた労働の分量が相違し、したがって、諸資本が取得する剰余労働――剰余価値の実体、それゆえ利潤の実体――の分量もまた相違するからである。異なる生産諸部面にある総

（159）
資本中の同じ大きさの諸断片は、不等な大きさの剰余価値源泉を含むのであり、そして剰余価値の唯一の源泉は生きた労働なのである。等しい労働搾取度のもとでは、資本＝一〇〇が運動させる労働の総量、したがってまたこの資本が取得する剰余労働の総量は、この資本の可変的構成部分の大きさに依存する。もし、百分率で 90ｃ＋10ｖ から成り立つ資本が、等しい労働搾取度のもとで、10ｃ＋90ｖ から成り立つ資本と同量の剰余価値または利潤を生み出すとすれば、その場合には、剰余価値、したがってまた価値一般は労働とはまったく別の源泉をもたなければならないこと、また、それとともに経済学のあらゆる合理的な基礎が失われてしまうことは、明々白々であろう。先に仮定したように一ポンドは六〇労働時間にたいする労働者一人の週賃銀に等しく、剰余価値率＝一〇〇％とすれば、明らかに、一人の労働者が一週間に提供しうる総価値生産物は二ポンドである。したがって、一〇人の労働者は二〇ポンドよりも多くを提供することはできないであろう。そして、この二〇ポンドのうち一〇ポンドは労賃を補填するのだから、この一〇人の労働者は、一〇ポンドよりも大きな剰余価値をつくり出すことはできないであろう。一方、その総〔価値〕生産物＝一八〇ポンドで、その労賃＝九〇ポンドである九〇人の労働者は、九〇ポンドの剰余価値をつくり出すであろう。したがって利潤率は、一方の場合〔90ｃ＋10ｖ〕には一〇％、他方の場合〔10ｃ＋90ｖ〕には九〇％であろう。もしそうでないならば、価値および剰余価値は、対象化された労働とはなにか別なものでなければならないであろう。このように、異なる生産諸部面における諸資本を百分率で考察したもの――または同じ大きさの諸資本――は、不変要素と可変要素とに不等な比率で分割され、不等な分量の生きた労働を運動させ、したがってまた不等な分量の剰余価値、したがって利潤を生み出すのだから、総資本にたいし剰余価値を百分率で計算したものにほかならない利潤率は、異なる生産部面では相違するのである。

しかし、もし異なる生産諸部面の、百分率で計算した諸資本が、したがって異なる生産諸部面にある同じ大きさの諸資本が、それらの有機的構成の相違の結果として不等な利潤を生み出すとすれば、異なる生産諸部面にある不等な諸資本の利潤は、これらの資本のそれぞれの大きさには比例することができないということになり、したがって、異なる生産諸部面における利潤は、それらの部面で使用されるそれぞれの資本の大きさには比例しないということになる。というのは、そのように利潤が使用資本の大きさに〝比例して〟増大するということは、百分率で考察すれば利潤は等しいということ、したがって、異なる生産諸部面にある同じ大きさの諸資本は、それらの有機的構成が異なるにもかかわらず、等しい利潤率をもつということを想定するであろうからである。したがって、資本の有機的構成が与えられている同じ生産部面の内部でのみ、または、資本の有機的構成が等しい異なる生産諸部面のあいだでのみ、利潤の総量は使用された諸資本の総量に正比例する。不等な大きさの諸資本の利潤がそれら諸資本の大きさに比例するということは、一般に、同じ大きさの諸資本は同じ大きさの利潤をもたらすということ、または、諸資本の大きさとその有機的構成がどうであろうと、利潤率はすべての資本にとって等しいということ以外にはなにも意味しない。

以上に展開されたことは、諸商品がその価値どおりに売られるという前提のもとで生じることである。一商品の価値は、その商品に含まれている不変資本の価値、プラス、その商品のなかに再生産されている可変資本の価値、プラス、この可変資本の増加分すなわち生産された剰余価値、に等しい。等しい剰余価値率のもとでは、剰余価値の総量は、明らかに可変資本の総量に依存する。一〇〇という資本の生産物の価値は、一方の場合には $90c+10v+10m=110$ であり、他方の場合には $10c+90v+90m=190$ である。諸商品がその価値どおりに売られるならば、第一の生産物は一一〇で売られ、そのうち一〇が剰余価値または不払労働を表わす。これにたいして、第二の生産物は一九〇で売られ、そのうち九〇が剰余価値または不払労働を表わす。

（160）

このことは、国民的諸利潤率*が相互に比較される場合にとくに重要である。ヨーロッパのある国では、剰余価値率は一〇〇%、すなわち労働者は半日は自分のために労働し、半日は自分の雇い主のために労働するとしよう。アジアのある国では、剰余価値率が二五%、すなわち労働者は一日の $\frac{4}{5}$ は自分のために、$\frac{1}{5}$ は自分の雇い主のために労働するとしよう。しかし、ヨーロッパの国では国民的資本の構成が $84c+16v$ であり、アジアの国では使用される機械などが少なく、与えられた時間に与えられた量の労働力によって生産的に消費される原料が相対的に少ないので、資本構成は $16c+84v$ であるとしよう。その場合には次のような計算となる——

＊〔草稿および初版では「国際的《インテルナツイオナーレ》諸利潤率」となっており、カウツキー版で「国民的諸利潤率」に訂正された。ロシア語ステパーノフ版、英語各版などはこの「国際的《インテルナツイオナール》」を文字どおり「諸国民のあいだ」と解して、「異なる諸国の諸利潤率」「諸国間の利潤率」と訳している〕

ヨーロッパの国では、生産物価値は $84c+16v+16m=116$ であり、利潤率は $\frac{16}{100}=16\%$ である。

アジアの国では、生産物価値は $16c + 84v + 21m = 121$ であり、利潤率は $\frac{21}{100} = 21\%$ である。このように、剰余価値率はアジアの国ではヨーロッパの国の四分の一であるとはいえ、利潤率は、アジアの国ではヨーロッパの国よりも二五％以上〔利潤率の差五％の一六％にたいする比率＝三一％〕も大きい。ケアリ、バスティアたちや〝その他全員〟はこれとは正反対の結論を引き出すであろう。[*]

＊〔草稿では、このあとに「この余録はあとの部分に属する」の文が続いている。また、三段落前の「このことは、」からここまでが角括弧でくくられている〕

ついでに言えば[*]、国民的利潤率の相違は、たいていは国民的剰余価値率の相違にもとづくであろう。しかし本章では、われわれは同じ剰余価値率から生じる不等な利潤率を比較する。

＊〔このパラグラフの文はエンゲルスによる〕

諸資本の有機的構成の相違のほかに、すなわち、異なる生産諸部面における同じ大きさの諸資本が運動させる労働の総量の――したがってまた、他の事情に変わりがなければ、剰余労働の総量の――相違のほかに、もう一つ別の、利潤率を不等にさせる源泉がある。すなわち異なる生産諸部面における資本の回転の長さの相違である[*1]。すでに[*2]〔第三部〕第四章〔本訳書、第三巻、一二三ページ以下〕で見たように、諸資本の構成が同じでその他の事情も同じならば、利潤率は回転時間に反比例し、また、同じ可変資本でも回転時間が異なれば、不等な総量の年剰余価値をもたらす。したがって、回転時間の相違は、なぜ異なる生産諸部面にある同じ大きさの諸資本が同じ時間に同じ大きさの利潤を生産しないのか、したがってまた、なぜこれらの異なる諸部門における利潤率が異なるのか、ということのもう一つの理由である。

＊1〔草稿では「資本の回転の長さの相違」は「流通時間あるいは回転の長さの相違」となっている〕

＊2〔「年剰余価値をもたらす」までの一文はエンゲルスによる〕

(161)

これにたいして、固定資本と流動資本とからなる諸資本の構成の比率について言えば、それは、それ自体として考察すれば、利潤率にはまったく影響しない。それが利潤率に影響しうるのは、この構成の相違が〔資本の〕可変部分と不変部分との比率の相違と一致する場合、すなわち、利潤率の相違が〔可変部分と不変部分との〕この比率の相違から生じるのであって、流動部分と固定部分との比率の相違から生じるのではない場合か、または、固定的構成諸部分と流動的構成諸部分との比率の相違が、一定の利潤が実現される回転時間の相違を引き起こす場合か、そのいずれかに限られる。もし諸資本が異なる比率で固定資本と流動資本とに分かれるならば、それは確かにつねに諸資本の回転時間に影響し、回転時間の相違を生じさせるであろう。しかし、このことからは、同じ諸資本が利潤を実現する回転時間が相違するとの結論は出てこない。たとえば、Aはつねに生産物のより大きな部分を原料などに転換しなければならないが、他方、Bはより少ない原料を用いて同じ機械などをより長い期間使用するとしても、どちらも、彼らが生産している限り、つねに彼らの資本の一部分を投下しているのである――一方は原料すなわち流動資本に、他方は機械などすなわち固定資本に。Aは、つねに彼の資本の一部分を商品形態から貨幣形態に転化させ、さらに貨幣形態から原料の形態に再転化させる。

他方、Ｂは自分の資本の一部分をこのように転化させることなく、かなり長い期間にわたって労働用具として利用する。もし両者が同じ分量の労働を使用するならば、彼らが一年間に売る生産物総量の価値は確かに同じではないであろうが、しかし、どちらの生産物総量も同じ分量の剰余価値を含んでいるであろう。そして総前貸資本にたいして計算される両資本の利潤率は、固定資本と流動資本とからなる両資本の構成も、両資本の回転時間[*1]も異なっているにもかかわらず、同じである。両資本は、異なる時間で回転するにもかかわらず、同じ時間内に同じ[*2]利潤を実現する。(二二) 回転時間[*3]の相違がそれ自(162)体として意義をもつのは、その相違が剰余労働の総量――同じ資本によってある与えられた時間に取得され実現されうる剰余労働の総量――に影響する限りでしかない。したがって、流動資本と固定資本とからなる構成の不等は、それ自身で利潤率の不等を引き起こす回転時間[*3]の不等を必ずしも含まないとすれば、利潤率の不等は、それが生じる限りでは、流動資本と固定資本との構成の不等そのものに由来するのではなく、むしろ、この構成の不等が、ここでは利潤率に影響する回転時間[*3]の不等を示すにすぎないということに由来することは明らかである。

(二二)〔第四章で述べたことから明らかなように、このことが正しいのは、資本ＡとＢとが異なる価値構成をもっているが、しかし、両資本の百分比で示された可変的構成部分が両資本の回転時間に正比例するか、または両資本の回転数に反比例する場合だけである。資本Ａの百分比構成は、20ｃ（固定）＋70ｃ（流動）したがって 90ｃ＋10ｖ＝100 であるとしよう。剰余価値率が一〇〇％ならば、10ｖ は一回転で 10ｍ を生み、一回転での利潤率は一〇％である。これにたいして、資本Ｂは 60ｃ（固定）＋20ｃ（流動）したがって 80ｃ＋20ｖ＝

100 であるとしよう。右の剰余価値率のもとでは、20ｖ は一回転で 20ｍ を生み、一回転での利潤率は二〇%、したがってＡの二倍である。しかし、Ａは一年に二回転し、Ｂは一回転しかしないとすれば、一年では〔Ａでも〕やはり 2×10＝20ｍ となり、年間利潤率はどちらの場合も同じ、すなわち二〇％である。――Ｆ・エンゲルス｝

＊1〔草稿では「回転時間」は「総流通時間」となっている〕

＊2〔草稿では、「両資本は、異なる時間で回転するにもかかわらず、同じ時間内に」は「両資本は、異なる流通時間ですっかり回転するにもかかわらず、同じ流通時間内に」となっている〕

＊3〔草稿では「回転時間」は「流通時間」となっている〕

したがって、異なる産業諸部門における不変資本――流動資本と固定資本とからなる――の構成の相違は、それ自体としては利潤率にとってなんの意義ももたない。というのは、可変資本の不変資本にたいする比率が決定的であり、また不変資本の価値、したがってまた可変資本と比べての不変資本の相対的大きさは、不変資本の構成諸部分の固定的または流動的性格とはまったくかかわりがないからである。しかしまた、次のようなことも見いだされるであろう――そしてこれは誤った結論に導くのであるが――それは、固定資本がいちじるしく増大する場合には、この増大は、生産が大規模に営まれ、したがって不変資本が可変資本をはなはだしく凌駕していることの表現、言い換えれば、使用される生きた労働力がこの労働力によって運動させせられる生産諸手段の総量に比べて少ないことの表現にすぎないということである。

こうしてわれわれは、すでに次のことを明らかにした――すなわち、異なる産業諸部門においては、諸資本の有機的構成の相違に対応して、また前述の限界内では諸資本の回転時間*の相違にも対応して、不等な利潤率が支配するということ、したがってまた、同じ剰余価値率であっても、同じ有機的構成をもつ諸資本にとってのみ――回転時間*が同じであると前提すれば――次のような法則（一般的傾向から見て）、すなわち、利潤は諸資本の大きさに比例し、それゆえ同じ大きさの諸資本は同じ時間内に同じ大きさの利潤を生むという法則が妥当するということ、がそれである。ここに展開されたのは、諸商品が価値どおりに売られるという、一般にこれまでわれわれの展開の土台であったものにもとづいて言えることである。他方、非本質的な、偶然的な、相殺される違いを度外視すれば、現実には、産業部門の違いによる平均利潤率の相違は存在せず、また、資本主義的生産の全体制を廃棄することなしには存在しえないであろうということは、少しも疑う余地がない。そのため、価値理論はここでは現実の運動と一致しえず、生産の実際の諸現象と一致しえないように見え、したがって、一般にこれらの諸現象を把握することは断念しなければならないように見える。

＊〔草稿では「回転時間」は「流通時間」となっている〕

(163)
本書〔第三部〕第一篇から明らかなように、異なる生産諸部面の生産物にとっては、その生産に同じ大きさの資本部分が前貸しされていれば、これら諸資本の有機的構成がどんなに相違していても、費用価格は同じである。費用価格においては、可変資本と不変資本との区別は資本家にとって消滅する。ある商品の生産に資本家が一〇〇ポンドを投下しなければならないとすれば、その商品が彼に費やさせるものは、彼が 90 c ＋10 v を投下しようと、10 c ＋90 v を投下しようと、同じ大きさである。その商品が彼に費やさせるものはどちらの場合にも一〇〇ポンドであり、それより多くも少なくもない。異なる諸部面における同じ大きさの諸投資にとっては、たとえ生産された価値および剰余価値がどんなに相違していても、費用価格は同じである。費用価格のこの同等性が諸投資の競争の基盤をなすのであり、この競争によって平均利潤が形成されるのである。

（164）

第九章　一般的利潤率（平均利潤率）の形成と商品価値の生産価格への転化*

*〔草稿では「2）一般的利潤率の形成（平均利潤）と商品価値の生産価格への転化」となっている〕

資本[*1]の有機的構成は、現実のどの時点においても二つの事情に依存する――すなわち、第一には、使用される生産諸手段の総量にたいする使用される労働力の技術的比率に、第二には、この生産諸手段の価格に。この有機的構成は、すでに見たように、その百分率という形で考察されなければならない。$\frac{4}{5}$ の不変資本と $\frac{1}{5}$ の可変資本とからなる一資本の有機的構成を、われわれは 80c＋20v という定式によって表現する。さらに、比較にさいしては、一つの不変な剰余価値率、しかもなんらかの任意な率、たとえば一〇〇％が仮定される。したがって 80c＋20v という資本は、20m という剰余価値を生み、それは、総資本にたいして二〇％の利潤率となる。ところで、この資本の生産物の現実の価値の大きさは、不変資本の固定的部分の大きさのいかんに、またこの固定的部分のうちどれだけが摩滅分として生産物にはいり込みどれだけがはいり込まないかに、依存する。しかしこの事情は、利潤率にとっては、したがって当面の研究にとっては、まったくどうでもよいことであるから、簡単にするために、不変資本はどこでも一様に全部がこれら諸資本の年生産物にはいり込むものと仮定される。さらに、異なる生産諸部面における諸資本は、それらの可変的部分の大きさに比例して、

資　　本	剰余価値率	剰余価値	生産物価値	利潤率
Ⅰ　80c＋20v	100%	20	120	20%
Ⅱ　70c＋30v	100%	30	130	30%
Ⅲ　60c＋40v	100%	40	140	40%
Ⅳ　85c＋15v	100%	15	115	15%
Ⅴ　95c＋ 5v	100%	5	105	5%

年々それと等しい大きさの剰余価値を実現するものと仮定される。したがって、諸回転時間*2の相違がこの点で引き起こしうる区別はしばらく度外視される。この点はもっとあとで取り扱うことにする。

*1〔草稿では、この前に「後で述べることをより簡単に理解するために、このことをあらかじめ書いておく」と書かれている〕

*2〔草稿では「諸回転時間」は「諸流通時間」となっていた〕

五つの異なる生産諸部面をとり、そこに投下された諸資本の有機的構成がそれぞれ、たとえば上のように異なるものとしよう――

(165) この場合には、生産部面が異なれば、労働の搾取〔度〕は均等であっても、利潤率は、資本の有機的構成の相違に照応してはなはだしく異なる。

この五部面に投下された諸資本の総額は五〇〇、それらによって生産された剰余価値の総額は一一〇、それらによって生産された諸商品の総価値は六一〇である。もしこの五〇〇を単一の資本とみなし、Ⅰ―Ⅴはその資本のさまざまな部分をなすにすぎないとみなすならば（たとえば一つの綿工場において、さまざまな部門、すなわち梳綿室、粗紡室、精紡室、織布室には、さまざまな比率の可変資本と不変資本とが存在し、全工場についての平均比率は追って計算してみなければならないという場合のように）、第一に、この五〇〇という資本の平均構成は 390c＋110v、すなわち百分率では 78c＋22v であろう。一〇〇というそれぞれの資本を総資本の $\frac{1}{5}$ にすぎないものとみなすならば、その構成は、右の 78c＋22v という平均構成であろう。同様に、それぞれの一〇〇には平均剰余価値として二二が帰属するであろう。したがって利潤の平均率は二二％であろうし、最後に、この五〇〇によって生産された総生産物のそれぞれ五分の一の価格は一二二であろう。したがって、前貸総資本のそれぞれ五分の一の生産物は一二二で売られなければならないであろう。

けれども、まったく誤った結論に行き着かないように、すべての費用価格が一〇〇に等しいと算定しないことが必要である。

〔有機的構成が〕80c＋20v で剰余価値率が一〇〇％の場合、資本Ｉ＝一〇〇によって生産された商品の全価値は、不変資本全部が年生産物にはいり込むものとすれば、80c＋20v＋20m＝120 であろう。もっとも、こういうこと〔不変資本全部が年生産物にはいり込むこと〕は、事情によって特定の生産諸部面で起こることもありうるであろう。しかし、c：v＝4：1 という比率の場合にはほとんどありえない。したがって、異なる諸資本各一〇〇によって生産される諸商品の価値については、次のことを考慮しなければならない。すなわち、これらの価値は固定的構成諸部分と流動的構成諸部分とからなるcの構成が異なるのに応じて異なるであろうということ、および、異なる諸資本の固定的構成諸部分そのものの摩滅がまた、より急速またはより緩慢であり、したがって同じ時間に不等な価値分量を生産物につけ加えるということが、それである。しかし利潤率にとっては、これはどうでもよいこ

資　　本	剰　余 価値率	剰　余 価　値	利潤率	消費さ れたc	商品の 価　値	費　用 価　格
I　80 c + 20 v	100%	20	20%	50	90	70
II　70 c + 30 v	100%	30	30%	51	111	81
III　60 c + 40 v	100%	40	40%	51	131	91
IV　85 c + 15 v	100%	15	15%	40	70	55
V　95 c + 5 v	100%	5	5%	10	20	15
合計 390 c +110 v	–	110	–	–	–	–
平均　78 c + 22 v	–	22	22%	–	–	–

(166)とである。80 c が年生産物に引き渡す価値が八〇であろうと、五〇であろうと、五であろうと、したがって年生産物が 80 c + 20 v + 20m = 120 であろうと、50 c + 20 v + 20m = 90 であろうと、5 c + 20 v + 20m = 45 であろうと、これらすべての場合に、生産物の価値がその費用価格を超える超過分は二〇であり、またこれらすべての場合に、利潤率の確定においてこの二〇が一〇〇という資本にたいして計算される。したがって、資本Iの利潤率はすべての場合に二〇%である。このことをいっそう明らかにするために、上の表では、前の表と同じ五つの資本について、不変資本の相異なる諸部分が生産物の価値にはいり込むようにしてみよう。

I—Vの資本をふたたび単一の総資本として考察すれば、この場合にも五つの資本の総額である五〇〇の構成は 390 c + 110 v であり、したがって平均構成は 78 c + 22 v であり、前と同じであることがわかる。同様に、平均剰余価値も二二*である。この剰余価値をI—Vにたいして均等に分配すれば、次のような商品価格〔費用価格プラス二二〕が出てくるであろう〔次ページの表参照〕

資　本		剰余価値	商品の価　値	商品の費用価格	商品の価　格	利潤率	価値からの価格の背離
Ⅰ	80 c ＋ 20 v	20	90	70	92	22%	＋ 2
Ⅱ	70 c ＋ 30 v	30	111	81	103	22%	− 8
Ⅲ	60 c ＋ 40 v	40	131	91	113	22%	− 18
Ⅳ	85 c ＋ 15 v	15	70＊	55	77	22%	＋ 7
Ⅴ	95 c ＋　5 v	5	20	15	37	22%	＋ 17

＊〔初版では「40」となっていた。草稿により訂正〕

＊〔初版では「二二%」となっていた。草稿により訂正〕

(167) まとめれば、諸商品は 2＋7＋17＝26 だけ価値より高く、8＋18＝26 だけ価値より安く売られるのであり、その結果、剰余価値の均等な分配による――すなわち、Ⅰ―Ⅴの諸商品のそれぞれの費用価格にたいする、前貸資本一〇〇につき二二という平均利潤の追加による――〔価値からの〕価格背離は相殺される。諸商品の一部分がこの部分の価値より高く売られるのと同じ割合で、他の部分がその部分の価値より安く売られる。そして、このような価格での諸商品の販売のみが、Ⅰ―Ⅴの諸資本の有機的構成が異なるにもかかわらず、〔諸資本〕Ⅰ―Ⅴにたいする利潤率が均等に二二%であることを可能にする。異なる生産諸部面の異なる利潤率の平均をとり、この平均を異なる生産諸部面の費用価格につけ加えることによって成立する諸価格、これが生産価格である。生産価格の前提は一般的利潤率の存在であり、一般的利潤率はまた、特殊な各生産諸部面において個々に見られた利潤率がすでに生産諸部面の数と同じ数の平均率に還元されていることを前提する。これらの特殊な利潤率はどの生産部面においても $\frac{m}{C}$ であり、本書〔第三部〕第一篇で行なわれたように、商品の価値から展開されなければならない。この展開がなければ、一般的利潤率は（だから商品の生産価格も）無意味で没概念的な表象にとどまる。こうして、商品の生産価格は、商品の費用価格、プラス、一般的利潤率に照応して百分率の形で費用価格につけ加えられた利潤に、すなわち、商品の費用価格、プラス、平均利潤に、等しい。

異なる生産諸部門に投下された諸資本の有機的構成が異なる結果として、したがって、与えられた大きさの資本全体のなかで可変的部分が占める百分率が異なるのに応じて、同じ大きさの諸資本が非常に異なる分量の労働を運動させるという事情の結果として、それらの諸資本によってやはり非常に異なる分量の剰余労働が取得される——すなわち、それら諸資本によって非常に異なる剰余価値の総量が生産される。それに応じて、異なる生産諸部門で支配的な諸利潤率は、もともとは非常に異なっている。[*1]これらの異なる諸利潤率は、競争によって、これらすべての異なる諸利潤率の平均である一つの一般的利潤率に均等化される。この一般的利潤率に照応して、与えられた大きさの資本に——その有機的構成がどうであろうと——帰属する利潤は、平均利潤と呼ばれる。一商品の費用価格、プラス、その商品の生産に使用される資本（単にその商品の生産に消費された資本だけでなく）にたいする年平均利潤のうち、その商品の回転諸条件に比例してその商品に帰属する部分[*2]——これに等しい一(168)商品の価格が、その商品の生産価格である。[*3]たとえば、五〇〇という一資本をとり、そのうちの一〇〇が固定資本であり、その一〇％が流動資本四〇〇の一回転期間中の摩滅分であるとしよう。この一回転期間中の平均利潤〔率〕を一〇％としよう。この場合には、この回転中につくり出された生産物の費用価格は、摩滅分 10ｃ＋流動資本 400（ｃ＋ｖ）＝410 であり、その生産価格は、費用価格 410＋50（500にたいする10％の利潤）＝460 であろう。

＊1〔草稿では「現実には」となっている〕
＊2〔草稿では「年平均利潤のうち、その商品の回転諸条件に比例してその商品に帰属する部分」は「平均利潤」となっている〕
＊3〔ここからこのパラグラフの末尾まではエンゲルスによる〕

それゆえ、異なる生産諸部面の資本家たちは、自分たちの諸商品の販売にさいして、それらの商品の生産に消費された諸資本価値を回収するとはいえ、彼らは、自分自身の部面でそれらの商品の生産にさいして生産された剰余価値を、したがって利潤を受け取るのではなく、ただ、ひとまとめにしたすべての生産部面における社会の総資本によって所与の期間内に生産された総剰余価値または総利潤のうちから、均等な分配によって総資本の各可除部分に帰属する分だけの剰余価値したがって利潤を受け取るにすぎない。各前貸資本は、その構成がどうであろうと、一〇〇ごとに、毎年またはその他の各期間に、この期間について総資本の何分の一かである一〇〇に帰属する利潤を手に入れる。あれこれの資本家たちは、この場合に、利潤が問題である限りでは、一株式会社の単なる株主としてふるまう――株式会社では、利潤の分け前は均等に一〇〇ごとに分配されるのであり、したがって、あれこれの資本家たちにとっては、それぞれの資本家が総企業に投下した資本の大きさに応じて、総企業への彼の参加の割合に応じて、彼の持ち株数に応じて、異なるだけである。つまり、この商品価格のうち、諸商品の生産に消費された資本の諸価値部分を補填する部分、したがってこの消費された諸資本価値を買いもどさなければならない部分――この部分すなわち費用価格は、まったくそれぞれの生産諸部面の内部における投資に依存するのにたいして、商品価格の他の構成部分、すなわちこの費用価格につけ加えられる利潤は、この特定の資本がこの特定の生産部面で所与の時間中に生産する利潤総量に依存するのではなく、総生産に使用された社会的総資本の可除部分として使用された各資本に、所与の期間中に平均的に帰属する利潤総量に依存する。(三二)

(三二)　シェルビュリエ。*

*〔シェルビュリエ『富か貧困か。社会的富の現在の分配の原因と結果との説明』、パリ、一八四一年（第二版）、七〇―七二ページ。マルクスは、一般的利潤率の形成にかんするシェルビュリエの見解を『一八六一―一八六三年草稿』の「剰余価値に関する諸学説」で詳しく検討している（『資本論草稿集』8、大月書店、四五三―四六七ページ。邦訳『全集』第二六巻、第三分冊、四八三―四九四ページ）〕

(169)

したがって、ある資本家が自分の商品をその生産価格で売るとすれば、彼は、自分が生産中に消費した資本の価値の大きさに比例して貨幣を回収し、そして、社会的総資本の単なる可除部分としての彼の前貸資本に比例して利潤を手に入れる。彼の費用価格は〔彼〕独特のものである。この費用価格への利潤のつけ加えは、彼の特殊な生産部面とはかかわりのないものであり、前貸資本の一〇〇あたりの単純平均である。

前例におけるI―Vの五つの異なる投資が一人のものであると想定しよう。I―Vの個々の各投資において、使用資本の一〇〇ごとにどれだけの可変資本と不変資本とが諸商品の生産に消費されるかは与えられているであろうし、またⅠ―Ⅴの諸商品のこの価値部分は、言うまでもなく諸商品の価格の一部分をなすであろう。というのは、少なくともこの価格は、前貸しされて消費された資本部分の補塡のために必要だからである。したがって、これらの費用価格は、Ⅰ―Ⅴの商品種類ごとに異なり、またそのようなものとして所有者によってべつべつに確定されるであろう。しかし、Ⅰ―Ⅴにおいて生産された異なる剰余価値総量または利潤総量について言えば、この資本家はそれらを彼の前貸総資本の利潤として計算し、資本各一〇〇に〔この全利潤の〕一定の可除部分が帰属するようにしても少しも差し支えないであろう。したがって、Ⅰ―Ⅴの個々の投資で生産された諸商品の場合には、費用価格はそれぞれ異なるであろう。しかし、販売価格のうち、資本一〇〇ごとにつけ加えられる利潤に由来する部分は、これらのどの商品の場合でも同じであろう。したがって、Ⅰ―Ⅴの諸商品の総価格は、それらの総価値、すなわち、Ⅰ―Ⅴの費用価格の総計、プラス、Ⅰ―Ⅴで生産された剰余価値または利潤の総計、に等しいであろう。したがって、実際に、Ⅰ―Ⅴの諸商品に内含されている労働――過去の労働および新たにつけ加えられた労働――の総分量の貨幣表現に等しいであろう。そして、このようにして、社会そのものにおいては――すべての生産部門の総体を考察すれば――生産された諸商品の生産価格の総計は、諸商品の価値の総計に等しいのである。

この命題と次の事実は矛盾するかのように見える。すなわち、資本主義的生産においては、生産資本の諸要素は通例は市場で買われ、したがってそれらの価格はすでに実現された利潤を内含しているのであり、その点で一産業部門の生産価格はそれに含まれている利潤もろともに他の産業部門の費用価格にはいり込む、つまり、一産業部門の利潤が他の産業部門の費用価格にはいり込むという事実が、それである。しかし、一方の側に全国の諸商品の費用価格の総計を置き、他方の側に全国の利潤または剰余価値の総計を置いてみれば、計算が正しく行なわれるに違いない[*1]ことは明らかである。たとえば、一商品Aをとってみよう。Aの費用価格はB、C、Dの諸利潤をひっくるめて内含しているかもしれないが、それは、B、C、Dなどの場合にも、Aの利潤がまたそれらの費用価格にはいり込むかもしれないのと同様である。こうして計算してみれば、Aの利潤はA自身の費用価格のなかには算入(170)されておらず、同様に、B、C、Dなどの利潤もそれら自身の費用価格には算入されていない。自分自身の利潤を自分の費用価格に算入するものはいない。したがって、たとえば生産部面がn個あり、それぞれの部面でpに等しい利潤が得られるとすれば、すべての部面をひっくるめての費用価格は k[*2]$-np$ である。したがって、総計算を考察すれば、一生産部面の諸利潤が他の生産部面の費用価格にはいり込む限りでは、これらの利潤は最後の最終生産物の総価格〔構成部分〕としてすでに計算に入れられているのであり、利潤の欄に二度現われることはできない。しかし、もしそれらの利潤が利潤の欄に現われるとすれば、それはただ、その商品そのものが最終生産物であったからであり、したがってその生産価格[*3]が他の一商品の費用価格にはいり込まないからである。

＊1〔「正しく行なわれるに違いない」は、草稿では「修正されるに違いない」となっている〕

＊2〔前例のA、またはB、C、Dなどのように、他の商品の利潤を含む一商品の費用価格〕

＊3〔草稿では「商品」となっている〕

ある商品の費用価格に生産諸手段の生産者たちの利潤としてpという金額がはいり込み、この費用価格に利潤p_1がつけ加えられるとすれば、総利潤Pは、$p + p_1$である。そこで、利潤としてはいり込むすべての価格部分をのぞいたこの商品の総費用価格は、〔所与の生産部面における〕その商品自身の費用価格、マイナス、p[＊1]である。この費用価格〔この商品の総費用価格〕をkと名づければ、明らかに$k + P = k + p + p_1$である。第一部、第七章、第二節、〔第二版〕二一一ページ、〔第三版〕二〇三ページ〔本訳書、第一巻、三八二―三八五ページ〕で剰余価値を取り扱ったさいに見たように、各資本の生産物は、一部分は資本のみを補填し、他の部分は剰余価値のみを表現するかのように取り扱われることができる。この計算が社会の総生産物に適用される場合には、修正が行なわれる。というのは、社会全体を考察すれば、たとえば亜麻の価格に内含されている利潤は、二度――リンネルの価格の一部分としてと同時に亜麻生産者[＊2]の利潤の一部分として――現われることはできないからである。

＊1〔初版では「P」となっている。草稿により訂正〕
＊2〔草稿では、「亜麻生産者」は「紡績業者」となっている〕

たとえば、Aの剰余価値がBの不変資本にはいり込む限りでは、利潤と剰余価値とのあいだにはなんの区別も生じない。諸商品の価値にとっては、それらの商品に含まれている労働が支払労働からなっているか不払労働からなっているかは、まったくどうでもよいことである。これは、BがAの剰余価値を支払うということを示すだけである。総計算では、Aの剰余価値が二度計算されることはできない。

（171）しかし、区別は次の点に存在する――すなわち、たとえば資本Ｂにおいて実現〔生産〕された剰余価値がＢの諸生産物の価格においてつけ加えられた利潤よりも大きいことも小さいこともありうるので、Ｂの生産物の価格がその価値から背離するということのほかに、それと同じ事情が、資本Ｂの不変部分をなす諸商品、および間接的に――労働者たちの生活諸手段として――資本Ｂの可変部分をなす諸商品にもやはりあてはまる、ということである。不変部分について言えば、この部分そのものは費用価格プラス剰余価値に等しく、したがっていまや費用価格プラス利潤に等しく、そしてこの利潤はまた、剰余価値――利潤に取って代わられる剰余価値――よりも大きいことも小さいこともありうる。可変資本について言えば、確かに平均的な一日の労賃は、必要生活諸手段を生産するために労働者が労働しなければならない時間数の価値生産物[*1]につねに等しい。しかし、この時間数そのものがまた、必要生活諸手段の生産価格がその価値から背離することによってねじ曲げられている。とはいえ、このことはつねに、一方の商品に剰余価値としてはいり込むものが多すぎる分だけ、他方の商品にはいり込むものが少なすぎるということに、したがってまた、諸商品の生産価格[*2]に潜んでいる価値からの諸背離が相殺されるということに、帰着する。一般に資本主義的生産全体として、一般的法則が支配的傾向として自己を貫徹するのは、つねに、きわめて複雑な近似的な仕方においてのみであり、永続的な諸変動の決して確定されえない平均としてのみである。[*3]

＊1　「この価値生産物」はエンゲルスによる〕

＊2〔草稿では「費用価格」となっている〕
＊3〔草稿では、「きわめて複雑な近似的な仕方においてのみである」となっている〕

一般的利潤率は、一定期間たとえば一年間における前貸資本各一〇〇にたいするさまざまな利潤率の平均によって形成されるのだから、この一般的利潤率においては、異なる諸資本の回転時間の相違によって引き起こされる相違もまた消滅している。しかしこれらの相違は、異なる生産諸部面の異なる諸利潤率――それらの平均によって一般的利潤率が形成される――には規定的にはいり込む。

一般的利潤率の形成を説明する前例では、各生産部面における各資本を一〇〇としたが、それも、諸利潤率の百分率的相違を明らかにし、したがってまた同じ大きさの諸資本によって生産される諸商品の価値における相違を明らかにするためであった。しかし、特殊な各生産部面で生み出される現実の剰余価値総量が――このような与えられた各生産部面では資本の構成は与えられているので――使用諸資本の大きさに依存することは自明である。とはいえ、個々の一生産部面の特殊な利潤率は、使用される資本が100であろうと、m×100であろうと、xm×100であろうと、それによっては影響されない。総利潤が10：100であろうと、1,000：10,000であろうと、利潤率は依然として一〇％である。

しかし、異なる生産諸部面における利潤率は異なっている――というのは、異なっている生産諸部面では、総資本にたいする可変資本の比率に応じて、非常に異なる剰余価値の総量したがって利潤の総量が生産されるので――から、明らかに、社会的資本の一〇〇ごとの平均利潤、したがって平均利

(172)潤率または一般的利潤率は、異なる〔生産〕諸部面に投下された諸資本のそれぞれの大きさに応じて非常に異なっているであろう。四つの資本A、B、C、Dをとってみよう。剰余価値率はどの資本にとっても一〇〇%であるとしよう。総資本各一〇〇につき、可変資本はAでは二五、Bでは四〇、Cでは一五、Dでは一〇であるとしよう。そうであれば、総資本各一〇〇につき、剰余価値または利潤は、Aでは二五、Bでは四〇、Cでは一五、Dでは一〇、合計九〇になり、したがって、四つの資本が同じ大きさであれば、平均利潤率は $\frac{90}{4}$ = 二二$\frac{1}{2}$%になるであろう。

しかし、もし総資本の大きさが、Aは二〇〇、Bは三〇〇、Cは一〇〇〇、Dは四〇〇〇であるとすれば、生産された利潤はそれぞれ、五〇、一二〇、一五〇、四〇〇になるであろう。合計すれば、五五〇〇の資本にたいして七二〇の利潤、すなわち一三$\frac{1}{11}$%という平均利潤率になるであろう。

生産された総価値の総量は、A、B、C、Dのそれぞれに前貸しされた総資本の大きさが異なるのに応じて異なる。したがって、一般的利潤率の形成の場合には、それらの単純平均が引き出される、異なる生産諸部面における諸利潤率の相違だけが問題なのではなく、これらの異なる諸利潤率が平均形成にはいり込むさいの相対的な重みも問題なのである。しかし、この相対的な重みは、それぞれの特殊な部面に投下された資本の比率的な大きさに、すなわち、それぞれの特殊な生産部面に投下された資本が社会的総資本のどれだけの可除部分をなしているかに、依存する。もちろん、総資本のより大きな部分またはより小さな部分が、より高い利潤率を生み出すかより低い利潤率を生み出すかに応じて、非常に大きな相違が生じるに違いない。そしてこれ〔利潤率〕はまた、どれだけの資本が、総資本にたいする可変資本の比率の大きい〔生産〕諸部面に投下され、どれだけの資本がこの比率の小さい諸部面に投下されているかに依存する。事態は、あれこれの資本をあれこれの利子率、たとえば四％、五％、六％、七％などの利子率で貸し出す高利貸しが手に入れる平均利子率の場合とまったく同じである。この平均率は、彼が自分の資本のどれだけをそれぞれ異なる利子率で貸し出したかに全面的に依存する。

したがって一般的利潤率は次の二つの要因によって規定されている――

（一）異なる生産諸部面における諸資本の有機的構成によって。したがって個々の諸部面の異なる諸利潤率によって。

（二）これらの異なる諸部面への社会的総資本の配分によって。したがって、それぞれの特殊な部面に、したがってそれぞれ特殊な利潤率で、投下された資本の相対的な大きさによって。すなわち、社会的総資本のうちそれぞれの特殊な生産部面がのみ込む分け前の相対的な量によって。

(173) 第一部と第二部では、われわれは諸商品の価値だけを取り扱った。いまや一方では、この価値の一部分として費用価格が分離され、他方では、価値の転化形態として商品の生産価格が展開された。

社会的平均資本の構成を $80c + 20v$ とし、年剰余価値率 m' を一〇〇％とすれば、一〇〇の資本の年平均利潤は二〇であり、一般的年利潤率は二〇％であろう。ところで、一〇〇の資本によって一年間に生産される諸商品の費用価格kがどれだけであろうと、それら諸商品の生産価格は $k + 20$ であろう。資本の構成が $(80 - x)_c + (20 + x)_v$ である生産諸部面では、現実に生み出された剰余価値、またはこの部面の内部で生産された年利潤は、20＋x であり、したがって20よりも大きく、また生産された商品価値は k＋20＋x で、k＋20 すなわちその商品の生産価格より大きいであろう。資本の構成が $(80+x)_c+(20-x)_v$ である諸部面では、一年間に生み出された剰余価値または利潤は 20－x であり、したがって20よりも小さく、したがって商品価値 k＋20－x は生産価格 k＋20 よりも小さいであろう。あるかもしれない回転時間の相違を度外視すれば、資本の構成が偶然に 80c＋20v である諸部面でのみ、諸商品の生産価格は商品の価値に等しいであろう。

労働の社会的生産力の独自な発展は、特殊な生産部面ごとに程度が異なっており、それが高いか低いかは、一定分量の労働によって——すなわち、労働日が与えられていれば、一定数の労働者たちによって——運動させられる生産諸手段の分量が大きいことに比例し、したがって一定分量の生産諸手段にとって必要とされる労働の分量が小さいことに比例する。そこでわれわれは、百分率で見て社会的平均資本よりも多くの不変資本を——したがってそれよりも少ない可変資本を——含む諸資本を、高度な構成の資本と名づける。逆に、社会的平均資本に比べて不変資本が相対的により小さい席を占め、可変資本がより大きな席を占める諸資本を、われわれは低度な構成の資本と名づける。最後に、その構成が社会的平均資本の構成と一致する諸資本をわれわれは平均構成の資本と名づける。社会的平均資本の百分率構成が 80c＋20v であるとすれば、90c＋10v の資本は社会的平均よりも高く、70c＋30v の資本は社会的平均よりも低い。一般的に言えば、社会的平均資本の構成が m_c+n_v で
(174)
ある——この場合mとnが不変の大きさで、m＋n＝100 である——とすれば、$(m+x)_c+(n-x)_v$ は

一個別資本または一資本グループの高度な構成を表わし、$(m-x)_c+(n+x)_v$ はその低度な構成を表わす。これらの諸資本が、平均利潤率の成立後に、一年に一回転という前提のもとで、どのように機能するかは、次の一覧表――ここではⅠは平均構成を表わし、したがって平均利潤率は二〇％である――が示すとおりである――

Ⅰ　80c＋20v＋20m.　利潤率＝20％.　生産物の価格＝120.　価値＝120.
Ⅱ　90c＋10v＋10m.　利潤率＝20％.　生産物の価格＝120.　価値＝110.
Ⅲ　70c＋30v＋30m.　利潤率＝20％.　生産物の価格＝120.　価値＝130.

このように、資本Ⅱによって生産された諸商品にとっては、その価値はその生産価格よりも小さく、資本Ⅲの諸商品にとっては、その生産価格は価値よりも小さく、その構成が偶然に社会的平均である生産諸部門の諸資本Ⅰにとってのみ、価値と生産価格とは等しいであろう。なお、これらの表わし方を特定の場合に適用するさいには、もちろん次のことが考慮されなければならない。すなわち、技術的構成における相違がではなく、不変資本の諸要素の単なる価値変動が、いったいどの程度までcとvとの比率を一般的平均から背離させるか、ということがそれである。

　以上に述べた展開によって、諸商品の費用価格の規定について明らかに一つの修正が生じている。最初には、一商品の費用価格はその商品の生産に消費された諸商品の価値に等しい、と仮定された。しかし、一商品の生産価格は、その商品の買い手にとっては商品の費用価格であり、したがって、費

（175）

用価格として他の一商品の価格形成にはいり込みうる。生産価格は商品の価値から背離しうるので、一商品の費用価格――そのなかには他の商品のこのような生産価格が含まれている――もまた、その商品の総価値のうち、その商品にはいり込む生産諸手段の価値によって形成される部分よりも大きいまたは小さいことがありうる。費用価格のこの修正された意味を想起すること、したがって、一つの特殊な生産部面において、商品の費用価格がその商品の生産に消費された生産諸手段の価値と等置されるならば、つねに誤りが生じうることを想起すること――これが必要である。われわれの当面の研究にとっては、この点にこれ以上詳しく立ち入る必要はない。ともかく、諸商品の費用価格は諸商品の価値よりもつねに小さいという命題が正しいことに変わりはない。実際、商品の費用価格が、その商品に消費された生産諸手段の価値からたとえどれほど背離しようとも、資本家にとってはこの過去の誤りはどうでもよいことだからである。商品の費用価格は与えられたものであり、彼の――資本家の――生産にはかかわりのない前提であるが、他方、彼の生産の結果は、剰余価値すなわちその商品の費用価格を超える一つの価値超過分を含む一商品である。もっとも、商品の費用価格はその価値よりも小さいという命題は、いまや実際には、費用価格は生産価格よりも小さいという命題に転化している。生産価格が価値に等しい社会的総資本にとっては、この命題は、費用価格は価値よりも小さいという以前の命題と同じである。特殊な生産諸部面にとってはこの命題はそれとは異なる意味をもつとはいえ、この命題の基礎には次のような事実があることに変わりはない。すなわち、社会的総資本を考察すれば、これによって生産された諸商品の費用価格は、価値よりも小さい、または、生産された諸商品の総量を問題とするここではこの価値と一致する生産価格よりも小さいという事実がそれである。一商品の費用価格は、その商品に内含される支払労働の分量にのみ関係し、価値はその商品に内含される支払労働と不払労働との総分量に関係する。生産価格は、支払労働、プラス、特殊な生産部面にとってはその部面自身とは無関係な、ある決まった分量の不払労働、の総計に関係する。

一商品の生産価格は $k+p$ すなわち費用価格プラス利潤に等しいという定式は、いまやもっと詳しく、$p=kp'$（ここの p' は一般的利潤率）であり、だから生産価格は $k+kp'$ に等しい、と規定されるにいたった。* kが三〇〇で p' が一五％ならば、生産価格は $k+kp'=300+300\times\frac{15}{100}=345$ である。

*〔本訳書、第三巻、二七三ページ参照。なお、$k+kp'$ は、正確には $k+Cp'$（費用価格、プラス、前貸総資本と平均利潤率との積）であるが、事態を簡単にするために、固定資本全部が生産物にはいり込むものとされ、したがって kp' のkは総資本に等しいとされている〕

それぞれの特殊な生産部面における諸商品の生産価格は、次の事情によって大きさの変動をこうむりうる――

（一）諸商品の価値が不変である（したがって、諸商品の生産には従来どおり同じ分量の死んだ労働と生きた労働がはいり込む）場合には、その特殊な部面にはかかわりのない一般的利潤率の変動の結果として。

（二）一般的利潤率が不変な場合には、価値変動――技術的変化の結果としてのその特殊な生産部面そのものにおける価値変動であろうと、形成諸要素としてこの部面の不変資本にはいり込む諸商品の価値変動の結果としての価値変動であろうと——によって。

（二）最後に、これら二つの事情が一緒に作用することによって。

（176）特殊な生産諸部面の実際の諸利潤率にはつねに——あとで示されるように——大きな変動が生じるとはいえ、一般的利潤率の現実の変化は、異常な経済的諸事件によって例外的に引き起こされるのでない限り、非常に長い期間にわたる一連の諸変動——すなわち、一般的利潤率の変化に固定され均等化されるまでには多大の時間を必要とする諸変動——の、ずっと遅れて到来する結果である。だから、比較的短い期間の場合にはすべて（市場価格の諸変動をまったく度外視すれば）、生産諸価格の変化は、〝明らかに〟、つねに諸商品の現実の価値変動から、すなわち、諸商品の生産に必要な労働時間の総計の変動から、説明されるべきである。同じ諸価値の貨幣表現の単なる変動は、ここでは自明のことながらまったく問題にならない。（三三）

（三三）コーベト〔『諸個人の富の原因および様式の研究』、ロンドン、一八四一年〕、一七四ページ〔『資本論草稿集』8、大月書店、三六〇―三六二ページ参照〕。

他方では、社会的総資本を考察すれば、それによって生産された諸商品の価値総額（または貨幣表現すればその価格）が、不変資本価値プラス可変資本価値プラス剰余価値に等しいことは明らかである。労働の搾取度を不変と仮定すれば、この場合に利潤率が変動しうるのは、剰余価値の総量が変わらなければ、* 不変資本の価値が変動するか、可変資本の価値が変動するか、または両方とも変動するかして、その結果、Cが変化し、それによって $\frac{m}{C}$ すなわち一般的利潤率が変化する場合だけである。したがって、どの場合にも、一般的利潤率の変動は、形成諸要素として不変資本または可変資本に、またはこの両方に同時にはいり込む諸商品の価値の変動を想定する。

＊〔労働の搾取度を不変と仮定すれば、可変資本の価値が変動すれば剰余価値の総量も変動する。したがって、労働の搾取度が不変という仮定のもとで、剰余価値の総量は変わらないが「可変資本の価値が変動する」場合を想定することはできない〕

または、諸商品の価値が不変ならば、一般的利潤率が変動しうるのは、労働の搾取度が変動する場合である。

または、労働の搾取度が不変ならば、一般的利潤率が変動しうるのは、労働過程における技術的諸変化の結果として使用労働の総量が不変資本にたいして相対的に変動する場合である。しかし、このような技術的諸変化はつねに、諸商品――その生産にいまや以前よりも多量または少量の労働を必要とするであろう諸商品――の価値変動となって現われざるをえないし、したがってそのような価値変動をともなわざるをえない。

(177)
第一篇で見たように、剰余価値と利潤とは、量の面から見れば同一である。けれども利潤率は、はじめから剰余価値率とは異なっている。このことは、さしあたり異なる計算形式として現われるだけであるが、しかし同じくはじめから剰余価値の真の起源をまったくあいまいにし神秘化してしまう――というのは、利潤率は、剰余価値率が不変でも上昇または低下しうるし、逆に剰余価値率が上昇または低下しても不変でありうるからであり、また、資本家たちが実際に関心をもつのは利潤率だけだからである。けれども、大きさの区別は、ただ剰余価値率と利潤率とのあいだにあっただけで、剰余価値そのものと利潤そのものとのあいだにはなかった。利潤率では、剰余価値は総資本にたいして計算され、自己の尺度として総資本に関係づけられるから、このことによって剰余価値そのものが総資本から――しかも総資本のすべての部分から均等に――発生したように見え、その結果、不変資本と可変資本との有機的な区別は、利潤の概念においては消滅している。だから実際上、利潤という剰余価値のこの転化した姿態では、剰余価値自身が、自己の起源を否定しており、自己の性格を失っており、認識不可能なものになっている。けれども、その限りでは、利潤と剰余価値との区別は、質的変化すなわち形態変換に関係しただけであり、他方、現実の大きさの区別は、転化のこの最初の段階では利潤率と剰余価値率とのあいだにあるだけで、利潤と剰余価値とのあいだにはまだ存在しない。

一般的利潤率が確立され、またそれによって、異なる生産諸部面における使用資本の所与の大きさに照応する平均利潤が確立されると、事情は変わってくる。

いまでは、一つの特殊な生産部面で現実に生み出された剰余価値、したがって利潤が、商品の販売価格に含まれている利潤と一致するのは、もはや偶然にすぎない。通例、利潤と剰余価値とは、単にそれらの率が異なるだけでなく、いまや現実に異なる大きさである。与えられた労働搾取度のもとでは、いまや、一つの特殊な生産部面で生み出される剰余価値の総量は、直接にそれぞれの特殊な生産部門の内部の資本家たちにとってよりも、社会的資本の総平均利潤にとって、すなわち資本家階級一般にとってのほうが、より重要なのである。それぞれの特殊な生産部門の資本家たちにとっては、彼

（178）

の部門のなかで生み出される剰余価値の分量は、それが平均利潤の規制に共同規定的に関与する限りでのみ重要である。[二四] しかし、この関与は、彼の背後で進行する過程であり、彼が見もせず理解もしない過程、また実際に彼の関心を引かない過程である。特殊な生産諸部面における利潤と剰余価値とのあいだの――利潤率と剰余価値率とのあいだだけのではなく――現実の大きさの相違が、この場合に自分自身を欺くことに特別な関心をもつ資本家にとってだけでなく、労働者にとっても、いまやすっかり利潤の真の性質と起源とを隠蔽する。価値の生産価格への転化とともに、価値規定の基礎そのものが目に見えなくなる。最後に、剰余価値の利潤への単なる転化のさいに、諸商品の価値のうち利潤を形成する部分が、商品の費用価格としての他の価値部分に対置され、その結果ここですでに資本家にとっては価値の概念が失われるのであり――なぜなら、彼の眼前にあるのは、商品の生産に費やされた総労働ではなく、総労働のうち彼が生きた生産諸手段かまたは死んだ生産諸手段の形態で支払った部分だけであるから――、こうして彼にとっては、利潤がなにか商品の内在的価値の外部にあるものとして現われるとすれば、いまやこの表象が完全に確認され、固定され、骨化される。というのは、特殊な生産部面を考察すれば、費用価格につけ加えられる利潤は、実際上、この生産部面そのもののなかで行なわれる価値形成の限界によって規定されているのではなく、反対にまったく外部的に確定されているからである。

（二四）言うまでもなく、ここでは、賃銀引き下げ、独占価格などによって一時的な特別利潤を手に入れる可能性は度外視される。〔F・エンゲルス〕

ここではじめてこの内的連関が暴露されたという事情、また以下の叙述からも第四部*からもわかるであろうように、従来の経済学は、価値規定を基礎として固持できるように、剰余価値と利潤との、また剰余価値率と利潤率との区別をむりやり捨象するか、そうでなければ、現象において目立つ前記の諸区別を固持しようと、この価値規定とともに科学的態度のいっさいの基礎を放棄するかしたという事情――理論家たちのこの混乱こそは、競争戦のとりこになってこの諸現象を少しも見抜かない実務屋の資本家が、外観を突き抜けてこの過程の内的本質と内的姿態とを認識することではどんなに無能であるしかないかを、もっともよく示している。

＊〔本訳書、第三巻、一九―二〇ページの訳注＊参照〕

第一篇で展開された利潤率の上昇および低下にかんするすべての法則は、実際に次のような二重の意義をもつ――

（一）一方で、これらは一般的利潤率の諸法則である。前に展開したところに従って利潤率を上昇させたり低下させたりする多くのさまざまな原因があるので、一般的利潤率は毎日変動せざるをえないように思われるであろう。しかし、一生産部面における運動は他の生産部面における運動を無効にするであろうし、諸影響は交錯し合い、麻痺させ合う。諸変動が究極的にどういう方向に向かおうとするかは、もっとあとで研究するであろう。しかし、諸変動は緩慢である。個々の生産諸部面における諸変動の突発性、多面性、および異なる持続期間のために、諸変動の一部分は時間的につぎつぎと相殺されて、価格騰貴には価格低下が、また逆に価格低下には価格騰貴が続き、したがって諸変動は

（179）局部的なもの、すなわち特殊な生産部面に限られたものにとどまり、最後に、さまざまな局部的な諸変動が互いに中和される。それぞれの特殊な生産部面の内部では変動が生じ、一般的利潤率からの背離が生じるが、この諸背離は一方では一定期間内に相殺され、したがって一般的利潤率には反作用せず、また他方では、同時に生じる他の局部的な諸変動によって無効にされるので、やはり一般的利潤率には反作用しない。一般的利潤率は、各部面における平均利潤率によって規定されているだけでなく、異なる特殊な諸部面への総資本の配分によっても規定されているから、そしてこの配分はつねに変動するから、このこともまた、一般的利潤率の変動の恒常的な一原因なのである――といっても、この変動の一原因はまた、この運動の恒常性*と全面性とのために、大部分ふたたび自分自身を麻痺させるのであるが。

＊〔初版では「中断性」となっていた。草稿により訂正〕

（一二）各部面の内部では、この部面の利潤率の上昇あるいは下降という変動が十分に固定化されて、一般的利潤率に影響をおよぼし、したがって局地的以上の意味をもつようになる時間を獲得する前に、この部面の利潤率が変動する余地がより短期にまたはより長期にわたってあたえられている。だから、このような空間的および時間的諸限界の内部では、本書〔第三部〕第一篇で展開された利潤率の諸法則がやはり妥当する。

　資本の各部分が均等に利潤を生み出すという――剰余価値の利潤への最初の転化にさいしての――理論的見解[二五]は、一つの実際上の事実を表現している。産業資本の構成がどうであれ、たとえば、産業

〈180〉

資本が四分の一の死んだ労働と四分の三の生きた労働とを運動させるにせよ、四分の三の死んだ労働と四分の一の生きた労働とを運動させるにせよ、すなわち一方の場合には他方の場合の三倍の剰余労働を吸収する、言い換えれば三倍の剰余価値を生産するにせよ、労働の搾取度が同じならば、また、個別的な違い――どちらの場合にもわれわれの眼前にあるのは全生産部面の平均構成だけであるから、これらの違いはいずれにせよ消滅する――を度外視すれば、どちらの場合にも産業資本は同じ大きさの利潤を生み出す。視野の狭い個々の資本家（またはそれぞれの特殊な生産部面における資本家の総体）が、自分の利潤は自分によって使用される労働または自分の部門で使用される労働だけから生じるのではないと信じるのは当然である。これは、彼の平均利潤についてはまったく正しい。この利潤がどの程度まで総資本による――すなわち彼の資本家仲間全員による――労働の総搾取によって媒介されているかというこの連関は、彼にとっては完全な神秘であり、ブルジョア理論家である経済学者たちでさえこんにちまでそれを暴露してこなかっただけに、なおさら神秘である。〔生きた〕労働を――一定の生産物を生産するために必要な労働だけでなく、就業労働者の総数をも――節約して、死んだ労働（不変資本）の使用を増やすことは、〔彼には〕経済的にまったく正しい操作として現われ、もともと決して一般的利潤率および平均利潤を侵害しないように見える。そこからは、生産に必要な労働量の削減が、ただ単に利潤を侵害しないように見えるだけでなく、むしろ、ある事情のもとでは、少なくとも個々の資本家にとっては、利潤の増大のためのもっとも手近な源泉として現われるのだから、どうして生きた労働が利潤の唯一の源泉でありえようか？

（二五）マルサス〔『経済学原理』、第二版、ロンドン、一八三六年、二六八ページ。吉田秀夫訳、岩波文庫、下巻、八八ページ。この個所は、本訳書、第三巻、六二ページにすでに引用されている〕。

ある与えられた生産部面において、費用価格のうち不変資本価値を表わす部分が増大または減少する場合には、この部分は流通〔部面〕からやってきて、はじめから拡大または縮小されて商品の生産過程*にはいり込む。他方、使用される労働者総数が同じ時間により多くまたはより少なく生産する場合には、すなわち、労働者総数は不変のままで、一定の商品量の生産に必要とされる労働分量が変動する場合には、費用価格のうち可変資本価値を表わす部分は不変のままであり、したがって同じ大きさで総生産物の費用価格にはいり込むであろう。しかし、商品各個──その合計が総生産物を構成する──には、〔いまや〕より多くの労働またはより少ない労働（支払労働、したがってまた不払労働）が帰属し、したがってまた、この労働にたいする支出のうちのより多くかまたはより少なくかが、すなわち賃銀のより大きな部分かまたはより小さな部分が帰属する。資本家たちが支払った総賃銀は同じままであるが、商品各個あたりに計算すれば異なっている。したがってこの場合には、商品の費用価格のこの部分には変化が生じるであろう。いま、個々の商品自体なりその商品諸要素なりにおけるこのような価値変動の結果として、個々の商品の費用価格（あるいはまた、与えられた大きさの一資本によって生産される諸商品の総額の費用価格）が増大しても減少しても、平均利潤がたとえば一〇%であるとすれば、それは相変わらず一〇%である──もっとも、この一〇%は、個々の商品を考察すれば、前提された価値変動によって引き起こされた、個々の商品の費用価格における大きさの変

動に応じて、非常に異なる大きさを表わすのであるが。（二六）

（二六）コーベト〔『諸個人の富の原因および様式の研究』、ロンドン、一八四一年、二〇ページ、『資本論草稿集』８、大月書店、三六一ページ参照〕。

＊〔草稿では「生産価格」となっている。新メガでの判読はエンゲルス版と同じである〕

(181)

可変資本にかんしては——そしてこれはもっとも重要なものである、なぜなら、可変資本は剰余価値の源泉だからであり、また、資本家の致富にたいする可変資本の関係を隠蔽するすべてのものがこの体制全体を神秘化するからである——事態が粗雑になる、または、資本家にとってはそのように現われる。たとえば、一〇〇ポンドの可変資本が一〇〇人の労働者の週賃銀を表わすとしよう。この一〇〇人が、与えられた労働日のもとで、二〇〇個の商品＝200W という週生産物を生産するとすれば、1W の費用は——費用価格のうち不変資本がつけ加える部分を捨象すれば——、100ポンド＝200W なのだから、$1\,W=\frac{100\text{ポンド}}{200}=10\text{シリング}$ である。いま労働の生産力が変動するとしよう。たとえばそれが二倍になって、同数の労働者たちが以前に 200W を生産したのと同じ時間に 200W の二倍を生産するとしよう。この場合の費用は（費用価格が労賃のみからなっている限りでは）、いまや 100ポンド＝400W なのだから、$1\,W=\frac{100\text{ポンド}}{400}=5\text{シリング}$ である。生産力が二分の一だけ減少すれば、同じ労働がいまでは $\frac{200W}{2}$ しか生産しないであろう。そして $100\text{ポンド}=\frac{200W}{2}$ だから、こんどは $1\,W=\frac{200\text{ポンド}}{200}=1\text{ポンド}$ である。諸商品の生産に必要とされる労働時間における諸変動、したがって諸商品の価値における諸変動は、いまや費用価格にかんしては、したがってまた生産価格にかんしては、同じ労働時間に同じ労賃と引き換えに生産される商品の多い少ないに応じて、同じ労賃がより多くの商品に配分されるかより少ない商品に配分されるかの相違として現われる。資本家したがってまた経済学者が見るのは、支払労働のうち商品一個あたりに帰属する部分が労働の生産性につれて変化し、それにつれて商品各個の価値も変化するということである。商品各個に含まれている不払労働についてもやはりそうであるということを彼は見ないのである。しかも、平均利潤は、実際には、彼の部面で吸収される不払労働によって偶然的に規定されるだけであるから、なおさら見はしない。諸商品の価値は諸商品に含まれている労働によって規定されているという事実は、いまもまだ、このように粗雑で没概念的な形態でかすかに透かし見えるだけである。

（182）

第一〇章　競争による一般的利潤率の均等化。市場価格と市場価値。超過利潤*

*〔草稿では「3）　一般的利潤率の均等化のための競争。市場価格と市場価値。超過利潤」となっている〕

生産諸部面の一部は、そこで使用される資本の中位度構成または平均構成、すなわち、社会的平均資本の構成とまったく同じかまたは近似的に同じ構成をもっている。

これらの部面では、生産される諸商品の生産価格は、貨幣で表現されたその商品の価値とまったく一致しているかあるいは近似的に一致している。ほかの仕方では数学上の極限に到達することができないとすれば、この仕方を用いればできるであろう。競争は、それぞれの部面における生産価格がこれら中位度構成の部面における生産価格すなわち k＋kp′（費用価格、プラス、費用価格と平均利潤率との積）[*1]にならって形成されるように、社会的資本をさまざまな生産諸部面のあいだに配分する。しかし、この平均利潤率は、右の中位度構成の部面、したがって利潤が剰余価値と一致する部面における百分率で計算された利潤にほかならない。したがって利潤率は、すべての生産部面で同じである。すなわち、資本の平均構成が支配しているこれらの中位的生産諸部面の利潤率に均等化されている。だから、すべての異なる生産諸部面の利潤の総額は剰余価値の総額に等しくなければならず、また、社会的総生産物の生産価格の総額はその価値の総額に等しくなければならない。しかし、構成の異な

（183）

る生産諸部面のあいだでの均等化が、つねに、これらの部面を中位度構成の諸部面――これら諸部面が社会的平均〔構成〕に正確に一致するにせよ、近似的に一致するだけであるにせよ――と同等にする方向に向かわざるをえないということは、明らかである。多かれ少なかれ近似的な諸部面のあいだでも、それ自体がまた、理想的な、すなわち現実には現存しない中位状態[*2]に向かおうとする均等化への傾向が、すなわちこの中位状態[*2]を中心として標準化しようとする傾向が生じる。したがって、こういう仕方で必然的に、生産諸価格を価値の単なる転化諸形態にする傾向、または諸利潤を剰余価値の単なる諸部分に――といっても、特殊な各生産部面で生み出される剰余価値に比例して配分される諸部分にではなく、各生産部面で使用されている資本の総量に比例して配分され、そのため、構成がどうであれ同じ大きさの資本総量には、社会的総資本によって生み出された剰余価値全体のなかの同じ大きさの分け前（可除部分）が帰属するように配分される諸部分に――転化させる傾向が支配する。

＊1〔本訳書、第三巻、二八六ページの訳注＊参照〕

＊2〔草稿では「中位度構成」となっている〕

したがって、中位度または中位度に近似する構成をもつ諸資本にとっては、生産価格は価値と完全にまたは近似的に一致し、また利潤はそれらの資本が生み出した剰余価値と完全にまたは近似的に一致する。そのほかのすべての資本は、その構成がどうであれ、競争の圧力のもとで、これらの資本に均等化しようとする傾向がある。しかし、中位度構成をもつ諸資本は社会的平均資本に等しいかまたは近似的に等しいのだから、すべての資本は、それら自身が生み出した剰余価値がどれだけであろうと、この剰余価値の代わりに平均利潤を、その諸商品の価格を通じて実現しようとする、すなわち、生産価格を実現しようとする。*

＊〔草稿では「これらの価格を生産価格に転化しよう」となっている〕

他方では次のように言うこともできる。すなわち、平均利潤、したがって一般的利潤率が確立されるところではどこでも——どのような仕方でこの結果がもたらされるにせよ——この平均利潤は、社会的平均資本にたいする利潤以外のものではありえず、その総額は剰余価値の総額に等しいのであり、また、この平均利潤を費用価格につけ加えることによってもたらされる価格は、生産価格に転化された価値以外のものではありえない、と。一定の生産諸部面の諸資本がなんらかの理由でこの均等化の過程に引き入れられなくても、なんの変わりもないであろう。その場合には、平均利潤は、社会資本のうち均等化過程にはいり込む部分をもとにして計算されるであろう。明らかに平均利潤は、各生産部面における資本総量にたいし、それらの大きさに比例して配分された剰余価値の総量以外のものではありえない。それは、実現された不払労働の全体であって、この総量は、支払われた死んだ労働および支払われた生きた労働とまったく同じように、資本家たちに帰属する諸商品と貨幣との総量のうちに現われる。

この場合、本来の困難な問題は、諸利潤の一般的利潤率へのこの均等化*はどのようにして行なわれるかということである。というのは、この均等化は明らかに結果であって、出発点ではありえないからである。

＊〔草稿では「諸利潤の一般的利潤率へのこの均等化」は「諸利潤のこの均等化あるいは一般的利潤率のこの確立」となっている〕

（184）

さしあたり明らかなのは、諸商品価値の評価――たとえば貨幣での――は諸商品価値の交換の結果でしかありえず、したがってこのような評価を前提する場合には、われわれはこの評価を商品価値と商品価値との現実の交換の結果とみなさなければならないということである。しかし、諸商品の、それらの現実の価値どおりでのこの交換は、どのようにして成就するのか？

まずはじめに、異なる生産諸部面にあるすべての商品が、それらの現実の価値どおりに売られると仮定しよう。その場合にはどうなるであろうか？　前に展開されたところによれば、異なる生産諸部面では非常に異なる利潤率が支配するであろう。諸商品がそれらの価値どおりに売られるかどうか（すなわち、諸商品がそれらに含まれている価値に比例して、それらの価値どおりの価格で、相互に交換されるかどうか）ということと、諸商品が、それらの販売がそれぞれの生産のために前貸しされた諸資本の同じ量にたいして同じ大きさの利潤をもたらすような価格で売られるかどうかということとは、〝明らかに〟二つのまったく異なることがらである。

不等な分量の生きた労働を運動させる諸資本が不等な分量の剰余価値を生産するということは、労働の搾取度または剰余価値率が同じであるということ、または、そこに存在する諸相違は現実的または想像的（慣習的）な埋め合わせの諸根拠によって均等化されたものとして通用するということを、少なくともある程度までは前提する。このことは労働者たちのあいだの競争を前提し、また、ある生産部面から他の生産部面への労働者たちの絶え間ない移動による均等化を前提する。このような一般的な剰余価値率――すべての経済法則と同様に傾向としての――は理論を簡単化するものとしてわれわれによって前提されている。しかし、現実にも、それは資本主義的生産様式の実際の前提である――といっても、それは、たとえばイングランドの農業日雇い労働者にたいする定住法*のように、多かれ少なかれ顕著な地方的差異を生み出す実際上の摩擦によって、多かれ少なかれ阻止されるのではあるが。しかし、理論においては、資本主義的生産様式の諸法則は純粋に展開されるということが前提される。現実には、つねに近似のみが存在する。しかし、この近似は、資本主義的生産様式が発展すればするほど、そして以前の経済諸状態の残存物による資本主義的生産様式の不純化と混和とがのぞかれればのぞかれるほど、ますます大きくなる。

*〔一六六二年のイングランドの救貧法は、救貧の負担になる浮浪人や物乞いを排除する反面、居住貧民には定住年数、出生地その他の定住規定で救貧法の救済を受ける権利を定め、その移住をきびしく制限した。その後の法改正にもかかわらず、定住規定に反する者はもとの定住地に追い返されることに変わりはなく、この自由移動権の制限は、土地所有者が農業日雇い労働者や貧民の賃銀を最低限まで引き下げることを可能にした。なお、救貧負担を軽くするために、農業労働者自体が地主に家を壊されてよそ者扱いされ、追い立てられることの弊害については、本訳書、第一巻、一一八七―一一九四ページ参照〕

すべての困難は、諸商品が単純に諸商品として交換されないで、諸資本の生産物として交換され、
(185) 諸資本は、剰余価値総量のなかからそれらの資本の大きさに比例して、または大きさが同じならば同

じ分け前を要求するということによって、生じてくる。そして、与えられた一資本が与えられた時間中に生産する諸商品の総価格は、この要求を満たさなければならない。しかし、これらの商品の総価格は、この資本の生産物をなす個々の商品の価格の総額でしかない。

〝決定的な点〟[*1]は、問題を次のように考えればおおかたはっきりするであろう——労働者たち自身がそれぞれ自分の生産諸手段を占有し、自分たちの商品を相互に交換し合うものと想定しよう。その場合には、これらの商品は資本の生産物ではないであろう。彼らの労働の技術的性質に応じて、異なる労働諸部門で使用される労働諸手段および労働諸材料の価値は異なるであろう。同様に、使用される生産諸手段の価値の不等は度外視しても、与えられた労働総量のために必要とされる生産諸手段の総量は、一定の商品は一時間で完成されうるが他の一商品は一日たってやっと完成されうるなどの事情に応じて、異なるであろう。さらに、これらの労働者は、労働の強度などの相違の結果生じる均等化を計算に入れたうえで、平均して同じ時間だけ労働するものと想定しよう。その場合には、〔二つの異なる労働部門の〕二人の労働者はいずれも、自分の一日の労働の生産物である諸商品において、まず第一に自分の支出、すなわち、消費された生産諸手段の費用価格を補填するであろう。この費用価格は、彼らの労働部門の技術的性質に応じて異なるであろう。第二に、二人とも同じ大きさの新価値、すなわち、生産手段につけ加えられた労働日〔を表わす価値〕を創造しているであろう。この新価値は、彼らの労賃プラス剰余価値——すなわち、彼らの必要欲求を超えるが、その成果は彼ら自身のものである剰余労働——を含むであろう。このことを資本主義的に表現すれば、二人とも同じ労賃、プラス、

（186）同じ利潤＝[*2]たとえば一〇時間労働日一日の生産物で表現されたその価値、を受け取る。しかし、第一に、彼らの商品の価値は異なるであろう。たとえば、商品Ⅰには、使用された生産諸手段に相当する価値部分が、商品Ⅱに含まれているよりも多く含まれているとしよう。また、すべての可能な違いをいますぐ示すために、商品Ⅰは商品Ⅱよりも多くの生きた労働を吸収し、したがってその生産に商品Ⅱよりも長い労働時間を必要とするものとしよう。したがって、これらの商品ⅠとⅡとの価値は非常に異なる。同様に、与えられた時間内に労働者Ⅰと労働者Ⅱとによってなされた労働の生産物であるそれぞれの商品価値の総計どうしも非常に異なる。この場合に、投下された生産諸手段の総価値にたいする剰余価値の比率を利潤率と名づけるならば、この利潤率もまたⅠとⅡとでは非常に異なるであろう。生産中にⅠとⅡとが毎日消費し、労賃の代わりを務める生活諸手段は、この場合には、前貸しされた生産諸手段のうち、われわれがほかの場合には可変資本と名づける部分をなすであろう。しかし、剰余価値は、同じ労働時間ではⅠにとってもⅡにとっても同じであろう。または、もっと正確に言えば、ⅠもⅡもそれぞれ一労働日の生産物の価値を受け取るのだから、前貸しされた「不変的」諸要素の価値の控除後には、彼らは等しい価値を受け取るのであって、その一部分は生産中に消費された生活諸手段の補填分とみなすことができるし、他の部分はこれを超過する剰余価値とみなすことができる。もしⅠがより多く支出したとすれば、この支出は、彼の商品のうち、この「不変的」部分を補填するより大きな価値部分によって補填されるのであり、したがってまた彼は、やはり自己の生産物の総価値のより大きな部分をこの不変的部分の素材的諸要素に再転化させなければならないが、他方、Ⅱが彼の商品の価値のうちの不変的部分としてより少ない額を回収するとすれば、Ⅱは、それだけまた総価値のより少ない部分を不変的部分の素材的諸要素に再転化させればよい。したがって、この前提のもとでは利潤率の相違はどうでもよい事情であって、それはちょうど、こんにち賃労働者にとって、自分からしぼり取られた剰余価値の分量がどのような利潤率で表現されるかがどうでもよい事情であるのとまったく同様であり、またちょうど、国際貿易において、さまざまな国民のあいだの利潤率の相違が彼らの商品交換にとってどうでもよい事情であるのとまったく同様である。

*1〔引用された原語「プンクトゥム・サリエンス」は、ギリシアの一五世紀の古典学者テオドロス・ガサが、アリストテレス『動物学』六の三の卵白のなかの鳥の心臓部の記述（「この点は生きもののようにとびはねる」）のラテン語訳に用いた句を名詞化した語で、「とびはねる点」、転じて「すべての要をなす点」「決定的事項」の意〕

*2〔草稿による。初版では、「＝」の代わりに「しかしまた」となっていた〕

したがって、価値どおりの、または近似的に価値どおりの諸商品の交換は、資本主義的発展の一定の高さを必要とする生産価格での交換に比べれば、それよりはるかに低い段階しか必要としない。異なる諸商品の価格が最初どのような仕方で相互に確定または規制されるとしても、価値法則が諸商品の価格の運動を支配する。他の事情に変わりがなければ、諸商品の生産に必要な労働時間が減少すれば価格は低下し、この労働時間が増加すれば価格は騰貴する。

したがって、価値法則による価格および価格運動の支配を別としても、諸商品の価値を単に理論的

（187）

にだけでなく歴史的にも生産価格の〝先行者〟とみなすことは、まったく適切である。このことは、生産諸手段が労働者のものである諸状態にあてはまるのであり、このような状態は、古代世界においても近代世界においても、みずから労働する土地所有農民のもとで、また手工業者のもとで、見いだされる。このことは、われわれが前に述べた見解、（二七）すなわち、諸生産物の商品への発展は、異なる諸共同体《ゲマインヴェーゼン》*1のあいだの交換によって生じるのであり、同一の共同体《ゲマインデ》の諸成員のあいだの交換によって生じるのではない、という見解とも一致している。*2それは、この原初的状態にあてはまるのと同様に、奴隷制および農奴制にもとづくもっとあとの状態にもあてはまるのであり、また、手工業の同職組合組織についても――各生産部門に固定された生産諸手段が容易には一部面から他部面に移転されることができず、したがって、異なる生産諸部面どうしが互いに、ある限界内では、諸外国または共産主義的諸共同体《ゲマインヴェーゼン》*3どうしのように関係しあう限りでは――あてはまる。

（二七）　当時、一八六五年には、これは、まだマルクスの単なる「見解」にすぎなかった。こんにち、マウラーからモーガンにいたるまでの原始共同体にかんする広範な研究*4が現われてからは、もうほとんどどこでも異論のない事実である。――F・エンゲルス

*1〔草稿では「諸共同体」は「諸共同体《ゲマインシャフテン》（〝コミュニティーズ〟）」となっている〕

*2〔本訳書、第一巻、一五七ページ、またマルクス『経済学批判』、邦訳『全集』第一三巻、三四、一二七ページ、および『経済学批判への序説』、宮川彰訳『「経済学批判」への序言・序説』、新日本出版社、古典選書、二〇〇一年、六二―六五ページ、邦訳『全集』同前、六二九―六三〇ページ参照〕

*3〔草稿では「共産主義的諸共同体」は「〝コミュニティーズ〟」となっている〕

＊４〔次の著作などをさしている。G・L・マウラー『マルク制度、荘園制度、村落制度、および都市制度と公的権力との歴史への序論』、ミュンヘン、一八五四年。同『ドイツにおけるマルク制度の歴史』、エルランゲン、一八五六年。同『ドイツにおける夫役農場、農民農場、および荘園制度の歴史』、第一―四巻、エルランゲン、一八六二―一八六三年。同『ドイツにおける村落制度の歴史』、第一―二巻、エルランゲン、一八六五―一八六六年。同『ドイツにおける都市制度の歴史』、第一―四巻、エルランゲン、一八六九―一八七一年。L・H・モーガン『古代社会、または、野蛮から未開を経て文明にいたる人間進歩の道程の研究』、ロンドン、一八七七年（青山道夫訳、岩波文庫、上・下、一九五八、一九六一年）。マウラーの著作には、一八六五年以前のものもあるが、マルクスがそれらを読んだのは、一八六八年以後であった（エンゲルスへの一八六八年三月一四日、三月二五日の手紙、邦訳『全集』第三二巻、三六―三八、四三―四五ページ参照）〕

諸商品が相互に交換されるさいの価格が諸商品の価値と近似的に一致するためには、次のこと以外にはなにも必要ではない。すなわち、（一）さまざまな商品の交換がまったく偶然なことまたはときたまのことにすぎないものではなくなること。（二）直接的な商品交換を考察する限りでは、これらの商品がどちらの側でも相互の欲求に近似的に一致する比率的分量で生産されること――これは相互の販売経験がもたらすことであり、したがって継続的交換そのものの結果として生じることである。[*1]（三）販売について語る限りでは、自然的または人為的独占によって、取引当事者の一方[*2]が価値よりも高く売ることができたり、価値よりも低くたたき売りすることを余儀なくされたりしないこと。われわれが偶然的独占[*3]というのは、需要と供給との偶然的状態から買い手または売り手にとって生じる独占のことである。

＊1〔草稿では「(三)」は「あるいは」となっている〕

＊2〔草稿では「自然的、人為的、または偶然的独占によって、取引当事者のだれかが」となっている〕

＊3〔草稿では「『偶然的』独占」となっている〕

異なる生産諸部面の諸商品がその価値どおりに売られるという仮定が意味しているのは、もちろんただ、諸商品の価値が重心であり、諸商品の価格はこの重心をめぐって運動し、価格の不断の騰落はこの重心に均等化される、ということである。その場合さらに、つねに市場価値——これについてはあとで述べる——が、異なる諸生産者によって生産された個々の商品の個別的価値とは区別されなければならないであろう。これらの商品のあるものの個別的価値は市場価値よりも低いであろうし（すなわち、それらの生産のためには、市場価値が表現するよりも少ない労働時間しか必要とされない）、他のものの個別的価値は市場価値よりも高いであろう。市場価値は、一面では、一つの部面で生産さ（188）れた諸商品の平均価値とみなされるべきであり、他面では、その部面の平均的諸条件のもとで生産されてその部面の生産物の大部分をなす諸商品の個別的価値とみなされるべきであろう。ただ異常な組み合わせのもとでのみ、最悪の諸条件または最良の諸条件のもとで生産された諸商品が市場価値を規制するのであり、市場価値自体は市場価格の変動の中心をなす——といっても、市場価格は同じ種類の商品については同じである。平均価値での、すなわち両極のあいだにある商品総量の中位価値での諸商品の供給が普通の需要を満たす場合には、市場価値よりも低い個別的価値をもつ諸商品は特別剰余価値または超過利潤を実現するが、他方、市場価値よりも高い個別的価値をもつ諸商品はそれに含まれている剰余価値の一部分を実現することができない。

最悪の諸条件のもとで生産された商品が売られるということは、供給を満たすためにはその商品が必要とされていることを証明している、と言ってみてもなんの役にも立たない。[*1]想定された場合にもし価格が中位の市場価値よりも高ければ、需要はより小さくなるであろう。[*2]一定の価格では、ある商品種類は市場において一定の広さの席を占めることができる。価格が変動してもこの席がもとのままであるのは、より高い価格がより少ない商品分量と、また、より低い価格がより大きな商品分量と結びついている場合だけである。これに反して、需要が非常に大きく、最悪の諸条件のもとで生産された諸商品の価値によって価格が規制されても需要が収縮しないほどであるならば、これらの商品が市場価値を規定する。[*3]このことが起こりうるのは、需要が通常の需要を超える場合か、または供給が通常の供給よりも減る場合だけである。最後に、生産された諸商品の総量が、中位の市場価値で売れる分量よりも大きい場合には、最良の諸条件のもとで生産された諸商品が市場価値を規制する。たとえば、それらの商品は、まったくまたは近似的にその個別的価値どおりに販売されうるが、そのさい、最悪の諸条件のもとで生産された諸商品は、おそらくその費用価格さえも実現しえず、また、中位的平均の諸商品はそれに含まれている剰余価値の一部分しか実現しえない、ということが起こりうる。ここで市場価値について述べたことは、生産価格が市場価値に取って代わってしまえば、生産価格についてもあてはまる。生産価格は、それぞれの部面において調整されており、同じくまた特殊な諸事情に応じても調整されている。しかし、生産価格そのものがまた、日々の市場価格がそれをめぐって運動し、一定の期間にそれに平均化される中心なのである。〔最悪の諸条件のもとで労働する者による生産価格の規定については、リカードウを見よ。〕[*4]

(189)

＊1〔草稿および初版では「供給」となっているが、「需要」の誤記と思われる〕

＊2〔初版以来「より大きく」となっていた。草稿によりアドラツキー版で訂正〕

＊3〔草稿では「規制する」となっている〕

＊4〔リカードウ『経済学および課税の原理』、第三版、ロンドン、一八二一年、六〇―六一ページ。堀経夫訳『リカードウ全集』Ⅰ、雄松堂書店、八五―八六ページ〕

価格がどのように規制されるにせよ、次のような結果になる――

（一）価値法則は、生産に必要とされる労働時間の増加または減少が生産価格を騰貴または低下させるというやり方で、価格の運動を支配する。リカードウが（彼の言う生産価格が諸商品の価値から背離することを彼は確かに感知している）次のように言うのは、この意味においてである――「私が読者の注意を引きたいと望んでいる研究は、諸商品の相対的価値の変動の結果にかんするものであって、その絶対的価値のそれにかんするものではない」[*]と。

＊〔リカードウ『経済学および課税の原理』、第三版、ロンドン、一八二一年、一五ページ。堀経夫訳、同前、二五ページ〕

（二）生産価格を規定する平均利潤は、つねに、社会的総資本の可除部分としての所与の一資本に帰属する剰余価値分量に近似的に等しくなければならない。一般的利潤率、したがって平均利潤が、貨幣価値で計算された現実の平均剰余価値よりも高い貨幣価値で表現されていると仮定しよう。その場合、資本家たちが問題となる限りでは、彼らが相互に一〇％の利潤を計上し合おうと一五％の利潤を計上し合おうと、どうでもよい。一方の百分率が他方の百分率よりも、より多くの現実的商品価値を保証するわけではない。というのは、貨幣表現の誇張は相互的なものだからである。しかし、労働者たちについて言えば（彼らは彼らの標準的労賃を受け取るのであり、したがって平均利潤の引き上げは労賃からの現実の控除――すなわち資本家の標準的剰余価値とはまったく別なもの――を表現するものではないと前提されているから）、平均利潤の引き上げによって生じた商品価格の騰貴には、可変資本の貨幣表現における増大が照応しなければならない。実際、前貸総資本にたいする現実の剰余価値の比率によって与えられる率を超える、利潤率および平均利潤のこのような一般的な名目的な引き上げは、労賃の騰貴を招くことなしには、同じくまた不変資本を構成する諸商品の価格の騰貴を招くことなしには、不可能である。引き下げの場合は、同様に逆のことが起こる。ところで、諸商品の総価値は総剰余価値を規制し、この総剰余価値は平均利潤の高さを、したがって一般的利潤率の高さを規制する――一般的法則として、または諸変動を支配するものとして――のだから、価値法則は生産価格を規制するのである。

(190) 競争が、まずはじめに一つの部面でなしとげることは、諸商品のさまざまな個別的価値から、同一の市場価値および市場価格を形成することである。しかし、異なる部面にある諸資本と諸資本の競争こそがはじめて生産価格を生み出し、それが異なる部面間の諸利潤率を均等化するのである。後者〔生産価格の形成〕のためには、前者〔同一の市場価値と市場価格との形成〕のためよりも、資本主義的生産様式のより高い発展が必要とされる。

同じ生産部面の、同じ種類の、そしてほぼ同じ品質の諸商品がそれらの価値どおりに売られるためには、次の二つのことが必要である――

第一に、異なる個別的諸価値が一つの社会的価値に、前述の市場価値に、均等化されていなければならないし、そのためには、同じ種類の商品の生産者たちのあいだの競争、ならびに彼らが共通に彼らの商品を売りに出す一つの市場の現存、が必要である。* 同一の諸商品――といっても、それぞれ、個別的色合いを異にする諸事情のもとで生産される諸商品――の市場価格が市場価値と一致し、それよりも上に高騰することによってもそれよりも下に低落することによっても市場価値から背離しないためには、さまざまな売り手たちの互いに相手に加える圧力がそれなりに大きくて、社会的欲求の要求する商品総量を、すなわち社会がその市場価値を支払うことのできる商品量を、市場に投じるのに十分であるということが必要である。生産物総量がこの欲求を超えれば、諸商品はその市場価値よりも低く売られなければならないであろう。逆に、生産物総量が十分な大きさでない場合、または、同じことであるが、売り手たちのあいだの競争の圧力が彼らに右の〔社会的欲求の要求する〕商品総量を市場に出させるほどに十分強くない場合には、諸商品はその市場価値よりも高く売られなければならないであろう。もし市場価値が変われば、総商品量が売られうる諸条件も変わるであろう。もし市場価値が下がれば、平均的には社会的欲求（ここではつねに支払能力ある欲求のことである）が増大して、一定の限界内では、より大きな商品総量を吸収することができる。もし市場価値が上がれば、その商品にたいする社会的欲求は収縮して、より少ない商品総量が吸収される。だから、需要と供給とが市場価格を――またはむしろ、市場価値からの市場価格の背離を――規制するが、他方で、市場価値は需要と供給との関係を、または需要供給の変動が市場価格を振動させる中心を、規制する。

＊〔草稿にはこのあとに角括弧でくくって次の一文がある――「市場の概念は、そのもっとも一般的な諸特徴について、資本の流通過程にかんする部《アプシュニット》分で展開されなければならない」。第二部第一草稿には市場についての一般的な記述がある。新メガ、第Ⅱ部、第四巻第一分冊、一九八八年、一八九ページ以下、中峯・大谷訳『資本の流通過程』、大月書店、一九八二年、六五ページ以下参照〕

（191）

もっと立ち入って問題を考察すればわかるように、個々の商品の価値にとって妥当する諸条件が、ここでは一つの種類の商品の総和の価値にとっての諸条件として再生産される。なんといっても、資本主義的生産は最初から大量生産だからであるし、また、発展度のより低い他の生産様式も――少なくとも主要商品の場合には――たとえ多数の小規模零細生産者の生産物であっても、比較的少しずつ生産されたものを共同の生産物として、市場で比較的少数の商人の手中に大量に集中し、累積して売りに出す――すなわち、一生産部門全体またはその大なり小なりの部分の共同の生産物として売りに出すからである。

ここでまったくついでに述べておきたいのであるが、「社会的欲求」、すなわち需要の原理を規制するものは、本質的には、さまざまな階級相互の関係によって、また諸階級のそれぞれの経済的地位によって、したがってとくに、第一には労賃にたいする総剰余価値の比率によって、第二には剰余価値が分割されるさまざまな部分*（利潤、利子、地代、租税など）の比率によって、制約されている。こうしてここでもまた、需要供給関係が作用するための基礎が展開されてからでなければ、需要供給関係からは絶対になにも説明されえないことがわかる。

＊〔草稿では「部分」は「部分または諸カテゴリー」となっており、続く丸括弧内の語はエンゲルスによる。また、このパラグラフの全体が角括弧でくくられている〕

商品と貨幣とは、いずれも交換価値と使用価値との統一物ではあるが、すでに述べたように（第一部、第一章、第三節〔本訳書、第一巻、八七ページ以下〕）、販売と購買とにおいてこの二つの規定が二つの極へと両極的に配分され、その結果、商品（売り手）は使用価値を代表し、貨幣（買い手）は交換価値を代表することになる。商品が使用価値をもち、したがってある社会的欲求を満たすということは、販売の一方の前提であった。他方の前提は、商品に含まれている労働分量が社会的に必要な労働を代表しており、したがって商品の個別的価値（および、この前提のもとでは同じものであるが、販売価格）が商品の社会的価値と一致するということであった（二八）。

（二八）　カール・マルクス『経済学批判』、ベルリン、一八五九年〔邦訳『全集』第一三巻、一三一―一三六ページ〕。

これを、一つの部面全体の生産物をなす、市場に現存する商品総量に適用してみよう。事態がもっともわかりやすく示されるのは、商品総量全体を、すなわち、まず一つの生産部門の商

（192）
品総量全体を[＊1]一つの商品と考え、多数の同一商品の価格の総額を一つの価格に集計されたもの[＊2]と考える場合である。その場合には、個々の商品について言われたことが、いまでは文字どおり、市場に現存する、一定の生産部門の商品総量にあてはまる。商品の個別的価値が商品の社会的価値に一致するということは、いまでは、総分量〔商品総量〕はその生産に必要な社会的労働を含んでおり、そしてこの総量の価値はその市場価値に等しいという点に現実化され、または、いっそう進んで規定されている。

＊1〔「すなわち」以下はエンゲルスによる〕
＊2〔草稿では「一価格〔一つの価格に集計されたもの〕」となっている〕

さて、これらの商品の大部分がほぼ同じ標準的な社会的諸条件のもとで生産されており、その結果、この〔社会的〕価値が同時に、この商品総量を形成する個々の商品の個別的価値でもある、と仮定しよう。いまもし、〔これらの商品の〕比較的小さい一部分はこの諸条件よりも悪い条件のもとで生産され、他の一部分はそれよりもよい条件のもとで生産されており、その結果、一方の部分の個別的価値は大部分の商品の中位価値よりも大きく、他方の一部分の個別的価値はそれよりも小さいが、しかしこれら両極は相殺され、その結果、両極に属する諸商品の平均価値は中位の総量に属する諸商品の価値に等しいとすれば、その場合には、市場価値は、中位の諸条件のもとで生産された諸商品の価値によって規定される[（二九）]。商品総量全体の価値は、すべての個別的諸商品——中位の諸条件内で生産された諸商品、および、それよりも悪いまたはそれよりもよい諸条件で生産された諸商品——をひっくるめての価値の現実の総額に等しい。この場合には、この商品総量の市場価値または社会的価値――この商品総量に含まれている必要な労働時間――は、中位の大部分の商品の価値によって規定されている。

（二九）　カール・マルクス『経済学批判』〔同前〕。

これに反して、市場に投じられた当該商品の総分量は同じままであるが、[*] しかしより悪い諸条件のもとで生産された諸商品の価値がよりよい諸条件のもとで生産された諸商品の価値と相殺されず、そのために、より悪い諸条件のもとで生産された商品総量部分が、中位の総量に比べても他方の極に比べても、相対的にいちじるしく大きくなるものと仮定すれば、その場合には、より悪い諸条件のもとで生産された商品総量が市場価値または社会的価値を規制する。

＊〔「市場に投じられた」以下はエンゲルスによる〕

最後に、中位よりもよい諸条件のもとで生産された商品総量が、中位よりも悪い諸条件のもとで生産された商品総量をいちじるしく凌駕し、また、中位の事情のもとで生産された商品総量に比べてもいちじるしく大きくなると仮定しよう。その場合には、最良の[*1]諸条件のもとで生産された部分が市場価値を規制する。市場が供給過剰である場合には、いつでも、最良の諸条件のもとで生産された部分
(193)
が市場価格を規制するが、このような場合はここでは度外視される。われわれがここで取り扱うのは、市場価値と異なる限りでの市場価格ではなく、市場価値そのもののさまざまな規定である。[三〇]

（三〇）　したがって、地代を論じたさいのシュトルヒとリカードウとの論争（事実上の論争にすぎず、実際には両人とも相手を考慮に入れていない）、すなわち、市場価値（彼らの場合には、むしろ市場価格または生産価

格）は最悪の諸条件のもとで生産された諸商品によって規制されるか（リカードウ）、それとも最良の諸条件のもとで生産された諸商品によって規制されるか（シュトルヒ）という論争は、結局、両方とも正しいし、また両方とも正しくないということに、そして同様に、両方とも中位の場合をまったく無視しているということに、帰着する。[*2] 最良の諸条件のもとで生産された諸商品によって価格が規制される場合についてのコーベトの所論[*3]を参照せよ。――「彼」（リカードウ）「によって、一個の帽子と一足の靴というような二つの異なる物品の特定の二個口が、それら特定の二個口が等しい労働量で生産された場合に互いに交換されると主張されている、と言いたいのではない。『商品』とは、ここでは『商品種目』と解さなければならず、特定の個々の一個の帽子、一足の靴などと解してはならない。この目的のためには、イングランドにおけるすべての帽子を生産する総労働が、すべての帽子に分割されるとみなされなければならない。このことは、はじめにもこの学説の一般的な叙述のなかにも、表明されていなかったように私には思われる」（Ｈ・ブルーム）『経済学におけるある種の用語論争の考察』、ロンドン、一八二一年、五三、五四ページ）。

＊１〔「よりよい」の誤記ではないかと思われる〕

＊２〔リカードウ『経済学および課税の原理』、第三版、ロンドン、一八二一年、六〇―六一ページ。堀経夫訳、同前、八五―八六ページ。シュトルヒ『経済学講義、または諸国民の繁栄を決定する諸原理の説明』、第二巻、サンクト・ペテルブルク、一八一五年、七八―七九ページ。なお、『資本論草稿集』６、大月書店、一二六、一三三ページ、邦訳『全集』第二六巻（『剰余価値学説史』）、第二分冊、一一三、一一八―一一九ページをも参照〕

＊３〔コーベト『諸個人の富の原因および様式の研究。または、商業および投機の諸原理の説明』、ロンドン、一八四一年、四二―四四ページ（『資本論草稿集』８、大月書店、三六四ページ参照）〕

事実、まったく厳密に言えば（もちろん現実には、ただ近似的に、何重にも修正されて現われるのであるが）、第一の場合には、中位の価値によって規制される商品総量全体の市場価値は、それらの個別的価値の総額に等しい――とはいえ、両極で生産された諸商品にとっては、この〔市場〕価値は、それらの商品に押しつけられた平均価値として表わされるのであるが*。その場合、最悪の極で生産する人々は自分たちの商品を個別的価値よりも低く売らなければならないが、最良の極で生産する人々は個別的価値よりも高く売る。

＊〔初版では「置かれる」となっていた。草稿によりアドラツキー版で訂正〕

第二の場合には、両極で生産された個別的価値量が相殺されないで、より悪い諸条件のもとで生産されたものが決着をつける。厳密に言えば、各個の商品の、または商品量全体の各可除部分の、平均価格または市場価値は、いまや、異なる諸条件のもとで生産された諸商品の価値の加算によって得られる商品量の総価値と、この総価値から個々の商品に帰属する可除部分とによって、規定されるであろう。このようにして得られた市場価値は、有利な極に属する諸商品の個別的価値よりも大きいだけでなく、中位の層に属する諸商品の個別的価値よりも大きいであろう。しかし、この市場価値は、それでもやはり、不利な極で生産された諸商品の個別的価値よりも小さいであろう。どの程度までこの
(194) 市場価値がそれ〔不利な極の諸商品の個別的価値〕に近づくか、または結局それと一致するかは、もっぱら、不利な極で生産された商品総量が当該商品部面のなかで占める席の広さに依存する。需要がほんのわずかでも〔供給を〕凌駕すれば、不利な諸条件のもとで生産された諸商品の個別的価値が市場価

格を規制する。

最後に、第三の場合のように、有利な極で生産された商品分量が、他方の極のものと比べてだけでなく、中位の諸条件のものと比べても、より大きい席を占めるならば、市場価値は中位価値よりも低下する。両極の価値総額と中位の価値総額との加算によって計算された平均価値は、この場合には中位の価値を下回っており、有利な極〔の諸商品〕が占める席の相対的な大きさに応じて、中位の価値に近づいたり、それから遠ざかったりする。需要が供給に比べて弱ければ、有利に生産された〔諸商品〕部分が、その大きさはどうであれ、その価格をその個別的価値にまで引き下げることによって、強引に席を占める。市場価値が最良の諸条件のもとで生産された諸商品のこの個別的価値と一致することは、供給が需要を非常に大きく凌駕する場合のほかには、決してありえない。

ここで抽象的に述べたこのような市場価値の確定は、需要が、商品総量をこうして確定された価値どおりにちょうど吸収するだけの大きさであるということを前提すれば、現実の市場では、買い手たちのあいだの競争によって媒介される。そして、ここでわれわれはもう一つの点に到達する。

第二に*。商品が使用価値をもつということは、その商品がなんらかの社会的欲求を満たすということを意味するだけである。われわれが個々の商品だけを取り扱っていたあいだは、われわれは、この特定の商品——その価格のうちにはすでに商品の分量が含まれている——にたいする欲求が現存するものと想定することができたのであり、満たされるべき欲求の分量にはそれ以上立ち入る必要はなかった。しかし、一方の側に一生産部門全体の生産物が、他方の側に〔それにたいする〕社会的欲求が立つことになると、この満たされるべき欲求の分量が本質的な契機となる。いまや、この社会的欲求の程度すなわちその分量を考察することが必要になる。

＊〔「第二に」はエンゲルスによる〕

これまでに与えられた市場価値にかんする諸規定では、生産された諸商品の総量は同一のままであり、一つの与えられた総量であるということが想定されている。すなわち、異なる諸条件のもとで生産されているこの商品総量の構成諸部分のあいだの割合だけが変動するということ、したがってこの同じ商品総量の市場価値が異なる仕方で規制されるということが想定されている。この商品総量が通常の供給分量であると仮定し、そのさいわれわれは、生産された諸商品の一部分が一時的に市場から引きあげられうるという可能性は度外視する。そこで、この商品総量にたいする需要もまた通常のものであるならば、この商品はその市場価値で――前に研究した三つの場合のどれがこの市場価値を調整するにせよ――売られる。この商品総量は、単にある欲求を満たすのでなく、それをその社会的範囲において満たすのである。これに反して、商品分量がそれにたいする需要よりも小さいかまたは大きい場合には、市場価値からの市場価格の背離が生じる。まず第一の背離は、商品分量が過小である場合には、つねに、最悪の諸条件のもとで生産された商品が市場価値を規制し、商品分量が過大である場合には、つねに、最良の諸条件のもとで生産された商品が市場価値を規定するということである。すなわち、異なる諸条件のもとで生産されている諸商品量の単なる割合に従えば別の結果が生じるに違いないにもかかわらず、両極の一方が市場価値を規定するということである。需要と生産物分量と

(195)

の差がもっと大きければ、市場価格もまた、市場価値から上か下かにもっと大きく背離するであろう。ところで、生産された諸商品の分量と、それらの商品がその市場価値どおりに売られる分量との差は、二通りの原因から生じうる。その一つは、この商品分量そのものが変動して過小または過大となり、その結果、与えられた市場価値を規制した規模とは異なる規模で再生産が行なわれた場合*である。この場合には、需要は不変であるのに供給が変化したのであり、そのために相対的な過剰生産または過少生産が生じている。もう一つは、再生産すなわち供給は同一のままであるが需要が減少または増大している場合であり、これは種々の原因から起こりうる。この場合には、供給の絶対的大きさは同一のままであるのに、その相対的大きさ、すなわち、欲求と比べての、または欲求ではかるときの、供給の大きさが変化したのである。その結果は一番目の場合と同じであり、方向が逆になっているだけである。最後に、諸変化は両方の側に生じるが、しかし反対の方向にであるか、あるいは同じ方向にではあっても同じ程度にではない場合には、すなわち、ひとことで言えば、二面的な変化が生じるが、しかしそれが両方のあいだの従来の割合を変化させる場合には、最終結果は、つねに、前に考察した二つの場合のどちらかに帰着せざるをえない。

＊〔草稿では、「その結果、」以下は「〔与えられた価値での〕生産の規模から背離した大きさの再生産が行なわれた場合」となっている〕

需要供給の一般的な概念規定を行なうさいの本来の困難は、この概念規定が同義反復に帰着するように見えるということである。まず供給を、すなわち、市場に存在する生産物または市場に供給され

(196)
うる生産物を、考察しよう。この場合にまったく無用な細目に立ち入ることを避けるために、ここでは、一定の各産業部門における年々の〔生産または——草稿による〕再生産の総量を考えることとし、そのさい、市場から引きあげられてたとえば翌年の消費のために貯えられるという、さまざまな商品がもっている大なり小なりの能力は度外視する。この年々の再生産は、なによりもまず、一定の分量を、商品総量が連続量としてはかられるか不連続量としてはかられるかに応じて量目または個数を、表現する。それは、単に人間の欲求を満たす諸使用価値であるのではなく、それらの使用価値がある与えられた規模で市場に存在するのである。しかし第二に、この商品量は一定の市場価値をもっており、この市場価値は、単位として用いられる商品または商品量目の市場価値の倍数で表現することができる。だから、市場に存在する諸商品の量的大きさとそれらの市場価値とのあいだには必然的な連関は存在しない。というのは、たとえばかなり多くの商品はとくに高い価値をもっており、かなり多くの他の商品はとくに低い価値をもっており、その結果、ある所与の価値額は、一方の商品の非常にわずかな分量で表わされることも、他方の商品の非常に大きな分量で表わされることもできるからである。市場に存在する諸物品の分量とこれらの物品の市場価値とのあいだには、次のような連関があるだけである。すなわち、労働の生産性の与えられた基礎の上では、どの特殊な生産部面においても、一定分量の物品を生産するためには一定分量の社会的労働時間が必要である、という連関である——とはいっても、この割合は、生産部面が異なればまったく異なっており、また、これらの物品の有用性またはその使用価値の特殊な性質とはなんらの内的連関もないのであるが。他のすべての事情に変わり

（197）

がないとして、ある商品種類のａ量〔の生産〕にｂ労働時間が費やされるとすれば、na量〔の生産〕にはnb労働時間が費やされる。さらに、社会が諸欲求を満たそうとし、ある物品をこの目的のために生産しようとする限り、社会はこの物品に支払いをしなければならない。事実、商品生産では分業が前提されているから、社会は、その自由に使用することのできる労働時間の一部分をこれらの物品の生産に費やすことでそれらの物品を買うのであり、したがって社会は、この所与の社会が自由に処分しうる労働時間の一定分量によってそれらの物品を買うのである。社会のうちの一部分——分業によってこれらの特定の物品の生産に自己の労働を費やすことが割り当てられた部分——は、自己の諸欲求を満たす諸物品に表わされた社会的労働によって等価物を受け取らなければならない。しかし、一方での、ある社会的物品に費やされている社会的労働の総分量、すなわち、社会がこの物品の生産に費やすその総労働力の可除部分、したがってこの物品の生産が総生産に占める範囲と、他方での、社会がこの一定の物品によって満たされる欲求の充足を必要とする範囲とのあいだには、必然的な連関はなく、偶然的な連関が存在するだけである。ある商品種類の各個の物品または各一定分量は、その生産に必要とされる社会的労働だけを含んでいるであろうとしても、そして、この側面から考察すれば、この商品種類全体の市場価値は必要労働だけを表わしているとはいえ、それにもかかわらず、もしこの特定の商品がそのときの社会的欲求を超える程度に生産されたとすれば、社会的労働時間の一部分は浪費されたのであり、その場合には、この商品総量は、市場で、現実にそれに含まれているよりもはるかに少量の社会的労働を代表する。〔生産が社会のまえもって決められた現実の管理のもとにある場合だけ、社会は、一定の物品の生産に費やされる社会的労働時間の範囲とこの物品によって満たされるべき社会的欲求の範囲とのあいだの連関をつくり出す。）したがって、これらの商品はその市場価値よりも安く売りさばかれなければならず、その一部分はまったく売れなくなることさえありうる。――一定の商品種類の生産に費やされた社会的労働の範囲が、この生産物によって満たされるべき特殊な社会的欲求の範囲にとって過小である場合には、右の逆になる。――しかし、一定の物品の生産に費やされた社会的労働の規模が満たされるべき社会的欲求の規模に照応しており、その結果、生産された商品総量が、需要が不変である場合の〔生産および――草稿による〕再生産の通常の基準に照応しているならば、この商品はその市場価値どおりに売られる。諸商品の価値どおりでの交換または販売は、合理的なものであり、諸商品の均衡の自然法則である。この法則から出発して諸背離を説明すべきであって、逆に、諸背離から法則そのものを説明すべきではない。

もう一つの側面、需要を見ることにしよう。

諸商品は生産諸手段または生活諸手段として買われて――そのさい相当数の種類の商品が両方の目的に役立ちうるということは事態を少しも変えない――、生産的または個人的消費にはいり込む。したがって、諸商品にたいする需要は、生産者たち（ここでは資本家たち。というのは、生産諸手段は資本に転化されていると想定されているので）からと消費者たちから生じる。どちらも、まず、需要
(198) の側に、ある与えられた分量の社会的欲求――これに、他の側〔供給の側〕に、さまざまな生産部門における一定分量の社会的生産が照応する――を想定しているように見える。もし綿工業がその年々

の再生産を与えられた規模で繰り返し行なうものとすれば、そのためには従来どおりの量目の綿花が必要であり、また、資本蓄積の結果としての再生産の年々の拡張を考慮すれば、他の事情に変わりがなければ、綿花の追加分量が必要である。生活諸手段についても同様である。労働者階級は、いままでどおりの平均的生活様式を続けようとすれば、少なくとも同一分量の必要生活諸手段を――さまざまな種類のあいだの配分は多少は変わるかもしれないが――ふたたび見いださなければならないし、また、年々の人口増加を考慮すれば、追加分量を見いださなければならない。そして、他の諸階級にとっても、多少の変更はあるにせよ、同様のことが言える。

したがって、需要の側にある大きさの特定の社会的欲求があって、その解消にはある物品の一定量が市場にあることを必要とする、というように見える。しかし、この欲求の量的規定性はまったく弾力的であり変動しやすい。この欲求の固定性は外見である。もし生活諸手段がより安くなるか貨幣賃銀がより高くなれば、労働者たちはより多くの生活諸手段を買うであろうし、これらの商品種類にたいするより大きな「社会的欲求」が現われるであろう――ただし、その「需要」がその肉体的欲求の最低限よりもさらに下にある受救貧民たちなどはまったく度外視してのことであるが。他方、たとえば綿花がより安くなれば、資本家たちの綿花需要は増大するであろうし、より多くの追加資本が綿工業に投下されたりなどするであろう。この場合一般に忘れてならないのは、生産的消費のための需要は、われわれの前提のもとでは、資本家の需要であるということ、および、資本家の本来の目的は剰余価値の生産であって、彼はこの目的のためにのみなんらかの種類の諸商品を生産するということである。他方で、いま述べたことは、資本家がたとえば綿花の買い手として市場に立つ限りでは彼が綿花にたいする欲求を代表することをさまたげないのであり、実際また綿花の売り手にとっては、買い手が綿花をシャツ生地にするか、綿火薬にするか、それともそれで自分や世間の人々の耳に栓をするつもりかということは、どうでもよいことだからである。しかし、それでも、右のことは、彼が買い手として現われる現われ方には大きな影響をおよぼす。綿花にたいする彼の欲求は、現実には彼の利潤獲得欲の仮装にすぎないという事情によって、本質的に変化させられている。――諸商品にたいする市場で代表された欲求――需要――が現実の社会的な欲求と量的に相違する諸限界は、もちろん、(199) 商品が異なるにつれて非常に異なる。私が言うのは、要求された商品分量と、商品の貨幣価格が変わるか、買い手の貨幣事情または生活事情が変わる場合に要求されるであろう商品分量との、差異のことである。

　需要と供給の不均衡と、その結果生じる市場価値からの市場価格の背離を見てとることほど容易なことはない。本来の困難は、需要と供給の一致をどう理解すべきかを規定することにある。

　需要と供給が一致するのは、一定の生産部門の商品総量がその市場価値どおりに――それ以上でもなくそれ以下でもなく――売られうるような割合に両者がなっている場合である。これが、われわれに語られる第一のことである。

　第二に語られることは、諸商品がその市場価値どおりに売られうる場合には需要と供給が一致する、ということである。

需要と供給が一致すれば、両者は作用しなくなり、まただからこそ商品はその市場価値どおりで売られる。二つの力が反対の方向に同じ強さで作用する場合には、それらは相殺され、外へはまったく作用しないのであり、このような条件のもとで起きる諸現象は、この二つの力の関与とは別のものによって説明されなければならない。需要と供給が相殺されれば、それらはなにごとをも説明しなくなり、市場価値には作用しないのであり、なぜ市場価値がまさにこの貨幣額で表現されて他の貨幣額で表現されないかについては、いよいよもってわれわれを無知なままにするのである。[*1] 資本主義的生産の現実の内的諸法則は、明らかに、需要と供給との相互作用からは説明されえない（この二つの社会的推進力の、より深い、ここで取り上げるのには適さない分析はまったく度外視するとしても）。というのは、これらの法則が純粋に現実化して現われるのは、需要と供給とが作用しなくなるとき、すなわち両者が一致するときだけだからである。需要と供給は実際には決して一致せず、もし一致するとすれば、それは偶然であり、したがって科学的にはゼロとすべきであり、一度も生じないものとみなすべきである。しかし、経済学では、需要と供給が一致するものと想定される。なぜか？〔そう想定されるのは〕諸現象をそれらの合法則的な姿態、それらの概念に照応する姿態で考察するためである。すなわち、諸現象を需要供給の運動によって生み出される外観にかかわりなく考察するためである。他方では、需要供給の運動の現実の傾向を見いだすため、言ってみれば確定するためである。というのは、これらの不等は対立的な性質のものだからであり、これらの不等は恒常的につぎつぎと起こるために、それらは、相対立した方向によって、それら相互の矛盾によって、相殺されるからである。

（200）したがって、具体的などの一つの場合にも需要と供給とは決して一致しないとしても、それらの不等はつぎつぎに起こるのだから——そして一方向における背離の結果が反対の方向における別の背離を引き起こすのだから——、大なり小なりの一期間の全体を考察すれば[*2]、供給と需要とはつねに一致する——ただし、過ぎ去った[*3]運動の平均としてのみ、それらの矛盾の恒常的な運動としてのみ一致する。こうして、市場価値から背離する市場価格は、その平均数から見れば、市場価値に均等化される。というのは、市場価値からの諸背離はプラスおよびマイナスとして相殺されるからである。そしてこの平均数は、決して単に理論上の重要性をもつのではなく、資本——多かれ少なかれ一定の期間における諸変動と諸均等化を考慮に入れて投下される資本——にとって、実際上の重要性をもつのである。

＊1〔「需要と供給が相殺されれば」からここまではエンゲルスによる〕

＊2〔草稿では「一期間の」のあとに角括弧でくくって「与えられた、大なり小なりの、資本の一回転時間の」と書かれている〕

＊3〔「過ぎ去った」はエンゲルスによる〕

それだから、需要と供給の関係は、一方では、ただ市場価値からの市場価格の背離を説明するだけであり、他方では、ただこの背離を廃除しようとする、すなわち需要供給関係の作用を廃除しようとする傾向を説明するだけである。（価値をもたないで価格をもつ諸商品という例外は、ここで考察すべきではない。）需要と供給とは、両者の不等によって引き起こされる作用の廃除を非常に異なる形態〔仕方〕で遂行することができる。たとえば、需要が減り、したがって市場価格が下がれば、そのことは、〔その部門から〕資本が引きあげられて供給が減るという結果になりうる。しかしまた、必要労働時間を短くする諸発明によって市場価値そのものが低められ、それによって市場価格と均等化されるという結果にもなりうる。これとは逆に、需要がふえ、そのため市場価格が市場価値を超えて騰貴すれば、そのことは、この生産部門に多すぎる資本が供給されて生産が増やされ、その結果、市場価格そのものが市場価値よりも下に低下するという結果になりうる。または、他方で、需要そのものを減退させる価格騰貴になりうる。また、あれこれの生産部門では、そのことは、市場価値そのものが長短の期間にわたって高騰するという結果にもなりうる――というのは、〔市場で〕要求される諸生産物の一部はこの期間中、より悪い諸条件のもとで生産されなければならないからである。

需要と供給が市場価格を規定するとすれば、他方では市場価格が、そしてさらに分析すれば市場価値が、需要と供給を規定する。需要の場合にはこれは明白である。というのは、需要は価格とは反対の方向に動き、価格が下がれば需要は増え、価格が上がれば需要が減るからである。しかし、供給の場合にも右のことがあてはまる。というのは、〔市場に〕供給される商品にはいり込む生産諸手段の価格は、この生産諸手段にたいする需要を規定し、したがってまた、諸商品――それの供給が右の生産諸手段にたいする需要を含んでいる諸商品――の供給をも規定するからである。綿花の価格は、綿製品の供給にとって規定的である。(201)

この混乱――需要供給による価格の規定、そして、価格による需要供給の規定――には、さらにまた、需要が供給を規定し、また逆に供給が需要を規定し、生産は市場を、市場は生産を規定するとい

う混乱が加わる。〔三二〕

〔三三〕　次の「洞察」[*1]のなんという馬鹿らしさ――「ある物品を生産するのに必要とされる賃銀、資本、および土地の量が以前とは異なっている場合には、アダム・スミスがその物品の自然価格と呼ぶものも異なっているのであり、以前にはその物品の自然価格であったあの価格が、この変化に関連して、その物品の市場価格になる。なぜなら、たとえ供給も必要量も変化しなかったとしても」（この場合にはどちらも変動する。まさに、価値変動の結果として市場価値またはアダム・スミスが問題にしている生産価格が変動するからである）「いまではその供給は、いま生産費となっているものを支払う能力と意志のある人々にとってちょうど十分なものではなく、それよりも大きいかまたは小さいのであり、その結果、供給と、新たな生産費との関連で有効需要となっているものとの割合は、以前とは異なっているからである。その場合には――もしなんの障害もなければ――、供給率にある変化が生じて、ついには商品を新たな自然価格に連れていくであろう。そこで、ある人々には次のように言うのが適切であると思えるであろう。すなわち、商品はその供給の変化によってその自然価格に達するので、自然価格は需要と供給のあいだの一つの割合によって成立するのであり、それはちょうど市場価格が他の割合によって成立するのと同じであり、したがって、自然価格は市場価格とまったく同様に、需要と供給との相互の割合に依存する、と（『需要供給の大原理は、アダム・スミスが市場価格と名づけるものと同じく、自然価格と名づけるものをも決定するために働かされる』――マルサス）」[*2]（〔H・ブルーム〕『経済学におけるある種の用語論争の考察』、ロンドン、一八二一年、六〇、六一ページ）。このりこうな男が理解しないのは、当面の場合にはまさに〝生産費〟の変動、したがってまた価値の変動こそが、需要の変化を、したがって需要供給の割合の変化を生み出したということ、また、このような需要の変化は供給の変化をもたらしうるということである。これは、わが思想家が証明しようとしていることのまさに正反対のことを証明するであろう。すなわち、それは、生産費の変化は決して需要供給の割合によって調整されるものではなく、その反対に、それ自身〔生産費の変化〕がこの割合を調整するということを証明するであろう。

＊１〔初版では、括弧はつけられていなかった。草稿によりアドラツキー版で訂正〕

＊２〔マルサス『経済学原理』、ロンドン、一八二〇年、七五ページ、吉田秀夫訳、岩波文庫、上巻、一九三七年、一二五ページ〕

(202)

凡庸な経済学者（〔右の〕注を見よ）にさえわかるように、外的諸事情によってもたらされる供給または需要の変動がなくても、需要と供給の割合は、諸商品の市場価値の変動の結果として変動しうる。市場価値がなんであるにせよ、それを引き出すためには需要と供給とが均衡していなければならないということは、この経済学者でさえ認めざるをえない。これは、需要と供給の割合が市場価値を説明するのではなく、逆に、市場価値が需要と供給の諸変動を説明するということを意味する。『考察』の著者は、注に引用した個所のあとに続けて次のように言う――「しかし、この割合」（需要と供給とのあいだの）「は、もしわれわれがこれまでどおり『需要』および『自然価格』とは、たったいまアダム・スミスに言及して述べたのと同じ意味であると解するならば、つねに同等の比率でなければならない。というのは、自然価格が実際に支払われるのは、供給が有効需要に、すなわち、自然価格より多くも少なくも支払おうとしない需要に等しい場合だけだからである。したがって、時期が異なっていれば、同じ商品について二つの非常に異なる自然価格がありうるが、それでも、供給の需要にたいする割合は、どちらの場合にも同じ、すなわち同等の比率でありうる」〔同前、六一ページ〕。したがって、異なる時期において同じ商品に二つの異なる〝自然価格〟がある場合に、その商品がどちらの場合にもその〝自然価格〟で売られるものとすれば、需要と供給とはそのつど一致しうるし、また一致しなければならない、ということが承認される。ところで、二つの場合に需要と供給との割合には相違がないのに、〝自然価格〟そのものの大きさには相違があるのだから、自然価格は、明らかに需要供給とはかかわりなく規定されており、したがって需要供給によって規定されることはとうていありえない。

一商品がその市場価値どおりに、すなわち、その商品に含まれている社会的必要労働に比例して売られるためには、この商品種類の総量に費やされる社会的労働の総分量が、この商品にたいする社会的欲求すなわち支払能力ある社会的欲求の分量に照応していなければならない。競争、すなわち、需要と供給との割合の諸変動に照応する市場価格の諸変動は、それぞれの商品種類に費やされる労働の総分量をつねにこの限度に帰着させようとする。

(203)

諸商品の需要と供給の関係では、第一に、使用価値と交換価値との関係、商品と貨幣との関係、売り手と買い手との関係が再現する。第二には、生産者と消費者との関係が再現する——ただし、この両者が商人という第三者によって代理されていてもよい。売り手と買い手との考察にさいしては、この関係を展開するためには、両者を個々に対峙させるだけで足りる。商品の完全な変態のためには、したがって売りと買いとの全体のためには、三人の人がいれば十分である。Aは、自分の商品をBに売って、これをBの貨幣に転化し、その貨幣でCから商品を買って、自分の貨幣を商品に再転化する。

全過程がこの三人のあいだで行なわれる。さらに、貨幣の考察にさいしては、諸商品はその価値どおりに売られるものと仮定した。なぜなら、商品が貨幣になり貨幣から商品に再転化するさいに経過する形態変化だけが問題であったので、価値から背離する価格を考察すべき理由はまったくなかったからである。およそ商品が売られ、その代金で新たな商品が買われさえすれば、全変態が行なわれるのであり、そのものとして考察されたこの変態にとっては、商品の価格が商品の価値よりも低いか高いかはどうでもよいことである。基礎としての商品の価値が、依然として重要である。なぜなら、貨幣はこの基礎から出発してはじめて概念的に展開されうるのであり、また価格は、その一般的概念からすれば、さしあたりは貨幣形態にある価値にすぎないからである。もちろん、流通手段としての貨幣の考察にさいしては、一商品の一つの変態だけが行なわれるのではない、ということが想定される。むしろ、これらの変態の社会的なからみ合いが考察される。そうすることによってのみ、われわれは貨幣の通流に、また流通手段としての貨幣の機能の展開に、到達する。しかし、この連関が、流通手段としての機能への貨幣の移行[*1]にとって、また、この移行[*2]から生じる貨幣の変化した姿態にとって、どんなに重要であろうとも、それは、個々の売り手と買い手とのあいだの取り引きにとってはどうでもよいことである。

＊1・2〔草稿では「移行」は「転化」となっている〕

これにたいして、供給と需要とでは、供給は、一定の商品種類の売り手たちまたは生産者たちの総計に等しく、需要は、同じ商品種類の買い手たちまたは消費者たち（個人的消費者たちまたは生産的消費者たち）の総計に等しい。しかも、これらの総計は、統一体として、集合力として、互いに作用し合う。ここでは個々人は、一つの社会的な力の部分としてのみ、集団の原子としてのみ、作用するのであり、競争が生産および消費の社会的性格をはっきりと表わすのは、この形態においてである。

(204)

競争でさしあたり弱いほうの側は、同時に、個々人が自分の競争仲間の集団から独立に、またしばしばその集団に直接に対抗して作用し、またまさにそうすることによって個々人の他の個々人にたいする依存を感知させられる側であり、他方、強いほうの側は、つねに、多かれ少なかれ、まとまった統一体として相手方に相対する。この特定種類の商品にとって需要が供給より大きければ、ある買い手が――ある限界内では――他の買い手より高い値をつけ、こうしてその商品をすべての買い手にとって市場価値よりも騰貴*させるのであり、他方で、売り手たちは共同して高い市場価格で売ろうとする。逆に、供給のほうが需要より大きければ、ある一人〔の売り手〕がより安く売りさばくことを始め、他の人々もこれにならわなければならなくなり、他方、買い手たちは共同して市場価格をできるだけ市場価値よりも低く引き下げようとする。共同する側が各人の関心の的になるのは、各人が共同側に反対するよりも共同側に参加するほうがより多く儲かるあいだだけである。そして、共同する側そのものが弱いほうの側になれば、共同はなくなり、そうなれば各個人が自分の腕でできるだけうまく切り抜けようとする。さらに、もしある人がより安く生産して、そのときの市場価格または市場価値よりも低く売ることによってより多く売りさばき、市場のより大きい席をわがものにすることができるならば、彼はそうするのであり、こうして、他の人々により安い生産の仕方を採用することをしだいしだいに強制し、社会的必要労働を新たなより小さい限度へ引き下げていく行動が始まる。もし一方の側が優勢ならば、この側に属する各人が儲ける。それは、ちょうど彼らが共同的独占を実行するようなものである。もし一方の側が弱いほうの側であれば、各人は、自分だけはもっと強い者（たとえば、より少ない生産費で仕事をする者）になろうとすることもできるし、または少なくともできるだけうまく逃れ出ようとすることができる。そして、ここではだれも隣人のことなどかまいはしない――と言っても、自分の行動は自分だけではなく仲間の全体に影響するのではあるが。(三二)

(三二)「一階級の各人が、全体の利得および所有物の一定の分け前または可除部分よりも多くを得ることが決してできないならば、彼は利得をふやすために進んで団結するであろう。」（彼は、需要供給の関係がそれを許しさえすれば、そうする。）「これが独占である。しかし、各個人が、たとえ総額を減らすやり方によってでも、とにかく自分の分け前の絶対額をふやすことができると思う場合には、彼はしばしばそれをするであろう。これが競争である」（〔S・ベイリー〕『近時マルサス氏の主張する需要の性質および消費の必要にかんする諸原理の研究』、ロンドン、一八二一年、一〇五ページ）。

＊〔初版では「市場価値よりも」は「市場価格よりも」となっていた。カウツキー版で訂正。なおこの句はエンゲルスによる〕

(205) 需要供給は、価値の市場価値への転化を前提するのであり、それが資本主義的基盤[*1]の上で行なわれる限りでは、諸商品が資本の生産物である限りでは、それは資本主義的生産過程[*2]を、したがって諸商品の単なる売買とはまったく異なる複雑な諸関係を前提する。その場合には、諸商品の価値の価格への形態的転化、すなわち単なる形態変化が問題なのではない。問題は、市場価値からの、さらには生産価格からの、市場価格の一定の量的背離である。単純な売買の場合には、商品生産者たちが商品生産者として互いに相対していれば、それで十分である。需要供給は、さらに分析すれば、さまざまな階級および階級構成諸部分――社会の総収入を相互のあいだで分配して収入として相互のあいだで消費する、したがって、収入によって形成される需要を形成する、さまざまな階級および階級構成諸部分――の存在を前提する。同時に他方で、生産者たち自身によって彼ら相互のあいだで形成される需要供給を理解するためには、資本主義的生産過程の総姿容の洞察を必要とする。

*1 〔草稿では「資本主義的基盤」は「資本主義的生産の基盤」となっている〕

*2 〔草稿では「資本主義的生産過程」は「生産価格」となっている。「資本主義的」はエンゲルスの挿入。新メガではエンゲルス版と同様に「生産過程」と判読している〕

資本主義的生産の場合には、単に、商品形態で流通に投下された価値総量と引き換えに、他の形態――貨幣の形態であれ他の商品の形態であれ――での等しい価値総量を引き出すことが問題なのではなく、生産に前貸しされた資本のために、それがどんな生産部門で使用されていようとも、同じ大きさの他のあらゆる資本が引き出すのと同じ――またはその資本の大きさに〝比例した〟――剰余価値または利潤を引き出すことが問題である。つまり、少なくとも最低限度として、平均利潤をもたらす価格すなわち生産価格で諸商品を売ることが問題なのである。資本は、この形態において自分自身を一つの社会的な力として意識するのであり、それぞれの資本家は、社会的総資本のなかの自分の持ち分に比例してこの社会的な力に参加するのである。

第一に、資本主義的生産それ自体は、特定の使用価値にたいして無関心であり、一般に、自己の生産する商品の特殊性にたいして無関心である。どの生産部面においても、資本主義的生産にとっては、剰余価値を生産することだけが、労働の生産物において一定分量の不払労働を取得することだけが、問題である。同様に、資本に従属した賃労働は、その本性上どうしても、自己の労働の独特な性格には無関心であり、資本の欲求に応じて変化させられ、一生産部面から他の生産部面へと投下されるにまかせざるをえない。

第二に、実際上、いまや一生産部面と他の生産部面とのあいだには、善し悪しの違いはない。各生産部面が同じ利潤をもたらす。そして各生産部面は、もしそれが生産する商品がなんらかの種類の社会的欲求を満たさないならば、用をなさないであろう。

（206）ところが、もし諸商品がその価値どおりに売られるならば、すでに展開したように、異なる生産諸部面では、それぞれの部面に投下された資本総量の有機的構成が異なるのに応じて、非常に異なる諸利潤率が成立する。しかし、資本は、利潤率の低い部面から引きあげられて、より高い利潤〔率〕をもたらす他の部面に投下される。この恒常的な資本の流出入によって、ひとことで言えば、異なる部面間への資本の配分によって——これは利潤率があちらで下がったりこちらで上がったりするのに応じて行なわれる——、資本は、異なる生産諸部面においても平均利潤が同じになる、それゆえ価値が生産価格に転化する、そのような需要と供給との関係を生じさせる。ある与えられた国民的社会における資本主義的発展が高ければ高いほど、すなわち、その国の状態が資本主義的生産様式に適合していればいるほど、資本は多かれ少なかれこの均等化に成功する。資本主義的生産[*1]が進むにつれてその諸条件も発展するのであり、資本主義的生産[*2]は、生産過程がその内部で行なわれる社会的諸前提[*3]の全体を、自己の独特な性格と自己の内在的諸法則とに従属させる。

*1・2〔草稿では「資本主義的生産」は「資本主義的生産様式」となっている〕

*3〔草稿では「諸前提」は「諸条件」となっている〕

この恒常的な不等性の恒常的な均等化は、（一）資本が可動的であればあるほど、すなわち、資本が一つの部面や一つの場所から他の部面や他の場所へより容易に移転できればできるほど、（二）労働力が一部面から他の部面へ、また一地方の生産地点から他の地方の生産地点へより急速に移動投下できればできるほど、ますます急速に行なわれる。この（一）は次のことを前提する。社会の内部における商業の完全な自由、および、自然的独占以外の、すなわち資本主義的生産様式そのものから生じる独占以外の、すべての独占の排除。さらに、信用制度——利用可能な社会的資本の組織されていないかたまりを個々の資本家にたいして集中する信用制度——の発達。最後に、資本家のもとへのさまざまな生産部面の従属。この最後のことは、資本主義的に搾取されるすべての生産諸部面にとって価値の生産価格への転化が問題であると仮定されたときに、すでに前提のなかに含まれている。しかし、この均等化そのものがより大きな障害にぶつかるのは、資本主義的に経営されていない多数で大量の生産諸部面（たとえば小農民による耕作）が資本主義的経営のあいだに介在し、これと固く結びついている場合である。最後に人口の密度が大きいこと。——（二）は次のことを前提する。労働者

（207）

が一生産部面から他の生産部面へ、または一生産地点からどこか他の生産地点へ移動することをさまたげるすべての法律の廃止。自己の労働の内容にたいする労働者の無関心。すべての生産部面における労働の単純労働への最大限可能な還元。労働者たちのあいだのすべての職業的偏見の消滅。最後に、そしてとくに、資本主義的生産様式のもとへの労働者の従属。これについてこれ以上詳しく述べることは、競争にかんする特殊研究に属する。

これまで述べたことから明らかなように、個々の各資本家も、特殊な各生産部面のすべての資本家の総体も、総資本による総労働者階級の搾取およびこの搾取の度合いに、単に一般的な階級的共感から参加しているのではなく、直接に経済的に参加しているのである。なぜなら、前貸総不変資本の価値をも含めて他のすべての事情を与えられたものと前提すれば、平均利潤率は、総資本による総労働の搾取度に依存するからである。

平均利潤は、資本が一〇〇ごとに生み出す平均剰余価値と一致しており、また、剰余価値にかんしては、右に述べたことははじめから自明である。平均利潤の場合には、利潤率の規定的諸契機の一つとして前貸資本の価値がさらにつけ加わるだけである。実際、一人の資本家または一定の生産部面の資本が、直接に自己の使用する労働者たちの搾取についてもつ特別な関心は、例外的な過度労働とか、賃銀の平均よりも下への切り下げとか、使用される労働の例外的な生産性とかによって、ある特別利得、すなわち、平均利潤を凌駕するある利潤があげられうるということに限られている。この点を度外視すれば、自己の生産部面でまったく可変資本を使用しない一資本家、したがって一人も労働者を

（208）

使用しない一資本家（これは、実際、極端すぎる想定であるが）も、たとえば可変資本だけを使用し、したがって自分の全資本を労賃に投下する（これも極端すぎる前提であるが）一資本家とまったく同程度に、資本による労働者階級の搾取に関心をもち、また自分の利潤を不払剰余労働から引き出すであろう。しかし、労働の搾取度は、労働日が与えられていれば労働の平均強度に依存し、また強度が与えられていれば労働日の長さに依存する。労働の搾取度に剰余価値率の高さが依存し、したがって、可変資本の総量が与えられていれば剰余価値の大きさが依存し、したがって利潤の大きさが依存する。総資本から区別された一部面の資本がとくに自己の使用する労働者たちの搾取についてもつ特殊な関心を、自己の部面〔のすべての資本家〕から区別された個々の資本家は、直接に自分が搾取する労働者たちの搾取についてもつのである。

他方、資本の各特殊部面および個々の各資本家は、総資本によって使用される社会的労働の生産性に同じ関心をもつ。というのは、この社会的労働の生産性には、次の二通りのものが依存するからである。第一には、平均利潤が表現される使用価値の総量。そしてこのことは、平均利潤が新たな資本の蓄積元本としても享受のための収入元本としても役立つ限りにおいて、二重に重要である。第二には、前貸総資本（不変資本および可変資本）の価値の大きさ。そして、この大きさは、資本家階級全体の剰余価値または利潤の大きさが与えられていれば、利潤率すなわち一定分量の資本にたいする利潤を規定する。一つの特殊な部面における、またはこの部面の一つの特殊な個別事業における労働の特殊な生産性が、直接にその部面または事業に関与する資本家たちの関心を引くのは、この生産性が、総資本にたいして個々の部面に、または自己の部面にたいして個々の資本家に、ある特別利潤をあげることを可能にする限りでのことにすぎない。

したがって、ここには次のこと、すなわち、なぜ資本家たちは、自分たちどうしの競争ではにせ兄弟[*1]であることを実証しながら、労働者階級全体にたいしては真のフリーメイスン的同盟[*2]を結成しているのか、ということの、数学的に正確な証明がある。

＊１〔新約聖書、コリント第二、一一・二六〕

＊２〔フリーメイスンは「義務を免除された自由な石工」の意。中世の石工のギルドに端を発する秘密結社をさすが、ここでは兄弟的結合を意味する〕

生産価格は平均利潤を含む。われわれは、これに生産価格という名を与えた。それは、アダム・スミスが〝自然価格〟と名づけ、リカードウが〝生産価格〟〝生産費〟と名づけ、重農主義者たちが〝必要価格〟[*1]と名づけるもの――そのさい、彼らのうちのだれ一人として、生産価格と価値との区別を展開しなかった――と事実上同じものである。なぜなら、生産価格は、長期間について見れば、供給の条件であり、特殊な各生産部面の商品の再生産の条件だからである。(三三) また、労働時間による、諸商品に含まれている労働分量による諸商品の価値の規定に反対するその同じ経済学者たちが、なぜ、つねに市場価格が変動する中心[*2]として生産価格について語るのか、その理由もわかる。彼らがそうしたことを許されうるのは、生産価格が、商品価値のすでにまったく外面化された、また〝明らかに〟没概念的な形態だからであり、競争において現われているとおりの、したがって凡俗な資本家の意識のなかに、したがってまた俗流経済学者の意識のなかに現存するとおりの形態だからである。

〔三〕マルサス。*3

*1〔「必要価格」と「自然価格」については、本訳書、第一巻、九二九、九三五ページをも参照〕

*2〔草稿では「軸」となっている〕

*3〔マルサス『経済学原理』、第二版、ロンドン、一八三六年、七七―七八ページ。吉田秀夫訳、岩波文庫、上巻、一三五―一三七ページ〕

*

*〔草稿にはこの区分線はなく、この部分に「超過利潤」という表題がつけられ、続く次の二つのパラグラフの冒頭には、それぞれ「α)」および「β)」の記号がつけられている。本章表題の最後にある「超過利潤」にこの部分は対応しているものと思われる〕

(209)

以上の展開からわかったように、市場価値（そしてこれについて述べたすべてのことは、必要な限定を加えれば、生産価格にもあてはまる）は、特殊な各生産部面において最良の諸条件のもとで生産する人々の超過利潤を含む。恐慌および過剰生産一般の場合をのぞけば、このことはすべての市場価格について――それがどんなに大きく市場価値または市場生産価格から背離しようとも――あてはまる。すなわち、市場価格には次のことが含まれている。それは、同じ種類の諸商品には――たとえ、それらの商品が非常に異なる個別的諸条件のもとで生産され、したがって非常に異なる費用価格をもっているかもしれないとしても——同じ価格が支払われる、ということである。（普通の意味での独占、すなわち人為的または自然的独占の結果である超過利潤についてはここでは述べない。）

しかし、超過利潤は、そのほかさらに、特定の生産諸部面が、その部面の商品価値の生産価格への転化を、したがって、その部面の利潤の平均利潤への還元をまぬがれることができる場合にも、発生しうる。地代にかんする篇〔第六篇〕でわれわれは、超過利潤のこの両形態のさらに進んだ姿容を考察しなければならないであろう。

（210）

第一一章　生産価格にたいする労賃の一般的変動の影響＊

＊〔草稿では「5）さまざまな商品の生産価格にたいする労賃の一般的な騰貴または低落（低下）の影響」となっている。「4）」については、第一二章第三節の節表題への訳注参照〕

社会的資本の平均構成を 80 c ＋ 20 v とし、利潤を二〇％としよう。この場合には、剰余価値率は一〇〇％である。他のすべての事情に変わりがなければ、労賃の一般的な騰貴は剰余価値率の低落である。平均資本にとっては、利潤と剰余価値とは一致する。労賃が二五％だけ上がるとしよう。同じ労働総量を運動させるのに、前には 20 が費やされたが、いまや 25 が費やされる。そうすれば、80 c ＋ 20 v ＋ 20 p〔p は利潤〕の代わりに、80 c ＋ 25 v ＋ 15 p という一回転価値＊になる。可変資本によって運動させられる労働は、相変わらず 40 という価値額を生産する。v が 20 から 25 に上がれば、超過分 m または p はもはや 15 にすぎない。105 にたいする 15 の利潤は $14\frac{2}{7}$％であり、これが新たな平均利潤率であろう。平均資本によって生産される諸商品の生産価格はその商品の価値と一致するから、これらの商品の生産価格は変わらないであろう。それゆえ、労賃の騰貴は、利潤の低下をともなうであろうが、諸商品の価値および価格の変動はともなわないであろう。

＊〔「一回転価値」はエンゲルスによる〕

平均利潤が二〇％であった前の場合には、一回転期間に生産された諸商品の生産価格は、その費用価格、プラス、この費用価格にたいする二〇％の利潤、に等しく、したがって $k + kp' = k + \frac{20k}{100}$ であった。ここでは、kは可変の大きさであり、諸商品にはいり込む生産諸手段の価値に応じて、また諸商品の生産で費やされた固定資本が生産物に引き渡す摩滅分の大きさに応じて、大きさを異にする。いまや生産価格は、$k + \frac{14^2/_7 k}{100}$ [*] であろう。

＊〔草稿では「$k + 14\frac{6}{21}$」となっている〕

(211)

そこでまず、社会的平均資本の最初の構成 80c＋20v（これはいまや $76\frac{4}{21}c + 23\frac{17}{21}v$ [*1] に転化している）よりも低度な構成、たとえば 50c＋50v の資本をとってみよう。簡単にするために、固定資本全部が摩滅分として年生産物にはいり込み、また回転期間は第一の場合と同じであると仮定すれば[*2]、この資本の場合には、年生産物の生産価格は、労賃の騰貴以前には 50c＋50v＋20p＝120 であった。労賃が二五％だけ騰貴すれば、運動させられる同じ分量の労働にたいして、可変資本が 50 から $62\frac{1}{2}$ に増大することになる。年生産物が以前の生産価格 120 で売られるとすれば、$50c + 62\frac{1}{2}v + 7\frac{1}{2}p$ という結果になり、したがって $6\frac{2}{3}$％ の利潤率になるであろう。しかし、新たな平均利潤率は $14\frac{2}{7}$％ である。そして、われわれは他のすべての事情を不変と仮定するのだから、$50c + 62\frac{1}{2}v$ という資本もやはりこの利潤をあげなければならないであろう。しかし、$112\frac{1}{2}$ という資本は $14\frac{2}{7}$％ の利潤率では $16\frac{1}{14}$ [*3] の利潤をあげる。したがって、この資本によって生産された諸商品の生産価格は、いまや $50c + 62\frac{1}{2}v + 16\frac{1}{14}p$ [*4] $= 128\frac{8}{14}$ [*5] である。したがってこの場合には、二五％だけの賃銀騰貴の結果、同じ分量の同じ商品の生産価格が 120 から $128\frac{8}{14}$ [*6] へ、すなわち七％以上も上がったのである。

＊1〔$80c+25v=105$ の資本構成を百分率に換算した数字〕
＊2〔草稿では「年生産物にはいり込み」以下は「年生産物にはいり込むと仮定すれば」となっている〕
＊3〔初版では「約$16\frac{1}{12}$」となっていた〕
＊4〔初版では「$16\frac{1}{12}$ p」となっていた〕
＊5・6〔初版では「$128\frac{7}{12}$」となっていた〕

逆に、平均資本よりも高度な構成、たとえば $92c+8v$ という構成の一生産部面を仮定しよう。最初の平均利潤はこの場合にも 20 であり、またふたたび、固定資本全部が年生産物にはいり込み、回転時間も第一および第二の場合と同じであると仮定すれば、[*] 商品の生産価格はこの場合にも 120 である。

＊〔草稿では、「年生産物にはいり込み」以下は「年生産物にはいり込むと仮定すれば」となっている〕

二五％だけの労賃騰貴の結果、可変資本は前と同じ労働量にたいして 8 から 10 に増大し、したがって諸商品の費用価格は 100 から 102 に増大するが、他方、平均利潤率は 20％ から $14\frac{2}{7}$％ に低下している。しかし、比例関係は $100:14\frac{2}{7}=102:14\frac{4}{7}$[*1] である。だから、いまや 102 に帰属する利潤は $14\frac{4}{7}$ である。したがって、総生産物は $k+kp'=102+14\frac{4}{7}=116\frac{4}{7}$ で売られる。したがって、生産価格は 120 から $116\frac{4}{7}$ に、すなわち、$2\frac{6}{7}$％ だけ[*2]低下した。

＊1〔初版では「(約)」という語がついていたが、この数字は正確なものである〕
＊2〔初版では「三％以上」となっていた〕

したがって、労賃の二五％だけの騰貴の結果は次のとおりである——

（一）社会的平均構成の資本にかんしては、商品の生産価格は不変のままである。

（二）より低度な構成の資本にかんしては、商品の生産価格は騰貴した——といっても、利潤が低下したのと同じ比率でではないが。

(212) （三）より高度な構成の資本にかんしては、商品の生産価格は低下している——といっても、やはり利潤〔の低下〕と同じ比率でではないが。

平均資本の諸商品の生産価格は不変のままであり、生産物の価値に等しいから、すべての資本の生産物の生産価格の総計も不変のままであり、総資本によって生産された価値の総計に等しい。一方での騰貴と他方での低落とは均等化し合って、総資本について見れば、社会的平均資本の水準に帰着する。

諸商品の生産価格が第二例では騰貴し、第三例では低下するとすれば、剰余価値率の低下または労賃の一般的騰貴が引き起こすこの反対方向の作用は、すでに、労賃の騰貴を価格で埋め合わせることがここでは問題になりえないことを示している。というのは、第三例では、生産価格が低下して資本家たちは利潤の低下を埋め合わせられるはずもないからであり、また第二例では、価格が騰貴しても利潤の低下が阻止されないからである。むしろ、価格が騰貴する場合でも低下する場合でも、利潤は、価格が不変のままである平均資本の場合と同じである。利潤は、第二例でも第三例でも同じであり、$5\frac{5}{7}$〔ポイント〕だけ、すなわち約二五％強だけ低下した平均利潤率である。そこで、もし価格が第二例では騰貴せず、第三例では低下しないとすれば、第二例は低下した新たな平均利潤よりも低く、第三例はそれよりも高く売ることになるであろう。資本100ごとに労働に投下されるのが50であるか25であるか10であるかに応じて、賃銀の騰貴は、労賃に自己の資本の1/10を投下する人と1/4または1/2を投下する人とに非常に異なる影響を与えざるをえないということは、それ自体として明らかである。資本の構成が社会的平均構成よりも低いか高いかに応じて、生産価格が一方では騰貴し他方では低下するということは、低下した新たな平均利潤への均等化によってのみ引き起こされる。*

＊〔初版では、これに次の文章が続いていた——「一般的利潤率の確立の結果として、低度な構成（vが平均を超える）の資本については、価値は生産価格へのその転化にさいして引き下げられるとすれば、高度な構成の資本については、価値は引き上げられるということは、明らかである」。初版への正誤表でエンゲルスは次のように指示した——「『一般的利潤率の』から『明らかである』までの全文は抹消されるべきである。この文章は正しいが、ここの文脈〔生産価格にたいする労賃の一般的変動の影響を扱っている〕では、混乱を招く」と。この指示にしたがって、この部分はマイスナー第三版（一九一一年）で抹消された〕

さて、労賃の一般的低下、および、これに照応する利潤率したがって平均利潤の一般的増大は、社会的平均構成からそれぞれ反対方向に背離する諸資本の生産物である諸商品の生産価格に、どのように影響するであろうか？　その結果（リカードウはこれを研究していない）を得るためには、いま述べたことを逆にするだけでよい。

(213)

Ⅰ　平均資本は 80c＋20v＝100 である。剰余価値率は一〇〇％である。生産価格は商品価値に等しく、80c＋20v＋20p＝120 である。利潤率は二〇％である。労賃が四分の一だけ低下すれば、同じ不変資本が、20v でなく 15v によって運動させられる。したがって、商品価値は 80c＋15v＋25p＝120 となる。v によって生産された労働分量は不変のままであり、これによって創造された新価値が資本家と労働者とのあいだに別の割合で分配されるだけである。剰余価値は 20 から 25 に、剰余価値率は $\frac{20}{20}$ から $\frac{25}{15}$ に、すなわち 100％ から $166\frac{2}{3}$％ に増大した。95 にたいする利潤はいまや 25 であり、したがって、100 にたいする利潤率は $26\frac{6}{19}$ である。この資本の新たな百分率構成はいまでは $84\frac{4}{19}$c＋$15\frac{15}{19}$v＝100 である。

Ⅱ　平均より低度な構成。最初は前記と同じ 50c＋50v である。労賃が $\frac{1}{4}$ だけ低下することによって v が $37\frac{1}{2}$ に、したがって前貸総資本は 50c＋$37\frac{1}{2}$v＝$87\frac{1}{2}$ に、減少する。これに〔Ⅰで述べた〕新たな利潤率 $26\frac{6}{19}$％ を適用すれば、100：$26\frac{6}{19}$＝$87\frac{1}{2}$：$23\frac{1}{38}$ となる。以前 120 に値した同じ商品総量が、いまでは $87\frac{1}{2}$＋$23\frac{1}{38}$＝$110\frac{10}{19}$ に値する。約一〇*の価格低下である。

＊〔初版では「約一〇％の」となっていた。草稿により訂正。正確には、九 $\frac{9}{19}$、比率では七 $\frac{17}{19}$％の低下〕

Ⅲ　平均より高度な構成。最初は 92c＋8v＝100 である。労賃の $\frac{1}{4}$ だけの低下は、8v を 6v に、総資本を 98 に、引き下げる。これによって、100：$26\frac{6}{19}$＝98：$25\frac{15}{19}$ となる。商品の生産価格は、以前には 100＋20＝120 であったが、労賃低下後のいまでは、98＋$25\frac{15}{19}$＝$123\frac{15}{19}$ である。すなわち約四*だけ騰貴している。

＊〔初版では「約四％」となっていた。正確には三$\frac{15}{19}$、比率では三$\frac{3}{19}$％の騰貴〕

したがって、以下のことがわかる――すなわち、以前と同じ展開を逆の方向にたどって必要な諸変更を加えさえすればよいこと、労賃の一般的低下は、その結果として剰余価値、剰余価値率の一般的増大を、そして、他の諸事情に変わりがなければ利潤率の――剰余価値率とは別の比率で表現されるとはいえ――一般的増大をもたらし、平均より低度な構成の諸資本の商品生産物については生産価格の低下を、平均より高度な構成の諸資本の商品生産物については生産価格の騰貴をもたらすことがわかる。労賃の一般的騰貴の場合に明らかになったこととの、まさに逆の結果である。(三四) どちらの場合にも――労賃が騰貴する場合にも低下する場合にも――、労働日もすべての必要生活諸手段の価格も不変であると前提されている。したがって、この場合に労賃の低下が可能であるのは、賃銀が前には労働の標準価格[＊1]よりも高かった場合か、そうでなければ、〔いまや〕この標準価格[＊2]よりも低く押し下げられる場合か、そのいずれかの場合だけである。労賃の騰貴または低下が、通常労働者の消費にはいり込む諸商品の価値における、したがってまた生産価格における変動に由来する場合に、事態がどのように修正されるかについては、部分的には、地代にかんする篇〔第六篇〕でもっと立ち入って研究されるであろう。しかし、ここで次のことははっきりと言っておかなければならない。

(214)

(三四) リカードウ[＊3]（彼は、価値の生産価格への均等化を理解しなかったので、当然、ここでなされたのとは異なる仕方で論じているのであるが）がこのこと〔労賃の一般的低下の場合〕に気がつきさえせずに、第一の場合、すなわち労賃の騰貴とそれが諸商品の生産価格におよぼす影響だけを考察したということは、まったく奇妙なことである。そして、〝模倣者たちの奴隷的畜群〟[*4]は、このまったく自明な、実際上同義反復的な応用をやるところまでもいかなかった。

＊１〔草稿では「労働の標準価格」は「最低限《ミニマム》」となっている〕
＊２〔草稿では「標準価格」は「最低限《ミニマム》」となっている〕
＊３〔リカードウ『経済学および課税の原理』、第三版、ロンドン、一八二一年、三六―四一ページ。堀経夫訳『リカードウ全集』Ｉ、雄松堂書店、三九―四四ページ〕
＊４〔ホラティウス『書簡詩』、第一巻、第一九書簡一九行の「おお模倣者たちよ、奴隷的畜群よ！」という言葉の言い換え。高橋宏訳、講談社学術文庫、二〇一七年、一〇〇ページ参照。リカードウの追随者たちをさす〕

労賃の騰貴または低下が必要生活諸手段の価値変動に由来するのであれば、その価格変化によって可変資本を増加または減少させる諸商品が不変資本にも構成要素としてはいり込み、したがって単に労賃に影響をおよぼすのではない限りで、上述したことの修正が起こりうる。しかし、それら諸商品が労賃だけに影響する限りでは、これまでの展開で、言うべきことはすべて尽きている。

この章の全体を通じて、一般的利潤率の形成〔および〕平均利潤の形成、したがってまた価値の生産価格への転化は、与えられた事実として想定されている。問題は、労賃の一般的な騰貴または低下が、与えられたものとして前提された諸商品の生産価格にどのように影響するか、ということだけであった。これは、本篇で取り扱われた他の重要な諸論点に比べれば、まったく二次的な問題である。しかし、これは、本篇に関係のある諸問題のうちでリカードウが取り扱っている唯一のものであり、しかもそれさえ彼は、あとで示すように、*ただ一面的に、不十分にしか取り扱っていないのである。

＊〔予定していた第四部をさす。『資本論草稿集』6、大月書店、二六〇―二八〇ページ、邦訳『全集』第二六巻（『剰余価値学説史』）、第二分冊、二三五―二五四ページ参照〕

（215）

第一二章　補　遺*

＊〔第一二章と三つの節は、エンゲルスが草稿の三つの個所の文章から編集したもので、章の表題はエンゲルスによる〕

第一節　生産価格における変化を引き起こす諸原因*

＊〔草稿では、この節は、現行版第一二章第三節に該当する部分のあとに追加されたページに書かれており、表題は「生産価格への補遺」となっている。なお、このページの裏に書かれた「この部の第一章〔第一篇〕から第二章〔第二篇〕への移行への補遺」と題された部分は利用されなかった〕

一商品の生産価格は、次の二つの原因によってのみ変動しうる――

第一に。一般的利潤率が変化する場合。このことが可能なのは、平均剰余価値率そのものが変化する場合か、または、平均剰余価値率が不変であれば、前貸しされた社会的総資本の総額にたいする取得された剰余価値の総額の比率が変化する場合だけである。

剰余価値率の変化は、それが労賃の正常な水準*よりも下への切り下げまたはそれよりも上への騰貴――そしてこの種の諸運動はただ振動的運動として考察されるべきである――にもとづくのでない限り、一つには、労働力の価値が低落したかまたは騰貴したことによってのみ起こりうる。一方も〔労働力の価値の低落も〕他方も〔その騰貴も〕、生活諸手段を生産する労働の生産性における変化なしには、したがって、労働者の消費にはいり込む諸商品の価値における変動なしには、起こりえない。

＊〔草稿では「正常な水準」は「最低限《ミニマム》」となっている〕

もう一つには、社会の前貸しされた総資本にたいする取得された剰余価値の総額の比率が変化する〔場合である〕。この場合、変動は、剰余価値率からは生じないから、それは総資本から、しかもその不変部分から生じなければならない。この不変部分の総量は、技術的に見れば、可変資本によって買われる労働力に比例して増減し、またこの不変部分の価値の総量は、この不変部分の総量そのものの増減につれて増減する。したがって、この価値総量もやはり可変資本の価値総量に比例して増減する。同じ労働がより多くの不変資本を運動させるとすれば、その労働はより生産的になっているのである。逆の場合には逆である。したがって、労働の生産性に変動が生じたのであり、ある種の諸商品の価値に変動が生じていなければならない。

(216) そこで、どちらの場合にも次の法則があてはまる――一般的利潤率における変動の結果として、一商品の生産価格が変動するとしても、その商品自身の価値は不変のままでありうる。しかし、他の諸商品については価値変動が生じていなければならない。

第二に。一般的利潤率が不変のままである場合。この場合に一商品の生産価格が変動しうるのは、その商品自身の価値が変化したからにほかならない。すなわち、その商品そのものをその最終形態において生産する労働の生産性が変動するのであれ、その商品の生産にはいり込む諸商品を生産する労働の生産性が変動するのであれ、その商品そのものを再生産するために必要とされる労働が増加または減少するからである。綿糸の生産価格が下落しうるのは、綿花がより安く生産されるからか、そうでなければ、機械の改良の結果として紡績労働がより生産的になったからか、そのいずれかである。

生産価格は、前に示したように、$k+p$ すなわち費用価格と利潤との和に等しい。しかしこれは $k+kp'$ に等しく、このkすなわち費用価格は不定の大きさ——これは生産部面が異なれば異なり、またどこでも商品の生産に消費された不変資本および可変資本の価値に等しい——であり、p' は百分率で計算された平均利潤率である。$k=200$, $p'=20\%$ とすれば、生産価格は $k+kp'=200+200$ [*1] $\times\frac{20}{100}=200+40=240$ である。諸商品の価値が変化するにもかかわらず、この生産価格が同じままでありうることは、明らかである。[*2]

*1 〔初版では、この「×」が脱落していた〕

*2 〔草稿では、このあとに「Kの価値がいかに変動しても、P′は同じ率のままである」と書かれている〕

諸商品の生産価格におけるすべての変動は究極的には一つの価値変動に帰着するが、しかし諸商品の価値におけるすべての変動が生産価格の変動で表現されることを必要とはしない。というのは、生産価格は、もっぱら特定の商品の価値によって規定されているのではなく、すべての商品の総価値によって規定されているからである。したがって、商品Ａにおける変動が商品Ｂの反対の変動によって相殺され、その結果、一般的な関係は同じままであるということがありうる。

第二節　中位度構成の諸商品の生産価格*

*〔この節は、第一章（現行版「第一篇」）に属する草稿のページに書かれている〕

すでに見たように、価値からの生産価格の背離は次のことから生じる――

（一）一商品の費用価格につけ加えられるのは、その商品に含まれている剰余価値ではなく、平均利潤であるということ。

（二）こうして価値から背離する一商品の生産価格が他の諸商品の費用価格に要素としてはいり込み、したがってこのことによってすでに、一商品の費用価格には、その商品〔の生産〕に消費された生産諸手段の価値からの背離が含まれていることがありうる――その商品自身にとって平均利潤と剰余価値との差異によってはいり込みうる背離は別として――ということ。

(217)

したがって、中位度構成の諸資本によって生産される諸商品の場合にも、費用価格が、それらの商品の生産価格のこの構成部分をなす諸要素の価値総額から背離しうる、ということは起こりうる。中位度構成を 80c +20v と仮定しよう。さて、このような構成の現実の諸資本においては、その生産価格がその価値から背離している諸商品によって不変資本 c が形成されているために、80c がこの c の価値よりも大または小であるということが起こりうる。同様に、20v も次の場合には、その価値から背離しうるであろう。すなわち、労賃の消費にはいり込む諸商品の生産価格がその価値と異なる場合に――したがって労働者が、これらの商品の買いもどし（それらの補填）のために、必要生活諸手段の生産価格がその価値と一致する場合に必要であるよりも、より長いまたはより短い労働時間、労働しなければならず、したがって、より多いまたはより少ない必要労働をしなければならない場合である。

　とはいえ、この可能性は、中位度構成の諸商品について立てられた諸命題の正しさをいささかも変えるものではない。これらの商品に帰属する利潤の分量は、それらの商品そのものに含まれている剰余価値の分量に等しい。たとえば、80c＋20v という構成をもつ上記の資本の場合、剰余価値の規定にとって重要なのは、これらの数が現実の諸価値の表現であるかどうかではなく、これらの数が相互にどのような比率をなしているか、すなわち、vは総資本の $\frac{1}{5}$ でcは $\frac{4}{5}$ であるということである。この比率でありさえすれば、前に仮定したように、vが生み出す剰余価値は平均利潤に等しい。他方では、それ〔剰余価値〕が平均利潤に等しいから、生産価格＝費用価格＋利潤＝k＋p＝k＋m であり、生産価格は実際に商品の価値に等しいとされる。すなわち、労賃の騰貴または低落は、この場合に、それが商品の価値を変化させはしないのと同様に、k＋p を変化させないのであり、利潤率の側にそれに照応する逆の運動――減少または増大――を生じさせるだけである。すなわち、もし労賃の騰貴または低落の結果として、この場合に諸商品の価格が変化したとすれば、この中位度構成の諸部面における利潤率は、他の諸部面における利潤率の水準よりも上または下にあったことになるであろう。中位度構成の部面が他の諸部面と同じその利潤水準〔平均利潤率〕を維持するのは、価格が不変のままである場合だけである。したがって、中位度構成の部面では、この部面の生産物が

(218) その現実の価値で売られたのと同じことが実際に生じる。すなわち、諸商品がその現実の価値で売られるならば、他の諸事情が変わらない場合には、労賃の騰貴またはそれに照応する利潤の減少または増大を引き起こすが、しかし諸商品の価値変動は引き起こさないこと、および、どのような事情のもとでも、労賃の騰貴または低落は決して諸商品の価値には影響しえず、つねに剰余価値の大きさに影響することができるだけであることは、明らかである。

第三節　資本家の埋め合わせの諸根拠*

*〔草稿では、この節は、現行版第一一章に該当する部分のあとのページに書かれており、表題の前には「4)」とつけられている〕

すでに述べたように、競争は異なる生産諸部面の諸利潤率を平均利潤率に均等化し、また、まさにそうすることによってこれらの異なる諸部面の生産物の価値を生産価格に転化する。しかもこのことは、一部面から利潤がそのとき平均を超えている他の部面への資本の不断の移転によって行なわれる――もっとも、その場合には、ある与えられた産業部門での、ある与えられた期間内に相次いで生じるような景気の悪い年と景気のよい年との交替に結びついた利潤の変動が考慮されなければならないが。異なる生産諸部面のあいだに行なわれるこの絶え間ない資本の移出と移入とは、利潤率の上昇および低下の諸運動を生み出すが、これらの運動は多かれ少なかれ相殺され、この相殺によってどこでも利潤率を同じ共通かつ一般的な水準に帰着させる傾向をもつのである。

諸資本のこの運動は、まず第一に、つねに市場価格の状態によって引き起こされるのであり、この市場価格が利潤をある部面では一般的な平均水準よりも高く引き上げ、他の部面ではそれよりも低く押し下げる。われわれはここではまだわれわれにかかわりのない商人資本をさしあたりまだ度外視するが、この商人資本は、ある種の人気物品に見られる投機の突発的な諸発作が示すように、異常な速さで大量の資本を一事業部門から引きあげたり、また同様に突然それを他の事業部門に投下したりすることができるのである。しかし、本来の生産のどの部面――工業、農業、鉱業など――でも、一部面から他の部面への資本の移転はかなり困難であり、とくに現存する固定資本のせいで困難である。さらに、経験の示すところでは、一産業部門、たとえば綿工業は、ある時期には異常に高い利潤をあげるかと思えば、それに続く別の時期にはほんのわずかな利潤しかあげなかったり欠損になることさえあり、したがって数年にわたるある循環について見れば、〔この部門の〕平均利潤は他の諸部門における平均利潤とだいたい同じである。そして資本は、やがてこの経験を計算に入れることを覚える。

(219)

しかし、競争が示さないもの、それは生産の運動を支配する価値規定である。価値こそは、生産価格の背後にあって究極においてそれを規定するものである。これにたいして、競争が示すのは次のものである。(一)平均利潤――さまざまな生産諸部面における資本の有機的構成にはかかわりなく、したがってまた、与えられた一搾取部面において与えられた一資本が取得する生きた労働の総量にもかかわりない平均利潤。(二)労賃の高さにおける変動の結果としての生産価格の騰貴と低下――諸商品の価値関係とは一見まったく矛盾する現象。（三）市場価格の変動——与えられた一期間における諸商品の平均市場価格を、市場価値にではなく、この市場価値から背離し、市場価値とは非常に異なる市場生産価格に帰着させる右の変動。これらすべての現象は、労働時間による価値の規定にも、不払いの剰余労働からなる剰余価値の性質にも矛盾しているように見える。したがって、競争においては、すべてがさかさまになって現われる。表面に現われているような経済的諸関係の完成した姿態は、その現実の存在においては、したがってまた、これらの関係の担い手たちおよび当事者たちがこれら諸関係を明らかにしようと試みる諸観念のなかでも、これら諸関係の内的な、本質的な、しかしおおい隠されている核心の姿態、およびそれに照応する概念とは非常に異なっており、また実際にそのような姿態や概念にたいしてさかさまになっており、反対になっている。

さらに、資本主義的生産がすでに一定の発展度に達すれば、個々の部面のさまざまな利潤率のあいだでの一つの一般的利潤率への均等化は、もはや決して、市場価格が資本を引き寄せたり突き放したりする吸引と反発の作用だけによって行なわれるのではない。平均価格とそれに照応する市場価格*がある期間にわたって固定されたあとでは、この均等化のなかである種の諸相違は相殺されるということが個々の資本家たちの意識にのぼり、その結果、資本家たちはこれらの相違をただちに彼らの相互の計算に含めるのである。資本家たちの観念のなかでは、これらの相違は生きていて、彼らによって埋め合わせの諸根拠として計算に入れられる。

＊〔草稿では「生産価格」となっている〕

その場合の根本観念は平均利潤そのものであり、同じ大きさの諸資本は同じ期間には同じ大きさの利潤をもたらさなければならないという観念である。この観念の根底には、これまた、次のような観念がある。すなわち、それぞれの生産部面の資本は、その大きさに〝比例して〟、社会的総資本によって労働者たちからしぼり取られた総剰余価値の分け前にあずかるべきであるという観念、または、それぞれの特殊な資本は総資本の単なる一片とみなされるべきであり、それぞれの資本家は実際上、全体企業における株主──自分の資本持ち分の大きさに〝比例して〟総利潤の分け前に加わる株主──とみなされるべきであるという観念である。

(220)

そこで、この観念にもとづいて、資本家の計算は次のように行なわれる。たとえば、商品が比較的長く生産過程に滞留するという理由、または商品が遠隔の市場で売られなければならないという理由で、比較的緩慢に回転する一資本は、そのために手に入れそこねる利潤を、それでも勘定につけ、したがって、価格に上乗せすることによって埋め合わせるというように。あるいはまた、たとえば船舶業の場合のようにより大きな危険にさらされている資本投下は、価格引き上げによって埋め合わせを手に入れるというように。資本主義的生産が発展し、それにつれて保険業が発展すれば、危険は実際上すべての生産部門にとって同じ大きさである（コーベト[*]を見よ）。しかし、危険がより大きな諸部面は、より高い保険料を支払い、自己の諸商品の価格のなかでその埋め合わせを手に入れる。実務においては、これはすべて次のことに帰着する。すなわち、ある資本投下──そして、すべての資本投下が一定の限界内では等しく必要とみなされるのだが──を利潤の少ないものにし、他の資本投下を利潤の多いものにするそれぞれの事情が、このような動機または計算要因の正当さを立証するためにつねに新たに繰り返し競争の活動を必要とすることなく、確定的に妥当する埋め合わせの根拠として計算に入れられる、ということである。ただ、資本家が忘れている——またはむしろ、競争が彼にそのことを示してくれないので見えない——のは、異なる生産諸部門の諸商品の価格の相互計算において資本家たちが相互に主張するこれらすべての埋め合わせの根拠は、単に、彼らはすべて、共同の獲物である総剰余価値にたいしてそれぞれの資本に〝比例して〟同じ大きさの請求権をもつということにだけ関連しているということである。〔その反対に〕彼らが手に入れた利潤は彼らがしぼり出した剰余価値とは異なるから、彼らにとってはむしろ、利潤の埋め合わせの諸根拠は、総剰余価値の分け前を均等化するのではなくて、利潤そのものを創造する——というのは、利潤は単に、諸商品の費用価格へのこれこれしかじかの動機による上乗せに由来するから——ように見えるのである。

＊〔コーベト『諸個人の富の原因および様式の研究』、ロンドン、一八四一年、一〇〇—一〇二ページ（『資本論草稿集』8、大月書店、三六四—三六五ページ参照）〕

なお、第七章、一一六ページ〔本訳書、第三巻、二四二ページ〕で剰余価値の源泉にかんする資本家の観念について述べたことは、平均利潤にもあてはまる。ここで事態が前とは異なって現われるのは、ただ、諸商品の市場価格と労働の搾取〔度〕とが与えられていれば、費用価格における節約は個人の手腕、注意深さなどに依存する、という限りでのことである。＊

＊〔このパラグラフはエンゲルスによる〕

(221)

第三篇　利潤率の傾向的低下の法則*

＊〔草稿では表題は、はじめ「資本主義的生産の進歩のなかでの一般的利潤率の低下の傾向」であったが、「資本主義的生産の進歩のなかでの一般的利潤率の傾向的低下の法則」と変更されている。草稿には章の区分および表題はない。各章の表題はエンゲルスによる〕

第一三章　この法則そのもの

労賃と労働日とが与えられていれば、たとえば一〇〇という一可変資本は、運動させられる一定数の労働者を表わす。この可変資本は、この労働者数の指標である。たとえば、一〇〇ポンドが、一〇〇人の労働者の一週間分の労賃であるとしよう。この一〇〇人の労働者が剰余労働と同じだけ必要労働をするとすれば、したがって、彼らが毎日、資本家のために、すなわち剰余価値の生産のために労働するのと同じ時間だけ、自分自身のために、すなわち自分の労賃の再生産のために労働するとすれば、彼らの総価値生産物は二〇〇ポンドであり、彼らが生み出す剰余価値は一〇〇ポンドになるであろう。剰余価値率 $\frac{m}{v}$ は一〇〇％であろう。けれども、この剰余価値率は、*すでに見たように、不変資本cの大きさが異なり、したがって総資本Cの大きさが異なるのに応じて、非常に異なる諸利潤率で表現されるであろう。というのは、利潤率は $\frac{m}{C}$ だからである。剰余価値率が一〇〇％であれば、次のようになる――

$$c = 50,\quad v = 100 \text{ ならば } p' = \frac{100}{150} = 66\frac{2}{3}\%$$

$$c = 100,\quad v = 100 \text{ ならば } p' = \frac{100}{200} = 50\%$$

$$c = 200,\quad v = 100 \text{ ならば } p' = \frac{100}{300} = 33\frac{1}{3}\%$$

$$c = 300,\quad v = 100 \text{ ならば } p' = \frac{100}{400} = 25\%$$

$$c = 400,\quad v = 100 \text{ ならば } p' = \frac{100}{500} = 20\%$$

＊〔草稿では、このあとに「したがって労働の搾取度（とはいえ、それは標準労働日の長さが異なれば異なりうるであろう）」と書かれている〕

（222） こうして、同じ剰余価値率が、労働の搾取度が不変のまま、低下していく利潤率で表現されるであろう。なぜなら、不変資本したがって総資本の物質的な大きさが増大するにつれて、同じ比率でではないにせよ、不変資本したがって総資本の価値の大きさもまた増大するからである。

そこでさらに、資本構成におけるこの段階的変化が、単に個別的な生産諸部面において起こるだけでなく、多かれ少なかれすべての生産部面において、または少なくとも決定的な生産諸部面において起こると仮定すれば、したがって、この変化が、ある特定の社会に属する総資本の有機的平均構成における諸変化を含むと仮定すれば、可変資本に比べての不変資本のこの漸次的増大は、剰余価値率、すなわち資本による労働の搾取度が不変である場合には、その結果として、必然的に一般的利潤率の段階的低下をもたらさざるをえない。しかし、資本主義的生産様式の一法則としてすでに明らかにしたように、この生産様式の発展につれて、可変資本は、不変資本に比べて、したがって運動させられる総資本に比べて、相対的に減少する。[*1] このことが意味しているのは、与えられた大きさの価値の可変資本によって自由に使用することのできる同数の労働者、同量の労働力が、資本主義的生産の内部で発展していく特有な生産方法の結果として、労働諸手段、機械、およびあらゆる種類の固定資本、原料および補助材料のつねに増大していく総量を――したがってまたつねに価値の大きさの増大していく不変資本を――前と同じ時間内に運動させ、加工し、生産的に消費する、ということにほかならない。不変資本したがって総資本に比べての、可変資本のこの累進的な相対的減少は、社会的資本の平均的な有機的構成の累進的な高度化と同じことである。それはまた、労働の社会的生産力の累進的発展の別の表現でしかないのであり、この発展は、まさに、機械および固定資本一般をますます多く使用することで、ますます多くの原料および補助材料が同じ数の労働者たちによって同じ時間内に

――すなわちより少ない労働によって――生産物に転化される、ということに現われる。不変資本の価値の大きさのこの増大――これは、不変資本を素材的に構成する現実の諸使用価値の総量の増大を表わすにはほど遠いものでしかないが――には、生産物のいっそうの低廉化が照応する。各個の生産物は、それだけで考察すれば、労働に投下される資本が生産諸手段に投下される資本に比べてはるかに大きな比率を占めるより低い生産段階に比べて、より少ない労働分量を内含する。したがって、本(223)章の冒頭に仮定として示した順序は、資本主義的生産の現実的傾向を表現している。資本主義的生産は、不変資本に比べての可変資本の累進的な相対的減少につれて、総資本の有機的構成のますますの高度化を生み出すのであり、その直接の結果は、労働の搾取度が変わらない場合には、またそれが高くなる場合にも、剰余価値率は、恒常的に低落する一般的利潤率で表現される、ということである。(なぜ、この低落がこの絶対的な形態でではなく、むしろ、累進的な低下への傾向として現われるかは、もっとあとで[*2]示されるであろう。)したがって、一般的利潤率の低落への累進的な傾向は、労働の社会的生産力の累進的発展を表わす、資本主義的生産様式に特有な表現にほかならない。そう言ったからといって、利潤率がまた他の諸原因によって一時的に低下することがありえないと言っているのではなく、そのように言うことによって、資本主義的生産様式が進展するうちに、一般的な平均剰余価値率[*3]が低下していく一般的利潤率で表現されざるをえないということが、資本主義的生産様式の本質から一つの自明な必然性として示されているのである。使用される生きた労働の総量が、それによって運動させられる対象化された労働の総量すなわち生産的に消費される生産諸手段の総量に比べてつねに減少するので、この生きた労働のうち支払われないで剰余価値に対象化される部分の、使用総資本の価値の大きさにたいする比率も、つねに減少せざるをえない。しかし、使用総資本の価値にたいする剰余価値総量のこの比率が利潤率をなすのであり、したがってこの利潤率は恒常的に低下せざるをえない。

＊1〔第一部、第二三章、第二節。本訳書、第一巻、一〇八六ページ以下参照〕

＊2〔第三部、第一四章「反対に作用する諸原因」〕

＊3〔草稿では「一般的な平均剰余価値率」は「一般的な剰余価値率」となっている〕

(224)

この法則は、これまでの展開のあとでは実に簡単に見えるが、従来のすべての経済学は、あとの篇＊で示すように、この法則を発見することにいささかも成功しなかった。従来のすべての経済学は、この現象には気づき、矛盾したかずかずの試みをしてこれを説明しようと苦心した。しかし、この法則が資本主義的生産にとってもつ大きな重要性から見れば、この法則は神秘であって、その解明こそアダム・スミス以来の全経済学の中心課題をなしてきたのであり、また、A・スミス以来のさまざまな学派のあいだの区別はその解明のための試みの相違にある、と言うことができる。しかし、他方において、従来の経済学が不変資本と可変資本との区別をめぐって確かにあれこれ手さぐりはしたが、しかし、これを明確に定式化することは決してできなかったこと、また、剰余価値を利潤から切り離して叙述したことが決してなかったし、利潤一般をその異なる相互に自立した構成諸部分——産業利潤、商業利潤、利子、地代のような——から区別して純粋に叙述したことが決してなかったこと、また、資本の有機的構成における相違を、したがってまた一般的利潤率の形成を、ともに根本的に分析したことが決してなかったこと、これらのことを考慮すれば、従来の経済学がこの謎の解決に決して成功しなかったということも謎ではなくなる。

＊〔予定していた第四部をさす。『資本論草稿集』６、大月書店、六一二―六六五、七五九―七六四ページ、邦訳『全集』第二六巻（『剰余価値学説史』）、第二分冊、五八三―六三六、七三四―七四〇ページ参照〕

われわれが、異なる相互に自立した諸カテゴリーへの利潤の分解を述べる前にこの法則を述べるのは、意図的にそうするのである。この法則の叙述が、利潤の、異なるカテゴリーの人物に帰属する異なる部分への分裂とはかかわりなくなされるということは、もともとこの法則が、その一般性に照らし、利潤の分裂とは、またその分裂の結果生じる利潤諸カテゴリー〔産業利潤、商業利潤等〕の相互関係とはかかわりのないものであることを示すものである。われわれがここで言う利潤とは、剰余価値を生み出す可変資本との関係においてではなく、もっぱら総資本との関係において表わされる剰余価値そのものの別名にすぎない。したがって、利潤率の低下は、前貸総資本にたいする剰余価値そのものの低下していく比率を表現しており、したがって、異なるカテゴリーのあいだへのこの剰余価値のどのような任意の分配ともかかわりはない。

すでに見たように、資本の構成　c：v　が 50：100 である資本主義的発展段階では、一〇〇％の剰余価値率は六六⅔％の利潤率で表現されるが、c：v　が 400：100 であるより高い段階では、同じ剰余価値率がわずか二〇％の利潤率で表現される。一国における異なる連続した発展諸段階にあてはまることは、異なる諸国における同時並立的な異なる発展諸段階にもあてはまる。第一の資本構成が平均となっている未発展の国では、一般的利潤率は六六$^{2}/_{3}$%であろうし、第二のはるかに高い発展段階の国ではそれが二〇%であろう。

この二つの国民的利潤率の相違は、次の事情によって消滅しうるであろうし、また逆にさえなりうるであろう。すなわち、より未発展な国では労働がより生産的でなくて、したがって、より多量の労働がより少量の同じ商品で表わされ、より大きい交換価値がより少ない使用価値で表わされ、したがって労働者は、自分の時間のより大きい部分を自分自身の生活維持諸手段またはその価値の再生産のために費やし、より小さい部分を剰余価値の生産のために費やさなければならず、より少ない剰余労働を供給し、その結果、剰余価値率はより低いであろうという事情によって、である。たとえば、あまり進歩していない国では労働者は労働日の $\frac{2}{3}$ を自分自身のために、$\frac{1}{3}$ を資本家のために労働するとすれば、前記の例の前提のもとでは、同じ労働力が $133\frac{1}{3}$ を支払われ、わずか $66\frac{2}{3}$ という超過分を提供するにすぎないであろう。$133\frac{1}{3}$ の可変資本に、50 の不変資本が対応するであろう。(225) したがって、剰余価値率はいまや $133\frac{1}{3} : 66\frac{2}{3} = 50\%$ となり、利潤率は $183\frac{1}{3} : 66\frac{2}{3}$ すなわち約 $36\frac{1}{2}\%$ になるであろう。

これまでわれわれは、利潤が分裂していく異なる構成諸部分をまだ研究しておらず、したがって、それらの構成部分はわれわれにとってはまだ存在しないのだから、次のことは、誤解を避けるためにあらかじめ言っておくだけである。すなわち、発展段階の異なる諸国を比較する場合――とくに、資本主義的生産の発展している諸国と、労働者が現実に資本家によって搾取されているといっても労働がまだ資本のもとに形式的に包摂[*1]されてもいない諸国（たとえばインドでのように。そこでは、ライヤト[*2]は独立農民として農業を営み、したがって彼の生産そのものはまだ資本のもとに包摂されていないが、それにもかかわらず高利貸しが利子[*3]の形態でライヤトの全剰余労働をかすめ取るだけでなく、資本主義的に言えば、彼の労賃の一部分さえもかすめ取ることがありうる）とを比較する場合に、たとえば一国の利子率の高さでその国の利潤率の高さをはかろうとするなら、それは非常な誤りであろう。右の利子は資本主義的生産の発展した諸国の場合のように、生産された剰余価値または利潤の一可除部分だけを表わすのではなく、そのなかには全利潤および利潤以上のものが含まれている。他方、この場合には、圧倒的に利子率は、利潤とはまったくなんのかかわりもなく、むしろただどんな比率で高利が地代を取得するかを示すにすぎない諸関係（高利貸しによる地代の占有者である豪族にたいする前貸し）によって規定されている。

＊１〔「資本のもとへの労働の形式的包摂」と「実質的包摂」については、第一部、第五篇、第一四章、本訳書、第一巻、八八八ページ参照〕

＊２〔近東や中東で宗徒、課税農民などを意味したライヤ（アラビア語）に由来し、一九世紀初頭、イギリス統治下のインドで地租や租税を直接に農民から取り立てる制度（ライヤトワリ）がしかれてから、インドの農民をさす用語として知られるにいたった〕

＊３〔原料、労働用具、またはそれら両者の、貨幣の形での前貸しにたいする利子。岡崎次郎訳『直接的生産

過程の諸結果』、国民文庫、一九七〇年、八四—八五ページ、森田成也訳『資本論第一部草稿　直接的生産過程の諸結果』、光文社古典新訳文庫、二〇一六年、二二二—二二三ページ参照）

資本主義的生産の発展段階を異にし、したがって資本の有機的構成を異にする諸国では、剰余価値率（利潤率を規定する一要因）は、標準労働日がより長い国でよりも、より短い国でのほうが高いことがありうる。第一に、一〇時間というイギリスの労働日が、そのより高い強度のために、一四時間というオーストリアの一労働日に等しいとすれば、労働日の分割が等しい場合には、イギリスの五時間の剰余労働は、世界市場において、オーストリアの七時間の剰余労働よりも大きい価値を表わすことがありうる。しかし第二に、イギリスでは、オーストリアでよりも、労働日のうちのより大きい部分が剰余労働を形成することがありうる。

利潤率の低下という法則——同じ剰余価値率、または増大する剰余価値率さえもがそういう形で表（226）現される——は、言い換えれば、ある一定分量の社会的平均資本たとえば一〇〇という資本をとってみれば、そのうちの労働諸手段で表わされる部分がつねに増大し、生きた労働で表わされる部分がつねに減少する、ということを意味する。したがって、生産諸手段につけ加えられる生きた労働の総量がこの生産諸手段の価値に比べて減少するのだから、不払労働も、不払労働を表わす価値部分も、前貸総資本の価値に比べて減少する。すなわち投下された総資本のうちの生きた労働に転換される可除部分がつねに減少し、したがって、たとえそれと同時に使用される労働のうちの支払部分にたいする不払部分の比率が増大するとしても、この総資本が吸い取る剰余価値は総資本の大きさに比べてますます少なくなる。可変資本部分も不変資本部分もどちらも絶対的には増大するにもかかわらず、比率的には可変資本が減少し不変資本が増加するということは、すでに述べたように、労働の生産性の増加を表わす別の表現にすぎない。

100という一資本が 80ｃ＋20ｖ からなり、後者の 20ｖ が労働者二〇人であるとしよう。剰余価値率は一〇〇％、すなわち労働者たちは半日は自分たちのために労働し、半日は資本家のために労働するとしよう。それより未発展な国では資本が 20ｃ＋80ｖ であり、後者の 80ｖ が労働者八〇人であるとしよう。しかし、この場合の労働者たちは、労働日の $\frac{2}{3}$ を自分たちのために必要とし、$\frac{1}{3}$ だけ資本家のために労働するとしよう。他の事情がすべて同じであるとすれば、労働者たちは第一の場合には四〇の価値を生産し、第二の場合には一二〇の価値を生産する。第一の資本は 80ｃ＋20ｖ＋20ｍ＝120 を生産し、利潤率は二〇％である。第二の資本は 20ｃ＋80ｖ＋40ｍ＝140 を生産し、利潤率は四〇％である。したがって、第一の場合には剰余価値率が一〇〇％であり、それが五〇％にすぎない第二の場合の二倍であるにもかかわらず、利潤率は第二の場合には第一の場合の二倍の大きさである。しかしその代わりに、この同じ大きさの資本が、第一の場合にはわずか労働者二〇人の剰余労働を取得し、第二の場合には労働者八〇人の剰余労働を取得する。

利潤率の累進的低下の法則、すなわち、生きた労働によって運動させられる対象化された労働の総量に比べての、取得される剰余労働の相対的減少という法則は、決して次のことを排除しない。すなわち、社会的資本によって運動させられ搾取される労働の絶対的総量、したがってまた社会的資本によって取得される剰余労働の絶対的総量が増大するということ、ならびに、個々の資本家の指揮権のもとにある諸資本が、ますます増大する総量の労働を、したがってますます増大する総量の剰余労働を指揮命令する――この剰余労働の総量は、諸資本が指揮命令する労働者総数が増大しない場合にも増大する――ということを排除しない。

(227)
与えられた労働者人口、たとえば二〇〇万人を仮定し、さらに平均労働日の長さと強度、および労賃、したがってまた必要労働と剰余労働との比率を与えられたものと仮定すれば、この二〇〇万人の総労働は、つねに同じ大きさの価値を生産し、また同様に、剰余価値に表わされる彼らの剰余労働も、つねに同じ大きさの価値を生産する。しかし、この労働が運動させる不変資本――固定資本および流動資本――の総量が増大するにつれて、この資本の価値――これは、この資本の総量とともに、たとえ同じ比率ではないにしても増大する――にたいする、生産される価値の大きさの比率は低下する。この比率、したがって利潤率は、資本が相変わらず同じ総量の生きた労働を指揮命令し、同じ総量の剰余労働を吸い取るにもかかわらず、低下する。この比率が変化するのは、生きた労働の総量が減少するからではなく、それによって運動させられるすでに対象化されている労働の総量が増大するからである。この減少は、相対的であって絶対的ではなく、また、実際には、運動させられる労働および剰余労働の絶対的大きさとはなんのかかわりもない。利潤率の低下は、総資本の可変的構成部分の絶対的減少から生じるのではなく、その単に相対的な減少から、不変的構成部分と比べての可変的構成部分の減少から生じるにすぎない。

さて、与えられた労働総量および剰余労働総量について言えることは、増大する労働者総数についても言えるし、したがって、与えられた諸前提のもとでは、指揮命令される労働一般の、また特殊的にはその不払部分である剰余労働の、増大する総量についても言える。労働者人口が二〇〇万から三〇〇万に増加し、労賃としてこれに支払われる可変資本も以前は二〇〇万であったがいまは三〇〇万であり、これにたいして不変資本は四〇〇万から一五〇〇万に増大するとすれば、与えられた諸前提（労働日が不変で剰余価値率も不変という）のもとでは、剰余労働・剰余価値の総量は、二分の一、すなわち五〇％だけ増大して、二〇〇万から三〇〇万になる。それにもかかわらず、剰余労働したがって剰余価値の絶対的総量のこの五〇％の増大にもかかわらず、不変資本にたいする可変資本の比率は2：4から3：15に低下し、総資本にたいする剰余価値の比率は次のようになるであろう（単位一〇〇万）――

Ⅰ　$4c + 2v + 2m : C = 6,\ p' = 33\frac{1}{3}\%$

Ⅱ　$15c + 3v + 3m : C = 18,\ p' = 16\frac{2}{3}\%$

剰余価値総量は二分の一だけ増大したのに、利潤率は以前の二分の一に低下した。しかし利潤〔率〕は、社会資本にたいして計算された剰余価値でしかなく、したがって利潤の総量、その絶対的大きさは、社会的に考察すれば、剰余価値の絶対的大きさに等しい。したがって、利潤の絶対的大きさ、そ
(228) の総量は、前貸総資本にたいするこの利潤総量の比率の非常な減少にもかかわらず、すなわち一般的

利潤率の非常な減少にもかかわらず、五〇％だけ増大したことになるであろう。このように、資本によって使用される労働者の総数、したがって資本によって運動させられる労働の絶対的総量、したがって資本によって吸い取られる剰余労働の絶対的総量、したがって資本によって生産される剰余価値の総量、したがって資本によって生産される利潤の絶対的総量は、利潤率の累進的低下にもかかわらず、増大しうるし、また累進的に増大しうる。単に増大しうると言うだけではない。資本主義的生産*の基盤の上では――一時的な諸変動を度外視すれば――増大せざるをえないのである。

＊〔草稿では「資本主義的生産」は「資本主義的生産様式」となっている〕

資本主義的生産過程は、本質的に同時に、蓄積過程である。すでに示したように、資本主義的生産が進展すれば、単に再生産され維持されなければならない価値総量は、労働の生産性の増加につれて、*使用される労働力が不変のままである場合でさえ、増加し増大する。しかし、労働の社会的生産力の発展につれて、生産される諸使用価値――生産諸手段はその一部分をなす――の総量は、さらに急速に増大する。そして、追加労働――これを取得することによって右の追加的な富〔諸使用価値〕が資本に再転化されうる――は、この生産諸手段（生活諸手段を含めての）の価値にではなく、その総量に依存する。というのは、労働者が労働過程においてかかわり合うのは、生産諸手段の価値ではなく、その使用価値だからである。しかし、蓄積そのもの、およびそれとともに与えられる資本の集積は、それ自身、生産力の増加の一つの物質的手段である。しかし、生産諸手段のこの増大には、労働者人口の増大が含まれている。すなわち、過剰資本に照応する、しかも全体としてはつねにこの資本の需

（229）

要をも超える労働者人口、したがって過剰労働者人口の創出が含まれている。過剰資本の、それによって指揮命令される労働者人口を超える一時的超過は、二重の仕方で作用するであろう。それは、一方では、労賃を高騰させることによって、したがって労働者の後継世代を激減させ絶滅させる諸影響を緩和し、結婚を容易にすることによって、労働者人口をしだいに増加させるであろうが、しかし、他方では、相対的剰余価値を創造する諸方法（機械の採用および改良）を使用することによって、さらにはるかに急速に人為的な相対的過剰人口を創出するであろうし、この相対的過剰人口は、それはまたそれで――というのは資本主義的生産では貧困が人口を生み出すから――実際の急速な人口増加の温室にもなるのである。だから、資本主義的蓄積過程――それは資本主義的生産過程の一契機にすぎない――の本性からは、資本に転化されるはずの生産諸手段の総量の増大は、それに照応して増大し過剰でありさえする搾取可能な労働者人口をつねに手もとに見いだす、という結果がおのずから出てくる。したがって、生産過程および蓄積過程が進展すれば、取得可能な、また実際に取得される剰余労働の総量、したがって社会資本によって取得される利潤の絶対量は、増大せざるをえない。しかし、生産および蓄積のこの同じ諸法則は、不変資本の総量とともにその価値を、生きた労働と交換される可変資本部分の価値よりもますます累進的にさらに急速に増大させる。こうして、同じ諸法則が、社会資本については、増大する絶対的利潤総量と低下する利潤率とを生み出すのである。

＊〔「労働の生産性の増加につれて」はエンゲルスによる〕

資本主義的生産が進展し、それに照応して社会的労働の生産力が発展し、生産諸部門が、したがって諸生産物が何倍にもふえていけば、同じ価値の大きさが使用価値および享受のますます増加する総量を表わすようになるが、このことは、ここではまったく度外視する。

資本主義的な生産および蓄積*の発展の歩みは、労働過程の規模の、したがってその範囲のいっそうの増大を引き起こし、また各個の企業にとってはそれに照応する資本前貸しの増加を引き起こす。だから、諸資本の集積の増大（これは同時に、といってもより少ない程度でではあるが、資本家の数の増大をともなう）は、資本主義的な生産および蓄積の物質的諸条件の一つであるとともに、この生産および蓄積そのものによって生産される諸結果の一つでもある。それと手をたずさえながら、それとの相互作用のなかで、多かれ少なかれ直接的な生産者たちの累進的収奪が進行する。こうして、個々の資本家たちにとっては自明のことではあるが、彼らはますます大きな労働者軍を指揮命令するようになり（彼らにとって可変資本が不変資本に比べてどれほど減少しようとも）、彼らが取得する剰余価値したがって利潤の総量は、利潤率の低下と同時に、またその低下にもかかわらず、増大する。個々の資本家たちの指揮権のもとに労働者の大軍を集中するこの同じ諸原因こそが、まさに、使用される固定資本の総量をも、原料および補助材料の総量をも、使用される生きた労働の総量に比べてますます大きくなる比率で膨張させるのである。

＊〔草稿では「資本主義的な生産過程および蓄積過程」となっている〕

さらに、ここでは一言しておくだけでよいことであるが、労働者人口が与えられている場合には、労働日の延長または〔労働〕強化によってであれ、労働の生産力の発展の結果としての労賃の価値低

(230)

落によってであれ、剰余価値率が増大するならば、剰余価値の総量、したがって利潤の絶対的総量は、不変資本に比べての可変資本の相対的減少にもかかわらず、増大せざるをえない。

社会的労働の生産力のこの同じ発展、すなわち、総資本に比べての可変資本の相対的な減少およびそれゆえ加速される蓄積となって現われるこの同じ諸法則——同時に他方では、この蓄積は反作用的に生産力のいっそうの発展および〔不変資本または総資本にたいする〕可変資本のいっそうの相対的減少の出発点となるのであるが——、この同じ発展が、一時的な諸変動を度外視すれば、使用総労働力のいっそう大きな増加、剰余価値の、したがってまた利潤の絶対的総量のいっそう大きな増大となって現われる。

ところで、同じ諸原因から利潤率の減少と絶対的な利潤総量の増加とが同時に生じるというこの二面的な法則は、どのような形態で現われなければならないか？　与えられた諸条件のもとでは、取得される剰余労働の総量、したがって剰余価値の総量が増大するということ、また、総資本を考察すれば——または個別資本を総資本の単なる断片として考察すれば——利潤と剰余価値とは同じ大きさであるということ、これらのことにもとづいた一法則は？

われわれが利潤率を計算するさいに基礎にする資本の可除部分、たとえば一〇〇をとってみよう。この一〇〇は、総資本の平均構成、たとえば 80c＋20v を表わす。この部〔第三部〕の第二篇で見たように、異なる生産諸部門における平均利潤率は、特殊な各部門についての資本構成によってではなく、資本の社会的平均構成によって規定される。不変部分に比べての、したがって総資本一〇〇に

(231)

比べての、可変部分の相対的減少につれて、労働の搾取度が不変の場合には、またそれが増加する場合でさえも、利潤率は低下し、剰余価値の相対的な大きさ、すなわち前貸総資本一〇〇の価値にたいする剰余価値の比率は低下する。しかし、この相対的な大きさが低落するだけではない。総資本一〇〇が吸い取る剰余価値または利潤の大きさが絶対的に減少する。剰余価値率が一〇〇%の場合には、60 c ＋40 v という資本は 40 という剰余価値総量を、したがって利潤総量を生産し、70 c ＋30 v という資本は 30 という利潤総量を生産する。80 c ＋20 v という資本のもとでは利潤は 20 に減少する。この減少は、剰余価値の総量したがってまた利潤の総量にかんするものであり、総資本一〇〇が運動させる生きた労働一般が少なくなるせいで、搾取度が不変な場合には、この総資本が運動させる剰余労働も少なくなり、したがってそれが生産する剰余価値も少なくなることから生じる。社会的資本の、したがって社会的平均構成の資本の、なんらかの一可除部分を度量単位としてとり、これによって剰余価値をはかれば――そして、これはすべての利潤計算のさいに行なわれることである――、一般に剰余価値の相対的低下とその絶対的低下とは一致する。上記の場合には、利潤率は四〇%から三〇%に、また二〇%に低落するが、それは、実際に、同じ資本によって生産される剰余価値したがって利潤の総量が四〇から三〇に、また二〇に絶対的に減少するからである。剰余価値をはかるさいにもととなる資本の価値の大きさは与えられており、一〇〇であるから、この不変の大きさにたいする剰余価値の比率の低下は、剰余価値および利潤の絶対的大きさの減少を表わす別の表現でしかありえない。これは、実際、一つの同義反復である。しかし、この減少が生じるということは、すでに証明したように、資本主義的生産過程の発展の本性に由来する。

しかし、他方では、与えられた一資本にたいする剰余価値の、したがって利潤の絶対的減少、したがってまた百分率で計算される利潤率の絶対的減少を生み出す同じ諸原因が、社会資本によって（すなわち資本家たち全体によって）取得される剰余価値したがって利潤の絶対的総量の増大を引き起こす。それでは、このことは、どのように現われなければならないか？　このことは、もっぱらどのように現われることができるのか？　または、どのような条件がこの外観上の矛盾のなかに含まれているのか？

社会的資本の各可除部分である一〇〇、したがって社会的平均構成の資本各一〇〇は一つの与えられた大きさであり、したがって、この与えられた大きさ〔一〇〇〕にとっては利潤率の減少は利潤の絶対的大きさの減少と一致する――この場合には、利潤率および利潤の絶対的大きさをはかるさいにもととなる資本が不変の大きさであるからこそそうなるのであるが、それに反して、社会的総資本の大きさは、個々の資本家の手中にある資本の大きさ同様に、前提された諸条件に照応するためには、それの可変部分の減少に反比例して変動しなければならない一つの可変の大きさである。

前記の例において百分率構成が 60ｃ＋40ｖ であったときには、それにたいする剰余価値または利潤は四〇であり、したがって利潤率は四〇％であった。構成のこの段階では総資本は一〇〇万であったと仮定しよう。そうすれば、総剰余価値、したがって総利潤は四〇万にのぼった。のちに構成が 80ｃ＋20ｖ になったとすれば、剰余価値または利潤は、労働の搾取度が不変の場合には、各一〇

○につき二〇である。しかし、絶対的総量から見れば剰余価値または利潤は、すでに証明したように、この利潤率の減少すなわち一〇〇ごとの資本による剰余価値の生産の減少にもかかわらず、増大する――たとえば四〇万から四四万に増大する――から、このようなことが起こりうるのは、同時にこの
(232)
新たな構成をもって形成された総資本が二二〇万に増大しているということによってのみである。運動させられる総資本の総量は二二〇%に*1増大しているが、利潤率は五〇%だけ低下している。もし資本が二倍になっただけであるとすれば、それは、二〇%の利潤率では、もとの一〇〇万の資本が四〇%の利潤率で生み出すことができたのと同じ総量の剰余価値および利潤を生み出すことができただけであろう。もし資本の増大が二倍に*2達しなかったとすれば、この資本が生産する剰余価値または利潤は、以前に一〇〇万という資本が生産したよりも少なかったであろう。以前の構成のもとであれば、この一〇〇万の資本は、その剰余価値を四〇万から四四万に高めるためには、一一〇万に増大するだけでよかったであろうが。

＊1・2〔草稿および初版では、「に」は「だけ」となっていた。＊1はカウツキー版以後、＊2はアドラツキー版以後各版で訂正〕

ここに現われるのは、すでに以前に*展開された法則、すなわち、可変資本の相対的減少につれて、したがって労働の社会的生産力の発展につれて、同一分量の労働力を運動させて同一総量の剰余労働を吸収するためには、ますます大きな総量の総資本が必要になる、という法則である。それだから、資本主義的生産が発展するのと同じ割合で、相対的に過剰な労働者人口の可能性が発展するが、それ

は、社会的労働の生産力が減退するからではなく、それが増大するからであり、したがって、労働と、生存〔生活〕諸手段、またはこの生存諸手段を生産するための諸手段とのあいだの絶対的な不均衡から生じるのではなく、労働の資本主義的搾取に起因する不均衡、すなわち、資本のいっそうの増大と、増大する人口にたいする資本の需要の相対的減少とのあいだの不均衡から生じるのである。

＊〔本訳書、第一巻、一〇八九―一〇九〇、一一二四ページ参照〕

利潤率が五〇％だけ低下するということは、半分に低下するということである。したがって、利潤の総量が同じままであるためには、資本は二倍にならなければならない。利潤率が低下しても利潤総量が前と同じであるためには、総資本の増大を示す乗数が、利潤率の低下を示す除数に等しくなければならない。利潤率が四〇から二〇に低下する場合には、結果が前と同じであるためには、総資本は反対に 20：40 の割合で増大しなければならない。利潤率が四〇から八に低下するとすれば、資本は 8：40 の割合で、すなわち五倍に＊増大しなければならないであろう。一〇〇〇万の資本は四〇％で四〇〇万を生産し、五〇〇〇万の資本は八％でやはり四〇〇万を生産する。結果が前と同じであるためにはこれでよい。これにたいして、もし結果が増大すべきであるならば、資本は、利潤率が低下するより
(233) も大きな比率で増大しなければならない。言い換えれば、総資本の可変的構成部分が――総資本の部分としてのその百分率が低下するにもかかわらず――絶対的に同じままであるだけでなく、絶対的に増大するためには、総資本は、可変資本の百分率が低下するよりも大きな割合で増大しなければならない。総資本は、その新たな構成では、労働力の購入のために、以前の可変資本部分だけでなくそれ

よりもずっと多くの可変資本部分を必要とするので、それほど増大しなければならない。資本一〇〇の可変部分が四〇から二〇に低下するとすれば、総資本は、四〇よりも大きい可変資本を使用しうるためには、二〇〇以上に増大しなければならない。

＊〔草稿および初版では、「に」は「だけ」となっていた。カウツキー版で訂正〕

搾取される労働者人口の総数が不変のままで、労働日の長さと強度だけが増加する場合でも、使用される資本の総量は増加せざるをえないであろう。というのは、資本構成が変化する場合には、もとの搾取諸関係のもとでと同じ労働総量を使用するためでも、使用される資本の総量は増加せざるをえないからである。

したがって、資本主義的生産様式の進展につれて、労働の社会的生産力の同じ発展が、一方では利潤率の累進的低下の傾向となって現われ、他方では取得される剰余価値または利潤の絶対的総量の恒常的な増大となって現われるのであり、その結果、全体として見れば、可変資本および利潤の相対的減少には両者の絶対的増加が照応する。この二面的な作用は、すでに示したように、利潤率が低下する累進度よりもいっそう急速な累進度で総資本が増大するという形で現われうるにすぎない。絶対的に増大した可変資本を、より高度な構成のもとで、すなわち不変資本のより強度な相対的増加のもとで使用するためには、総資本は、そのより高度な構成に比例して増大するだけでなく、それよりもっと急速に増大しなければならない。ここから、資本主義的生産様式が発展すればするほど、同じ労働力を就業させるためには、まして増大する労働力を就業させるためにはなおさら、いっそう大きな資本分量が必要になるという結果が出てくる。したがって、労働の生産力の増大は、資本主義的基礎の上では、必然的に、永続的な外観上の過剰労働者人口を生み出す。可変資本が以前のように総資本の $\frac{1}{2}$ ではなく $\frac{1}{6}$ にしかならないとすれば、同じ労働力を就業させるためには総資本は三倍にならなければならない。しかし二倍の労働力が就業させられるものとすれば、総資本は六倍にならなければならない。

利潤率の低下の法則を明らかにすることができなかった従来の経済学は、増加する利潤総量、利潤の絶対的大きさの増大――個々の資本家にとってであれ社会資本にとってであれ――を、一種の慰めの根拠としてもち出すが、それもまた単なる決まり文句や可能性にもとづくものである。

（234）

利潤の総量が二つの要因によって、第一には利潤率によって、第二にはこの利潤率で使用される資本の総量によって規定されている、とするのは、同義反復にすぎない。だから、可能性から言えば利潤総量は、同時に利潤率が低下するにもかかわらず増大しうるとするのは、この同義反復の一表現にすぎず、それは一歩も前進には役立たない。なぜなら、利潤総量が増大しないで資本が増大することも、それどころか、利潤総量が減少するのに資本が増大しうることさえ、同様に可能だからである。一〇〇の二五％は二五になるが、四〇〇の五％では二〇にしかならない。[三五] しかし、もし利潤率を低下させるその同じ諸原因が、蓄積すなわち追加資本の形成を促進するのであれば、また、もしどの追加資本も追加労働を運動させて追加剰余価値を生産するのであれば、さらにまた、他方で、もし利潤率の単なる低下が、不変資本の増大、したがってもとの資本全体の増大という事実を含んでいるのであれば、その場合にはこの全過程は神秘的なものではなくなる。利潤率が減少するのと同時に利潤総量が増加するという可能性をごまかしてしまうために、どんな意図的なごまかし計算に逃げ道が求められるかは、もっとあとで見るであろう。[*1]

（三五）「われわれはまた、土地における資本の蓄積および賃銀の上昇の結果として、資本《ストック》の利潤率がどんなに減少しても、それでもなお利潤の総額は増加するであろう、と予期すべきである。そこで、一〇万ポンドの蓄積が繰り返されるたびに、利潤率が二〇％から一九％へ、一八％へ、一七％へと低下するもの、すなわち恒常的に率が減少するものと仮定すれば、われわれは、これらの相次ぐ資本の所有者たちが受け取る利潤の総額はつねに累進的であろうということ、この利潤の総額は、資本が二〇万ポンドのときには一〇万ポンドのときよりも大きく、三〇万ポンドのときにはさらにもっと大きいであろうというように、率は減少していっても資本が増加するごとに増加していくであろうということを予期すべきである。けれども、この累進はある期間についてだけあてはまる。たとえば、二〇万ポンドの一九％は一〇万ポンドの二〇％よりも大きく、また、三〇万ポンドの一八％は二〇万ポンドの一九％よりも大きい。しかし、資本の蓄積が多額になり、利潤が低下したのちには、それ以上の蓄積は利潤の総額を減少させる。たとえば、蓄積が一〇〇万ポンドで、利潤が七％であると仮定すれば、利潤の総額は七万ポンドであろう。いま、この一〇〇万ポンドに一〇万ポンドの資本が追加され、利潤が六％に低下するとすれば、資本《ストック》の総額は一〇〇万ポンドから一一〇万ポンドに増大するにもかかわらず、資本《ストック》の所有者たちが受け取るのは六万六〇〇〇ポンドであり、四〇〇〇ポンドの減少であろう」（リカードウ『経済学および課税の原理』、第七章（正しくは第六章）。マカロック編『著作集』、一八五二年、六八、六九ページ（堀経夫訳『リカードウ全集』Ⅰ、雄松堂書店、一四四―一四五ページ））。実際、ここでは、資本は一〇〇万から一一〇万に、すなわち一〇％だけ増大するのに、利潤率は七から六に、すなわち一四$\frac{2}{7}$％だけ低下するものと仮定されている。〝かの涙はここから〟[*2]。

＊1〔本訳書、第三巻、三六八ページの訳注＊参照〕

＊2〔ローマの劇作家テレンティウスの喜劇『アンドリア』第一幕第一場で、アテネの老人シィモーが、隣人の遊女の葬儀で自分の息子の流す涙が、その遊女の妹グリュケリウムへの愛によるものであることを知ったときの言葉（木村健治訳『アンドロス島の女』、西洋古典叢書『ローマ喜劇集』5、京都大学学術出版会、二〇〇二年、一六ページ）。「すべての原因はここにある」の意に用いられる〕

(235)

われわれはすでに、一般的利潤率の傾向的低下を生み出すのと同じ諸原因が、どのようにして、資本の加速的蓄積を、したがって資本が取得する剰余労働（剰余価値、利潤）の絶対的大きさまたは総量の増大を引き起こすかを示した。競争においては、したがって競争の当事者たちの意識においては、すべてのことがさかさまになって現われるように、この法則――私が法則というのは、この、外観上矛盾する二つのもののあいだの、内的で必然的な連関のことである――もまた、さかさまになって現われる。前に展開された諸比率の範囲内では、大資本を自由に使用する資本家のほうが、外観上高い利潤をあげる小資本家よりも大きな利潤総量をあげることは、明白である。さらに、競争のもっとも皮相な考察によってもわかるように、ある事情のもとでは、たとえば恐慌期におけるようにより大きい資本家が市場で自分の席を占拠し、より小さい資本家たちを追い出そうとする場合には、より大きい資本家は実際にこの法則を利用する。すなわち、より小さい資本家たちを戦場から駆逐するために、自分の利潤率を意図的に引き下げる。とくに、商人資本――これについてはあとで詳しく述べる――

の示す諸現象も、利潤の低落を事業の拡張の、したがって資本の拡張の結果であるように思わせるのである。この誤った見解にたいする真に科学的な表現は、あとで示すことにする。これに似た皮相な観察は、個々の事業諸部門が自由競争の体制下にあるか独占の体制下にあるかに応じて、それらの事業諸部門であげられる諸利潤率の比較からも生じる。競争当事者たちの頭のなかに住みついているようなまったく浅薄な観念は、利潤率のこの引き下げは「より賢明でより人間的」であるというわがロッシャー[*1]に見いだされる。ここでは利潤率の減少は、資本の増加の結果として現われ、またそれと結びついた資本家たちの打算――利潤率が小さくなっても自分たちの手に入れる利潤総量は大きくなるであろうという打算――の結果として現われる。このすべて（A・スミスの場合は別であって、これについてはのちに述べる[*2]）は、およそ一般的利潤率とはなにかということについてのまったくの没概念にもとづいており、また、価格は、実際には、諸商品の現実の価値を超える、多かれ少なかれ任意の利潤部分のつけ加えによって規定される、という粗雑な観念にもとづいている。これらの観念がどんなに粗雑であろうと、それらは、資本主義的生産の内在的な諸法則が競争の内部でとるさかさまになった現われ方から必然的に生じる。

＊1〔ロッシャー『国民経済学原理』、第三版、シュトゥットガルト、アウクスブルク、一八五八年、第一〇八節、一九二ページ〕

＊2〔第四部のことをさす。『資本論草稿集』6、大月書店、三一四―三一七ページ、邦訳『全集』第二六巻（『剰余価値学説史』）、第二分冊、二八八―三〇一ページ参照〕

＊３〔草稿では「資本主義的生産様式」となっている〕

＊〔この区分線はエンゲルスによる。草稿では、以下、章末までの文章は、第一五章第一節末尾の、エンゲルスによって利用されなかった部分（本訳書、第三巻、四二三―四二四ページの訳注＊４参照）のあとに書かれている〕

＊

（236）

生産力の発展に起因する利潤率の低下には利潤総量の増加がともなうという法則は、資本によって生産される諸商品の価格の低下には、それらの商品に含まれていてそれらの商品の販売によって実現される利潤量の相対的な増加がともなう、ということにも現われる。

生産力の発展およびそれに照応する資本構成の高度化は、つねに増大する分量の生産諸手段を、つねに減少する分量の労働によって運動させるから、総生産物の各可除部分、商品各個または生産された〔商品〕総量のある種の単位商品各個が吸収する生きた労働はより少なくなり、また、それに含まれる対象化された労働――使用された固定資本の摩滅分、および消費された原料および補助材料の形での――はさらにより少なくなる。したがって、商品各個に含まれる生産諸手段に対象化された労働および生産中に新たにつけ加えられた労働の合計はより少なくなる。したがって、個々の商品の価格は低下する。それにもかかわらず、個々の商品に含まれている利潤量は、絶対的または相対的剰余価値の率が増大すれば、増加しうる。個々の商品に含まれる新たにつけ加えられた労働はより少なくなるが、しかしこの労働の不払部分は支払部分に比べて増大する。とはいえ、そうなるのは一定の限界内だけでのことである。個々の商品のなかに新たにつけ加えられる生きた労働の合計の絶対的減少が生産の発展過程のなかでたいへんな速さで進むにつれて、個々の商品に含まれている不払労働の量も、相対的には——すなわち支払部分と比べては——たとえどんなに増大するとしても、絶対的には減少するであろう。商品各個あたりの利潤量は、労働の生産力の発展につれて、剰余価値率の増大にもかかわらず、大きく減少するであろう。そして、この減少は、利潤率の低下とまったく同様に、不変資本の諸要素の低廉化と、この第三部の第一篇で述べた他の諸事情——剰余価値率が与えられている場合に、またそれが低落する場合であっても利潤率を高める諸事情——とによってのみ緩慢化される。

個々の商品——その総和が資本の総生産物をなす——の価格が低下するということは、ある与えられた分量の労働が以前よりも大きい総量の商品に実現され、したがって商品各個が含んでいる労働は以前よりも少ないということを意味するだけである。不変資本の一部分である原料などの価格が騰貴する場合でも、そうしたことが起こる。二、三の場合（たとえば、労働の生産力が不変資本および可変資本のすべての要素の価格を一様に安くする場合）をのぞけば、剰余価値率が増大するにもかかわらず、利潤率は低落するであろう。なぜなら、（一）新たにつけ加えられた労働の総計が以前よりも小さければ、そのうちの不払部分がより大きいとしても、その不払部分は、以前のより大きかった総計のうちのより小さな可除不払部分に比べて、より小さいからであり、（二）より高度な資本構成は、

(237)

個々の商品においては、その商品の価値のうち一般に新たにつけ加えられた労働を表わす部分が、原料、補助材料および固定資本摩滅分で表わされる価値部分に比べて減少する、ということで表現されるからである。個々の商品の価格のさまざまな構成部分の比率のこのような変動——すなわち、新たにつけ加えられた生きた労働を表わす価格部分の減少と、以前に対象化された労働を表わす価格部分の増加——は、不変資本に比べての可変資本の減少が個々の商品の価格で表現される形態である。この減少は、資本のある与えられた分量、たとえば一〇〇にとって絶対的であるのと同様に、再生産された資本の可除部分としての個々の各商品にとっても絶対的である。とはいえ、利潤率は、もし個々の商品の価格諸要素についてのみ計算されるならば、現実にそうであるものとは違ったように表わされるであろう。しかも、それは次の理由からである——

〔利潤率は、使用された総資本にたいして計算されるが、それも、一定の期間について、実際には一年について、計算される。一年間に生み出され実現された剰余価値または利潤の、総資本にたいする比率を百分率で計算したものが、利潤率である。したがって、この利潤率は、一年をではなく当該資本の回転期間を計算の基礎とする利潤率とは、必ずしも等しくはない。この資本がちょうど一年に一度回転する場合にだけ、両者は一致する。

他方、一年間に生み出された利潤は、その一年間に生産され販売された諸商品についての利潤の合計にほかならない。いま、諸商品の費用価格にもとづいて利潤を計算すれば、利潤率は $\frac{p}{k}$ となり、この場合、pは一年間に実現された利潤であり、kは同じ期間に生産され販売された諸商品の費用価格の合計である。この利潤率 $\frac{p}{k}$ が現実の利潤率 $\frac{p}{C}$――利潤総量を総資本で割ったもの――と一致しうるのは、$k=C$ である場合、すなわち資本が一年にちょうど一度回転する場合だけであるということは、一見して明らかである。

一つの産業資本の三つの異なる状態をとってみよう。

Ⅰ　八〇〇〇ポンドの資本が、一個あたり三〇シリングの商品を、年々、五〇〇〇個生産して売り、したがって、七五〇〇ポンドの年回転をする。この資本は、商品一個あたり一〇シリング、すなわち年々二五〇〇ポンドの利潤をあげる。したがって、各一個には、二〇シリングの資本前貸しと一〇シ(238)リングの利潤とが含まれており、したがって一個あたりの利潤率は $\frac{10}{20}=50\%$ である。七五〇〇ポンドの回転額では、五〇〇〇ポンドの資本前貸しと二五〇〇ポンドの利潤になる。この回転にたいする利潤率 $\frac{p}{k}$ も、やはり五〇％である。これにたいして、総資本にたいして計算すれば、利潤率 $\frac{p}{C}=\frac{2.500}{8.000}=31\frac{1}{4}\%$ である。

Ⅱ　資本が一万ポンドに増大するとしよう。労働の生産力の増大の結果、この資本は、年々、一万個の商品を一個あたり二〇シリングの費用価格で生産することができるとしよう。この資本が、この商品を一個あたり四シリングの利潤で、したがって二四シリングで売るとしよう。この場合には、年生産物の価格は一万二〇〇〇ポンドで、そのうち一万ポンドは資本前貸し、二〇〇〇ポンドは利潤である。$\frac{p}{k}$ は、一個あたりでは $\frac{4}{20}$、年回転では $\frac{2.000}{10.000}$ であり、したがってどちらも二〇％である。そして、総資本は費用価格の合計に等しく、一万ポンドであるから、現実の利潤率 $\frac{p}{C}$ もまた、こんどは二〇％である。

Ⅲ　労働の生産力がつねに増大して、資本が一万五〇〇〇ポンドに増加し、いまや年々、三万個の商品を、一個あたり一三シリングの費用価格で生産し、それが一個あたり二シリングの利潤で、したがって一五シリングで売られるとしよう。したがって年回転は $30,000 \times 15$シリング＝22,500ポンドとなり、そのうち一万九五〇〇ポンドは資本前貸し、三〇〇〇ポンドは利潤である。したがって、$\frac{p}{k} = \frac{2}{13} = \frac{3,000}{19,500} = 15\frac{5}{13}\%$ である。これにたいして $\frac{p}{C} = \frac{3,000}{15,000} = 20\%$ である。

したがって、回転する資本価値が総資本に等しいⅡの場合にだけ、商品一個あたりの、または回転総額にたいする利潤率が、総資本にたいして計算された利潤率と同じであることがわかる。回転総額が総資本よりも小さいⅠの場合には、商品の費用価格にたいして計算された利潤率のほうが高い。総資本が回転総額よりも小さいⅢの場合には、費用価格にたいして計算された利潤率は、総資本にたいして計算された現実の利潤率よりも低い。このことは、一般的にあてはまる。

商業の実務では、回転の計算は不正確なのが普通である。実現された商品価格の合計が使用された総資本の合計に達すれば、資本は一回転したものとみなされる。しかし、資本は、実現された諸商品の費用価格の合計が総資本の合計に等しくなる場合に、はじめて完全な一循環を完了しうるのである。

――F・エンゲルス｝

(239) ここでもまた明らかなように、資本主義的生産のもとでは、個々の商品または任意の一期間の商品生産物をそれだけ孤立させ、単なる商品として考察するのではなく、前貸資本の生産物として、この商品を生産する総資本との関係において考察することが重要である。

ところで、利潤率は、生産され実現された剰余価値の総量を、諸商品に再現する消費された資本部分だけではなく、この資本部分、プラス、消費はされなかったが使用され引き続き生産に役立つ資本部分、をもとにしてはかることによって、計算されなければならないとはいえ、利潤総量は、諸商品そのものに含まれていてそれらの商品の販売によって実現されるべき利潤または剰余価値の総量に等しいだけでしかありえない。

産業の生産性が増加すれば、個々の商品の価格は低下する。個々の商品に含まれている労働は少なくなり、支払労働も不払労働も少なくなる。同じ労働が、たとえば三倍の生産物を生産するとしよう。その場合には、個々の生産物あたりの労働は $\frac{2}{3}$ だけ少なくなる。そして、利潤は、個々の商品に含まれているこの労働総量の一部分でしかありえないのだから、個々の商品あたりの利潤の量は減少せざるをえないのであり、しかも、剰余価値率が増大する場合でさえも、ある限界内では、そうなのである。資本が以前と同じ総数の労働者を同じ搾取度で使用するなら、どのような場合にも、総生産物あたりの利潤総量がもとの利潤総量よりも減少することはない。（前よりも少ない労働者が前よりも高い搾取度で使用される場合にも、こうしたことが起こりうる。）というのは、個々の生産物あたりの利潤量が減少するのと同じ比率で、生産物の総数が増加するからである。利潤総量は前と同じままであり、諸商品の総計に異なる仕方で配分されるだけである。このことはまた、新たにつけ加えられた労働によって創造された価値分量の、労働者と資本家とのあいだでの分配を少しも変えるものではない。利潤総量が増加しうるのは、使用される労働総量が同じならば不払いの剰余労働が増大する場合だけであり、そうではなく、労働の搾取度が不変ならば労働者総数が増加する場合だけである。または、この両方が一緒に作用する場合だけである。これらすべての場合――といっても、それは、前提に従って可変資本と比べての不変資本の増大および使用総資本の大きさの増大を前提する――において、個々の商品に含まれる利潤総量は前より少なくなり、また利潤率は、個々の商品あたりで計算される場合でさえも、低落する。ある与えられた分量の追加労働が、前より大きい分量の諸商品で表わされる。個々の商品の価格は低落する。[*1]抽象的に考察すれば、〔労働の〕生産力の増加の結果として個々の商品の価格が低下する場合、したがってこの安くなった諸商品の総数が同時に増加する場合には、たとえば、〔労働の〕生産力の増加が諸商品のすべての構成部分に一様に同時に作用し、その結(240)果、労働の生産性が増加するのと同じ割合で商品の総価格が低下し、他方で、商品の異なる価格構成諸部分の相互の比率は前と同じままであれば、利潤率は前と同じままでありうる。それどころか、剰余価値率の増大に、不変資本の、ことに固定資本の諸要素のいちじるしい価値減少が結びついていれば、利潤率が増加することさえありうるであろう。しかし、現実には利潤率は、すでに見たように、長いあいだには低下するであろう。[*2][*3]いかなる場合でも、個々の商品の価格低下だけでは、利潤率にかんする結論を引き出すことはできない。すべては、その商品の生産に関与している資本の総額がどれだけ大きいかにかかっている。たとえば、一エレの織物の価格が三シリングから一2/3シリングに低下するとしよう。この価格のうちには、価格低下の前には一2/3シリングの糸その他の不変資本、

$\frac{2}{3}$ シリングの労賃、$\frac{2}{3}$ シリングの利潤が含まれていたが、それにたいし、価格低下ののちには一シリングの不変資本、$\frac{1}{3}$ シリングの労賃、$\frac{1}{3}$ シリングの利潤が含まれているということがわかっても、利潤率[*4]が同じままであるかどうかはわからない。それは、前貸総資本が増大しているかどうか、またどれだけ増大しているか、また与えられた時間にこの資本が何エレより多く生産するか、にかかっている。

*1〔草稿では、ここから「長いあいだには低下するであろう」までが角括弧でくくられている〕
*2〔「利潤率は前と同じままでありうる」からここまでは、草稿では、「利潤率は前と同じままでありうるし、これまで研究したように低下しうるし、剰余価値率の増大に不変的資本部分のいちじるしい価値減少が結びついていれば、増加しうる。」と書かれている〕
*3〔草稿ではここで改行され、ここからパラグラフの終わりまでが丸括弧でくくられている〕
*4〔草稿では、「利潤率」が「総利潤量」となっている〕

資本主義的生産様式の本性に由来する次のような現象、すなわち、労働の生産性が増大すれば、個個の商品または与えられた商品分量の価格は低落し、商品の総数は増加し、個々の商品あたりの利潤量と商品額あたりの利潤率[*1]とは低落するが、諸商品の全総額にたいする利潤総量は増加するという現象——この現象が表面に表わしているのは、個々の商品あたりの利潤量の減少、個々の商品の価格の低下、社会の総資本があるいはまた個々の資本家が生産する諸商品の増加した総数にたいする利潤総量の増大、ということだけである。そこで、この現象は、資本家は個々の商品につけ加える利潤を自発的に少なくするが、自分の生産する商品総数の増大によって埋め合わせる、というように解される。この見解は、譲渡利潤（〝譲渡にもとづく利潤〟[*2]）という観念にもとづくものであり、この観念は、これはこれで商人資本の見解から抽象されたものである。

＊1〔草稿では「商品額あたりの利潤率」は「個々の商品あたりの利潤率」となっている〕

＊2〔ジェイムズ・スチュアトの用語（『経済学原理』、第一巻、ロンドン、一八〇五年、二四四ページ。中野正訳、岩波文庫、㈡、一九六〇年、三九ページ）。資本家の利潤は、商品を価値以上に販売することから生じるとする観念。マルクスはこれを『一八六一―一八六三年草稿』の「剰余価値に関する諸学説」のなかで引用し、分析している。『資本論草稿集』５、大月書店、一九八〇年、六―一一ページ、邦訳『全集』第二六巻（『剰余価値学説史』）、第一分冊、八―一一ページ参照〕

前に第一部の第四篇および第七篇で見たように、労働の生産力が増大するにつれて商品総量が増大し、個々の商品が安くなるということ自体は（これらの商品が労働力の価格に規定的にはいり込むのでない限り）、個々の商品における支払労働と不払労働との割合には――価格の低落にもかかわらず――影響しない。

(241) 競争においては、すべてがまちがって、すなわちさかさまになって現われるので、個々の資本家は、（一）自分は、個々の商品の価格の引き下げによって個々の商品あたりの自分の利潤を減少させるが、自分の売る商品総量の増大のおかげで大きな利潤をあげるのであり、（二）自分は個々の商品の価格を確定してから、掛け算によって総生産物の価格を決定するのである、と思い込むことができるが、しかし、もともとの手順は割り算のそれであって〔第一部第一〇章、〔第三版〕三一四ページ、〔第二版〕三二三ページ〔本訳書、第一巻、五六〇―五六二ページ〕を見よ〕、掛け算は、この割り算を前提した上で、第二次的に正しいだけである。俗流経済学者は、実際、競争にとらわれている資本家たちの奇妙な諸観念を、外観上より理論的でより一般化された言葉に翻訳して、これらの観念の正当性をでっちあげようと骨折ること以外にはなにもしない。

商品価格が低下し、安くなった諸商品の総量が増大し、その増大した商品総量あたりの利潤総量が増加するということは、実際、利潤率の低下が同時に利潤の総量の増加をともなうという法則*の別の一表現にすぎない。

＊〔草稿では「法則」が「展開された法則」となっている〕

利潤率の低下がどの程度まで価格の騰貴と合致しうるかについての研究は、前に第一部、〔第三版〕三一四ページ、〔第二版〕三二三ページ〔本訳書、第一巻、五六〇ページ〕で、相対的剰余価値のところで検討した論点と同様に、ここでは行なわない。改良されたがまだ一般化されていない生産様式〔方法〕*を使用する資本家は、市場価格よりも低く、しかし自分の個別的生産価格よりは高く売る。そうやって彼にとっての利潤率は、競争がそれを均等化するまで増加する。この均等化期間の経過中に第二の必要条件である投下資本の増大が現われる。この増大の程度に応じて、いまやこの資本家は、以前に就業させていた労働者群の一部分を、いやおそらくその全部またはより大きい労働者群を、新たな諸条件のもとで就業させることができるようになり、したがって以前と同じかまたはより大きい利潤総量を生産することができるようになるであろう。

＊〔本訳書、第一巻、五五八ページ訳注＊参照〕

（242）

第一四章　反対に作用する諸原因

社会的労働の生産諸力の巨大な発展を、最近の三〇年間〔一八三五—一八六五年〕だけでも、以前のすべての時代と比較して考察するならば、ことに、本来の機械のほかに社会的生産過程の総体にはいり込む固定資本の巨大な総量を考察するならば、そこには、これまで経済学者たちを悩ませてきた困難、すなわち、利潤率の低下を説明するという困難に代わって、逆の困難、すなわち、なぜこの低下がもっと大きくないのか、またはもっと急速でないのか、を説明するという困難が現われる。そこには、反対に作用する諸影響——一般的法則の作用をさまたげてそれを廃除し、そしてこの一般的法則に単に一傾向という性格のみを与える諸影響——が働いているに違いないのであり、だからこそわれわれは、一般的利潤率の低下を傾向的低下と名づけたのである。これらの原因のうちでもっとも一般的なものは、次のものである。

第一節　労働の搾取度の増大*

*〔草稿では、各節の冒頭にあたるところに1)から6)までの数字が付されており、第一、第二、第四節の表題はその書き出しからとられている。その他の節の表題はエンゲルスによる〕

労働の搾取度、剰余労働と剰余価値との取得は、ことに労働日の延長および労働の強化によって高められる。これら二つの点は、第一部で、絶対的剰余価値の生産〔第三篇〕および相対的剰余価値の生産〔第四篇〕のところで詳しく展開されている。労働の強化という諸契機には、たとえば一人の労働者がより大きな機械群を見張らなければならない場合のように、可変資本に比べての不変資本の増大、したがって利潤率の低下を含むものが多い。この場合には——相対的剰余価値の生産に役立つ大部分の方法の場合にそうであるように——、剰余価値率の増大を生み出すその同じ諸原因が、使用総資本の与えられた大きさを考慮すれば、剰余価値総量の減少を含むことがありうるであろう。しかし、(243)この〔労働の〕強化には、そのほかに、たとえば機械の速度の加速のように、同じ時間中に確かにより多くの原料を消費するが、しかし、固定資本にかんして言えば、機械を確かにより急速に消耗するとはいえ、機械を運動させる労働の価格にたいする機械の価値の比率には決して影響をおよぼさない諸契機もある。しかし、使用労働力によって運動させられる不変資本にたいする使用労働力の比率を本質的には変化させずに取得される剰余労働の総量を増加させるもの、そして実際にはむしろこの不変資本を相対的に減少させるもの、それは、とくに労働日の延長という、近代産業のこの発明品である。そのほか、すでに証明したように――そしてこれは利潤率の傾向的低下の本来の秘密をなすのであるが――、相対的剰余価値の生産のための諸方法は、全体として、次のことに帰結する。すなわち、一方では与えられた労働総量のうちできるだけ多くを剰余価値に転化させること、他方では一般に前貸資本に比べてできるだけ少ない労働を使用するということに、である。その結果、労働の搾取度を高めることを可能にするその同じ諸原因が、同じ総資本で以前と同じ分量の労働を搾取することを許さないのである。これは互いに相反する傾向であり、一方では剰余価値率の増大を引き起こす作用をしながら、同時に、他方では与えられた一資本によって生産される剰余価値総量の、したがって利潤率の低下を引き起こす作用をする。同様に、女性・児童労働の大量導入もまた、たとえ家族全体に与えられる労賃の総額は増えても――決して一般的にそうなのではないが――、家族全体が以前より大きな総量の剰余労働を資本に提供しなければならない限りでは、やはりここで言及されなければならない。――農業でのように、使用資本の大きさを変えずに、〔生産〕諸方法の単なる改良によって相対的剰余価値の生産を促進するものはすべて、同じ作用をする。この場合には、われわれが可変資本を就業労働力の指標として見る限り、使用不変資本は可変資本に比べて確かに増大しないとはいえ、しかし生産物の総量は使用労働力に比べて増大する。同じことは、労働（その生産物が労働者の消費にはいり込むか、不変資本の諸要素にはいり込むかにかかわりなく）の生産力が、交通上の諸障害や、恣意的な諸制限または時がたつうちに妨害的となる諸制限から、一般にあらゆる種類の桎梏《しっこく》から解放され、しかもそのことによってさしあたり不変資本にたいする可変資本の比率が影響されない場合にも、起こる。

そこで、次のような疑問が出されるかもしれない。すなわち、利潤率の低下をさまたげながらも究極的にはつねにそれを促進する諸原因のなかには、諸発明などが一般化されるまえにそれを利用する資本家にとって、一時的にではあるがつねに繰り返され、ときにはこの、ときにはあの生産部門に現われるような、一般的水準を超える剰余価値の増大が含まれているかどうか、という疑問である。この問いは肯定されなければならない。

(244) 与えられた大きさの一資本が生み出す剰余価値の総量は、二つの因数の積、すなわち、剰余価値率に、与えられた〔剰余価値〕率で就業させられる労働者数を掛けた積である。したがって、それは、剰余価値率が与えられていれば労働者数に依存し、労働者数が与えられていれば剰余価値率に依存し、したがって一般に、可変資本の絶対的な大きさと剰余価値率との複比例に依存する。なお、すでに明らかにしたように、平均的には、相対的剰余価値の率を増大させるその同じ諸原因が、使用労働力の総量を減少させる。しかし、この対立的運動が行なわれる一定の比率にしたがって、ここに増減が生じること、および、利潤率の減少への傾向は、とくに労働日の延長から生じる絶対的剰余価値の率の増大によって弱められることは明らかである。

利潤率のところで〔本訳書、第三巻、三八〇ページ以下〕一般的に明らかにしたように、使用総資本の総量の増大による利潤率の低落には利潤総量の増加が照応する。社会の総可変資本を考察すれば、それによって生み出された剰余価値は、生み出された利潤に等しい。剰余価値の絶対量とともに、その率も増大した。前者〔剰余価値の絶対量〕が増大したのは、社会が使用する労働力の総量が増大したからであり、後者〔剰余価値の率〕が増大したのは、この労働の搾取度が増大したからである。しかし、与えられた大きさ、たとえば一〇〇という資本について言えば、剰余価値の総量が平均的に減少しても剰余価値率は増大しうる。なぜなら、剰余価値率は、可変資本部分が価値増殖する比率によって規定されるが、これにたいして、剰余価値の総量は、可変資本が総資本のなかで占める割合によって規定されるからである。

(245)剰余価値率の増加は——それはことに、上述したように、不変資本がまったく増加しないか、または可変資本に比例しては増加しないという事情のもとでも起こるので——、剰余価値の総量を、したがってまた利潤率をいっしょに規定する一要因である。この要因は一般的法則を廃除しない。しかし、この要因は、この法則がむしろ傾向として、すなわち、反対に作用する諸事情によってその絶対的貫徹を〔麻痺させられ〕さまたげられ、遅らされ、弱められる法則として、作用するようにする。しかし、剰余価値率を増大させるその同じ諸原因（労働時間の延長でさえ大工業の一結果である）が、与えられた一資本によって使用される労働力を減少させる方向に作用するから、その同じ諸原因はまた、利潤率を減少させるとともに、この減少の運動を緩慢にする方向に作用する。もし一人の労働者が合理的には二人でなければ遂行できないような労働を強制されるならば、しかもこの一人の労働者が三人に取って代わりうる諸事情のもとでこの強制が行なわれるとすれば、この一人は以前の二人分の剰余労働を提供するであろうし、その限りで剰余価値率は増加している。しかし彼は、以前の三人が提供したほど多くの剰余労働を提供しないであろうし、したがって、剰余価値の総量は減少している。しかし、剰余価値の総量の減少は、剰余価値率の増加によって埋め合わされるかまたは制限されている。全人口が、増加した剰余価値率で働かされるならば、人口は同じままであるとしても、剰余価値の総量は増加する。人口が増大すれば、なおさら増加する。そして、この増加は、総資本の大きさに比べての就業労働者数の相対的低下と結びついているとはいえ、その低下は剰余価値率の増加によって緩和または阻止される。

この項目から離れるまえにもう一度強調しておきたいのは、与えられた資本の大きさのもとでは、剰余価値の率は、剰余価値の総量が減少するにもかかわらず増大しうるし、また逆もありうるということである。剰余価値の総量は、剰余価値の率に労働者数を掛けたものに等しい。しかし、剰余価値の率は、決して総資本にたいしてではなく、可変資本にたいしてのみ、実際には一労働日あたりでのみ、計算される。これにたいして、与えられた資本価値の大きさのもとでは、利潤率は、剰余価値の総量が同様に増加または減少することなしには、決して増加または低下しえない。

第二節　労賃のその価値未満への引き下げ

これは、ここでは経験的事実としてあげておくにとどめる。というのは、これは、実際には、ここであげることができるであろう他のいくつかのことと同様に、資本の一般的分析とはかかわりがなく、この著作では取り扱われない競争の叙述に属することだからである。とはいえこれは、利潤率の低下への傾向を阻止するもっとも重要な原因の一つである。

第三節　不変資本の諸要素の低廉化

この第三部の第一篇で、剰余価値率が不変な場合に、または剰余価値率とはかかわりなしに、利潤率を増大させる諸原因について述べたことは、すべてこの項目に属する。したがって、とくに、総資(246)本を考察すれば、不変資本の価値は不変資本の物質的大きさと同じ比率では増大しないということが、そうである。たとえば、ヨーロッパの個々の紡績労働者が近代的工場で加工する綿花の総量は、ヨーロッパの一人の紡ぎ工が以前に紡車で加工したものに比べれば、このうえなく大きな割合で増大している。しかし、加工される綿花の価値は、その総量と同じ比率では増大していない。機械その他の固定資本についても同様である。要するに、可変資本に比べて不変資本の総量を増加させるその同じ発展が、労働の生産力の増加の結果として、不変資本の諸要素の価値を減少させ、したがって、不変資本の価値が、つねに増大するにせよ、その物質的な大きさ——すなわち同量の労働力によって運動させられる生産諸手段の物質的な大きさ——と同じ比率で増大することをさまたげるのである。それどころか、若干の場合には、不変資本の価値が同じままかまたは低下さえしても、不変資本の諸要素の総量は増加することがありうる。

ここで述べたことに関連して、産業の発展にともなって生じる現存資本の（すなわちその素材的諸要素の）価値減少がある。これもまた、利潤率の低下を阻止する恒常的に作用する諸原因の一つである――といってもこれは、事情によっては、利潤を生み出す資本の総量をそこなうことによって利潤の総量をそこなうことがありうるが。この場合にもやはり、利潤率の低下への傾向を生み出すその同じ諸原因が、この傾向の実現を緩和しもする、ということが明らかになる。

第四節　相対的過剰人口

相対的過剰人口の創出は、利潤率の減少となって現われる労働の生産力の発展と不可分であり、また、この発展によって促進される。相対的過剰人口は、一国において資本主義的生産様式が発展すればするほど、ますます顕著にその国に現われてくる。それはそれでまた、一方では、多くの生産部門で資本のもとへの労働の多かれ少なかれ不完全な従属*が存続し、しかもこの不完全な従属が一見して発展の一般的水準に照応するのよりも長く存続する理由である。そうしたことは、利用可能な、または遊離された賃労働者が安くて多いということの結果であり、また、いくつかの生産部門がその性質上、手労働から機械労働への転化にたいして行なった比較的頑強な抵抗の結果である。他方では、新たな生産諸部門、とくにまた奢侈的消費のための新たな生産諸部門が開かれるのであり、これらの部門は、しばしば他の生産諸部門における不変資本の優勢によって遊離された、まさにあの相対的〔過

(247)

剰〕人口を基盤にしており、これはこれでまた、〔その部門における〕生きた労働という要素の優勢に立脚して、あとからしだいに他の生産諸部門と同じ経路をたどっていく。どちらの場合にも、可変資本が総資本のかなり大きな割合を占め、労賃が平均を下回り、そのため、これらの生産部門においては、剰余価値率も剰余価値総量も異常に高い。なお、一般的利潤率は特殊な生産諸部門における諸利潤率の均等化によって形成されるのであるから、ここでもまた、利潤率の低下傾向を生み出すその同じ原因が、この傾向にたいする対錘《たいすい》〔つり合うおもり〕を生み出し、この傾向の作用を多かれ少なかれ麻痺させる。

＊〔草稿では「不完全な従属」は「形式的包摂」となっている〕

第五節　貿　易

貿易が、一部は不変資本の諸要素を安くし、一部は可変資本がそれに転換される必要生活諸手段を安くする限りでは、それは、利潤率を増加させる作用をする。そうするのは、貿易が剰余価値率を高め、不変資本の価値を低落させることによってである。貿易は、生産の規模を拡大することを可能にすることによって、一般に右の意味での作用をする。こうして貿易は、一方では蓄積を促進するが、他方ではまた、不変資本に比べての可変資本の減少、したがって利潤率の低下を促進する。同じく、貿易の拡大は、資本主義的生産様式の幼年期にはこの生産様式の基盤であったが、それが進展するにつれ、この生産様式の内的必然性によって、この生産様式の恒常的な市場拡大の欲求によって、この生産様式自身の産物となっている。ここでもまた、他の場合と同じ、作用の二面性が現われる。〔リカードウは貿易のこの側面をまったく見落とした。*〕

＊〔リカードウ『経済学および課税の原理』、第三版、ロンドン、一八二一年、第七章。堀経夫訳『リカードウ全集』Ⅰ、雄松堂書店、一五〇―一七三ページ〕

もう一つの問題――これは、その特殊性のために、もともとわれわれの研究の限界外にあるが――は、貿易に、またとくに植民地貿易に投下された資本があげるより高い利潤率によって、一般的利潤率は高められるか？　という問題である。

貿易に投下された諸資本がより高い利潤率をもたらすことができるのは、ここではまず第一に、生産がより容易でない他の諸国の生産する諸商品との競争が行なわれ、その結果、より進んだ国が自国の諸商品を、競争相手の諸国より安く売っても、その価値よりも高く売ることになるからである。この場合には、より進んだ国の労働がより高い比重をもった労働として利用される限りでは、利潤率は増大する。というのは、〔自国内では〕より高度な質の労働としては支払われないこの労働が、〔外国には〕より高度な質の労働として売られるからである。同じ関係は、諸商品がそこへ送られ、また諸商品がそこから買われる国にたいしても起こりうる。すなわち、このような国は、自分が受け取るよりもより多くの対象化された労働を〝現物で〟与えるが、それでもそのさいに、その商品を、自分自身でそれを生産しうるよりもより安く手に入れるのである。それは、新たな発明が一般化するまえにそ

(248)

れを利用する工場主が、競争相手よりも安く売りながら、それでも自分の商品の個別的価値よりも高く売る――すなわち、この工場主は自分が使用する労働がもつ特別に高い生産力を剰余労働として利用する――のとまったく同じである。彼はこうして超過利潤を実現する。他方、植民地などに投下された諸資本について言えば、それがより高い利潤率をもたらすことができるのは、植民地などでは、発展度が低いせいで一般に利潤率がより高く、同様に奴隷や苦力《クーリー》*などの使用で労働の搾取〔度〕がより高いからである。ところで、特定の諸部門に投下された諸資本がこのようにして生み出して本国に送り返す比較的高い利潤率が、本国で、独占にさまたげられないとすれば、なぜ一般的利潤率の均等化にはいり込み、それによって、一般的利潤率を〝それだけ〟高めてはならないのか、理解できない（三六）。前記の資本使用諸部門が自由競争の諸法則のもとにある場合に、なぜそうなってはならないのか、とくに理解できない。これにたいしてリカードウの念頭にあるのは、とくに次のようなこと――すなわち、外国において手に入れたより高い価格を使って、外国で諸商品が買われ、帰り荷として本国に送られる。このようにしてこれらの商品が自国内で売られるのだから、このことは、せいぜい、これらの恵まれた生産部面が他の部面を超えてあげる一時的な特別利益になりうるだけである、ということである。この外観は、貨幣形態を度外視すれば、たちまち消えうせる。この恵まれた国は、より少ない労働と引き換えにより多くの労働を手に入れる――といっても、この差額、この剰余は、労働と資本とのあいだの交換では一般にそうであるように、特定の一階級によって着服されるのであるが。したがって、植民地では一般に利潤率がより高いのだから、利潤率がより高い限りで、このこと〔高い利潤率〕は、植民地の恵まれた自然的諸条件のもとでは、低い商品価格と両立しうるであろう。均等化が起こるが、しかし、リカードウが考えるようにもとの水準への均等化ではない。

（三六）　この場合、次のように言うリカードウに比べてA・スミスのほうが正しい。リカードウは言う――「彼らは、利潤の均等は利潤の一般的上昇によってもたらされるであろうと主張するのであり、私は、恵まれた事業の利潤は急速に一般的水準にもどるであろう、という意見である」（〔リカードウ『経済学および課税の原理』〕マカロック編『著作集』、七三ページ〔堀経夫訳『リカードウ全集』Ⅰ、雄松堂書店、一五一ページ。なお、リカードウの貿易論についてのマルクスの批判については、『資本論草稿集』6、大月書店、六一七―六一九ページ、邦訳『全集』第二六巻、第二分冊、五八八―五九〇ページを参照〕）。

＊〔東南アジアその他の英仏植民地のコーヒー園や茶園などで重労働に従事させられたインド、中国等出身の奴隷的筋肉労働者。なお「や苦力」はエンゲルスによる〕

(249)　しかし、この同じ貿易が、自国内では資本主義的生産様式を発展させ、それとともに、不変資本に比べての可変資本の減少を進め、また他方では、外国との関連で過剰生産を生み出し、したがってまた、その後の経過において反対方向の作用をする。

　こうして一般的に明らかにされたように、一般的利潤率の低下を引き起こすその同じ諸原因が、この低下をさまたげ、緩慢にし、部分的には麻痺させる反対の諸作用を生み出すのである。これらの反対作用は、法則を廃除しはしないが、しかし法則の作用を弱める。これ抜きには、一般的利潤率の低下ではなく、逆にこの低下の相対的緩慢さが、理解できないであろう。このように、この法則は傾向として作用するだけであり、その作用は、一定の事情のもとでのみ、また長期間の経過中にのみ、はっきり現われてくる。

さて、先に進むまえに、誤解を避けるため、すでに何度も展開した二つの命題をもう一度繰り返しておこう。

第一に。資本主義的生産様式の発展行程において諸商品の低廉化を生み出すその同じ過程が、諸商品の生産に使用される社会的資本の有機的構成における変化を生み出し、またその結果として、利潤率の低下を生み出す。したがって、個々の商品の相対的費用の減少、同じくまた、この費用のうち機械の摩滅分を含む部分の減少を、可変資本と比べての不変資本の価値の増加と同一視してはならない――といっても、逆に、不変資本の素材的諸要素の大きさが不変であるかまたは増大する場合には、不変資本の相対的費用の減少はいずれも、利潤率を増大させる方向に、すなわち、低落する比率で使用される可変資本に比べて不変資本の価値を〝それだけ〟減少させる方向に、作用するのであるが。

第二に。個々の商品――その総体が資本の生産物をなす――では、それらに含まれた労働諸材料およびそれら〔の生産〕に消費された労働諸手段にたいして、それらに含まれる生きた追加労働の比率が減少するという事情、すなわち、社会的生産力の発展につれて個々の商品の生産に必要とされる労働が減少するので、個々の商品に対象化される追加的な生きた労働の分量はつねに減少するという事情――この事情は、商品に含まれる生きた労働が支払労働と不払労働とに分割される割合には影響しない。逆である。個々の商品に含まれる追加的な生きた労働の総分量は減少するとはいえ、不払部分
(250) は、支払部分の絶対的または比率的減少によって、支払部分に比べて増大する。というのは、一商品

のなかの追加的な生きた労働の総量を減少させるその同じ生産様式〔方法〕が、絶対的および相対的剰余価値の増加をともなっているからである。利潤率の傾向的低落は、剰余価値率したがって労働の搾取度の傾向的増加と結びついている。だから、利潤率の低落を労賃率の騰貴から――例外的にはそういうこともありうるとはいえ――説明するほどばかげたことはない。統計は、利潤率を形成する諸関係を理解することによってはじめて、さまざまな時代およびさまざまな国の労賃率について現実的な分析を行なうことを可能にする。利潤率が低下するのは、労働がより不生産的になるからではなく、労働がより生産的になるからである。剰余価値率の増加と利潤率の低下とは、どちらも、労働の生産性の増大を資本主義的に表現する特殊な諸形態であるにすぎない。

第六節　株式資本の増加

上記の五点にはなお次の点をつけ加えることができるが、これにはさしあたりあまり深く立ち入ることはできない。加速的蓄積と手をたずさえて進む資本主義的生産*の進展につれて、資本の一部分は、もっぱら利子生み資本として計算され、使用される。〔しかし〕ここでこう言うのは、産業資本家が企業者利得を手に入れるのにたいして、資本を貸し付けるどの資本家も利子で満足する、という意味においてではない。そうしたこと〔一方は企業者利得、他方は利子を得ること〕は一般的利潤率の高さとは関係がない。というのは、一般的利潤率にとっては、利潤＝利子、プラス、あらゆる種類の利潤、プラス、地代であり、これらの特殊なカテゴリーへの利潤の分割は、一般的利潤率にとってはどうでもよいことだからである。そうではなく、これらの資本〔資本の一部である利子生み資本〕は、大きな生産的諸企業に投下されていても、すべての費用を差し引いてしまえば、大なり小なりの利子、いわゆる配当をもたらすだけである、という意味において言うのである。たとえば、鉄道の場合がそうである。したがって、これらの資本は一般的利潤率の均等化に加わらない。というのは、これらの資本は平均利潤率よりも低い利潤率をもたらすからである。もしこれらの資本が加わるとすれば、平均利潤率は、はるかに大きく低落することになるであろう。理論的に考察すれば、これらの資本も計算に入れることができるし、その場合には、外見上存在していて資本家たちを実際に規定している利潤率よりも低い利潤率が得られる。というのは、まさにこれらの企業では、不変資本が可変資本に比べてもっとも大きいからである。

＊〔草稿では「資本主義的生産」は「資本主義的生産様式」となっている〕

（251）

第一五章　この法則の内的諸矛盾の展開*

＊〔本章の節の区分および表題はエンゲルスによる〕

第一節　概　説

第三部第一篇で見たように、利潤率は、剰余価値率を、つねに、その実際の率よりも低く表現する。いま見たとおり、増加する剰余価値率でさえ、低下する利潤率で表現される傾向がある。利潤率が剰余価値率に等しいのは、c＝0の場合、すなわち、総資本が労賃に投下された場合だけであろう。低下する利潤率が低下する剰余価値率を表現するのは、不変資本の価値と不変資本を運動させる労働力の分量との比率が不変のままである場合か、または、この労働力の分量が不変資本の価値に比例して増加している場合だけである。

リカードウは、*利潤率を考察するという口実のもとに、実際には剰余価値率だけを、しかも剰余価値率を、労働日が内包的にも外延的にも不変の大きさであるという前提のもとでのみ、考察している。

＊〔草稿では、この一文は丸括弧でくくられている〕

利潤率の低下と加速的蓄積とは、両方が生産力の発展を表現する限りで、同じ過程の異なる表現にすぎない。蓄積は、それにつれて大規模な労働の集中が生じ、したがって資本構成の高度化が生じる限りで、利潤率の低下を促進する。他方、利潤率の低下は、ふたたび、資本の集積を促進し、そして、小資本家たちを収奪することによって、また直接生産者たち——彼らのもとにまだなにか収奪しうるものがあれば——の最後の残りものを収奪することによって、資本の集中を促進する。これによって、他方で蓄積は、総量から見れば促進される——といっても蓄積の率は利潤率〔の低下〕とともに低下するのであるが。

(252) 他方、総資本の価値増殖率すなわち利潤率が資本主義的生産の刺激である（資本の価値増殖が資本主義的生産の唯一の目的であるように）限り、利潤率の低下は、新たな自立的諸資本の形成を緩慢にし、こうして資本主義的生産過程の発展をおびやかすものとして現われる。それは、過剰生産、投機、恐慌、過剰人口と並存する過剰資本を促進する。したがって、リカードウと同様に資本主義的生産様式を絶対的な生産様式と考える経済学者たちも、ここでは、この生産様式が自分自身にたいして制限をつくり出すことを感じ、したがって、この制限を生産*のせいにはしないで自然のせいにする（地代論において）。しかし、利潤率の低下にたいする彼らの恐怖のなかで重要なのは、資本主義的生産様式は、生産諸力の発展に一つの制限——富の生産そのものとはなんの関係もない制限を見いだす、という予感である。そして、この特有な制限は、資本主義的生産様式の被制限性とその単に歴史的な一時的な性格とを証明する。それは、資本主義的生産様式が富の生産にとって絶対的な生産様式ではなく、むしろ一定の段階では富のいっそうの発展と衝突するようになるということを証明する。

＊〔草稿では「生産」は「この生産様式」になっている〕

リカードウとその学派とが考察するのは、確かに、利子を含めての産業利潤だけである。しかし、地代の率もまた低下する傾向がある——といっても地代の絶対的総量は増大するし、しかも産業利潤と比べて比率的にも増大しうるのであるが。（リカードウよりも前に地代の法則を展開したE・ウェストを見よ。＊）社会的総資本Cを考察し、利子および地代を差し引いたあとに残る産業利潤をp_1とし、利子をzとし、地代をrとすれば、$\frac{m}{C}=\frac{p}{C}=\frac{p_1+z+r}{C}=\frac{p_1}{C}+\frac{z}{C}+\frac{r}{C}$となる〔pは利潤〕。すでに見たように、資本主義的生産の発展行程につれて、mすなわち剰余価値の総額はつねに増大するにもかかわらず、$\frac{m}{C}$は同じくつねに減少する。なぜなら、Cがmよりもいっそう急速に増大するからである。したがって、$\frac{m}{C}=\frac{p}{C}$も、$\frac{p_1}{C}$、$\frac{z}{C}$および$\frac{r}{C}$も、それぞれ自体としてはますます減少するのに、p_1、zおよびrはそれぞれ自体としてはつねに増大しうるということ、または、p_1がzに比べて、もしくはrがp_1に比べて、もしくはp_1およびzに比べても相対的に増大するということは、決して矛盾ではない。総剰余価値または利潤m＝pは増大するが、同時に利潤率$\frac{m}{C}=\frac{p}{C}$が低下する場合でも、m＝pが分かれていく諸部分p_1、zおよびrの大きさの割合は、総額mによって与えられる限界の内部で任意に変動しうるのであり、それによってmまたは$\frac{m}{C}$の大きさが影響されることはない。

＊〔エドワード・ウェスト『土地への資本投下にかんする小論』、ロンドン、一八一五年（橋本比登志訳『穀物価格論』、未来社、一九六二年、所収）〕

(253)

p_1、zおよびrの相互間の変動は、単に、さまざまな項目のあいだでのmの分配の相違にすぎない。したがってまた、m/C すなわち一般的利潤率が低下しても、p_1/C、z/C または r/C、すなわち、個別的産業利潤率、利子率、および総資本にたいする地代の比率は、そのそれぞれが他に比べて増加しうる。条件は、これら三つの合計が m/C に等しいということだけである。利潤率が五〇%から二五%に低下すれば、すなわち、たとえば剰余価値率一〇〇%のもとで資本構成が 50c＋50v から 75c＋25v に変化するとすれば、第一の場合には一〇〇〇の資本が五〇〇の利潤を生み、第二の場合には四〇〇〇の資本が一〇〇〇の利潤を生むであろう。mまたはpは二倍になったが、p′は半分だけ低下している。そして前には、五〇%のうち二〇は利潤、一〇は利子、二〇は地代であったとすれば、p_1/C は二〇%、z/C は一〇%、r/C は二〇%であった。〔利潤率が五〇%から〕二五%に変化してもこれらの割合に変わりがないとすれば、p_1/C は一〇%、z/C は五%、r/C は一〇%となる。ところが、もし p_1/C が八%に、z/C が四%に低下すれば、r/C は一三%に増加するであろう。rの比率的な大きさはp_1およびzに比べて増加しているであろうが、それにもかかわらずp′は同じままであろう。両前提〔第一の場合と第二の場合〕のもとでは、p_1、zおよびrの合計は、それが四倍に増加した資本によって生産されるので、増大しているであろう。なお、もともと産業利潤（プラス利子）が全剰余価値を手に入れるというリカードゥの前提は、歴史的にも概念的にも誤りである。そうではなく、ほかならぬ資本主義的生産の進展こそが、（一）産業資本家たちおよび商業資本家たちの手にまず全利潤を与え、あとでそれを分配させて、（二）地代を、利潤を超える超過分に帰着させるので

（254）

ある。そのあとで、この資本主義的基盤の上で、ふたたび地代――利潤の（すなわち総資本の産物として考察される剰余価値の）一部分ではあるが、生産物のうち資本家がポケットに収める特殊な部分ではない地代――が増大する。

必要な生産諸手段すなわち十分な資本蓄積を前提すれば、剰余価値の創造には、剰余価値率すなわち労働の搾取度が与えられていれば、労働者人口のほかにはどんな制限もなく、また労働者人口が与えられていれば、労働の搾取度のほかにはどんな制限もない。そして、資本主義的生産過程は本質的に剰余価値の生産であり、この剰余価値は、剰余生産物に、すなわち生産された諸商品のうち不払労働が対象化されている可除部分に、表わされている。決して忘れてはならないのは、この剰余価値の生産――そして剰余価値の一部分の資本への再転化すなわち蓄積は、この剰余価値生産の不可欠な一部分をなす――が資本主義的生産の直接的目的であり、また規定的動機である、ということである。だから、この資本主義的生産を、そうではないものとして、すなわち、享受を直接的目的とする生産、または資本家たちのための享受諸手段の生産として、描くことがあってはならない。そういうことをすれば、資本主義的生産の内的な核心的な全姿態のなかに現われるその独自な性格をまったく無視することになる。

この剰余価値の獲得は直接的生産過程を形成するものであり、この過程に、右にあげたもの以外にはなんの制限もないことは前に見たとおりである。しぼり取ることのできる剰余労働量が諸商品に対象化されていれば、それで剰余価値は生産されている。しかし、この剰余価値生産によっては、資本主義的生産過程の第一幕である直接的生産過程が終わっただけである。資本はこれこれの量の不払労働を吸収した。利潤率の低下となって現われる過程が発展するにつれて、このようにして生産される剰余価値の総量は巨大なものに膨脹する。そこで、過程の第二幕が始まる。総商品量、総生産物が——不変資本および可変資本を補填する部分も、剰余価値を表わす部分も——販売されなければならない。それが販売されないか、または一部分しか販売されないか、または生産価格よりも低い価格でしか販売されないとすれば、確かに労働者は搾取されてはいるが、しかし彼の搾取は資本家にとっては搾取として実現されないのであり、しぼり取られた剰余価値のまったくの非実現か、または部分的でしかない実現、それどころか彼の資本の一部分または全部の喪失と結びつくことさえありうる。直接的搾取の諸条件とこの搾取の実現の諸条件とは、同じではない。それらは時間と場所だけでなく、概念的にも異なっている。前者は社会の生産力によって制限されているだけであり、後者は、異なる生産部門のあいだの比例関係によって、また社会の消費力によって、制限されている。しかし、社会の消費力は、絶対的な生産力によって規定されているのでもなければ、絶対的な消費力によって規定されているのでもなく、敵対的な分配諸関係を基盤とする消費力によって規定されているのであり、この敵対的分配諸関係は、社会の大衆の消費を、多かれ少なかれ狭い限界内でしか変化できない最低限に引き下げる。[*1] 社会の消費力は、さらに蓄積衝動によって、すなわち、いっそう拡大された規模で資本を増大させ、剰余価値を生産しようという衝動によって、制限されている。これは、資本主義的生産にとっての法則——生産方法そのものにおける不断の革命、つねにそれと結びついている現存資

（255）本の価値減少、全般的な競争戦、そして、ただ自己保存する手段として、また〔そうしなければ受けるであろう〕没落の罰のもとで、生産を改良し生産規模を拡大しなければならないという必要性によって課されている法則である。それゆえ、市場はつねに拡張されなければならず、その結果、市場の諸連関およびそれらを規制する諸条件は、ますます、生産者たちから独立した一つの自然法則という姿態をとり、ますます制御不能になる。内的な矛盾[*2]は、生産の外的領域の拡張によって解決をはかろうとする。しかし、生産力が発展すればするほど、生産力は、消費諸関係が立脚する狭い基盤とますます衝突するようになる。この矛盾に満ちた基盤の上では、資本の過剰が人口の過剰[*3]の増大と結びついているのは、決して矛盾ではない。というのは、両者が合体されれば、生産される剰余価値の総量は増大するではあろうが、まさにそれとともに、この剰余価値が生産される諸条件と、剰余価値が実現される諸条件とのあいだの矛盾は増大するからである。

＊1〔草稿では、「社会の大衆の消費を」以下は「社会の大きな基礎を消費の最低限に――多かれ少なかれ狭い限界以内に制限する」となっている〕
＊2〔草稿では「矛盾」は「敵対」となっている〕
＊3〔草稿では「人口の過剰」は「相対的過剰人口」となっている〕

一定の利潤率が与えられていれば、利潤の総量はつねに前貸資本の大きさに依存する。しかし蓄積はその場合、この利潤総量のうち資本に再転化される部分によって規定されている。しかし、この部分は、利潤、マイナス、資本家たちの消費した収入、に等しいから、この部分は、この利潤総量の価値に依存するだけでなく、資本家がその価値で買うことのできる諸商品――一部分は彼の消費、彼の収入にはいり込み、一部分は彼の不変資本にはいり込む諸商品――の安さにも依存するであろう。（労賃はここでは与えられたものとして前提されている。）

資本の総量――労働者が運動させ、彼の労働によってその価値を維持し、生産物に再現させる資本の総量――は、彼がつけ加える価値[*1]とはまったく別のものである。資本の総量が一〇〇〇、つけ加えられた労働が一〇〇であるとすれば、再生産された資本は一一〇〇である。資本の総量が一〇〇、つけ加えられた労働が二〇であるとすれば、再生産された資本は一二〇である。利潤率は、第一の場合には一〇％、第二の場合には二〇％である。それにもかかわらず、〔第一の場合の〕一〇〇からのほうが〔第二の場合の〕二〇からよりもより多く蓄積されうる。こうして、資本の流れ（生産力の増加による資本の価値減少は別として）、または資本の蓄積は、利潤率の高さに比例してではなく、資本がすでにもっている重みに比例して進んでいく。高い利潤率は、それが高い剰余価値率にもとづくもので(256)ある限りでは、労働が生産的でなくても、労働日が非常に長ければ可能である。高い利潤率は〔また〕、労働が生産的でなくても、労働者の欲求が非常にわずかで、そのために平均賃銀が非常に低いという理由からも可能である。賃銀の低さ[*2]には、労働者の無気力さが対応するであろう。その場合には、利潤率は高くても、資本の蓄積は緩慢である。人口は停滞的であり、また、労働者に支払われる賃銀はわずかであっても、生産物に必要とされる労働時間は長い。

＊1　〔草稿では「価値」のあとに「すなわち剰余価値」と続いている〕

＊２〔草稿では「賃銀の低さ」は「最低額《ミニマム》の貧弱さ」となっている〕

利潤率が低下するのは、労働者の搾取が少なくなるからではなく、使用される資本に比べて使用される労働が一般に少なくなるからである。

すでに明らかにしたように、利潤率の低落が利潤総量の増加と同時に起こるとすれば、労働の年生産物のうち資本家が資本というカテゴリーのもとに（消費された資本の補填分として）取得する部分は増加し、利潤というカテゴリーのもとに取得する部分は相対的に減少する。＊１ここからお坊様チャーマズの次のような幻想が出てくる。＊２すなわち、年生産物のうち資本家たちが資本として支出する総量が少なければ少ないほど、彼らがのみ込む利潤はますます大きくなるのであり、そこで国教会が資本家たちを助けにかけつけ、剰余生産物の大きな部分を資本化しないで消費し尽くすよう配慮するのだ、というのである。このお坊様は原因と結果とを取り違えている。実際、利潤の総量は、その率が低下しても、投下された資本の大きさにつれて増大する。しかし、このことは同時に資本の集積を引き起こす——というのは、いまや生産諸条件が大量の資本の使用を要求するからである。そのことは、同じくまた、資本の集中、すなわち、大資本家たちによる小資本家たちの併呑、および小資本家たちからの資本剝奪を引き起こす。このことは、これまた、まだこれらの小資本家たちが属している生産者たち——というのは小資本家たちの場合には自身の労働がまだ一つの役を演じているので——からの労働諸条件の分離が二乗されたものでしかない。資本家の労働は、一般に彼の資本の大きさに、すなわち彼が資本家である程度に、反比例する。一方の労働諸条件と、他方の生産者たちとのこの分離こそ、資本の概念を形成するのであり、この分離は、本源的蓄積（第一部第二四章）とともに始まり、次いで、資本の蓄積および集積において恒常的な過程として現われ、そしてここで最後に、少数者の手中への既存の諸資本の集中、および多数の者からの資本の奪取（いまや収奪はこのように変化する）として現われる。この過程は、もし求心力とならんで対抗的諸傾向[*3]がつねに繰り返し遠心力的に作用しなかったなら、資本主義的生産をやがて崩壊させてしまうことであろう。[*4]

＊1〔草稿では、以下このパラグラフの終わりまでは、『一八六一―一八六三年草稿』の「剰余価値に関する諸学説」のトマス・ホジスキンの学説について論じた部分から、チャーマズに言及した個所が書き写されている。『資本論草稿集』7、大月書店、三九七ページ、邦訳『全集』第二六巻（『剰余価値学説史』）、第三分冊、四〇六ページ参照〕

＊2〔チャーマズ『経済学について。社会の道徳状態および道徳的前途に関連して』、第二版、グラスゴウ、一八三二年、八八ページ。スコットランドのセント・アンドルーズ大学道徳哲学教授などで僧侶のチャーマズは、倹約を非難し、実質上、僧侶や富者の浪費を弁護した。マルクスのチャーマズ批判については、『資本論草稿集』5、大月書店、四六〇―四六一ページ、邦訳『全集』第二六巻（『剰余価値学説史』）、第一分冊、三六七―三六八ページ参照〕

＊3〔『一八六一―一八六三年草稿』では、「対抗的諸傾向が」は「それを麻痺させる、ここでは展開されえない諸傾向――それは諸資本の競争にかんする章に属する――が」となっていた。これを第三部主要草稿に書き写したさいに「対抗的諸傾向が」と変更された〕

＊4〔草稿では、このあとに、同じく『一八六一―一八六三年草稿』のホジスキンの学説について論じた部分

から、資本の蓄積、集積を論じた個所（「資本の本源的蓄積」以下の三つのパラグラフ）が書き写されている（新メガ、第二部、第四巻、第二分冊、三二五―三二六ページ）。三つのパラグラフは、『資本論草稿集』7、大月書店、四〇二ページ、邦訳『全集』第二六巻（『剰余価値学説史』）、第三分冊、四一〇―四一一ページ参照。なお、草稿では、エンゲルスによって利用されなかったこの部分に続けて、本訳書、第三巻、三八八―三九八ページの部分が書かれている〕

（257）

第二節　生産の拡張と価値増殖との衝突

労働の社会的生産力の発展は二重に現われる。それは、第一には、すでに生産されている生産諸力の大きさに、新たな生産が行なわれるための生産諸条件の価値の大きさと総量の大きさとに、また、すでに蓄積されている生産的資本の絶対的大きさに、現われる。第二には、総資本に比べての、労賃に投下される資本部分の相対的少なさに、すなわち、与えられた資本の再生産および価値増殖に――大量生産に――必要とされる生きた労働の相対的少なさに、現われる。このことは同時に資本の集積を前提する。

使用される労働力にかんしても、生産力の発展は、これまた二重に現われる。第一には、剰余労働の増加に、すなわち、労働力の再生産に必要とされる必要労働時間の短縮に、現われる。第二には、与えられた資本を運動させるために一般に使用される労働力の量（労働者数）の減少に、現われる。

この両運動は、手をたずさえて進むだけでなく、互いに制約し合っており、同じ法則がみずからを表現する二つの現象である。とはいえ、それらは、利潤率にたいしては反対の方向に作用する。利潤の総量は剰余価値の総量に等しく、利潤率は $\frac{m}{C}=\frac{\text{剰余価値}}{\text{前貸総資本}}$ に等しい。しかし、剰余価値は、総額としては、第一には剰余価値の率によって、第二にはまたこの率で同時に使用される労働の総量によって、または――同じことであるが――可変資本の大きさによって、規定される。一方では、一方の因数である剰余価値率が増加し、他方では、他方の因数である労働者総数が（相対的または絶対的に）減少する。生産力の発展が使用労働の支払部分を減少させる限りでは、それは、剰余価値の率を高めるので剰余価値を増大させる。けれども、その発展が、与えられた一資本によって使用される労働の総量を減少させる限りでは、それは、剰余価値の総量を算出するために剰余価値率に掛けられる〔労働者〕総数という〔他方の〕因数を減少させる。一日に一二時間労働する二人の労働者は、それぞれ二時間だけ労働する二四人が提供するのと同じ総量の剰余価値を提供することはできない――彼らが空気を食べて生きることができ、それゆえ自分自身のために労働する必要がまったくないとしても（258）そうである。したがって、この点では、労働の搾取度を高めることによって労働者数の減少を埋め合わせることには、超えることのできない一定の限界がある。だから、このような埋め合わせは、利潤率の低下をさまたげることはできても、それを廃棄することはできない。

こうして、資本主義的生産様式の発展につれて利潤率は低下するが、他方で、利潤の総量は使用資本の総量の増加につれて増加する。利潤率が与えられていれば、資本が増大する絶対的総量は資本の現存の大きさに依存する。しかし、他方、資本のこの大きさが与えられていれば、資本の増大する比率、すなわち、資本の増大率は、利潤率に依存する。生産力の増加（これはなお、前述のように、つねに現存資本の価値減少と手をたずさえて進む）が直接的に資本の価値の大きさを増加させることができるのは、生産力の増加が、利潤率の増大によって、年生産物の価値のうち資本に再転化される部分を増加させる場合だけである。労働の生産力が問題になる限りでは、このことが起こりうるのは（というのは、この生産力は現存資本の価値とは直接にはなんのかかわりもないのであるから）、ただ、それ〔労働の生産力の増加〕によって相対的剰余価値が増加させられるか、または不変資本の価値が減少させられるかする限りでのこと、すなわち、労働力の再生産かまたは不変資本の諸要素かにはいり込む諸商品が安くなる限りでのこと、である。しかしどちらも、現存資本の価値減少を含んでおり、またどちらも不変資本に比べての可変資本の減少といっしょに進む。どちらも利潤率の低下を引き起こし、またどちらもこの低下を緩慢にする。さらに、利潤率の増加が労働にたいする需要の増加を引き起こす限りでは、それは、労働者人口を、したがって資本をはじめて資本にする搾取可能な材料を、増加させる作用をする。

しかし、間接的には、労働の生産力の発展は、現存の資本価値の増加に寄与する。というのは、それは、諸使用価値——同じ交換価値を表わし、しかも、資本の物質的基体、資本の物的諸要素を形成し、不変資本を直接に、可変資本を少なくとも間接に構成する素材的諸対象を形成する諸使用価値——の総量および多様性を増加させるからである。同じ資本と同じ労働とによって、資本に転化されうるより多くの物――その交換価値は別として――が創造される。これらの物は、追加労働を吸収することに、したがってまた追加剰余労働を吸収することに、こうしてまた追加資本を形成することに役立てられうるのである。資本が指揮命令しうる労働の総量は、この資本の価値にではなく、この資本を構成する原料と補助材料、機械と固定資本諸要素、生活諸手段の総量に――これらのものの価値がどうであろうと――依存する。こうして使用労働の、したがってまた剰余労働の総量が増大するので、再生産される資本の価値も、この資本に新たにつけ加えられる剰余価値もまた増大する。

(259)

しかし、蓄積過程に含まれているこの両契機〔生産力の発展が、直接的に価値におよぼす作用と、間接的に使用価値におよぼす作用〕は、リカードウがこれらを取り扱っているように、*穏やかに並立するものとしてだけ考察してはならない。この二つの契機は一つの矛盾を含んでおり、この矛盾は矛盾した諸傾向および諸現象として現われる。抗争し合う作用諸因子が、同時に、相対立する作用をするのである。

* 〔この点にかんするマルクスのリカードウ批判については、『資本論草稿集』6、大月書店、七五一―七五五ページ、邦訳『全集』第二六巻（『剰余価値学説史』）、第二分冊、七二五―七三〇ページ参照〕

労働者人口を現実に増加させる諸動因――これは、社会的総生産物のうち資本として作用する部分の増加から生じる――と同時に、相対的でしかない過剰人口をつくり出す作用諸因子も作用する。

利潤率の低下と同時に、諸資本の総量が増大し、またこれと手をたずさえて現存資本の価値減少が進み、この価値減少が利潤率の低下を阻止し、資本価値の蓄積に、ひとつの加速動因を提供する。

生産力の発展と同時に、資本の構成の高度化、資本の不変部分に比べての可変部分の相対的減少が、進展する。

これらのさまざまな影響は、ときにはむしろ空間的に並立し、ときにはむしろ時間的に継起して、作用する。抗争し合う作用諸因子の衝突は、周期的に恐慌にはけ口を求める。恐慌は、つねに、現存する諸矛盾の一時的な強力的解決でしかなく、撹乱された均衡を瞬間的に回復する強力的爆発でしかない。

矛盾は、もっとも一般的に表現すれば、次の点にある。すなわち、資本主義的生産様式は、価値とそれに含まれている剰余価値とを度外視して、また資本主義的生産がその内部で行なわれる社会的諸関係をも度外視して、生産諸力を絶対的に発展させる傾向を含んでいるが、同時に他面で、存在する資本価値の維持およびこの資本価値の最高度の増殖（すなわちこの価値のつねに加速される増大）を目的とする、ということである。この生産様式の独特な性格は、現存の資本価値をこの価値のできるだけ大きな増殖のための手段とすることに向けられている。この生産様式がこの目的を達成するのに利用する諸方法は、利潤率の減少、現存資本の価値減少、すでに生産されている生産諸力を犠牲としての労働の生産諸力の発展、を含んでいる。

(260)

現存資本の周期的な価値減少——これは、利潤率の低下を阻止し、新資本の形成によって資本価値の蓄積を促進するための、資本主義的生産様式に内在する一手段であるが——は、資本の流通過程および再生産過程がそのなかで行なわれる、与えられた諸関係を撹乱し、したがって、生産過程の突然の停滞と、この過程の突然の危機〔恐慌〕とをともなう。

生産諸力の発展と手をたずさえて進む、不変資本に比べての可変資本の相対的減少は、労働者人口の増加に刺激を与え、他方では、絶えず人為的な過剰人口をつくり出す。価値から見れば、資本の蓄積は、利潤率の低下によって緩慢にされるが、それは使用価値の蓄積をいっそう促進することになり、他方では、この使用価値の蓄積が、ふたたび、価値から見た蓄積を加速的に進行させる。

資本主義的生産は、それに内在するこれらの制限をつねに克服しようとするが、しかし、これらを克服する諸手段は、これらの制限をまた新たにしかもいっそう巨大な規模で自己の前に立ちはだからせるものでしかない。*

＊〔草稿では「自己の前に立ちはだからせる」が「再生産する」となっている〕

資本主義的生産の真の制限は、資本そのものである。というのは、資本とその自己増殖とが、生産の出発点および終結点として、生産の動機および目的として、現われる、ということである。生産は資本のための生産にすぎないということ、そして、その逆に、生産諸手段は、生産者たちの社会のために生活過程をつねに拡大形成していくためにだけ役立つ諸手段なのではない、ということである。それゆえ、生産者大衆の収奪と貧困化とにもとづく資本価値の維持および増殖がその内部でのみ運動しうる諸制限――このような諸制限は、資本が自己の目的を達成するために使用せざるをえない生産諸方法、しかも生産の無制限的な増加に向かって、自己目的としての生産に向かって、労働の社会的生産諸力の無条件的発展に向かって突進する生産諸方法とは、つねに矛盾することになる。手段――社会的生産諸力の無条件的発展*――は、現存資本の増殖という制限された目的とは絶えず衝突することになる。したがって、資本主義的生産様式が、物質的生産力を発展させ、かつこの生産力に照応する世界市場をつくり出すための歴史的な手段であるとすれば、この資本主義的生産様式は同時に、このようなその歴史的任務とこれに照応する社会的生産諸関係とのあいだの恒常的矛盾なのである。

＊〔草稿では「社会的生産諸力」は「社会的労働の生産諸力」となっている〕

（261）

第三節　人口過剰のもとでの資本過剰

利潤率の低下につれて、労働の生産的使用のために個々の資本家の手中に必要とされる資本の最小限は増大する。その最小限は、労働の搾取一般のためにも、また、使用労働時間が諸商品の生産に必要な労働時間であるためにも、すなわち、使用労働時間が諸商品の生産に社会的に必要な労働時間の平均を超えないためにも必要とされる。それと同時に集積も増大する。なぜなら、一定の限界を超えれば、利潤率の低い大資本のほうが利潤率の高い小資本よりも急速に蓄積するからである。この増大する集積は、一定の高さに達すれば、これはまたこれで利潤率の新たな低下をもたらす。これによって、大量の分散した小諸資本は冒険の道に追い込まれる――投機、信用思惑、株式思惑、恐慌。いわゆる資本の過多《プレトーラ》は、つねに本質的に、利潤率の低下が利潤総量によって埋め合わされない資本――そして新たに形成される資本の若枝はつねにこれである――の過多に関連しているか、または、独力で独自の行動をする能力のないこれら諸資本を信用の形態で大事業部門の指導者たちの自由にまかせる過多に関連している。この資本過多は、相対的過剰人口を呼び起こすのと同じ事情から生じるものであり、したがってこの相対的過剰人口を補足する一現象である。といっても、この両者は反対の極に、つまり一方には遊休資本が、他方には失業労働者人口が立つのであるが。

だから、個々の諸商品の過剰生産ではなく資本の過剰生産[*1]——といっても資本の過剰生産はつねに諸商品の過剰生産を含むのであるが——が意味するものは、資本の過剰蓄積以外のなにものでもない。この過剰蓄積[*2]がなんであるかを理解するためには（それの詳しい研究はもっとあとで行なわれる[*3]）、それが絶対的であると仮定しさえすればよい。どのようなときに、資本の過剰生産は絶対的なのであろうか？　それも、あれこれの生産領域、または二、三の重要な生産領域におよぶものではなく、その範囲そのものにおいて絶対的であるような、すなわちすべての生産領域を包括するような、過剰生産は？

＊1　〔草稿では「過剰生産」のあとに「（＝資本の過多《プレトーラ》）」と続いている〕
＊2　〔草稿では「過剰蓄積」は「過剰生産」となっている〕
＊3　〔草稿では「もっとあとで行なわれる」は「利子生み資本などや信用などがいっそう展開される資本のさまざまな運動の考察で問題になることである」となっている。新メガでは、「さまざまな運動」が「現象的運動」と判読されている〕

資本主義的生産を目的とする追加資本がゼロになれば、資本の絶対的過剰生産が現存するということになるであろう。しかし、資本主義的生産の目的は資本の増殖である。すなわち、剰余労働の取得

(262)

であり、剰余価値の、利潤の生産である。したがって、労働者人口に比べて資本が増大しすぎて、この人口が提供する絶対的労働時間を延長することもできないし、相対的剰余労働時間を拡張することもできないようになれば（相対的剰余労働時間の拡張は、労働にたいする需要が強く、したがって賃銀上昇の傾向がある場合には、もちろん実行不可能であろうが）、すなわち、増大した資本が、増大するまえと同じかまたはそれより少ない剰余価値総量[*1]しか生産しなくなるときには、資本の絶対的過剰生産が生じているであろう。すなわち、増大した資本　C＋⊿C　は、資本Cが⊿Cによって増大するまえに生産した利潤よりも多くの利潤を生産しない、または、それよりも少ない利潤しか生産しないであろう。[*2]どちらの場合にも一般的利潤率のひどい突然の低下が生じるであろうが、ただしこんどは資本構成の変動――生産力の発展によるものではなくて、可変資本の貨幣価値における増加（賃銀の高騰による）[*3]と、これに照応する、必要労働にたいする剰余労働の割合の減少とによる資本構成の変動――のせいで生じるであろう。

＊１〔草稿では「剰余価値総量」は「剰余価値――われわれはここでは利潤の率ではなく、利潤の絶対量を問題にしている――」となっている〕

＊２〔草稿では「すなわち」以下は、「もとの資本　C＋⊿C　はＰしか生産しないか、（もしこれがＣによって生産された利潤総額であれば、）または〔それよりも少ない〕Ｐ－ｘ　しか生産しないだろう」となっている〕

＊３〔草稿には「（賃銀の高騰による）」はない〕

現実には、事態は次のように現われるであろう。すなわち、資本のある部分は、全部または一部分が遊休し（なぜなら、資本は、およそ自己増殖するためには、まず、すでに機能している資本をその地位から追い出さなければならないであろうから）、また他の部分は、遊休または半遊休資本の圧迫[*1]によって、より低い利潤率で自己増殖するであろう。追加資本の一部分が旧資本に取って代わり、そのために旧資本が追加資本のなかに入れられるというようなことは、この場合どうでもよいことであろう。つねに、一方にはもとからの資本総額があり、他方には追加資本総額があるであろう。利潤率の低下は、こんどは、利潤総量の絶対的な減少をともなうであろう。というのは、われわれの前提のもとでは、使用労働力の総量をふやすことも剰余価値率を高めることもできないであろうし、したがってまた剰余価値総量をふやすこともできないであろうからである。そして、減少した利潤総量が増大した総資本にたいして計算されなければならないであろう。――しかし、運用資本が引き続きもとの利潤率で増殖し、したがって利潤総量も前と同じであると仮定しても、この利潤総量はやはり、増大した総資本にたいして計算されるであろう。そして、このことはまた利潤率の低下を含意する。[*2]前には一〇〇〇の総資本が一〇〇の利潤を生み出したが、総資本が一五〇〇に増大したあとも同じように一〇〇しか生み出さないとすれば、この第二の場合には、一〇〇〇は、もはや六六$\frac{2}{3}$しか生み出していない。旧資本の増殖は絶対的に減少したことになる。資本一〇〇〇は、新たな事情のもとでは、以前に資本六六六$\frac{2}{3}$が生み出したよりも多くは生み出さないであろう。

*1 〔草稿では「圧迫」は「競争」となっている〕

*2 〔「利潤率の低下は」からここまでの文章はエンゲルスによる。草稿ではここに、資本CがPの利潤を生

み出していたとき、Ｃ＋⊿Ｃ がＰまたは Ｐ－⊿Ｐ しか利潤を生み出さなくなったとすれば、旧資本ＣはＰの利潤より少ない利潤しか生み出さなくなることが書かれている。この部分は前のパラグラフの叙述と重複するので、エンゲルスが書き換えたのではないかと思われる〕

（263）

しかし、旧資本のこのような事実上の価値減少は、闘争なしには生じえないであろうということ、⊿Cという追加資本は闘争なしには資本として機能できないであろうということは、明らかである。資本の過剰生産の結果として起こる競争のために利潤率が低落するのではないであろう。そうではなく、逆に、利潤率の低落と資本の過剰生産とが同じ事情から生じるために、いまや競争戦が始まるのであろう。前から機能している資本家たちは、⊿Cのうち自分の手中にある部分を多かれ少なかれ遊休させておき、そのことによって、自分で自分の原資本を価値減少させないようにし、また生産場面の内部での原資本の席をせばめないようにするであろう。または、⊿Cのうち自分の手中にある部分を使用し、そのことによって、一時的損失をしてさえ追加資本の遊休を新規の侵入者たちの肩に、一般的には自分の競争相手たちの肩に転嫁するであろう。

⊿Cのうち新たな資本家たちの手中にある部分は、旧資本を犠牲にして自分の席を占めようとするであろう。そして、旧資本の一部分を遊休させ、旧資本に、もとの席を右の部分に明け渡させ、部分的にしか稼動しないか、またはまったく稼動しない追加資本の席につかせることによって、部分的にはそれに成功するであろう。

旧資本の一部分の遊休は、どんな事情のもとでも生じざるをえないが、それが資本として機能し自己増殖しなければならないという限りでの、その資本属性における遊休であろう。この遊休がとくにどの部分に生じるかは、競争戦が決定するであろう。すべてがうまくいっているあいだは、競争は、一般的利潤率の均等化のところ〔本巻、第一〇章〕で明らかにしたように、資本家階級の兄弟的結合の実践として作用し、その結果、資本家階級は各自が行なった賭けの大きさに比例して共同の獲物を共同で分け合う。しかし、もう利潤の分配ではなく、損失の分配が問題となるやいなや、各自は、できるだけ自分の損失分を減らしてそれを他人に転嫁しようとする。資本家階級〔全体〕にとっては損失は不可避である。しかし、その場合、資本家各個人がどれだけの損失を負担しなければならないか、一般にどの程度まで損失を分け合わなければならないかということは、力と狡知《こうち》の問題となるのであり、そうなれば競争は、反目し合う兄弟の闘争に転化する。そうなれば、資本家各個人の利害と資本家階級の利害との対立がはっきり現われるのであり、それは、以前にはこれらの利害の一致が競争を通じて実際に貫徹されたのと同じである。

それでは、どのようにしてこの衝突がふたたび調整され、資本主義的生産の「健全な」運動に照応する諸関係が回復されるであろうか？　調整の仕方は、調整が問題となる衝突について述べたこと自体のうちにすでに含まれている。その仕方は、追加資本⊿C全部または少なくともその一部分の価値額の、資本の遊休とその部分的な破滅さえ含んでいる。といっても、すでに衝突について述べたことから〔(264)〕も明らかなように、この損失の分配は、決して個々の個別資本に均等に割り振られるのではなく、競争戦のなかで決定されるのであり、この競争戦では、それぞれ特別な有利さまたは既得の地位に応じて、損失が非常に不均等に、また非常に異なる形態で分配され、その結果、ある資本は遊休させられ、他のある資本は破滅させられ、第三の資本は単に相対的な損失を受け、またはただ一時的な価値減少をこうむる、などということになる。

しかし、どのような事情があるにせよ、均衡は、大なり小なりの規模での資本の遊休によって、さらにときには破滅によって、回復されるであろう。この遊休や破滅は、部分的には資本の物質的な実体にもおよぶであろう。すなわち、生産諸手段の一部分は、固定資本も流動資本も、機能しなくなり、資本として作用しなくなるであろう。すでに開始された生産経営の一部は休止されるであろう。この面から見れば、時間の経過はすべての生産諸手段を（土地をのぞいて）そこない悪化させるのではあるが、この場合には、機能停滞の結果として、はるかにひどい生産諸手段の現実の破壊が生じるであろう。とはいえ、この側面から見た主要な結果*は、これらの生産諸手段が生産諸手段として活動するのをやめるということ、生産諸手段としてのその機能が長短の期間にわたって破壊されるということであろう。

＊〔草稿では「結果」は「破壊」となっている〕

主要な破壊、しかももっとも急性的な性格のそれは、価値属性をもつ限り*1での資本、資本価値にかんして、生じるであろう。資本価値のうち、単に将来の剰余価値・利潤の分け前にたいする指図証券という形態——実際には生産を引き当てにしたさまざまな形態の単なる債務証書という形態——で存在するにすぎない部分は、この価値部分の計算の基礎になっている諸収得の減少とともに、たちまち価値減少をこうむる。現金の一部分は遊休し、資本として機能しない。市場に存在する諸商品の一部分は、その価格のひどい収縮によってのみ、したがってそれが表わしている資本の価値減少によってのみ、その流通過程および再生産過程を終えることができる。同様に、固定資本の諸要素も多かれ少なかれ価値減少をこうむる。そのうえ、一定の前提された価格諸関係が再生産過程の条件となっており、したがって再生産過程は一般的な価格低下によって停滞と混乱におちいる、ということが加わる。この攪乱と停滞とは、貨幣の機能――資本の発展と同時に生じ、右の前提された価格諸関係にもとづいた、支払手段としての貨幣の機能を麻痺させ、一定の期限つきの諸支払義務の連鎖をいたるところで中断し、資本と同時に発展してきた信用制度の、それによって生じる崩壊によってさらに激化され、こうして、激烈な急性的恐慌、突然の強力的な価値減少、および再生産過程の現実の停滞と攪乱に[*2]、それとともに再生産の現実の減少に導くのである。(265)

＊1〔草稿では「価値属性をもつ」は「交換価値である」となっている〕

＊2〔初版以来「停滞と倒壊」となっていた。草稿により訂正。アドラツキー版、ヴェルケ版でも同様に訂正している〕

しかし、同時に他の作用諸因子もかかわり合っていたであろう。生産の停滞は、労働者階級の一部分を遊休させ、そうすることによって、就業している部分を、労賃の平均を下回りさえする低落を甘んじて受け入れざるをえない状態に置いたであろう。この作用は、資本にとっては、平均賃銀のもとで相対的または絶対的剰余価値が増大した場合とまったく同じ効果をもつ。繁栄期は、労働者のあいだの結婚を促し、また子孫の大量死亡を減少させたであろう。このような事情は――たとえそれがどれほど人口の現実の増加を含むことができるとしても――現実に労働する人口の増加を決して含みはしないが、しかし資本にたいする労働者たちの関係においては、まるで現実に機能している労働者たちの総数が増加したかのように作用する。他方では、価格低下と競争戦とは、どの資本家にも刺激を与えて、新しい機械、新たな改良された作業方法、新たな組み合わせの使用によって、彼の総生産物の個別的価値をその一般的価値よりも低く低落させようとしたであろう＊。すなわち、与えられた労働分量の生産力を増大させ、不変資本にたいする可変資本の割合を低落させ、したがって労働者を遊離させ、要するに、人為的過剰人口をつくり出させようとしたであろう。さらに、不変資本の諸要素の価値減少は、それ自体、利潤率の増大を意味する一要素であろう。使用される不変資本の総量は可変資本に比べて増大したであろうが、しかしこの不変資本総量の価値は低下することがありえたであろう。そこに現われた生産の停滞は、その後の生産拡大――資本主義的限界内での――を準備したであろう。

＊〔草稿および初版では「その一般的価値よりも高く増大させよう」となっていたが、誤記であろう。ヴェルケ版では訂正されている〕

このようにして、循環がまた新たにたどられるであろう。機能停滞によって価値減少をこうむった資本の一部分は、そのもとの価値を取りもどすであろう。そのあとは、拡大された生産諸条件によって、拡大された市場によって、高められた生産力によって、同じ悪循環がふたたびたどられるであろう。

しかし、ここに設けられた極端な前提のもとでさえ、資本の絶対的過剰生産は、絶対的過剰生産一般＊、生産諸手段の絶対的過剰生産では決してない。それが生産諸手段の過剰生産であるのは、生産諸(266)手段が資本として機能しなければならないという限りでのことであり、したがってまた、生産諸手段が、その総量の膨脹とともに膨脹する価値に比例してこの価値の増殖を含んでいなければならず、ある追加価値を生み出さなければならないという限りでのことである。

＊〔「一般」はエンゲルスによる〕

しかし、それにもかかわらず、それは過剰生産であろう。なぜなら、資本は、資本主義的生産過程の「健全な」「正常な」発展によって条件づけられているような搾取度、少なくとも使用資本の総量の増大につれて利潤の総量を増加させるような搾取度、したがって、資本の増大と同程度の利潤率の低落を排除するような、または資本の増大よりも急速でさえある利潤率の低落を排除するような搾取度で、労働を搾取することはできなくなるであろうからである。＊

＊〔草稿では、このあとに次の短いパラグラフがある。「現実の資本の過剰生産は、ここで考察されたものとは決して同一ではなく、それと比べれば相対的なものにすぎない」〕

資本の過剰生産が意味するものは、資本として機能しうる、すなわち与えられた搾取度で労働の搾取に使用されうる生産諸手段——労働諸手段および生活諸手段——の過剰生産以外のなにものでもない。与えられた搾取度でというのは、この搾取度が一定の点より下に低下することが、資本主義的生産過程の攪乱と停滞[*1]、恐慌、資本の破壊を呼び起こすからである。資本のこの過剰生産が、多少とも大きな相対的過剰人口をともなうということは、決して矛盾ではない[*2]。労働の生産力を高め、商品生産物の総量を増加させ、市場を拡張し、資本の蓄積を量から見ても価値から見ても促進し、利潤率を低落させた同じ諸事情、その同じ諸事情が、相対的過剰人口――すなわち、その水準でのみ労働者たちが使用されうるであろう労働の搾取度の低さのせいで、または少なくとも、与えられた搾取度のもとで労働者たちがもたらすであろう利潤率の低さのせいで、過剰資本によっては使用されない労働者の過剰人口――を生み出したのであり、またつねに生み出しているのである。

＊1〔草稿では「攪乱と停滞」は「停滞と攪乱」となっている〕

＊2〔草稿では、このあとに次の文章が続いている。「〔この相対的過剰人口の減少はそれ自体すでに恐慌の一契機である。なぜなら、それは資本の絶対的過剰生産という、いましがた考察された事態を引きよせるからである。〕」〕

資本が外国に送られるとすれば、それは、資本が国内では絶対的に運用されえないからではない。それは、資本が外国ではより高い利潤率で運用されうるからである。しかし、この資本は、就業労働者人口にとっては、またその国一般にとっては、絶対的に過剰な資本である。この資本は、そのようなものとして、相対的過剰人口とならんで存在する。そして、これは、この両者〔過剰資本と過剰人口〕が並行して存在し、しかも相互に条件づけ合っていることを示す一例である。

他方、蓄積に結びついた利潤率の低下は、必然的に競争戦を引き起こす。利潤総量の増加による利

(267)

潤率低下の埋め合わせは、社会の総資本について、また既存の大資本家たち[*1]についてあてはまるだけである。自立して機能する新しい追加資本は、このような補償諸条件を欠いており、これからそれらをたたかい取らなければならないのであり、こうして利潤率の低下が諸資本間の競争戦を呼び起こすのであって、その逆ではない。もちろん、この競争戦は、労賃の一時的な騰貴と、これに起因する利潤率のいっそうの一時的な低落をともなう。同じことは、商品の過剰生産、市場の供給過剰にも現われる。欲求の充足ではなく利潤の生産が資本の目的であるから、また、資本がこの目的を達成するのは、生産総量を生産規模に適合させる諸方法によるのみであって、その逆ではないから、資本主義的基盤の上での制限された消費の大きさと、消費のこの内在的な制限をつねに超えようとする生産とのあいだには、つねに不一致が生じざるをえない。それはともかく、資本は確かに諸商品からなっており、したがって、資本の過剰生産は諸商品の過剰生産を含んでいる。だから、諸商品の過剰生産を否定するその同じ経済学者たちが資本の過剰生産を認めるということは、奇妙な現象なのである。もし、一般的な過剰生産が生じるのではなく、さまざまな生産部門の内部での不均衡が生じるのであると言うのであれば、その意味するところは、資本主義的生産[*2]の内部では個々の生産部門の均衡は不均衡からの恒常的な過程として現われる――というのは、資本主義的生産では、総生産の連関が、盲目的な法則として生産当事者たちに自己を押しつけるのであって、彼らの結合した理性によって把握され、それゆえ支配された法則として、生産過程を彼らの共同の管理のもとにおいてこなかったからである、ということ以外のなにものでもない。そのうえさらに、資本主義的生産様式が発展していない諸国は、資本主義的生産様式の諸国に都合のよい程度に消費し生産すべきであるということも要求される。もし、過剰生産は相対的でしかないと言うのであれば、それはまったく正しい。しかし、資本主義的生産様式全体がまさに一つの相対的な生産様式でしかないのであり、その諸制限は絶対的ではないが、しかしこの生産様式にとっては、この生産様式の土台の上では、絶対的なのである。そうでなければ、人民大衆にとって不足しているその同じ商品にたいする需要が存在しないというようなことが、いったいどうしてありえようか？　また、国内の労働者たちに平均程度の必要生活諸手段を支払いうるために、この需要を外国に、遠隔の諸市場に求めるということが、どうしてありえようか？　このようなことがありうるのは、この独自の資本主義的な連関のなかでのみ、過剰生産物[*3]は、それがその所有者のために資本に再転化される場合に限り、その所有者がこれを自由に消費させることができる、という形態を受け取るからである。最後に、もし、まさに資本家たち自身が彼らのあいだだけで自分た(268)ちの諸商品を交換し合って消費すればよいではないか、と言うのであれば、それは、資本主義的生産の全性格を忘れているのであり、問題は資本の増殖であって資本の消費ではないということを忘れているのである。要するに、過剰生産の明白な諸現象にたいするいっさいの異論（諸現象はこれらの異論を少しも気にかけはしないが）が帰着するところは、資本主義的生産の諸制限は、生産一般の諸制限ではなく、したがってまた、この独自の生産様式の、資本主義的生産様式の諸制限でもない、ということである。しかし、この資本主義的生産様式の矛盾は、まさに、生産諸力の絶対的発展へのこの生産様式の傾向にこそあるのであり、この発展は、資本がそのもとで運動しておりまたそのもとでのみ運動しうる独自の生産諸条件*4とつねに衝突する。

*1〔草稿では「大資本家たち」は「諸大資本」となっている〕
*2〔草稿では「資本主義的生産」は「資本主義的生産諸部門」となっている〕
*3〔草稿では「過剰生産物」は「剰余」となっている〕
*4〔草稿では「生産諸条件」は「生産諸関係」となっている〕

現存の人口と比べて多すぎる生活諸手段が生産されるのではない。逆である。大量の人口に十分で人間的な満足を与えるにはあまりにも少なく生産されるのである。

人口のうち労働能力のある部分を就業させるのに多すぎる生産諸手段が生産されるのではない。逆である。第一に、事実上労働能力がなく、その境遇のために他人の労働の搾取にたよるか、または、惨めな生産様式〔方法〕の内部でしか労働として通用しえないような労働にたよらざるをえない過大な人口部分が生産されるのである。第二に、労働能力のある人口の全体がもっとも生産的な状況のもとで労働するのに十分なだけの、したがって彼らの絶対的労働時間がその労働時間中に使用される不変資本の総量と効果とによって短縮されるのに十分なだけの、生産諸手段が生産されないのである。

しかし、労働者の搾取諸手段としてある一定の利潤率で機能させるにはあまりにも多くの労働諸手段および生活諸手段が周期的に生産される。諸商品に含まれている価値と、この価値に含まれている剰余価値とを、資本主義的生産によって与えられる分配諸条件および消費諸関係のもとで実現し、新たな資本に再転化しうるにはあまりにも多くの、すなわち、この過程を、つねに繰り返される爆発な

（269）

しに遂行するにはあまりにも多くの、商品が生産されるのである。

多すぎる富が生産されるのではない。その資本主義的な、対立的な諸形態においては多すぎる富が、周期的に生産されるのである。

資本主義的生産様式の制限は、次のことに現われる——

（一）労働の生産力の発展は、利潤率の低下を招くことで一つの法則——発展の一定の時点で労働の生産力自体の発展にもっとも敵対的に対抗し、したがってつねに恐慌によって克服されなければならない一つの法則——を生み出すということ。

（二）生産の拡張または制限を決定するのは、不払労働の取得と、対象化された労働一般にたいするこの不払労働の比率、または資本主義的に表現すれば、利潤と、使用資本にたいするこの利潤の比率、すなわち利潤率の一定の高さであって、社会的諸欲求にたいする、社会的に発達した人間の諸欲求にたいする、生産の比率ではないということ。だから、資本主義的生産様式にとっては、生産の拡張が他の前提のもとでは逆にまだまったく不十分なものとして現われる程度に達しただけで、早くも諸制限が現われる。この生産様式は、諸欲求の充足が停止を命じるところではなく、利潤の生産および実現が停止を命じるところで停止する。

利潤率が低落すれば、一方では、個々の資本家が、改良された方法などによって自分の個々の商品の個別的価値をその社会的平均価値よりも低く押し下げ、こうして、与えられた市場価格のもとで特別利潤を得ようとするために、資本の緊張が生じる。他方では、一般的平均水準にはかかわりなくそれを超え出るなんらかの特別利潤を確保するための、新たな生産方法・新たな投資・新たな冒険における熱狂的な試みによって、思惑と思惑の一般的な助長とが現われる。

利潤率、すなわち資本増殖の比率は、自立してグループをつくるすべての新たな資本の若枝にとって、なによりも重要である。そして、資本形成がもっぱら二、三の少数の既成の大資本――このような大資本にとっては利潤の総量が利潤率を埋め合わせる――の行なうものになると、一般に生産を活気づける火は消えうせるであろう。生産は眠り込むであろう。利潤率は資本主義的生産における推進力であり、そして利潤をともなって生産されうるものだけが、また、その限りでのみ、生産される。それだからこそ、イギリスの経済学者たちは利潤率の減少を懸念するのである。その〔利潤率減少の〕単なる可能性だけにもリカードウが不安を感じることこそ、まさに資本主義的生産の諸条件にたいする彼の深い理解を示すものである。リカードウが非難される点、すなわち、彼が「人間」のことは気にもかけずに、資本主義的生産の考察にあたって生産力の発展だけを――それがどんなに人間および資本価値を犠牲にしてあがなわれようとも――眼中におくということ、まさにこれこそ彼の説の重要点なのである。社会的労働の生産諸力の発展は、資本の歴史的任務であり、歴史的存在理由である。まさにそれによって、資本は無意識のうちにより高度な生産形態[*1]の物質的諸条件をつくり出す。リカードウに不安を感じさせるものは、資本主義的生産の刺激であり蓄積の条件および推進者である利潤(270)率が、生産そのものの発展[*2]によっておびやかされることである。そして、ここでは量的関係がすべてである。実際は、根底にはなにかもっと深いものがあるのだが、彼はそれを予感するだけである。ここでは、資本主義的生産の制限、その相対性、すなわち、それが絶対的な生産様式ではなく、物質的生産諸条件の一定の制限された発展期に照応する一つの歴史的な生産様式でしかないということが、純粋に経済学的な仕方で、すなわちブルジョア的立場から、資本家的理解の諸限界内で、資本主義的生産そのものの立場から、示されている。

＊1〔草稿では「生産形態」は「生産様式」となっている〕
＊2〔草稿では「発展」は「発展法則」となっている〕

第四節　補　遺

労働の生産力の発展は、産業部門が異なれば非常に不均等に行なわれ、しかも、程度から見て不均等だけでなく、しばしば反対方向にも行なわれるから、平均利潤（＝剰余価値）の総量は、もっとも進歩した産業諸部門における生産力の発展にてらして推定されうる高さよりはるかに低いものでなければならない、ということになる。産業部門が異なれば生産力の発展も非常に異なる比率で行なわれるだけでなく、しばしば反対方向にも行なわれるということは、単に競争の無政府性およびブルジョア的生産様式の独自性のみに起因するものではない。労働の生産性＊は自然的諸条件とも結びついており、この自然的諸条件は、生産性――社会的諸条件に依存する限りでの――が増加するのに比例して豊度を小さくしていくこともよくある。それだからこそ、これらの異なる部面において、こちらでは進歩が、あちらでは後退が、という反対向きの運動が生じるのである。たとえば、あらゆる原料の大部分の分量を左右する単なる季節の影響、森林・炭坑・鉄鉱山の乱伐・乱掘などを考えてみればよい。

＊〔草稿では「生産性」は「生産力」となっている〕

(271)

不変資本の流動的部分である原料などは、量から見ればつねに労働の生産力に比例して増大するが、固定資本、すなわち建物、機械、照明・暖房設備などの場合にはそうではない。機械は、その体積の増大につれて絶対的にはいっそう高価になるが、相対的には安くなる。五人の労働者が以前の一〇倍の商品を生産しても、だからといって固定資本への支出は一〇倍にはならない。不変資本のこの部分の価値は、生産力の発展につれて増大するが、決して同じ割合では増大しない。利潤率の低下に表現されるような不変資本の可変資本にたいする比率と、労働の生産性の発展につれて個々の商品およびその価格にかんして表わされるような同じ比率との相違については、すでにたびたび強調した。

〔商品の価値は、その商品にはいり込む総労働時間——過去の労働と生きた労働との——によって規定されている。労働の生産性の増加とは、まさに、生きた労働の割合が減少して過去の労働の割合が増加するが、この増加は、商品に潜んでいる労働の総量が減少するという仕方で行なわれること、したがって、過去の労働が増加する以上に生きた労働が減少することにある。一商品の価値に体現された過去の労働——不変資本部分——は、一部分は、固定資本の摩滅分から、一部分は、全体としてその商品にはいり込んだ流動的不変資本——原料および補助材料——からなっている。原料および補助材料に由来する価値部分は、労働の生産性〔の増加〕＊につれて減少せざるをえない。なぜなら、この生産性は、これらの素材にかんしては、まさにそれらの価値が低落していることに現われるからである。これに反して、不変資本の固定的部分が非常に大きく増加し、それとともに、不変資本の価値のうち摩滅によって商品に移転される部分もまた非常に大きく増加するということは、まさに、労働の生産力の増加の特徴である。さて、ある新しい生産方法が現実に生産性を増加させるのを実証するためには、その生産方法が固定資本の摩滅分として個々の商品に移転する追加価値部分が、生きた労働の減少の結果節約される削減価値部分よりも小さくなければならない。ひとことで言えば、この生産方法は商品の価値を減少させなければならない。個々の場合に見られるように、固定資本の追加的摩滅分のほかに、より多量またはより高価な原料または補助材料のための追加的価値部分が商品の価値形成にはいり込む場合にも、自明のことながら、この生産方法は商品の価値を減少させなければならない。生きた労働の減少から生じる価値減少が、すべての価値追加を埋め合わせる以上のものでなければならない。

＊〔この括弧内の語は、アドラツキー版以後、補われている〕

これによれば、商品にはいり込む総労働分量のこの減少は、どのような社会的諸条件のもとで生産が行なわれるかにかかわりなく、労働の生産力の増加の本質的な標識であるように見える。生産者たちが自分たちの生産をまえもって作成した計画に従って規制する社会では、それどころか単純な商品生産のもとにおいてさえも、労働の生産性はやはり、無条件的にこの度量基準によってはかられるであろう。しかし、資本主義的生産のもとではどうであろうか？

(272)
ある一定の資本主義的生産部門がその商品の標準品一個を次のような諸条件のもとで生産するものと仮定しよう――固定資本の摩滅分は一個あたり $\frac{1}{2}$ シリングまたは $\frac{1}{2}$ マルク。原料および補助材料としては一七$1/2$シリングがはいり、労賃としては二シリング、剰余価値率が一〇〇％の場合には剰余価値は二シリングになる。総価値＝二二シリングまたは二二マルク。簡単にするために、この生産部門では、資本は社会的資本の平均構成をもっており、したがって、商品の生産価格はその価値と一致し、資本家の利潤はつくり出された剰余価値に一致すると仮定しよう。その場合には、商品の費用価格は、$\frac{1}{2}+17\frac{1}{2}+2=20$シリングであり、平均利潤率は $\frac{2}{20}=10\%$ であり、商品一個の生産価格はその価値に等しく、二二シリングまたは二二マルクである。

ある機械が発明され、その機械が商品一個あたりに必要とされる生きた労働を半分に減少させるが、その代わりに、固定資本の摩滅分からなる価値部分を三倍にすると仮定しよう。その場合には、事態は次のようになる――摩滅分は一$1/2$シリング、原料および補助材料は以前と同じく一七$1/2$シリング、労賃は一シリング、剰余価値は一シリング、合計二一シリングまたは二一マルク。この商品の価値はいまや一シリング低落している。新たな機械は労働の生産力を明らかに増加させたのである。しかし、資本家にとっては、事態は次のようになる――彼の費用価格はいまや、摩滅分一$1/2$シリング、原料および補助材料一七$1/2$シリング、労賃一シリング、合計二〇シリングであり、前と同じである。利潤率は新たな機械〔の導入〕によってただちには変化しないから、彼は費用価格を超える一〇％〔の利潤を〕受け取るはずであり、これが二二シリングになる。したがって、生産価格は相変わらず二二シリングであるが、しかしそれは価値を超えること一シリングである。資本主義的諸条件のもとで生産が行なわれる社会にとっては、商品は安くなってはいないのであり、この新たな機械はなんの改良でもない。したがって、資本家はこの新たな機械を導入することになんの関心ももたない。しかも、彼は、この機械の導入によって、まだ摩滅していない彼の従来の機械をまったく無価値にし、これをただの古鉄にしてしまい、したがって確実に損失をこうむるであろうから、このような、彼にとっては非現実的な愚行に走らぬよう、非常に用心するのである。

　したがって、資本にとっては、労働の生産力の増加の法則は無条件には妥当しない。資本にとっては、一般に生きた労働においてではなく、生きた労働の支払部分において節約されるものが、過去の労働において追加されるものよりも大きいという場合だけ、この生産力は増加されるのであり、そのことは、すでに第一部、第一三章、第二節、〔第二版〕四〇九ページ、〔第三版〕三九八ページ〔本訳書、第一巻、六九〇―六九一ページ〕で簡単に示したとおりである。ここで、資本主義的生産様式は新たな矛
(273) 盾におちいる。この生産様式の歴史的使命は、人間労働の生産性の展開を、容赦なく幾何級数的に推し進めることである。前記の場合のように、この生産様式が生産性の展開に対立してそれをさまたげるようになるやいなや、この生産様式はこの使命にそむくものとなる。これによって、資本主義的生産様式は、それが老衰してますます時代遅れになっていることを、あらためて証明するだけである。〔三七〕

〔三七〕　以上の記述を括弧にくくってあるのは、それが、〔マルクスの〕草稿のなかのある覚え書きから編集しな

おしたものであるとはいえ、いくつかの説明では原文のなかにある材料を越え出ているからである。――F・エンゲルス

――――――――*

*〔この区分線はエンゲルスによる〕

生産力の増加につれて、独立した一産業的事業の経営がうまくいくために必要となる資本の最小限は増大するが、その増大は、競争のなかに次のように現われる。前よりも費用のかかる新たな経営設備が一般的に導入されるようになると、比較的小さい諸資本は、将来的に経営から排除される。さまざまな生産部面における機械の発明の最初の時期においてのみ、比較的小さい諸資本は、そこで自立して機能することができる。他方では、鉄道のような、不変資本の割合が異常に高い巨大諸企業は、平均利潤率をもたらさず、その一部分である利子をもたらすだけである。そうでなければ、一般的利潤率はさらにいっそう低落するであろう。[*1]ところが、ここではまた、一大資本集団が、株式の形態で、[*2]直接の運用場面を見いだす。

*1〔本巻、第一四章、第六節参照〕

*2〔草稿では「一大資本集団が、株式の形態で」は「この大きな資本（株式資本）が」となっている〕

資本の増大、したがって資本の蓄積が、利潤率の減少を含むのは、この増大につれて資本の有機的な構成諸部分の比率に先に考察した諸変化が起こる限りでのことである。しかしながら、生産様式

〔方法〕の変革は、つねに毎日行なわれるにもかかわらず、総資本のうちのあれこれの大なり小なりの部分は、一定の期間にわたって、右の構成諸部分のある与えられた平均的な比率の基盤の上で蓄積を続け、その結果、資本が増大しても有機的構成の変動は起こらず、したがって利潤率の低下の諸原因も発生しない。このように、すぐそばではすでに新しい方法が導入されているのに、平穏に存続する旧来の生産方法の基礎の上でつねに資本が増大し、したがってまた生産が拡張されるということは、これもまた、なぜ社会の総資本が増大するのと同じ度合いで利潤率が減少しないのかということの一つの原因なのである。

労賃に支出される可変資本が相対的に減少するにもかかわらず、労働者の絶対的総数が増加するということは、すべての生産部門で生じるわけではなく、またすべての生産部門で均等に生じるわけでもない。農業では、生きた労働の要素の減少が絶対的でありうる。*

（274）

＊〔本訳書、第三巻、一一五四ページ参照〕

いずれにせよ、賃労働者の総数がその相対的減少にもかかわらず絶対的に増加するということは、資本主義的生産様式の必要であるにすぎない。この生産様式にとっては、労働諸力を毎日一二時間から一五時間も就業させる必要がなくなると、たちまち労働諸力は過剰となる。もし生産諸力の発展が労働者たちの絶対的総数を減少させるならば、すなわち、実際に全国民にその総生産をより少ない時間部分で行なう能力を与えるならば、その発展は革命をもたらすであろう。なぜなら、それは人口の多数をお払い箱にしてしまうであろうからである。この点に、またもや、資本主義的生産の独特な制限が現われるのであり、また、資本主義的生産が決して生産諸力の発展および富の生産のための絶対的な形態ではなく、むしろ一定の時点でこの発展と衝突するようになるということが現われるのである。部分的にはこの衝突は、労働者人口のあれこれの部分がこれまでどおりの就業様式では過剰になることから生じる周期的諸恐慌のうちに現われる。資本主義的生産の制限は労働者たちの過剰時間である。社会が手に入れる絶対的過剰時間は、資本主義的生産にはなんの関係もない。生産力の発展が資本主義的生産にとって重要であるのは、ただ、それが労働者階級の剰余労働時間を増加させる限りでのことであって、それが物質的生産のための労働時間一般を減少させるからではない。こうして資本主義的生産は対立のなかで運動する。*

＊〔このパラグラフは『一八六一―一八六三年草稿』のノートXVIからとられている（『資本論草稿集』8、大月書店、二〇五―二〇六ページ参照）〕

すでに見たように、資本の蓄積の増大は資本の集積の増大を含んでいる。こうして資本の力、すなわち、現実の生産者たちに対立する社会的生産諸条件の自立化――資本家において人格化されたそれ――が、増大する。資本はますます、みずからが資本家をその機能者とする社会的な力であり、また個々の個人の労働が創造しうるものとはもはやまったくなんの関係ももたない社会的な力であり――しかし、物として、そしてこの物による資本家の力として社会に対立する、疎外され自立化された社会的な力であることを示す。資本が形成していく一般的な社会的な力と、この社会的な生産諸条件にたいする個々の資本家たちの私的な力とのあいだの矛盾は、ますます際立つものとして発展していき、

(275)
そして、この関係の解消を含むことになる。というのは、これ〔この関係の解消〕が、それと同時に、生産諸条件の、*一般的・共同的・社会的な生産諸条件への変革を含むからである。この変革は、資本主義的生産のもとでの生産諸力の発展によって、またこの発展が行なわれる仕方によって、与えられている。

* 〔草稿では「生産諸条件の」は「物質的生産諸条件の」となっている〕

---------*

* 〔この区分線はエンゲルスによる〕

新しい生産様式〔方法〕がたとえどんなに生産的であろうと、またどんなに剰余価値率を高めようと、それが利潤率を下落させるならば、この方法を自発的に使用する資本家はいない。しかし、このような新しい生産様式〔方法〕は、どれも諸商品を安価にする。だから〔それを使用する〕資本家は、最初は諸商品をそれらの生産価格よりも高く、おそらくはそれらの価値よりも高く、売る。彼は、それらの商品の生産費と、他のより高い生産費で生産された諸商品の市場価格とのあいだに生じる差額を手に入れる。彼がそうすることができるのは、これらの商品の生産に社会的に必要とされる労働時間の平均が、新しい生産様式〔方法〕による場合に必要とされる労働時間よりも大きいからである。彼の生産手続きは、社会的な生産手続きの平均よりも優れている。しかし競争は、彼の生産手続きを一般的にし、それを一般的な法則に従わせる。そこで、利潤率の低落が起こる――おそらくまずこの

（276）生産部面で起こり、それからそれが他の諸部面と均等にされる。したがって、この低落は、資本家たちの意志にはまったく依存しない。

この点にはなお次のことを付言しておかなければならない。すなわち、この同じ法則は、その生産物が直接にも間接にも労働者の消費にはいり込まない、または労働者の生活諸手段の生産諸条件にはいり込まないような生産諸部面でも、したがって、そこでは商品の低廉化が相対的剰余価値を増加させることができず、労働力を安価にすることができないような生産諸部面でも、支配しているということである。（もちろん、これらすべての部門で、不変資本の低廉化は、労働者の搾取が変わらなくても、利潤率を高めることができる。）新しい生産様式〔方法〕が普及しはじめ、そのことによって、これらの商品がより安く生産されうるという証拠が実際に提供されるようになると、古い生産諸条件のもとで仕事をする資本家たちは、自分の生産物を、その十分な生産価格よりも低く売らなければならなくなる。なぜなら、この商品の価値は低下しており、彼らが生産に必要とする労働時間は社会的に必要な労働時間を超えているからである。ひとことで言えば——これは競争の作用として現われることであるが——彼らもまた、不変資本にたいする可変資本の比率が減少している新しい生産様式〔方法〕を導入しなければならないのである。

機械の使用がそれによって生産される諸商品の価格を安くする結果を生じさせるすべての事情は、つねに、〔第一には〕個々の商品によって吸収される労働分量の減少ということに帰着する。しかし第二には、その価値が個々の商品にはいり込む機械の摩滅部分の減少ということに帰着する。機械の摩減が緩慢であればあるほど、摩滅はますます多くの商品に配分され、機械はその再生産期限までにますます多くの生きた労働の代わりをする。どちらの〔第一と第二の〕場合にも、可変資本に比べて固定的不変資本の分量および価値は増大する。

「他のすべての事情が同じであれば、一国民がその利潤から貯蓄をする力は、利潤率とともに変動し、利潤率が高ければこの力が大きく、低ければ小さい。しかし、利潤率が低下するにつれて、他のすべての事情も同じままではない。……低い利潤率は、通常、イングランドにおけるように、人口数に比べて急速な蓄積率をともない……高い利潤率は、人口数に比べて緩慢な蓄積率をともなう」。実例は、ポーランド、ロシア、インドなど（リチャード・ジョウンズ『経済学序講』、ロンドン、一八三三年、五〇ページ以下〔大野精三郎訳「政治経済学についての序講」、所収、同著『ジョーンズの経済学』、岩波書店、一九五三年、二四一ページ〕）。ジョウンズが、利潤率の低下にもかかわらず、〝蓄積の誘因および能力〟が増加することを強調しているのは、正しい。それらが増加するのは、第一には、相対的過剰人口が増大するためである。第二には、労働の生産性の増大につれて、同じ交換価値で表わされる使用価値の総量、すなわち資本の物的諸要素の総量が増大するからである。第三には、生産諸部門が多様化するからである。第四には、信用制度、株式会社などの発達によって、またそれとともに自分自身〔資本の所有者〕は産業資本家にならずに貨幣を資本に転化することの容易さの発達によって。第五には、諸欲求と致富欲との増大。第六には、固定資本の大量投下の増大など。

資本主義的生産の三つの主要事実*——

＊〔「三つの」および以下の（一）、（二）、（三）はエンゲルスによる〕

（一）少数者の手中における生産諸手段の集積。これによって、生産諸手段は、直接的労働者たちの所有として現われることをやめ、反対に生産の社会的な諸力能に転化する。最初は、資本家たちの私的所有としてであるにしても。資本家たちはブルジョア社会の受託者たちであるが、しかし彼らはこの受託の全果実を自分のポケットに詰め込む。

（二）労働そのものの社会的労働としての組織——協業、分業、および労働と自然科学との結合による。

（277）

どちらの面〔（一）と（二）の〕から見ても、資本主義的生産様式は、私的所有と私的労働とを止揚する——対立的諸形態においてであるにしても。

（三）世界市場の形成。

資本主義的生産様式の内部で発展する、人口に比べての途方もない生産力、および、それと同じ比率ででではないにしても人口よりもはるかに急速に増大する資本価値（単にこの価値の物質的基体だけでなく）の増大は、増大する富に比べてますます狭くなっていく基盤——この巨大な生産力が作用するその基盤——と矛盾し、また、この膨脹する資本の増殖諸関係と矛盾する。そこから諸恐慌。

マルクス　新版《しんぱん》 資本論《しほんろん》　第《だい》8分冊《ぶんさつ》

2020年11月20日　初　版
2021年10月25日　第2刷

監修者　日本共産党中央委員会社会科学研究所
発行者　田　所　　稔

郵便番号　151-0051　東京都渋谷区千駄ヶ谷4-25-6
発行所　株式会社　新日本出版社
電話　03（3423）8402（営業）
03（3423）9323（編集）
info@shinnihon-net.co.jp
www.shinnihon-net.co.jp
振替番号　00130-0-13681
印刷・製本　光陽メディア

落丁・乱丁がありましたらおとりかえいたします。

ISBN978-4-406-06382-1 C0033　Printed in Japan